Kritische Studien zur Geschichtswissenschaft 107

V&R

Kritische Studien
zur Geschichtswissenschaft

Herausgegeben von
Helmut Berding, Jürgen Kocka
Hans-Peter Ullmann, Hans-Ulrich Wehler

Band 107
Marcus Gräser
Der blockierte Wohlfahrtsstaat

Vandenhoeck & Ruprecht
in Göttingen

Der blockierte Wohlfahrtsstaat

Unterschichtjugend und Jugendfürsorge
in der Weimarer Republik

von

Marcus Gräser

Vandenhoeck & Ruprecht
in Göttingen

Die Deutsche Bibliothek – CIP-Einheitsaufnahme

Gräser, Marcus:
Der blockierte Wohlfahrtsstaat: Unterschichtjugend und Jugendfürsorge
in der Weimarer Republik / von Marcus Gräser. –
Göttingen: Vandenhoeck und Ruprecht, 1995
(Kritische Studien zur Geschichtswissenschaft; Bd. 107)
ISBN 3-525-35770-2
NE: GT

D. 30

© 1995, Vandenhoeck & Ruprecht, Göttingen. – Printed in Germany. –
Alle Rechte vorbehalten. Das Werk einschließlich seiner Teile ist
urheberrechtlich geschützt. Jede Verwertung außerhalb der engen Grenzen
des Urheberrechtsgesetzes ist ohne Zustimmung des Verlages unzulässig
und strafbar. Das gilt insbesondere für Vervielfältigungen, Überset-
zungen, Mikroverfilmungen und die Einspeicherung und
Verarbeitung in elektronischen Systemen.
Satz: Text & Form, Pohle.
Druck und Bindung: Gulde-Druck GmbH, Tübingen.

Inhalt

Vorwort 9

Einleitung 11
Struktur und Ereignis 11 – Die »Krise der Fürsorgeerziehung« als Beispiel 11 – Tendenzen der Forschung zur Geschichte der Jugendfürsorge 12 – Rekonstruktion versus Subsumtion 13 – Die Gliederung der Darstellung 15

I. Der Aufstieg der modernen Jugendfürsorge

1. Die Ursprünge 17

Gesellschaftlicher Wandel und »Kulturideale« 17 – Die Genese des jugendlichen ungelernten Industriearbeiters 18 – Ursprünge der modernen Jugendfürsorge 21 – Allmähliche Erweiterung: Von der Zwangserziehung zur Fürsorgeerziehung 23

2. Geburtenrückgang und »innerer Imperialismus«.
   Der Aufstieg der Jugendfürsorge 1900–1914 26

Die Entfaltungslogik der Jugendfürsorge 26 – Uneheliche Minderjährige und Berufsvormundschaft 27 – Die Suche nach einer zentralen Behörde 30 – Die Jugendfürsorgebewegung 32 – Geburtenrückgang, Bevölkerungspolitik und »innerer Imperialismus« 33 – Erziehung zur Brauchbarkeit: Die neue Bedeutung der Fürsorgeerziehung 36

3. Am Ziel: Das Reichsjugendwohlfahrtsgesetz 1922 37

Der Krieg als Bundesgenosse 37 – Die Auswirkungen des Krieges auf die Lage der Unterschichtjugend 39 – Der Krieg als Bundesgenosse? 40 – Die Notwendigkeit der Jugendfürsorge 42 – Das Pathos der Niederlage 43 – Die »württembergische Jugendfürsorgereform« 45 – Das Reichsjugendwohlfahrtsgesetz 46 – Das Jugendgerichtsgesetz 47 – Die Verspätung des Reichsjugendwohlfahrtsgesetzes und ihre Ursachen 47 – Die Fragilität der ›modernen‹ Jugendfürsorge 49

II. Am Ziel? Jugendfürsorge in der Weimarer Republik

1. Reichsjugendwohlfahrtsgesetz und Fürsorgeerziehung in der
   Nachkriegszeit 52

Das Ringen um das Reichsjugendwohlfahrtsgesetz 52 – Die Verordnung über das Inkrafttreten: Folgen, Ursachen, Enttäuschung 53 – Gefährdungen der Fürsorgeerziehung: Die Kritik der Arbeiterbewegung 56 – Eine Reform der Fürsorgeerziehung? 58 – Reformpädagogik und Fürsorgeerziehung 58 – Die Gestalt der Fürsorgeerziehung im Reichsjugendwohlfahrtsgesetz und der preußischen Ausführungsanweisung 63 – Die versäumte Modernisierung und ihre Ursachen 65

2. Trennlinien: Unterschichtjugend und Arbeiterjugend 68

Demographische Konstellation und Arbeitsmarktkrisen 68 – Gesundheitszustände 69 – Optimistische Prognosen 69 – Gelernte und Ungelernte 71 – Die Berufswahl der Ungelernten 72 – Wahrnehmungen und Abgrenzungen: Arbeiterjugend und Unterschichtjugend 76 – Verwahrlosung 78 – Die Aufgabe der Jugendfürsorge 80

3. Die Praxis der Jugendfürsorge. Ausmaß und Grenzen
   der Innovation 81

Die Konstruktion der Jugendämter 81 – Wohlfahrtskorporatismus 82 – Reichweiten der Jugendfürsorge 84 – Kriegerwaisenversorgung 86 – Eine neue Jugendfürsorgebewegung? 88

III. Revolten und Skandale. Die Fürsorgeerziehung in den letzten Jahren der Weimarer Republik

1. Die Krise der Fürsorgeerziehung 91

Anstalts- und Familienzöglinge 91 – Die Herkunft der Fürsorgezöglinge 93 – Der Alltag in der Fürsorgeerziehung 94 – Anstaltsdisziplin 96 – »Alte« und »moderne« Fürsorgeerziehung 97 – Das Stigma 100 – »Erfolg« und erste Zeichen der Verunsicherung 102 – Die »Krise der Fürsorgeerziehung« 102 – Scheuen und Rickling 104 – Fürsorgezöglinge: Verantwortlich für die Krise? 107 – Die Erzieher. Probleme der Professionalisierung 113 – *Eine Erklärung?* 118 – Fürsorgeerziehung und Arbeitsmarkt 118 – Die Ursachen der Krise 125 – Das soziale Ideal der Fürsorgeerziehung 129

2. Pfade der Reform 131

Das Spektrum der Reformer: Sozialdemokraten 131 – Die »Richtlinien« der Arbeiterwohlfahrt 134 – Reformen in Sachsen 135 – Reformen in Preußen 138 – Die Vorschläge der Reformpädagogen 140 – Gemeinsamkeiten und Unterschiede 140 – Widerstände 145 – Grenzen der Reform 147

3. Strategien des Abbaus 148

Die ›Ideengeschichte‹ des Abbaus 148 – Umstände des Abbaus: Finanznot und Standard der Fürsorge 150 – Folgen: »Unerziehbare« und die Dichotomisierung von ›gesund‹ und ›minderwertig‹ 153 – Ursachen: Eine strukturelle Ambivalenz des Pädagogisierungskonzeptes? 154 – Zwangsläufigkeiten in der Fürsorge? 157 – Drei Denkfiguren der Jugendfürsorge 159 – Der Einfluß der Rassenhygiene 160 – Die Ursachen hierfür 163 – Vorläufige Folgen 164

IV. Der Niedergang der Jugendfürsorge

1. Die Universalität der Krise 167

Weitere Revolten und Skandale 167 – Die Notverordnungen vom November 1932 168 – Auseinandersetzungen um das Arbeitshaus 169 – Die »Wolke der Notverordnung« 171 – Der Inhalt der Notverordnungen 172 – Unmittelbare Folgen 173 – Wohlfahrtspolitische Machtkämpfe 177 – Anlässe der Notverordnungen 178 – Weiterungen der prozyklischen Wohlfahrtspolitik: Die Destruktion der Arbeitslosenversicherung für Jugendliche 181 – Die Zurücknahme der Waisenrenten und Kinderzuschüsse 185 – Die Betreuung erwerbsloser Jugendlicher 186 – Die Destruktion des Arbeitsmarktes und die Krise der Jugendfürsorge 188 – Weiterer Abbau der Jugendfürsorge 189

2. Unterschichtjugend in der Depression 191

Das Ausmaß der Jugenderwerbslosigkeit 191 – Trends im Erwerbslos-Werden 194 – Ungelernte als Krisengewinnler? 196 – Jugendliche Wanderer in der Depression 197 – Wilde Cliquen: Kriminalität und Archaik 199 – Die Tantalus-Situation 202 – Die Identität der Cliquen 204

3. »Jugendfürsorge im Chaos« 205

»Chaos«: Doppeldeutigkeiten 205 – Jugendämter und erwerbslose Jugendliche: Einflußverluste 207 – Freiwilliger Arbeitsdienst und Jugendfürsorge: Verpaßte Gelegenheit? 208 – Die Subsumtion der Jugendfürsorge unter eine neue Jugendpolitik 210 – Eine neue regulative Idee? 210 – Ausblick: Fürsorgeerziehung und Jugendfürsorge im Nationalsozialismus 211

V. Schluß: Der blockierte Wohlfahrtsstaat. Der Niedergang der Jugendfürsorge und der Verfall der Weimarer Republik 216

Ungleichzeitigkeiten 216 – Der Niedergang der alten Ideologie 217 – Der Verfall der bürgerlichen Sozialreform. Kritik an Bürokratisierung und »Politisierung« 218 – Unbehagen an der Pluralität 224 – Legitimationsverluste der Weimarer Republik 226 – Ein überforderter Wohlfahrtsstaat? 228 – Ein blockierter Wohlfahrtsstaat 229

Abkürzungen 231
Anmerkungen 233

Quellen und Literatur 278
1. Ungedruckte Quellen 278
2. Gedruckte Quellen 279
3. Literatur 281

Register 302

Verzeichnis der Tabellen im Text

Tab. 1: Der Gesundheitszustand der Frankfurter Schulkinder 1923 70
Tab. 2: Die Berufsstetigkeit ungelernter Jugendlicher I 75
Tab. 3: Die Berufsstetigkeit ungelernter Jugendlicher II 75
Tab. 4: Die Verwahrlosungsmerkmale bei Fürsorgezöglingen 92
Tab. 5: Die Herkunft der Fürsorgezöglinge 94
Tab. 6: Die Zahl der Fürsorgezöglinge in Preußen 108
Tab. 7: Die Neuüberweisungen von Fürsorgezöglingen in Preußen 109
Tab. 8: Das Alter der neuüberwiesenen preußischen Fürsorgezöglinge 109
Tab. 9: Das Alter der neuüberwiesenen Fürsorgezöglinge in Berlin und Ostpreußen 110
Tab. 10: Der Anteil der einzelnen Altersgruppen unter den neuüberwiesenen Fürsorgezöglingen im Verhältnis zur Zahl der gleichaltrigen Jugendlichen 111
Tab. 11: Die Alterszusammensetzung der Fürsorgezöglinge in Preußen, Berlin und Ostpreußen am 31.3.1932 112
Tab. 12: Die Wohnorte (Größenklassen) der neuüberwiesenen preußischen Fürsorgezöglinge 112
Tab. 13: Die Berufsausbildung der in der Fürsorgeerziehung zur Schulentlassung gekommenen männlichen Jugendlichen 121
Tab. 14: Die Berufsausbildung der bereits schulentlassenen männlichen Jugendlichen in der Fürsorgeerziehung 122
Tab. 15: Die Zahl der Lehrlingsplätze in anstaltseigenen Werkstätten 123
Tab. 16: Die Zahl der preußischen Fürsorgezöglinge im Rechnungsjahr 1932 175
Tab. 17: Die Zahl der Fürsorgezöglinge in Preußen, Berlin und Ostpreußen im Rechnungsjahr 1932 175
Tab. 18: Der Anteil der Jugendlichen unter 21 Jahren an der Gesamtzahl der Hauptunterstützungsempfänger in der Arbeitslosenversicherung 192
Tab. 19: Die Zahl der minderjährigen und jungerwachsenen Hauptunterstützungsempfänger in der Arbeitslosenversicherung und in der Krisenfürsorge 193

Vorwort

Bei dem vorliegenden Buch handelt es sich um die gekürzte und überarbeitete Fassung meiner Dissertation, die im Wintersemester 1992/93 vom Fachbereich Geschichtswissenschaften der Johann Wolfgang Goethe-Universität in Frankfurt am Main angenommen wurde.

Während der Arbeit an dieser Studie habe ich von vielen Seiten Unterstützung erfahren. Mein Dank geht vor allem an Lothar Gall, in dessen Händen die Betreuung der Dissertation lag. Er hat diese Aufgabe mit Umsicht erfüllt. Mein Dank geht weiter an Marie-Luise Recker, Gerda Stuchlik, Ulrich Oevermann und Hans-Jürgen Puhle. Sie alle haben die Arbeit gelesen und durch Hinweise und Kritik zu ihrer endgültigen Form beigetragen. Bernhard Bablok war nicht nur ein kritischer Leser des Textes, sondern auch ein unentbehrlicher Ratgeber in Fragen der Textverarbeitung. Ihm sei für das eine wie für das andere gedankt. Den Herausgebern der »Kritischen Studien« habe ich nicht nur für wichtige Kritik, sondern auch für die Aufnahme meiner Studie in ihre Reihe zu danken. Im Verlag schließlich waren Christine Schuckert, Markus Eidt und Winfried Hellmann mit Sorgfalt um das Manuskript bemüht.

Hilfsbereite Mitarbeiterinnen und Mitarbeiter haben mir in vielen Bibliotheken und Archiven die Suche nach Quellen und Literatur erleichtert. Stellvertretend für sie will ich Karin Herchen und Elke Klebach, die Bibliothekarinnen des Deutschen Vereins für öffentliche und private Fürsorge in Frankfurt am Main, nennen. Sie haben mir in ihrer Bibliothek einen angenehmen Aufenthalt bereitet, an den ich mich gern zurückerinnere.

Die Friedrich-Ebert-Stiftung hat über viele Jahre hinweg mein Studium und die Promotion auf vielfältige Weise gefördert. Der Deutsche Sozialrechtsverband hat mir einen Zuschuß zu den Druckkosten gewährt. Beiden Einrichtungen danke ich für die Unterstützung.

Bei meinen Eltern habe ich stets Zuspruch erfahren und Rückhalt gefunden. Ich widme ihnen das Buch.

Bad Vilbel, im Januar 1995   Marcus Gräser

Einleitung

Die Geschichte der Weimarer Republik ist reich an Ereignissen, die bei vordergründiger Betrachtung marginal erscheinen, auf einen zweiten Blick hin aber nicht wenig Aufschluß geben über ›Geist‹ und Gefüge der ersten deutschen Demokratie. Die Bemerkung Arthur Rosenbergs, daß der Pelz der – durch Bestechungen Skandal machenden – Schneiderfirma Sklarek, den die Frau des Berliner Oberbürgermeisters Gustav Böß trug, »fast dieselbe Bedeutung für den Zusammenbruch der deutschen Republik [hatte] wie das Halsband der Königin Marie Antoinette für den Untergang Ludwigs XVI.«,[1] mag nur die subtile Beobachtung eines Zeitgenossen gewesen sein. Aber in ihr werden Zusammenhänge offenkundig, die in einer allein dem herkömmlichen politischen Ereignis verpflichteten Geschichtsschreibung verlorengehen. Doch häufen sich zumal in den letzten Jahren der Weimarer Republik Ereignisse, die an Deutungsmächtigkeit noch weit über den Sklarek-Pelz der Frau Böß hinausreichen; Ereignisse, deren Betrachtung als ›Strukturereignisse‹ – unter Hintanstellung des wohl falschen Gegensatzes von Struktur und Ereignis – ein hohes Maß an Erkenntnis verspricht.[2]

Ein solches Ereignis, das über mehr Auskunft gibt als nur über sich selbst, findet sich in der von den Zeitgenossen so genannten »Krise der Fürsorgeerziehung«. Die durch Beschluß des Vormundschaftsgerichtes oder durch Urteil des Jugendgerichtes angeordnete Fürsorgeerziehung für gefährdete, verwahrloste oder straffällig gewordene Minderjährige in Anstalten oder Pflegefamilien auf öffentliche Kosten beanspruchte die Aufmerksamkeit der Zeitgenossen am Ende der Weimarer Republik in einem weit höheren Maße als zuvor. Die Ursache hierfür war eine nicht abreißende Kette von Revolten und Skandalen in den Anstalten der Fürsorgeerziehung. Es folgten Gerichtsverhandlungen, an deren Ende sowohl Zöglinge als auch Erzieher zu Haft- und Geldstrafen verurteilt wurden. Willkür, Rechtlosigkeit und Mißstände gaben jedoch nicht nur den Rahmen ab für Revolten und Skandale. Sie häuften zugleich eine Fülle von Material auf, die ein sich als zeitkritisch verstehender Literaturbetrieb aufgriff. Vor allem Peter Martin Lampel sorgte 1928 mit der Herausgabe einer Sammlung von Zöglingsberichten unter dem Titel »Jungen in Not« und seinem am Ende der zwanziger Jahre vielgespielten Theaterstück »Revolte im Erziehungshaus« dafür, daß der Skandal öffentlich wurde.

Doch nicht allein Lampel und die mit dem Bekanntwerden der Revolten und Skandale einsetzende Debatte in der Fachöffentlichkeit trugen dazu bei, das Interesse an den Zuständen in der Fürsorgeerziehung wachzuhalten. Auch die »Enquéte über Verhältnisse in deutschen Fürsorgeanstalten«, mit der das liberale »Berliner Tageblatt« seinen Redakteur C.Z. Klötzel, einen ehemaligen Waisenhauszögling und Lehrer an einer Fürsorgeerziehungsanstalt, beauftragte, rückte die Fürsorgeerziehung in ein grelles Licht der Öffentlichkeit. Klötzels Enquéte geriet zum Scherbengericht über die Fürsorgeerziehung:

»Aber sobald man auch nur ein wenig tiefer in die Verhältnisse des deutschen Fürsorgewesens hineingesehen hat, so weiss man, dass die gesetzlichen Bestimmungen, auf denen es beruht, nicht den mindesten Anreiz bieten, gute Anstalten zu errichten und jede Möglichkeit lassen, miserable Anstalten aufrechtzuerhalten ... Der Staat hat bis auf den heutigen Tag verdammt wenig für gute Anstalten getan, und so gut wie nichts gegen schlechte. Unter diesen Umständen bedeutet eine auch nur halbwegs anständig geleitete Fürsorgeanstalt bereits eine moralische Leistung ... Sie bildet einen der sehr seltenen ›Treffer‹ in jener grossen Lotterie, die sich deutsche Fürsorgeerziehung nennt ... Der Fürsorgezögling ist in Wahrheit völlig recht- und schutzlos. Der Leiter einer Fürsorgeanstalt hat eine Machtvollkommenheit, wie sie kein anderer Mensch in Deutschland besitzt ... Wenn es irgendwo in Deutschland noch Sklaverei gibt, so hier ... Es geht nicht an, dass eine ›Fürsorge‹ weiter bestehen bleibt, die an sich eine Verwahrlosung aller erzieherischen und Rechtsbegriffe darstellt!«[3]

Nicht zuletzt diese wortgewaltige Abrechnung gab dem der Zentrumspartei angehörenden preußischen Minister für Volkswohlfahrt am 26.2.1929 im Landtag Anlaß zu heftiger Klage. Die Fürsorgeerziehung sei nun, war Heinrich Hirtsiefer überzeugt, »zu der meistverleumdeten Einrichtung unseres öffentlichen Lebens geworden«.[4] Aber wenn auch der Vorwurf der Verleumdung in Anbetracht der Mißstände nicht traf, konnte weder überhört noch überlesen werden, daß die Fürsorgeerziehung auf bestem Wege war, zu einem der großen Skandalthemen der späten Weimarer Republik zu avancieren. Überdies ließ die Verbissenheit des »heftigen Meinungskampfes«[5] um die Fürsorgeerziehung erahnen, daß die Krise schon mehr war als nur eine Umschreibung für das Ereignis aus Revolten, Skandalen und Gerichtsverhandlungen und daß wiederum die Krisenhaftigkeit der Fürsorgeerziehung als ein Ereignis sich nicht selbst genügt, vielmehr die Krisenhaftigkeit der Weimarer Republik erhellen kann.

Mit Blick auf das hohe Maß an Publizität, das der Fürsorgeerziehung als dem gewichtigsten Teil der Jugendfürsorge in den späten zwanziger und frühen dreißiger Jahren zukam, erstaunt es nicht, daß die Geschichte der

Jugendfürsorge in den letzten Jahren zunehmend das Interesse der Forschung gefunden hat. Vor allem Detlev J. K. Peukert hat mit seiner – »Grenzen der Sozialdisziplinierung« überschriebenen – Studie über »Aufstieg und Krise der deutschen Jugendfürsorge von 1878 bis 1932« eine einflußreich gewordene Deutung vorgelegt. Gleichwohl gilt sein Interesse nicht einer Krisenhaftigkeit der Jugendfürsorge als möglichem Paradigma für die Krisenhaftigkeit der Weimarer Republik. Vielmehr dient ihm die Jugendfürsorge als Beispiel für die »Pathogenese der Moderne«, die »pathologischen Wirkungen des okzidentalen Rationalisierungsprozesses«.[6] So einfühlsam manche der Deutungen Peukerts im Lichte solcher Ansicht auch sein mögen, so sehr führt ihn das große Design der »Disziplingesellschaft« dazu, die Widersprüche der Jugendfürsorge nicht in ihrer Praxis zu suchen, sondern aus der »Ausgangskonstellation der Sozialpädagogik«[7] abzuleiten. Nicht die Jugendfürsorge, sondern nur der Diskurs über sie steht im Mittelpunkt seiner Untersuchung.[8] Sein Versuch, das Bild einer »Gesellschaftsgeschichte der Moderne ... als success story«[9] kräftig zurechtzurücken, gerät ihm zu einer auf weite Strecken geschichtspessimistisch anmutenden Studie. So sehr Peukert auch immer wieder in der Jugendfürsorge »Angebote zur Erweiterung von Lebenschancen« entdecken mag, so sehr nötigen ihn die in der »Ausgangskonstellation« angelegten »Tendenzen zur Enthumanisierung«[10] dazu, in der Gewaltsamkeit des Nationalsozialismus im Umgang mit ›minderwertigen‹ Jugendlichen eine Zwangsläufigkeit zu sehen: »Solange man die pädagogische Idee verabsolutierte und ihr Terrain flächendeckend ausdehnte, blieb für die ›Unerziehbaren‹ jenseits der Grenzen der pädagogischen Provinz kein Lebensrecht. In der Ausgangskonstellation der Sozialpädagogik war aber solcher totalitärer Geltungsanspruch bereits angelegt.«[11] Ein mit dem Beginn der modernen Jugendfürsorge bereits geschaffenes ›Programm‹ wird am Ende der Weimarer Republik somit nur noch vollzogen. Der ›Umschlag‹ von der Inklusion zur Exklusion, von der Vermutung der Erziehbarkeit aller hin zum Ausschluß der nun entdeckten »Unerziehbaren«, erscheint hierbei gar nicht mehr als erklärungsbedürftig. Vielmehr *ist* der ›Umschlag‹ bereits die Erklärung. Gewiß: Einem Automatismus redet Peukert nicht das Wort. Der Hinweis auf Zeitumstände, die den Vollzug des ›Programmes‹ möglich werden ließen, fehlt in seiner Darstellung nicht. Gleichwohl: Peukerts Deutung hat zur Voraussetzung, daß das ›System‹ – die Moderne – schon immer perfekt ist. Aus systemischer Perfektion erwächst schließlich die mörderische Konsequenz. Damit aber ist im Grunde die Unentrinnbarkeit vorgegeben – und die Darstellung verfällt einer Subsumtionslogik.[12]

Was kann an die Stelle einer solchen, der Sache nicht genügenden Subsumtionslogik treten, wenn nicht der Versuch einer Rekonstruktion?[13]

Die vorliegende Geschichte der Jugendfürsorge in der Weimarer Republik nimmt daher die Krise der Fürsorgeerziehung zu ihrem Ausgangspunkt. Gleichwohl stehen die Rekonstruktion der Krise und der Versuch einer Bestimmung ihrer Ursachen in der Abfolge der Darstellung, die sich um der Übersicht willen der Chronologie annähert, nicht am Anfang, sondern an ihrem chronologischen Ort. Die Zentralität der Krise wird durch eine solche Plazierung noch unterstrichen. Aus der Rekonstruktion erwachsen aber zugleich auch eine Reihe von Gesichtspunkten, die der gesamten Darstellung als Gliederung und Heuristik zugrundeliegen. Eine »Strukturiertheit«[14] des Untersuchungsgegenstandes kann nicht geleugnet werden. Doch der sich daraus ergebende Zusammenhang zwischen ›Ausgangskonstellation‹ und Krise liegt nicht in einer gewissermaßen mechanisch wirksamen »Intensivierung der Kontrollmechanismen«,[15] die zur Exklusion, wenn nicht gar zur ›Ausmerze‹ führe. Ein präziserer Blick ermöglicht vielmehr Aussicht auf Umstände, die die Entdeckung der »Unerziehbaren« und ihre Exklusion aus der Jugendfürsorge als Folge eines Wechselspiels von innerer Krisenhaftigkeit und äußeren Einflüssen in einer ganz bestimmten historischen Situation erscheinen lassen. Vor allem im Zusammenhang von Arbeitsausbildung und -ideologie in der Fürsorgeerziehung und dem Arbeitsmarkt der Groß- und Industriestädte ist eine ›Inhärenz‹ der Fürsorgeerziehung ebenso wie eine Ursache ihrer Krise aufzufinden. Ein skeptischer, nicht an einer »success story«, sondern an Disparität und Ungleichzeitigkeit interessierter Begriff von Modernisierung erweist sich dabei für die Deutung der Jugendfürsorge wie auch der Bindung zwischen Klientel und Institution als hilfreich. Die Rekonstruktion verlangt darüber hinaus eine offene Begrifflichkeit: Nicht wie üblich von der ›Arbeiterjugend‹ wird im folgenden die Rede sein, sondern von der Unterschichtjugend, deren fragile Bindung an die Arbeitsgesellschaft eine eindeutigere Kennzeichnung nicht zuläßt.[16]

Überdies erscheint die Fürsorgeerziehung im Blick auf die Krise und ihre Auswirkungen als tatsächlicher Kern der Jugendfürsorge. Was immer im Anschluß an das Offenbarwerden der Krise als jugendfürsorgerische Bemühung in Erscheinung trat, ließ eine Prägung durch die Krisenerfahrung unschwer erkennen. Auch war all das, was seit der Etablierung der Fürsorgeerziehung im letzten Drittel des 19. Jahrhunderts als moderne Jugendfürsorge entstand, um die Fürsorgeerziehung herum errichtet worden. Eine Geschichte der Jugendfürsorge als eines exemplarischen Teils der ›Innenausstattung‹ der Weimarer Republik kann mithin nicht umstandslos in den Jahren 1918/19 einsetzen. Sie muß in der Gründerzeit der Fürsorgeerziehung und der modernen Jugendfürsorge, aber auch in der katalytischen Zeit des Ersten Weltkrieges nicht eine bloße Vor-Geschichte, sondern einen Teil jeder nachfolgenden Geschichte sehen. Die Weimarer

Republik erscheint auch darum im folgenden als wenig glanzvoll. Von einer Wohlfahrtspolitik, die an die Stelle von »Einstellungen und Maßnahmen« aus dem Kaiserreich »neue Impulse und neue Konzeptionen« setzte, wird ebensowenig die Rede sein können wie davon, daß einzig der »Strudel der Wirtschafts- und Staatskrise«[17] für den Niedergang dieser Politik verantwortlich war. Die Analyse der Jugendfürsorge gibt vielmehr den Blick frei auf eine ›Moderne‹, deren Wesen nicht die Perfektion, sondern die Unvollkommenheit ist. Daraus schließlich erwachsen Verfall und Verwerfungen.

Die Darstellung beginnt mit einem Kapitel, das den Ursprüngen und dem Aufstieg der modernen Jugendfürsorge im 19. Jahrhundert nachgeht. Das Kapitel schließt mit einem Blick auf die Auswirkungen des Ersten Weltkrieges und einer Betrachtung der unmittelbaren Entstehungsgeschichte des Reichsjugendwohlfahrtsgesetzes. Das zweite Kapitel sucht zunächst nach der tatsächlichen Gestalt, die die Fürsorgeerziehung ebenso wie das Reichsjugendwohlfahrtsgesetz nach dem Inkrafttreten in der Praxis der zwanziger Jahre annehmen. Nicht außer Acht bleiben darf dabei das wohlfahrtspolitische Machtgefüge der Jugendfürsorge zwischen Staat, Kommunen und der privaten (vor allem konfessionellen) Wohlfahrtspflege und ihren Dachverbänden. Das dritte Kapitel geht in seinem gewichtigsten Teil der Krise der Fürsorgeerziehung und ihren Ursachen nach und richtet im Anschluß den Blick auf die Bemühungen um eine Reform ebenso wie auf die Überlegungen, eine ›Lösung‹ der Krise durch einen Abbau der Fürsorgeerziehung und den Ausschluß der »Unerziehbaren« herbeizuführen. Das vierte Kapitel analysiert die Realgeschichte des Abbaus. Es skizziert, wie die Krise der Fürsorgeerziehung in den frühen dreißiger Jahren schließlich in den Niedergang der Jugendfürsorge übergeht.

Mit einer Rekonstruktion der Jugendfürsorge in der Weimarer Republik untrennbar verbunden ist der Blick auf die Geschichte nicht nur der Jugendlichen, die unmittelbar in Maßnahmen der Jugendfürsorge einbezogen waren, sondern der Unterschichtjugend als solcher. Beider – der Institution wie der (potentiellen) Klientel – ›Fluchtpunkt‹ lag in der Einbindung in geregelte Lohnarbeit. Von hier aus gelingt eine Betrachtung der Lebens- und Arbeitswelt der Unterschichtjugend sowie eine Bestimmung der sozialen Orte von Verwahrlosung und Kriminalität. Das erste Kapitel berichtet von der Genese des jugendlichen ungelernten Industriearbeiters als dem Objekt der Jugendfürsorge, während das zweite Kapitel die Situation der Unterschichtjugend in der Nachkriegszeit und die Trennlinien zwischen der Arbeiter- und der Unterschichtjugend nachzuzeichnen versucht. Im dritten Kapitel finden sich Betrachtungen zum Alltag und zur Zusammensetzung der nach Zehntausenden zählenden Schar von Fürsorgezöglingen, die in der Weimarer Republik Anstalten durchliefen. Das vierte Kapitel wirft ein Licht auf die Lage der Unterschichtjugend in der

Depression und das sich immer deutlicher abzeichnende Auseinandertreten von Fürsorge und Klientel. Der Schluß der Darstellung resümiert. Aber dies geschieht nicht in Form einer bloßen Zusammenfassung. Vielmehr wird versucht, vom Besonderen zum Allgemeinen zu gelangen und dem Zusammenhang zwischen dem Niedergang der Jugendfürsorge und dem Verfall der Weimarer Republik nachzugehen.

I. Der Aufstieg der modernen Jugendfürsorge

1. Die Ursprünge

Wer nach den Anfängen der modernen Jugendfürsorge sucht, wird sie im Geflecht der Industrialisierung und dem damit einhergehenden gesellschaftlichen Wandel finden wollen. Das Vordringen industrieller Lohnarbeit, Binnenwanderung und Urbanisierung, die Unsicherheit der proletarischen Existenz in den verdichteten Wohnquartieren der Groß- und Industriestädte, schließlich die vielfache ›Auffälligkeit‹ der dort heranwachsenden Jugend – ohne all dies sind die Anfänge der modernen Jugendfürsorge in Deutschland in den letzten dreißig Jahren des 19. Jahrhunderts tatsächlich nicht denkbar. Gertrud Bäumer – im Reichsinnenministerium der Weimarer Republik mit der Jugendfürsorge beschäftigt – hielt es 1929 rückblickend für »eine der geläufigsten Erkenntnisse aus der Entwicklung der Wohlfahrtspflege ..., daß mit bestimmten Veränderungen der gesellschaftlichen Struktur soziale Probleme entstanden sind, die Grundlagen und Wesen der Hilfsbedürftigkeit durchaus verändert haben und dadurch auch neue Methoden der sozialen Hilfstätigkeit erfordern«.[1] Sie unterstellte somit einen fast automatischen Ablauf zwischen dem Auftreten eines Problems und den Handlungen, die zu seiner Lösung beitragen sollen. Eine solche Erklärung aber gibt wenig Raum für Umwege und Verzögerungen und läßt nicht deutlich werden, wann, warum und wie gesellschaftlicher Wandel auch als soziales Problem wahrgenommen wird. Erst eine Zusammenschau von Wandel, Wahrnehmung und »neuen Methoden« klärt die Handlungskonstellation der am Geschehen Beteiligten und führt vom bloßen Beschreiben der Anfänge hin zu einer Annäherung an Ursprünge.

Einen solchen Zusammenhang im Sinn hatte Helene Simon – eine weitere ›große Dame‹ der deutschen Jugendfürsorge –, als sie 1915 in einem wegweisenden Aufsatz über Jugendfürsorge schrieb: Die Bemühung um Jugend »erwächst aus den Bevölkerungsverhältnissen, der Wirtschafts- und Gesellschaftsgestaltung und den Kulturidealen der Gegenwart, erwächst aus ihrem Höhenflug wie aus ihren Nöten«.[2] Hie die »Verhältnisse«, dort die »Kulturideale«, dazwischen die »Gestaltung«: In einem solchen Zusammenhang waren der gesellschaftliche Wandel und seine

Folgen tatsächlich präziser faßbar als in der eher kurzschlüssigen Beschreibung Bäumers. Freilich waren die drei von Simon angesprochenen Ebenen nicht immer säuberlich voneinander zu trennen. In dem für die Jugendfürsorge ebenso zentralen wie diffusen Begriff der ›Verwahrlosung‹ liefen sie ineinander: Verwahrlosung konnte einen annähernd objektivierbaren Zustand eines einzelnen oder einer sozialen Gruppe meinen. Zugleich war der Begriff aber untrennbar verbunden mit einer ganz bestimmten Wahrnehmung, einem »Kulturideal«, das ganz bestimmte Verhaltensweisen als verwahrlost empfand. Schließlich erschien die dergestalt entdeckte Verwahrlosung als Ausgangspunkt und Gestaltungsraum jugendfürsorgerischen Handelns. Doch die ineinandergeschobenen Bedeutungen mindern nicht die analytische, vergangene Wirklichkeit ›aufschließende‹ Prägnanz des von Simon benannten Zusammenhangs. Vielmehr erlaubt ein so verstandener Begriff der Verwahrlosung, »der als ein flüssiger anerkannt ist«,[3] Blicke auf die Wandelbarkeit derlei Kategorien. War die Verwahrlosung Jugendlicher ein Phänomen der Hochindustrialisierung? Legt nicht der Begriff ›moderne Jugendfürsorge‹ nahe, daß es auch eine traditionale Jugendfürsorge gab? Was rechtfertigt die Absicht, in den letzten dreißig Jahren des 19. Jahrhunderts nach den Ursprüngen der modernen Jugendfürsorge zu suchen?

Für die Konstituierung des Phänomens ›Jugend‹ waren in diesen Jahren vor allem zwei Veränderungen von Bedeutung gewesen: Die wachsende Einbindung der Schulentlassenen in den Markt industrieller Lohnarbeit und der erhöhte Anteil jugendlicher Altersgruppen in den städtischen Zentren der Industrie. Vor dem Hintergrund einer generellen Verjüngung der Reichsbevölkerung vollzog sich in der Zeit der Hochindustrialisierung eine »kumulative Großstadtverjüngung«[4] – vor allem als Folge von Wanderungsbewegungen junger Erwerbstätiger.[5] Angezogen von den Möglichkeiten städtischer Lohnarbeit versammelte sich ein Arbeitskräftepotential, das wiederum die Industrialisierung in den städtischen Ballungsräumen forcierte. Die ›Jugendlichkeit‹ der Großstädte war gleichsam Ursache wie Folge der Einbindung einer wachsenden Zahl von Minderjährigen in industrielle Lohnarbeit.

Tatsächlich war die Zahl jugendlicher Arbeiter vor allem nach 1880 beträchtlich angewachsen. Während die Gewerbestatistik für das Jahr 1886 155.642 »jugendliche Arbeiter« (im Alter bis zu 16 Jahren) auswies, stieg die Zahl auf 220.047 im Jahr 1892 und verdoppelte sich bis 1909 auf 458.085. Nach Schätzungen nahm zwischen 1892 und 1908 auch die Zahl der jungen Arbeiter der Altersgruppe zwischen 16 und 21 Jahren von 578.421 auf 1.174.880 zu. Die Zahl der Fabriken, in denen »jugendliche Arbeiter« beschäftigt waren, wuchs enorm: Ihre Zahl stieg von 40.339 im Jahr 1896 auf 95.304 im Jahr 1909.[6] Der Trend des Wandels stand außer

Frage: Es vollzog sich ein starker Anstieg der Erwerbstätigkeit nach der Schulentlassung, abrupt bei der männlichen, allmählich bei der weiblichen Jugend. Zudem sank der Anteil der im Gesindedienst tätigen Jugend ebenso wie der Anteil der bloß als Angehörige gezählten Minderjährigen. »Der jugendliche Arbeiter«, resümierte ein Beobachter, »stellt den eigentlichen Typus des jugendlichen modernen Menschen dar«.[7]

Der Zusammenhang nicht nur mit der Industrialisierung, sondern auch mit der Anpassungskrise des Handwerks lag dabei auf der Hand. Die Ausbildung der Schulentlassenen in der handwerklichen Lehre verlor zusehends an Bedeutung.[8] Zugleich bot der wachsende industrielle Arbeitsmarkt hinreichend Möglichkeiten für jene, die eine handwerkliche Lehre noch abschlossen, ohne aber im Handwerk auf Dauer bleiben zu wollen. Vor allem jedoch absorbierte die Industrie jugendliche Arbeitskraft auch ohne vorangegangene Ausbildung im Handwerk. Die neuen, rasch wachsenden Industriezweige (Maschinen-, Großeisenindustrie) waren es, die über die größten Kontingente an jugendlichen Arbeitern verfügten[9] und sie im Betrieb ›anlernten‹, ohne daß dabei zunächst eine formalisierte Ausbildung zustandekam. Darüber hinaus bot die Industrie ausreichend Gelegenheit zu unständiger und ungelernter Arbeit, die auf die Lebensphase zwischen Schulentlassung und Militärdienst bzw. Volljährigkeit zugeschnitten war.

Für die Zeitgenossen verbarg sich der neue »Typus« des jugendlichen Arbeiters vor allem in den beiden letztgenannten Gruppen[10] – und erschien hier als ein Zeichen für die »Auflösung aller Bindungen«.[11] Ohne Zweifel verschwand der jugendliche Arbeiter aus bis dahin selbstverständlichen Gegebenheiten: der ländlichen Arbeitsverfassung (in der Gesindedienst und Jugendphase lange Zeit identisch gewesen waren[12]) und, durch »eigenen Verdienst auf eigenen Füßen«[13] stehend, dem elterlichen Haushalt. Das alte Ideal der ›Bindung‹ – der Anschluß des Lehrlings an den Haushalt seines Meisters – verfiel irreversibel. In der Konkurrenz mit der aufsteigenden Industrie war das Handwerk nicht mehr in der Lage, die allergrößte Zahl an Jugendlichen aufzunehmen.

Diesen verlorengegangenen Bindungen folgten in den Augen der Zeitgenossen aber nicht neue Bande, sondern eine »stark begehrte und über alle Schranken hinaus angemaßte Freiheit«.[14] Die Arbeitsverhältnisse der jugendlichen Arbeiter in den Fabriken waren vom Ideal einer Lehre als ›Bindung‹ denkbar weit entfernt. Obwohl schon zur Mitte des 19. Jahrhunderts von ›Lehrlingen‹ in den Fabriken die Rede gewesen war,[15] unterschieden sich die so genannten Jugendlichen in den Augen der Gewerbeaufsichtsbeamten kaum von den dort tätigen un- oder angelernten jugendlichen Arbeitern.[16] Vielmehr waren die »Industrielehrlinge« noch über das zweite Drittel des 19. Jahrhunderts hinaus »identisch mit dem aus der sozialräumlichen Ausdehnung der Fabrik stammenden jugendlichen Arbeiter, der in einem zeitlich nicht festgelegten, den Erwerb und die Verkettung von Routinen aufbauenden Prozeß dem Produktionsrhythmus eingewöhnt wurde«.[17] Doch entstanden im Umgang mit jugendlichen Arbeitern in den Fabriken »Ausbildungsprotostrukturen«, die »Wegbereiterfunktion«[18] für das Entstehen tatsächlicher Lehrlingsausbildung in Lehrwerkstätten oder Werkschulen abseits des Produktionsprozesses einnehmen konnten. Gleichwohl vollzog sich erst spät, zumeist nach 1890, in den Fabriken der Wandel hin zu einer betriebsinternen Lehrlingsausbildung mit dem Ziel der Heranbildung einer neuen, mit dem Betrieb verwachsenen Facharbeitergeneration. Davon wurden aber nicht alle jugendlichen Arbeitskräfte in den Betrieben erfaßt. Vielmehr kam es in der Industrie zu einer allmählichen Differenzierung zwischen Lehrlingen und jugendlichen Arbeitern. Je deutlicher die Lohnunterschiede ausfielen – zuungunsten des Lehrlings, der erst nach Abschluß der Lehre damit rechnen konnte, seinen ungelernten Altersgenossen in der Entlohnung zu übertreffen – um so wichtiger wurde die symbolische Abgrenzung der Lehrlinge von ihren besserverdienenden, aber minderqualifizierten Altersgenossen. Das geschah etwa in der Unterzeichnung der Lehrverträge durch den Betriebsdirektor, der Anfertigung von ›Gesellenstücken‹ und der Ausgabe ornamentierter Urkunden.[19]

Daß eine solche Differenzierung der jugendlichen Arbeitskräfte erst spät erfolgte und die Industrielehre mit Blick auf die Gesamtheit der Industrie eher eine Ausnahme denn die Regel war,[20] ist aber nicht allein aus den Erfordernissen der Fabriken und dem technologischen Wandel in der Hochindustrialisierung zu erklären.[21] Vielmehr war die Etikettierung einer großen Zahl jugendlicher Arbeiter als Un- oder bestenfalls Angelernte auch das Ergebnis einer zähen und erfolgreichen Interessenpolitik des Handwerks. Was als ›gelernt‹ oder ›ungelernt‹ galt, orientierte sich nicht an den Standards industriebezogener Qualifikationen, sondern an den Normen des Handwerks. Ihren Höhepunkt hatte die auf volkswirtschaftliche Stabilisierung des alten Mittelstandes und eine Wiederherstellung der »Exklusivität der Meisterschicht« gerichtete Interessenpolitik des Handwerks mit der Durchsetzung des »Kleinen Befähigungsnachweises« in der Handwerkernovelle von 1908 erreicht. Mit dieser Novelle wurde das Recht der Lehrlingsausbildung vom Bestehen der Meisterprüfung abhängig gemacht.[22] Damit war der Möglichkeit einer Industrielehre nicht der Boden entzogen, aber der erfolgreiche »gewerbliche Protektionismus«[23] ließ das Handwerk endgültig »zum normierenden Faktor der gesamten gewerblichen Ausbildung« werden.[24] Als paradox erwies sich, daß just im Augenblick der Durchsetzung der handwerklichen Lehre als dem Ideal des Einstiegs in Lohnarbeit die Handwerkslehre real an Bedeutung verloren hatte. Zugleich blockierte ihre Festschreibung als Norm »die Entwicklung industrietypischer Ausbildungsformen«.²⁵ Der »Typus« des jugendlichen Arbeiters war ein Produkt der Industrialisierung, der jugendliche Industriearbeiter als ›Ungelernter‹ aber auch das einer Interessenpolitik, die das ›Gelernte‹ ausschließlich am Handwerk maß und das Gros der Jugendlichen in der Industrie im Abseits beruflicher Nicht-Bildung beließ.

Doch in der Wahrnehmung der Zeitgenossen spielte es keine Rolle, daß der neue »Typus des jugendlichen modernen Menschen« mithin nicht nur eine Folge des gesellschaftlichen Wandels, sondern in seiner inferioren Stellung als ›Ungelernter‹ zugleich auch ein Ergebnis von Gesellschaftspolitik war. Es lag näher, ›Bindungslosigkeit‹ in ›Aufsichtslosigkeit‹ zu übersetzen und den gesellschaftlichen Wandel somit als Verwahrlosung zu deuten. Die jugendlichen Arbeiter erschienen ausschließlich als Protagonisten des Verfalls und mußten überdies auch politisch verführbar sein:

»So hat die Großindustrie eine Schar junger Arbeiter herangezogen, welche jeden sittlichen Strebens und Haltes bar in den Tag hineinlebt, ... welche den Irrlehren der Volksverführer williges Gehör und stets bereite Folgschaft leistet und eine Besserung ihrer materiellen Lage ohne eigenes Zuthun erwartet ... Die moderne Arbeiterjugend will von Pflichten und der Verbindlichkeit, sie zu erfüllen, nichts mehr wissen, und glaubt, im Beanspruchen von Rechten niemals weit genug gehen zu können. In diesem Widerspruch ... findet sich der Grund der überhandnehmenden Zuchtlosigkeit unter den jugendlichen Arbeitermassen. Wenn man diese jungen Leute beobachtet, ... dann erschrickt man wohl, aber man kann sich nicht mehr darüber verwundern, daß solchergestalt ein Proletariat heranwächst, welches schließlich die Strafanstalten und Zuchthäuser zu füllen auf dem besten Wege ist.«²⁶

Der eklatante Mangel an Nüchternheit und die verstörte, pessimistische Sicht, die in einem solchem Text zum Ausdruck kamen, verrieten wenig über die Lage der jugendlichen Arbeiter, aber viel über die »Kulturideale« und Deutungsmuster jener Bildungsbürger, die sich hinfort zum Handeln veranlaßt sahen.²⁷ Die jugendlichen Arbeiter schienen in ihrer »Zuchtlosigkeit« vor allem Instabilität und Bruchlinien der bestehenden Gesellschaft offenzulegen. Der Blick hierfür war geschärft: Mit der als Depression empfundenen Wirtschaftskrise der Jahre nach 1873 war das Vertrauen in eine stete und ruhige Vorwärtsentwicklung nachhaltig erschüttert worden.²⁸ Doch nicht nur der Verstoß gegen Sekuritätsempfinden und die bürgerliche »Kultur der Selbstbeherrschung«²⁹ bot Anlaß zu Überlegungen über den Umgang mit den Jugendlichen. Überdies war die Einsicht spürbar, daß die Verwahrlosung Jugendlicher ein stets aufs neue zutage tretendes Ergebnis der eigenen und gewollten Gesellschaft war. Sie erschien nicht mehr – wie etwa noch im Vormärz – als etwas Rückständiges, mit dem Fortschritt der Gesellschaft und der eigenen Klasse zu Überwindendes.³⁰ Vielmehr war Verwahrlosung begreifbar als das Ergebnis einer Verschiebung im Gefüge der Arbeitsgesellschaft. Verwahrlosung erschien hierin als Phänomen eines bestimmten Lebensalters vor allem männlicher Jugendlicher in der »Jugendwüste«, der »gefahrvolle[n] Lücke zwischen Schulbank und Waffendienst«.[31] Der Grund der Gefahr lag im schnellen, ›ungebundenen‹ und instabilen Eintritt der Jugendlichen in Lohnarbeitsverhältnisse – und das sollte für die moderne Jugendfürsorge ebenso wie für die Konfiguration der ›Verwahrlosung‹ von entscheidender Bedeutung sein. Einstweilen waren sich die Zeitgenossen bewußt, daß »in der Versicherungsgesellschaft Staat« mit den »Jugendlichen eine besondere Gefahrenklasse« entstanden war.[32]

Mehr aber noch als im Begriff der ›Verwahrlosung‹ fanden gesellschaftlicher Wandel und kulturideelle Wahrnehmung in der Bezeichnung ›Jugendlicher‹ einen sprachlichen Ausdruck. Darin fand die moderne Jugendfürsorge zugleich ihren *begrifflichen Ursprung*. Lange bevor der ›Jugendliche‹ zum Allgemeinbegriff wurde, war die Bezeichnung in Konnotation mit Industriearbeit und Verbrechen entstanden.[33] Nicht erstaunlich ist es von daher, daß der *institutionelle Ursprung* der modernen Jugendfürsorge – die Erziehung auf öffentliche Kosten in Anstalten oder Pflegefamilien – im Reichsstrafgesetzbuch wurzelte. In der prononcierten Wahrnehmung der ›Jugendlichen‹ wie im sukzessiven Ausbau der fürsorgerischen Instrumente zeigte sich schließlich der *ursprüngliche Initiator* der modernen Jugendfürsorge, das armenpflegerisch-wohlfahrtspolitisch interessierte oder tätige Bildungsbürgertum. Ursprünge und Anfänge der modernen Jugendfürsorge als bürgerliches Projekt – von der ›Entdeckung‹ der ›Jugendlichen‹ bis hin zur fürsorgerisch-institutionellen Antwort in den Jahren zwischen der Reichsgründung und der Jahrhundertwende – markierten dabei zugleich auch den Abstand zur traditionalen Jugendfürsorge. Letztere war vielfältig, zersplittert und im Grunde begriff- und kopflos. Das Nebeneinander von konfessionellen Rettungshäusern, caritativen Erziehungsvereinen, polizeilicher Pflegekinderaufsicht und den mehr schlecht als recht arbeitenden Gemeindewaisenräten wurde in einem mehrfachen Paradigmenwechsel nach 1871 wenn nicht überwunden, so doch transformiert, wenn nicht überflüssig gemacht, so doch mit einem neuen Begriff, neuen Motiven und der gewichtigen Institution der Fürsorgeerziehung, die zunächst noch ›Zwangserziehung‹ hieß, verändert.[34] Während im Mittelpunkt der traditionalen Jugendfürsorge ein eher diffuser Begriff vom Kind stand, konzentrierte sich die moderne Jugendfürsorge auf den neu entdeckten Jugendlichen. Hatte sich die traditionale Jugendfürsorge mit Minderjährigen aus nicht vorhandenen Familien, zuvörderst mit Waisen beschäftigt, erwuchs die Klientel der modernen Jugendfürsorge aus Familien, deren Erziehungsleistungen aus Sicht der bürgerlichen Sozialreformer den Belastungen nicht gewachsen waren.

Doch der Aufstieg der modernen Jugendfürsorge kam nicht von ungefähr. Ohne die Herausbildung des Interventionsstaates und die allmähliche Zunahme regulierender Eingriffe in einer sich organisierenden Gesellschaft ist dieser Aufstieg nicht denkbar. Die moderne Jugendfürsorge als bürgerliches Projekt nahm ihren Ausgang nicht von der städtischen Armenpflege, sondern von der Zwangserziehung, einem Instrument, das die Initiative zunächst dem Reich und den Ländern überließ. Die moderne Jugendfürsorge wurde – im Abrücken von der traditionalen Jugendfürsorge – zur staatlichen Jugendfürsorge. Gleichwohl sah das Reichsstrafgesetzbuch von 1871 Zwangserziehung nur als Ausnahme vor. Straffällig gewordene Minderjährige im Alter zwischen 12 und 18 Jahren konnten zur Zwangserziehung überwiesen werden, wenn ihnen die Einsicht in die Strafbarkeit ihrer Tat fehlte und eine Rückkehr in die Familie nicht mehr möglich war. Doch kam es fünf Jahre später zu einer bedeutsamen Novellierung des Strafgesetzbuches, mit der nun auch die Schulpflichtigen im Alter unter 12 Jahren für die Zwangserziehung erfaßt werden konnten. Überdies legte die Novelle eine Beteiligung des Staates an den Kosten der Zwangserziehung nahe, die bis dahin von den Eltern, der Armenpflege oder privater Wohltätigkeit aufgebracht werden mußten.

Mit dem 1878 verabschiedeten »Gesetz, betreffend die Unterbringung verwahrloster Kinder« reagierte Preußen auf die Novelle mit einem Landesausführungsgesetz. Es nutzte den gegebenen Spielraum dabei aber nur wenig. Zwangserziehung sah das Gesetz auf Anordnung des Vormundschaftsrichters nur für Minderjährige vor, die zwischen dem 6. und dem 12. Lebensjahr straffällig geworden waren.[35] Doch je länger das Nachdenken über eine gesetzliche Regelung währte, um so stärker kamen Zweifel auf, ob die immer noch restriktiven Eingriffskriterien dem Problem angemessen waren. Lag der Zusammenhang zwischen Verbrechen und Verwahrlosung nicht auf der Hand? Das Preußische Statistische Bureau kam 1883 in einer Denkschrift zu einem internationalen Jugendschutzkongreß tatsächlich zu der Ansicht, »daß der Staat sich nicht auf die Bestrafung der fertigen Verbrecher beschränken dürfe, sondern der Entwickelung des Verbrecherthumes unter der heranwachsenden Jugend entgegenwirken müsse«.[36] Schon der Ausdruck »fertige Verbrecher« ließ erkennen, daß Verwahrlosung den Verantwortlichen nun als bloße Vorstufe galt. Warum also erst nach dem ›Reifungsprozeß‹ eingreifen und nicht vorher?

Eine Diskussion hierüber hatte 1882 in der Zweiten Kammer der Landstände des Großherzogtums Hessen begonnen. Zwei städtische Abgeordnete beantragten nicht nur ein Landesausführungsgesetz im Anschluß an die Novelle zum Reichsstrafgesetzbuch, sondern baten zugleich die Regierung, »in Erwägung zu ziehen, ob nicht gesetzliche Bestimmungen zu erlassen wären, wonach die zwangsweise Unterbringung solcher Kinder auch ohne Voraussetzung einer verübten strafbaren Handlung zugelassen ist«.³⁷ Doch erst die Interpellation einer größeren Gruppe nationalliberaler Abgeordneter im darauffolgenden Landtag führte schließlich 1885 zur Vorlage eines »Gesetz-Entwurfes, die Unterbringung jugendlicher Uebelthäter und verwahrloster Kinder betreffend«.³⁸ Der Artikel 3 dieses Entwurfs sah Zwangserziehung nicht bloß bei Straffälligkeit und Mißhandlung durch Eltern oder Vormünder vor, sondern auch für Minderjährige, »welche zwar eine strafbare Handlung noch nicht begangen haben, deren bereits zu Tage getretene sittliche Verwahrlosung aber die erziehliche Einwirkung der Eltern und der Schule in Berücksichtigung der Persönlichkeit der Eltern und des Kindes, sowie der sonstigen Lebensverhältnisse des letzteren als unzureichend erscheinen läßt«.³⁹

Einen ausgewiesenen Fürsprecher fand das Gesetzesvorhaben in dem 1885 erstmals in die Kammer gewählten Darmstädter Oberbürgermeister Albrecht Ohly. Er hatte sich bereits im Jahr zuvor auf dem Armenpflegerkongreß, der Jahresversammlung des 1881 gegründeten Deutschen Vereins für Armenpflege und Wohlthätigkeit, für eine umfassende Zwangserziehungsgesetzgebung ausgesprochen.⁴⁰ Doch im Deutschen Verein, der im Gegensatz zu den prominenteren Foren bürgerlicher Sozialreform, dem Verein für Sozialpolitik und der Gesellschaft für Soziale Reform, fast nur Praktiker und Spezialisten der privaten und kommunalen Fürsorge versammelte,⁴¹ trafen Ohlys Vorschläge zur Zwangserziehung nicht nur auf Zustimmung. Auf dem Armenpflegerkongreß des darauffolgenden Jahres 1885, auf dem das Thema erneut auf der Tagesordnung stand, erwuchs ihm in Eduard Eberty, dem Vorsitzenden der Abteilung Waisenverwaltung in der Berliner Armendirektion, ein skeptischer Koreferent. Eberty hielt den Begriff der Verwahrlosung als Kategorie für nicht hinreichend. Er hegte Zweifel, »ob die zur Zwangserziehung untergebrachten Kinder oder die Kinder von Eltern, welche ihrer Elternrechte entsetzt sind, wirklich Heil, Heilung gefunden haben?«⁴² Zudem wies Eberty auf den Klassencharakter erweiterter Zwangserziehungsgesetze hin: »Nun muß ich sagen, sobald ich für eine allgemeine Klausel votire, dahin, wo Verwahrlosung vorhanden ist, muß der Staat einschreiten, so ist die Folge, daß ... nichts anderes beschlossen wird als ein Eingriff in die Rechte der Familien unserer ärmeren und ärmsten Klassen, also ein Gesetz gegen eine bestimmte Klasse der Bevölkerung«.⁴³ Seine Skepsis aber fand kaum Gehör. Die Versammlung des Deutschen Vereins stimmte Ohlys Absichten zu. Das Vertrauen in eine Regulierung durch freie Initiative, das Eberty favorisierte,⁴⁴ war auch unter den kommunalen Praktikern längst dem Zauber der ›Socialpolitik‹ gewichen.

Wohl auch mit Blick auf die Durchsetzung seiner Sicht hielt Ohly den Debatten im Deutschen Verein rückblickend zugute, »die Frage überhaupt im deutschen Reiche in Fluß gebracht [zu] haben«.[45] Nach einer ausführlichen Diskussion beschloß die hessische Kammer 1887 das Gesetz[46] – gegen den Widerstand von Zentrum, Freisinn und Sozialdemokratie, die Eingriffen *dieser* Obrigkeit ablehnend gegenüberstanden.[47] Im Jahr zuvor bereits hatte die badische Kammer das Thema ebenfalls aufgegriffen, zügig besprochen und ein entsprechendes Gesetz verabschiedet.[48] Auch ein hamburgisches Gesetz von 1887 ging über den Kreis der bereits straffällig Gewordenen hinaus. Doch drohte dem durch Hessen, Baden und den kommunalen Sozialreformern erkämpften Terrain öffentlicher Erziehung Gefahr. Das 1900 in Kraft getretene BGB gab der elterlichen Gewalt den Vorrang vor staatlichen Eingriffen. Aber es gelang den hessischen und badischen Bundesratsbevollmächtigten – den Repräsentanten der Länder also, deren Zwangserziehungsgesetze den Schuldnachweis der Eltern, den das BGB verlangte, nicht unbedingt vorsahen – im Artikel 135 des Einführungsgesetzes zum BGB den Schutz der weitreichenden Landesgesetze durchzusetzen. Und dies geradezu mit List: denn der Artikel 135 sanktionierte nicht nur die hessischen, badischen und hamburgischen Wege der Zwangserziehung, sondern verhalf ihnen »nun allgemein zur Geltung«.[49]

Im Jahr des Inkrafttretens des BGB kam es schließlich in Preußen zur Verabschiedung des »Gesetzes über die Fürsorgeerziehung Minderjähriger«. Wer das 18. Lebensjahr noch nicht vollendet hatte, konnte hier nun der Fürsorgeerziehung überwiesen werden, sofern die Voraussetzungen der Paragraphen 1666 und 1838 des BGB (schuldhaftes Versagen des Vaters oder des Vormundes) vorlagen oder der Minderjährige eine strafbare Handlung begangen hatte, »wegen der er in Anbetracht seines jugendlichen Alters strafrechtlich nicht verfolgt werden kann«. Auch konnte Fürsorgeerziehung angeordnet werden, wenn sie »zur Verhütung des völligen sittlichen Verderbens«[50] notwendig erschien. Preußen hatte sich damit nicht nur dem Trend nach erweiterter öffentlicher Erziehung angeschlossen und die engen Grenzen des alten Gesetzes von 1878 überwunden. Mit der Wahl der neuen Bezeichnung ›Fürsorgeerziehung‹ wurde zugleich auch der despektierliche Begriff der ›Zwangserziehung‹ abgeschüttelt. Schaffung und Ausbau der Fürsorgeerziehung als Kerninstitution der modernen Jugendfürsorge fanden mit dem preußischen Gesetz von 1900 somit einen vorläufigen Abschluß. In Preußen entschied der Vormundschaftsrichter auf Antrag des Landrats, des Gemeindevorstands oder der Polizeibehörde, ob die Voraussetzungen gegeben waren und überwies den Minderjährigen in eine fremde Familie oder eine Anstalt. Träger der Fürsorgeerziehung waren die Kommunalverbände der preußischen Provinzen, der Staat erstattete den Kommunalverbänden zwei Drittel der Kosten. Diese lakonische Konstruktion der preußischen Fürsorgeerziehung diente den anderen Bundesstaaten des Reiches wiederum als Modell für den Erlaß neuer oder die Veränderung bereits bestehender Gesetze.[51]

Die moderne Jugendfürsorge hatte ihre traditionalen Vorläufer aber nicht mit einem Schlage abgelöst. Sie veränderte nur langsam deren Einrichtungen. Zwar schufen die Länder und die preußischen Provinzen, vereinzelt auch Kreise und Städte zunehmend eigene Anstalten. Aber das Gros der Zöglinge kam in den zum Teil seit vielen Jahrzehnten bestehenden Rettungshäusern und Anstalten überwiegend konfessioneller Erziehungsvereine unter. Nicht selten war der Wunsch nach Wohltätigkeit bei der Errichtung dieser Häuser größer gewesen als die Einsicht in die Zweckmäßigkeit und Überlegungen ökonomischer Rentabilität.[52] Nicht wenige der oft kleinen und abgelegenen Anstalten gerieten bald nach ihrer Gründung in Schwierigkeiten. Durch den Aufbau der staatlichen Fürsorgeerziehung und der damit verbundenen Regelmäßigkeit der Belegung und Finanzierung wurden sie von Existenzsorgen befreit. Doch geschah der Zugriff des Staates auf die alten Rettungshäuser nicht uneigennützig: Ohne das bereits bestehende Netz an Anstalten wäre die flächendeckende Durchführung der Fürsorgeerziehung kaum denkbar gewesen.[53]

2. Geburtenrückgang und »innerer Imperialismus«. Der Aufstieg der Jugendfürsorge 1900–1914

Mit der Verabschiedung des preußischen Fürsorgeerziehungsgesetzes von 1900 und seinem Inkrafttreten im darauffolgenden Jahr war eine Zäsur in der Entwicklung der deutschen Jugendfürsorge eingetreten. Ein erhoffter Erfolg – der Rückgang der Jugendkriminalität – blieb jedoch aus. Die veröffentlichten Zahlen der Reichskriminalstatistik ließen keinen Zweifel daran, daß weder in Hessen und Baden nach 1886/87 noch in Preußen nach 1900 wesentliche Erfolge im Kampf gegen die Kriminalität der Jugendlichen erzielt worden waren.[54] Im Gegenteil: Die Zahl der bereits Vorbestraften unter den straffälligen Jugendlichen hatte bis zur Jahrhundertwende stetig zugenommen und hielt sich danach auf hohem Stand.[55] Die »Zunahme des Reichthums und der Wohlfahrt«, hingegen, die in den Augen mancher Zeitgenossen nach der Jahrhundertwende beobachtet werden konnte, warf zusätzliches Licht auf die Verwahrlosung Jugendlicher und machte den Kontrast zwischen ihrer Welt und den Maßstäben ihrer bürgerlichen Beobachter deutlicher als zuvor.[56] Alsbald sollten »alle Faktoren ... auf diesem vielleicht wichtigsten Gebiete unserer Wohlfahrtspflege in Bewegung gesetzt« [57] werden.

Die Fürsorgeerziehung jedoch rückte auf Jahre in den Hintergrund. Die Prominenz, die der Institution in den Ursprungsjahren der Jugendfürsorge zugekommen war, verschwand. Waren die Verantwortlichen von der Fürsorgeerziehung und ihren Ergebnissen enttäuscht? Ernüchtert waren sie ohne Zweifel. In der Folge begannen Erprobung und Aufbau neuer Institutionen, schließlich die Suche nach einer Systematik, die die moderne Jugendfürsorge nun über den Kernbereich der Fürsorgeerziehung hinaustreiben sollte und letztere nicht mehr als *die* Jugendfürsorge, sondern als *Teil* derselben erscheinen ließ.

Am Beginn dieser zweiten Phase in der Entwicklung der deutschen Jugendfürsorge stand der Wunsch nach einer Behörde. Ohly hatte bereits am Rande seiner Interventionen für erweiterte Zwangserziehung »Waisenämter« angeregt[58] und Hugo Appelius sprach 1892 in seinem, für die »Internationale Criminalistische Vereinigung« verfaßten Aufriß einer umfassenden Jugendfürsorge von »Erziehungsämtern«.[59] Ohly, Appelius und ihre Mitstreiter hatten eine kommunale Behörde zum Ziel erkoren, die – ob Schlußstein oder Ausgangspunkt – jedenfalls zentrale Instanz der Jugendfürsorge werden sollte: anregend, bündelnd und steuernd. Präzise Gestalt nahmen solche Vorstellungen nach der Jahrhundertwende an, als die Jugendfürsorge in der Sichtung ihrer Klientel einen weiteren entscheidenden Schritt tat. Ein Schritt, der die Entwicklung der Jugendfürsorge nachgerade als rationale Entfaltungslogik erscheinen läßt: Während am Beginn der Entwicklung die jugendlichen Straffälligen ins Auge fielen, so stellte sich den Verantwortlichen bald die Frage nach den Ursachen jugendlichen ›Verbrechertums‹. Welche Jugendlichen liefen Gefahr, straffällig zu werden? Eine Antwort fand sich schnell im Nachweis der Verwahrlosung und im Aufbau der Fürsorgeerziehung. Aber der Schritt vom Straffälligen zum Verwahrlosten führte weiter und legte schließlich die Frage nahe: Wer eigentlich unter den Minderjährigen schien dazu vorbestimmt, zu verwahrlosen? Die Antwort, die man nach der Jahrhundertwende gab, führte zurück zu einer ›alten‹ Kategorie Minderjähriger, zu einer klassischen Klientel der traditionalen Jugendfürsorge: zu den Unehelichen. Aber die Generation der Unehelichen, der man sich nun zuwandte, wurde geradezu neu ›entdeckt‹ und in der Erforschung ihrer Lebensumstände auf eine Weise zum Objekt der Wissenschaft gemacht, die alle bisherige Beschreibung der Unterschichtjugendlichen an Exaktheit und Aussagekraft übertreffen sollte.

Mit den Unehelichen war aber nicht nur – neben den Straffälligen und Verwahrlosten – die dritte zentrale Klientel der modernen Jugendfürsorge ins Blickfeld gerückt. Der Fortschritt bestand vielmehr darin, »daß nach und nach überall die verlassene, mißhandelte, physisch und geistig defekte, verwahrloste, straffällige Jugend als eine einzige soziale Erscheinung aufgefaßt wird, die uns in verschiedenen Entwicklungsstadien gegenübertritt«.[60] War dieser Zusammenhang einmal erkannt, konnten isolierte Maßnahmen nicht mehr der Fürsorge letzte Antwort sein. In den Mittelpunkt der Kritik rückte immer mehr die Konfusion der traditionalen Jugendfürsorge, die der Rixdorfer Lehrer Konrad Agahd, der mit einer Reihe von Veröffentlichungen zur Kindererwerbsarbeit hervorgetreten war, 1907 beschrieb:

»Steht ein Mündel in Armenpflege, so tritt Beaufsichtigung durch die Armenverwaltung und Überwachung des Vormunds durch den Waisenrat ein; steht ein Mündel nicht in Armenpflege, so führt der Vormund und der Waisenrat die Kontrolle; ist ein Mündel seitens der Polizei untergebracht, so wird die Pflegestelle von der Polizei beaufsichtigt, desgleichen vom Vormund und drittens (zur Überwachung des Vormunds) von dem Gemeindewaisenrat; ist ferner ein Mündel als Fürsorgezögling in einer Familie untergebracht, so führt der Pfleger (§ 11 FEG) und der Gemeindewaisenrat die Aufsicht, denn es ist nirgends im FEG gesagt, daß dem Gemeindewaisenrat die Aufsicht über diese Mündel nicht zustände ... Ist nun etwa nicht der Vormund des Mündels, sondern ein Dritter als Pfleger bestellt, so ist also damit die Aufsicht des Vormundes nicht etwa erloschen, denn er und nicht der Pfleger ist rechtlicher Vertreter, woraus resultiert, daß für einen solchen Fürsorgezögling, der Mündel ist und dessen Vormund nicht zugleich als Pfleger gemäß § 11 FEG bestellt wurde, eine dreifache Aufsicht (Pfleger, Vormund, Waisenrat) besteht. In allen genannten Fällen dürfte schließlich noch (armen)ärztliche Kontrolle stattfinden.«[61]

Der Wunsch nach einer zentralen Einrichtung bekam somit nicht nur im Blick auf die Klientel, sondern auch unter Würdigung der Konfusion der Institutionen neue Dringlichkeit. Das Instrument, mit dem man das Problem des Unehelich-Seins zu steuern gedachte, war wiederum ›alt‹: die Vormundschaft. Aber auch sie sollte nun mit der alten Vormundschaft, der verwandtschaftlichen oder nachbarschaftlichen Hilfe der ständischen Gesellschaft, nur mehr wenig gemein haben. Als Berufsvormundschaft konzipiert, wuchs sie sich schließlich zum Dach der modernen Jugendfürsorge aus und wurde zur Keimzelle aller späteren Jugendämter. Nicht zu Unrecht sollte Christian Jasper Klumker seine Geschichte der Berufsvormundschaft in allgemeiner Absicht 1931 unter dem Titel »Vom Werden deutscher Jugendfürsorge«[62] veröffentlichen. Und nicht zu Unrecht wird man die Promotoren der Berufsvormundschaft, vor allem Klumker selbst, neben den Verfechtern der Fürsorgeerziehung und den Köpfen der Jugendgerichtsbewegung zu den eigentlichen Vätern der modernen Jugendfürsorge zählen dürfen.

Zum Mittelpunkt der neuen Form der Vormundschaft sollte nach der Jahrhundertwende die »Centrale für private Fürsorge« in Frankfurt am

Main werden.⁶³ Klumker war seit 1900 ihr Geschäftsführer und lehrte zugleich an der Akademie für Sozial- und Handelswissenschaften. Unter seiner Leitung begann die »Centrale« 1903 mit dem Aufbau einer Vereinsberufsvormundschaft. Auf Ausbildungskurse für berufsvormundschaftlich tätige Beamte folgte 1906 eine Tagung deutscher Berufsvormünder, auf der das Archiv deutscher Berufsvormünder als erste reichsweite Spitzenorganisation der Jugendfürsorge gegründet wurde.⁶⁴ Damit einher ging eine »von allgemeinen sozialpolitischen Gesichtspunkten getragene Propaganda für die Berufsvormundschaft ..., welche auf eine feste Unterlage durch wissenschaftliche Bearbeitung des ganzen Problems gestellt wurde.«⁶⁵ Die »wissenschaftliche Bearbeitung« übertrug Klumker dem jungen Othmar Spann. Seine Untersuchungen und die Arbeiten Klumkers über die Unehelichen in Frankfurt und im Reich⁶⁶ stehen am Beginn der sozialwissenschaftlichen Jugendforschung.⁶⁷ Zum ersten Mal wurde die Lebenswelt der Unterschichtjugendlichen nicht Gegenstand larmoyanter Klage und diffuser Beschreibung, sondern Objekt nüchterner Wissenschaft. Spanns Untersuchungen waren dabei »eine einzige laute Anklage gegen die Institution der Einzelvormundschaft«.⁶⁸ Mit schneidender Schärfe rückte er dieser alten Form der Vormundschaft zu Leibe. Die »Komplikation der wirtschaftlichen und sozialen Verhältnisse« wie »die Anhäufung großer Menschenmassen in unseren Städten und Industriezentren« lasse eine Vormundschaft »nicht mehr aus persönlichen Beziehungen hervorgehen«:

»Man muß sich nur vor Augen halten, wie bei der großen Not an Vormündern in Deutschland von den Gemeindewaisenräten tatsächlich vorgegangen wird, um die nötige Anzahl von Vorschlägen an die Vormundschaftsrichter aufzubringen. Man greift etwa straßenweise aus dem Adreßbuch beliebige Namen heraus und schlägt sie dem Vormundschaftsrichter vor, der es dann meist mit sehr unangenehm überraschten, nur widerwillig ihrer Bürgerpflicht nachkommenden Persönlichkeiten zu tun hat ... Kann da jeder Bürger ehrenamtlich das Erforderliche leisten?«⁶⁹

Spann fragte in seinen Untersuchungen aber nicht nur nach Möglichkeiten zur Sicherung der Existenz unehelicher Minderjähriger. Er fragte auch nach ihrem beruflichen Weg und fand heraus, daß Uneheliche weitaus stärker als ehelich Aufwachsende in ungelernten oder gelernten Berufen schlechter Qualität arbeiteten.⁷⁰ Daß die Unehelichen damit der Kriminalität nahe waren, stand für Spann außer Frage, da »die ungelernten Arbeiter unter allen untersuchten Berufen die höchste Kriminalität«⁷¹ aufwiesen. Der Berufsvormundschaft mußten im Angesicht solcher Vorherbestimmung zwei Aufgaben zukommen, eine gleichsam doppelte Prävention: Schutz der Gesellschaft vor Kriminalität, mehr aber noch die Sicherung der Existenz der Unehelichen. »Die Berufsvormundschaft allein«, waren

Spann und Klumker überzeugt, »wird imstande sein, eine gründliche Besserung der Verhältnisse herbeizuführen. Sie wird damit gleichzeitig eine rationelle Verbrechensbekämpfung darstellen. Denn schon durch die Ausbildung der Unehelichen zu einem Berufe und durch die Fürsorge für Minderwertige wird an Stelle der bloßen Repressive die weit wirksamere Prophylaxe treten.«[72] Damit war die Entfaltungslogik der Jugendfürsorge – von den Straffälligen über die Verwahrlosten hin zur »Prophylaxe« – an einem offenbar archimedischen Punkt angelangt, von dem aus sich der Aufbau einer organisierenden Zentrale der Jugendfürsorge anbot. Spann empfahl die Berufsvormundschaft als »Institution mit zentraler Stellung inmitten sämtlicher Hilfseinrichtungen für die Erziehung«.[73] Berufsvormundschaft sollte zur »Nährquelle« werden, »welche alle Einrichtungen mit den ihnen zukommenden Kindern versorgt«, sollte »das allgemeine dirigierende Organ für die Einzeleinrichtungen«[74] werden und die Jugendfürsorge von der Armenpflege endgültig lösen.[75]

Die Frankfurter »Centrale« folgte dieser Empfehlung und ging in ihrer Fürsorgearbeit von Anbeginn an über den Kreis der Unehelichen hinaus. Sie bezog »sämtliche Probleme der Ersatzerziehung in den Arbeitskreis der Berufsvormundschaft« ein.[76] Als Spann seine Untersuchungen 1912 resümierte und »die große sozialpolitische Mission der Berufsvormundschaft«[77] beschrieb, konnte er somit bereits auf Versuche verweisen, »das gesamte zerstreute Fürsorgewesen auf der Grundlage der Berufsvormundschaft zu vereinigen«.[78] Freilich trieb die Diskussion über eine Zentralisierung, vor allem aber über die Notwendigkeit einer Verberuflichung der Fürsorge, allmählich über die »Centrale« und die Grenzen privater Wohltätigkeit hinaus. Als eigentlicher Adressat des ambitionierten Programms konnte nur die kommunale Fürsorge in Betracht kommen – und dort sollten die Vorstellungen auch allmählich auf wachsende Zustimmung stoßen: Der Mainzer Bürgermeister Georg Schmidt schlug auf der Jahresversammlung des Deutschen Vereins 1900 die Einrichtung eines »städtischen Erziehungsbeirates« vor. Dieser sollte »selbständig ... gegenüber der Deputation für die gesetzliche Armenpflege« sein und die Aufgaben des Gemeindewaisenrates allmählich übernehmen.[79]

Zehn Jahre später, als Schmidt dem Deutschen Verein einen ausführlichen Bericht über »Die Organisation der Jugendfürsorge«[80] vorlegte und auf der Jahresversammlung darüber sprach, hatten seine Vorstellungen bereits präzisere Gestalt angenommen. Als »wichtigstes Hilfsmittel« benannte er die »Berufsvormundschaft im weitesten Umfange«.[81] »Die neuzeitlichen Bestrebungen und Betätigungen der Städteverwaltungen, für die sie berührenden Aufgaben der Kinder- und Jugendfürsorge einen Mittelpunkt in einer städtischen Zentrale für Jugendfürsorge zu schaffen«, seien, so Schmidt in seinen Leitsätzen, »um so mehr zu begrüßen, als eine umfassende einheitliche Gesetzgebung für die Jugendfürsorge noch fehlt«.[82] Bereits im Juli 1909 hatte die von ihm geschaffene »städtische Zentrale für Jugendfürsorge«, in Mainz ihre Arbeit aufgenommen. Sie übernahm für die Stadtgemeinde die »Fürsorge für alle bei ihr zuständigen und einer öffentlichen Versorgung bedürftigen Kinder« ebenso wie »für das sittliche, gesundheitliche und wirtschaftliche Fortkommen der Pflegekinder nach der Schulentlassung«.[83] Noch im Oktober desselben Jahres richtete Dresden ein »städtisches Fürsorgeamt« ein, das gleichfalls »die gesamte Kinder- und Jugendfürsorge in einem Amte und in einer Hand«[84] vereinen sollte. Über diese kommunalen Vereinbarungen hinaus ging der Stadtstaat Hamburg, der 1910 mit einem »Gesetz über die öffentliche Fürsorge für Minderjährige« alle Belange der Jugendfürsorge einer landesgesetzlichen Regelung unterwarf und die Durchführung derselben der neugeschaffenen »Behörde für öffentliche Jugendfürsorge« übertrug.[85] Hilfsbedürftige Kinder im Sinne des Armenrechts, Zwangserziehungszöglinge, Ziehkinder, vom Gemeindewaisenrat beaufsichtigte Mündel und unter Berufsvormundschaft stehende uneheliche Kinder – sie alle waren nun einer Behörde anvertraut, deren Zentralisation es auch erlaubte, »ein geschlossenes Netz einer von ehrenamtlich und amtlich tätigen Personen gebildeten Organisation von einer Stelle aus auszubilden«.[86]

Die Beispiele von Mainz, Dresden und Hamburg machten Schule. Allmählich setzte sich dabei auch der Name durch, unter dem die Einrichtung nach dem Ersten Weltkrieg ihre endgültige Form finden sollte. Noch vor dem Ausbruch des Krieges schufen Bremen, Halle und Frankfurt Einrichtungen, die nun aber weder ›Zentrale‹ noch ›Behörde‹ hießen, sondern: Jugendamt.[87] Die Allzuständigkeit der bestehenden Jugendfürsorgezentralen stieß jedoch bei einer Kategorie Jugendlicher an Grenzen. Für straffällig gewordene Jugendliche galt auch weiterhin der Primat der Strafe. Doch auch im Strafrecht, im Strafverfahren und im Strafvollzug entstand nach der Jahrhundertwende Bewegung. Während sich das Bemühen im engeren Bereich der Jugendfürsorge auf Zentralisation und Professionalisierung richtete,[88] strebten die Reformer hier eine weitgehende Separierung jugendlicher Straffälliger in Recht, Verfahren und Vollzug an. Seinen Ausdruck fand dieses Bemühen in der Jugendgerichtsbewegung, die auf die Errichtung eigener Jugendgerichte, auf eine Verknüpfung von strafrechtlicher und erzieherischer Behandlung, vor allem aber auf eine pädagogische Ausgestaltung des Strafverfahrens abzielte.[89] Fast zeitgleich mit der Durchsetzung städtischer Jugendfürsorgezentralen errang die Jugendgerichtsbewegung ihre ersten Erfolge. 1908 entstanden auf dem Wege der Geschäftsverteilung, der Vereinigung des vormundschaftsgerichtlichen und strafrichterlichen Verfahrens die ersten Jugendgerichte in Frankfurt und Köln,[90] und 1912 öffnete das erste deutsche Jugendgefängnis in Wittlich an der Mosel seine Pforten.[91] Im selben Jahr arbeiteten bereits 556 Amtsgerichte auch als Jugendgerichte.

Den Vertretern der städtischen Jugendfürsorge gelang es, sich über die Einrichtung der Jugendgerichtshilfe in das Jugendstrafverfahren einzuschalten. Abermals war es die Frankfurter »Centrale«, die mit Wilhelm Polligkeit und dem »Verein Kinderschutz« die Jugendgerichtshilfe für das Frankfurter Jugendgericht aufbaute und damit Pionierarbeit leistete. Über die Ermittlungstätigkeiten zu jugendlichen Straftätern, über die Beistandschaft im Verfahren und über Schutzaufsichten und Fürsorgetätigkeiten nach Abschluß des Verfahrens[92] wurde das Jugendgericht nach dem Frankfurter Beispiel nicht seiner besonderen Stellung im System der Jugendfürsorge beraubt, aber doch so weit als möglich an die kommunalen Behörden und die privaten Organisationen angebunden.

Alle diese Bemühungen um Berufsvormundschaft, zentrale Jugendfürsorgebehörden und Jugendgerichte vermittelten bereits den Zeitgenossen das Bild einer »mit großer Lebhaftigkeit« entstandenen »Jugendfürsorgebewegung«.[93] Neue Fürsorgeformen – von der Schulspeisung bis zur Ferienerholung – traten zu den bestehenden hinzu. Nicht zuletzt damit trieb sich die Jugendfürsorgebewegung selbst voran: Durch die Vielzahl der Bemühungen wurde die Konfusion der alten Jugendfürsorge zunächst eher noch verstärkt, erhielt die Kritik an der Unübersichtlichkeit beständig neue Nahrung und die Forderung nach Zentralisierung zusätzliches Gewicht. In rascher Folge wurden Dachorganisationen ins Leben gerufen und Foren der Fachöffentlichkeit eingerichtet. Neben das Archiv deutscher Berufsvormünder traten 1906 der Allgemeine Fürsorgeerziehungstag (AFET)[94] und 1909 der Deutsche Jugendgerichtstag. Im April 1909 erschien schließlich erstmals das von Adolf Grabowsky herausgegebene »Zentralblatt für Vormundschaftswesen, Jugendgerichte und Fürsorgeerziehung«, das bis 1933 die führende jugendfürsorgerische Fachzeitschrift bleiben sollte.[95]

Das Vorgehen, die Methoden der Fürsorge und die Sprache der Protagonisten waren zu jener Zeit außerordentlich offensiv. Was Schmidt »Jugendfürsorgebewegung« hieß, nannten die Herausgeber des Zentralblattes »Jugendschutzbewegung«.[96] Gewiß war hierbei der Ruf nach dem Schutz der Jugend nur eine Verfeinerung des alten Wunsches nach dem Schutz der Gesellschaft *vor* der Jugend. Doch war die diffuse »bürgerliche Angst«[97] vor der Unterschichtjugend gewichen. ›Jugend‹ war mit einem Male – und weit über den Bereich der Fürsorge hinaus[98] – nicht mehr Chiffre der Bedrohung, sondern Chiffre der Hoffnung. Die Jugendfürsorgebewegung war somit mehr als Pathos und sprachliche Raffinesse. Ihre Wurzeln lagen in der Bevölkerungspolitik.

Als nach der Jahrhundertwende die Statistik keine Zweifel am Trend stetig sinkender Geburtenzahlen mehr zuließ, erregte dies unter Sozialreformern und Jugendfürsorgern hohe Aufmerksamkeit. Simon sprach vom Geburtenrückgang als einem »Weckruf«, als »Mahnung an ... den Staat«.[99] Nicht ohne Bedeutung für die Wahrnehmung der bürgerlichen Sozialreformer wird gewesen sein, daß der Geburtenrückgang als Rückgang der Geburtenzahl in den Familien begann und die Begrenzung der Kinderzahl zuerst in den eigenen bürgerlichen Familien einsetzte.[100] Doch nicht ein zu erwartender proportionaler Zugewinn an Kindern aus Unterschichtfamilien beherrschte die Diskussion, sondern der Geburtenrückgang als allgemeines, als nationales Phänomen. Nicht die unmittelbare Bekämpfung des Geburtenrückgangs stand in der Folge für die Fürsorger im Vordergrund. An die Seite des Kampfes gegen die Säuglingssterblichkeit traten vielmehr die Bemühungen um eine Verbesserung der Bedingungen des Heranwachsens. In der »Wendung vom Nachwuchs zur Aufzucht«[101] verband sich die Wahrnehmung des Geburtenrückganges mit »einer höheren gesellschaftlichen Wertung des Einzellebens«.[102]

Freilich lag das Interesse für jüngere Altersgruppen auch in der Entfaltungslogik begründet, im Fortschreiten vom straffälligen über den verwahrlosten Minderjährigen hin zu jenen, denen solche Karrieren bevorzustehen schienen. Aber dieser letzte Schritt, das Bewußtsein von einer »Sonderheit des Kindes«,[103] der Wechsel von einer defensiven Erziehung, wie er in der alten Zwangserziehung Ausdruck gefunden hatte, hin zu einer offensiven Erziehung, die sich als umfassender Schutz verstanden wissen wollte, ist ohne die Erfahrung des Geburtenrückganges nicht denkbar. So wie sie zutage trat, war die Jugendfürsorgebewegung nach der Jahrhundertwende ebenso entfaltungslogischer Fortschritt wie bevölkerungspolitische Antwort auf den Geburtenrückgang. Aber wozu und mit welcher Absicht bemühte man sich um Bevölkerungspolitik? Welches »Kulturideal« faßte den Geburtenrückgang als bedrohlich auf und führte zu einem Ausbau der Jugendfürsorge?

Lore Spindler mutmaßte wenige Jahre nach dem Ende des Ersten Weltkrieges, daß »bei der Einführung der modernen Säuglingsfürsorge die Bedrohung der Vormachtstellung Deutschlands durch den Geburtenrückgang stark mitgespielt« habe.[104] Tatsächlich war in der jugendfürsorgerischen Diskussion nach der Jahrhundertwende eine außerordentlich emphatische Verbindung zwischen Jugendfürsorge und Machtinteresse an die Stelle des Bedrohungsgefühls der Gründerjahre getreten. Der Staat der Zwangserziehung war ängstlich und verfolgte mit seinen Bemühungen ein Ausschalten der Bedrohung durch jugendliche Delinquenz. Der Staat der Jugendfürsorgebewegung hingegen war machtbewußt und imperial. Er erblickte in den Unterschichtjugendlichen nicht mehr nur Objekte der

Fürsorge, sondern auch Subjekte seiner eigenen Stärke, Träger der Zukunft. Im Zuwachs der Bevölkerung sah der Hamburger Waisenhausdirektor Johannes Petersen »eine Quelle unserer Macht«. In einer Zeit aber, in der jener Zuwachs nicht mehr auszureichen schien, »haben wir alle Ursache, das was ins Leben getreten ist, zu erhalten ..., für dessen Erhaltung zu kämpfen ... und nicht nur am Leben zu erhalten, sondern auch zu gesunden und möglichst nützlichen Gliedern unseres Volkskörpers zu machen«.[105] Vor dem dritten deutschen Jugendgerichtstag 1912 in Frankfurt am Main gar sprach Friedrich-Wilhelm Foerster der »finanzielle[n] Fundierung des Kampfes gegen die jugendliche Kriminalität ... mindestens« die gleiche Bedeutung zu wie der »Fundierung der militärischen Wehrkraft – denn von der sittlichen Gesundheit des Volkslebens hängt letzten Endes die nationale Gesamtleistung in Krieg und Frieden ab«.[106]

Alles das brachte Grabowsky schließlich in einem größeren Rahmen auf den Begriff. Zur Kennzeichnung des Zusammenhanges der Jugendfürsorge als Voraussetzung zugleich für das »äußere und innere Wachstum«[107] der Nation, verfiel er dem Leitmotiv des »Imperialismus«. Aber nicht ein ›Sozialimperialismus‹[108] stand ihm dabei vor Augen, der innere Konflikte durch auswärtige Politik zu bannen versucht, sondern ein Imperialismus, »der eine Begeisterung mit sich trägt, die nicht wie ein Rausch verfliegt, sondern sich an immer neuen Aufgaben erprobt und erhält. So ist der Imperialismus nicht nur ein Ruf, der für die äußere Politik Gültigkeit hat, sondern er wendet sich geradeso nach innen. Das größere Deutschland, das er aufrichten will, soll nicht nur nach außen, sondern auch im Innern erschaffen sein. Alles Außen ist ein Innen.«[109] Die Jugendfürsorge mag dem Herausgeber des Zentralblattes als Paradebeispiel für jene »neuen Aufgaben« gedient haben. Mit ihr sollte ein »größeres Deutschland« auch nach innen hinein erst möglich werden – durch Überwindung innerer Zerklüftung und dem ›Tüchtigmachen‹ für den inneren und äußeren Wettbewerb: Jugendfürsorge als »innerer Imperialismus«.[110]

Die Verbindung solcher Denkfiguren mit dem liberalen Imperialismus Naumannscher oder Weberscher Prägung ist offensichtlich.[111] Dennoch unterschied sich Grabowskys Idealbild eines »inneren Imperialismus« – vor allem in Gestalt der Jugendfürsorge – vom liberalen Imperialismus in mehr als nur in Nuancen. Der liberale Imperialismus warb für eine Demokratisierung des Reiches und sozialpolitische Kompensationsleistungen für die Arbeiterschaft, um eine längst real gewordene imperialistische Politik im Innern abzusichern. Grabowskys »innerer Imperialismus« aber wollte erst jene Voraussetzungen im Innern einer Gesellschaft schaffen, die ihr eine imperialistische Außenpolitik ermöglichen sollte. Ähnlich wie der liberale Imperialismus, in dem ›Innen‹ und ›Außen‹ synchron nebeneinanderherliefen, war auch Grabowskys »innerer Imperialismus« als Wechselspiel gedacht. Jedoch konnte die Emphase, mit der Jugend »geschützt« werden sollte, keinen Zweifel daran lassen, daß die den Imperialismus tragende Generation erst noch heranzubilden war, bevor das »größere Deutschland« gelingen konnte. Eine Bevölkerungspolitik nicht des Pronatalismus als vielmehr des ›Tüchtigmachens‹ der Heranwachsenden stand in der Erreichung dieses Zieles oben an.

Für die neue Generation bürgerlicher Sozialreformer, die nach der Jahrhundertwende die Jugendfürsorgebewegung in diesem ›imperialistischen‹ Sinne voranbrachte, waren Machtinteressen und die Interessen der Heranwachsenden dabei kaum mehr voneinander zu trennen. Beides verschmolz im Pathos der Fürsorge. Der Zustand der Jugend war für jene Reformer gleichbedeutend mit der Gestalt staatlicher Zukunft. »Körperliche und sittliche Degeneration unter dem nationalen Nachwuchs« mußte vermieden oder bekämpft werden, aber nicht als philanthropische Geste, sondern als »Selbsterhaltungspflicht des Staates ..., als Bedingung jedes Kulturfortschrittes überhaupt«.[112] Das »Recht des Kindes auf Erziehung«, das Polligkeit 1907 in einer Veröffentlichung gleichen Namens proklamierte[113] und das zum Leitmotiv der Jugendfürsorger werden sollte, war eben so sehr auch ein Recht des Staates auf erzogenen, eben ›tüchtigen‹ Nachwuchs, wie der Versuch, minimale Ansprüche Heranwachsender sicherzustellen.

Aber was verbarg sich hinter diesem Leitmotiv, wenn nicht die Forderung nach nutzbringender, also stetiger und ›gebundener‹ Lohnarbeit derjenigen Unterschichtjugendlichen, die nicht die Gewähr dafür boten, von allein den Stand der ›Bindung‹ und der ›Tüchtigkeit‹ zu erreichen? Zwar wich das Gejammer über die »Zuchtlosigkeit« der Jugend mittlerweile einer nüchterneren Betrachtung. Doch der Zusammenhang zwischen einer eher marginalen Einbindung in Lohnarbeit und der Verwahrlosung als Kennzeichnung war den Zeitgenossen nicht verlorengegangen. Die Armenpflege bot hilfsbedürftigen Jugendlichen jedoch in aller Regel bloß Nahrung, Obdach, Kleidung und Krankheitsbehandlung. ›Erziehung‹ war in Preußen schon nicht mehr Aufgabe der Armenpflege und die Finanzierung einer Berufsausbildung gewährte einzig die badische Armenpflege.[114] So war es neben allen anderen Gründen nicht nur der Wunsch, die moderne Jugendfürsorge vom ›Arme-Leute-Geruch‹ zu befreien, der die neue Generation der Reformer dazu trieb, die Verselbständigung der Jugendfürsorge als Herauslösung aus der Armenpflege zu betreiben. Vielmehr standen in der ›imperialistischen‹ Jugendfürsorge neue Absichten der Erziehung im Vordergrund, die eine Überwindung der Anbindung an die alte Armenpflege zwingend machten. Die »sittliche Erziehung« der Minderjährigen war nun nicht mehr Ziel, sondern nur noch »Vorbedingung für ... soziale Brauchbarkeit«.[115]

Die Erziehung zur »Brauchbarkeit« aber mußte unter den Instrumenten der Jugendfürsorge vor allem zur Aufgabe der Fürsorgeerziehung werden – allein schon deshalb, weil nur die Fürsorgeerziehung ihre Zöglinge über den notwendigen längeren Zeitraum und abseits des Herkunftsmilieus erziehen konnte. Gleichwohl war die Fürsorgeerziehung von den großen Schüben der Jugendfürsorgebewegung nahezu unberührt geblieben. Die Zahl der Fürsorgezöglinge war wohl stetig angestiegen,[116] aber wesentliche Veränderungen in Form und Inhalt waren seit dem Inkrafttreten des preußischen Gesetzes und seiner Übernahme in den meisten Bundesstaaten nicht eingetreten.[117] Doch erhielt die Fürsorgeerziehung mit Blick auf die Gesamtheit der Jugendfürsorge eine veränderte Position. Je mehr Jugendfürsorge sich ausdifferenzierte, neue Altersgruppen erfaßte und neue Institutionen schuf, um so deutlicher wurde die Fürsorgeerziehung nicht nur zum Teilstück, sondern zum Schlußstück, letzte Instanz: Station für jene, deren ›Brauchbarkeit‹ sich auf anderem Wege nicht einstellen wollte. Die Herstellung der »sozialen Brauchbarkeit« aber umfaßte in der Fürsorgeerziehung unter dem ›imperialistischen‹ Primat einer extensiven Nutzung des (zukünftigen) Arbeitskräftepotentials nichts anderes als eine Erziehung zu »brauchbaren Arbeitern«.[118] Und die Tendenz der Ausführungsbestimmungen zum preußischen Fürsorgeerziehungsgesetz ließ keinen Zweifel daran, was darunter zu verstehen war: Arbeiter, die »vorzugsweise für die Landwirtschaft«[119] tätig werden konnten. Der »agrarische Charakter«[120] der Fürsorgeerziehung umfaßte ein ganzes Bündel von Motiven: Er war einerseits Ideologie (und handelte von der vermeintlich ›heilenden‹ Wirkung der Natur auf Verwahrloste), andererseits aber auch nüchterne Einschätzung einer meist eingeschränkten Arbeitskraft der Zöglinge. Überdies war der Einsatz in der Landwirtschaft auch ein Versuch, unruheanfällige, wenn nicht unruhestiftende Personen dauerhaft aus den Konfliktzonen der Groß- und Industriestädte fernzuhalten, sie in den »Dorffrieden« zu versetzen.[121]

Vor allem aber kam die Hinführung von Zöglingen aus Anstalten oder Pflegefamilien zur Landwirtschaft dem Versuch nahe, auf fast altmodische Weise ›Peuplierung‹ und Kolonisierung zu betreiben. In einem prägnanten Auftritt auf dem Allgemeinen Fürsorgeerziehungstag 1908 in Straßburg umriß ein Vertreter des agrarkonservativen Bundes der Landwirte »Arbeitslust« als Erziehungsziel, das in Fabriken als den Stätten von »Religionslosigkeit, Arbeitsunlust und Unzufriedenheit«[122] jedoch nicht erreichbar sei. Durch landwirtschaftliche Arbeit hingegen werde nicht nur »Heimatliebe durch die Freude an der Natur anerzogen«, sondern »auch der Landflucht entgegengearbeitet ..., an der wir alle so unendlich leiden«.[123] Ähnlich hatte bereits der Landesdirektor der preußischen Provinz Brandenburg in einem Rundschreiben an die Fürsorgeerziehungsanstalten der Provinz aus dem Jahr 1901 das eigentliche Ziel der Fürsorgeerziehung beschrieben:

> »Besonderen Wert lege ich in voller Uebereinstimmung mit der Ministerialanweisung auf eine frühzeitige Gewöhnung der Zöglinge an landwirtschaftliche Tätigkeit. Die Anstalten müssen deshalb besonders darauf Bedacht nehmen, bei sich selbst die dazu erforderlichen Voraussetzungen zu erfüllen. Daneben aber wird dieser Gesichtspunkt bei der Auswahl der Familien für die schon vor der Einsegnung angängige Entlassung aus der Anstalt besonders zu berücksichtigen sein ... Jedenfalls muß es gelingen, die der landwirtschaftlichen Bevölkerung entstammenden Zöglinge dieser zu erhalten. Aber auch darüber hinaus wird dem bedrohlichen Zug der Arbeitskräfte in die großen Städte im Rahmen der Fürsorgeerziehung wirksam begegnet werden können. So notwendig die Erziehung zu jeder verwendbaren Tätigkeit und Geschicklichkeit ist, so wenig ist ein Bedürfnis anzuerkennen, den Wünschen der Zöglinge auf Ausbildung in einem Handwerk in dem bisherigen Maße Rechnung zu tragen. Das darf nur bei besonderer Begabung und Tüchtigkeit, sowie ganz zufriedenstellender Führung den besten Zöglingen bewilligt werden.«[124]

Die Jugendfürsorgebewegung als Ganzes aber war von solcher Klarheit noch entfernt. Es gab Widrigkeiten genug, die dazu beitrugen, daß nicht alle Ziele vor dem Ausbruch des Weltkrieges erreicht wurden. Konflikte zwischen öffentlicher und privater Wohlfahrtspflege, zwischen Staat, Städten und der »freien Liebestätigkeit« blieben nicht aus. An der Zielsetzung aller Bemühungen aber änderte sich nichts. Niemand würde den Forderungen widersprochen haben, die Agahd 1907 erhoben hatte: »Mittel freimachen durch die Gesetzgebung! Organisation schaffen! Berufskräfte einstellen! Menschen und amerikanisches Geld.«[125] Der im August 1914 ausbrechende Krieg sollte sich als katalytisch für fast jede dieser Forderungen erweisen.

3. Am Ziel: Das Reichsjugendwohlfahrtsgesetz 1922

Die Gesellschaft für Soziale Reform, die wenige Wochen vor dem Ausbruch des Krieges noch gegen eine »Müdigkeit ... in sozialpolitischen Dingen« anzukämpfen hatte, war auf einer Kundgebung im April 1918 »von siegesfroher Hoffnung auf große sozialreformerische Fortschritte« erfüllt.[126] Emphatisch begrüßte der Vorsitzende der Gesellschaft, Freiherr von Berlepsch, »in dem gewaltigen Kriege ... einen mächtigen Bundesgenossen«.[127] Sein Urteil über den Krieg als »Bundesgenosse« der Sozialpolitik wird dabei vielschichtig gewesen sein. Aber einerlei, ob Berlepsch damit die Entwicklung in den zurückliegenden Kriegsjahren beschreiben wollte, ob ihm an einem pathetischen Argument für weitere Bemühungen um Sozialpolitik gelegen war oder ob er schlicht zu wissen glaubte, daß die Sozialpolitik im Verlauf des Krieges »an Freunden mehr gewonnen hat, als in den letzten Friedensjahren von ihr abgefallen waren«:[128] Ohne Zweifel konnten die Sozialreformer auf eine ganze Reihe auch ihrer Forderungen verweisen, die unter den Notwendigkeiten des Krieges Wirklichkeit geworden waren.[129] Vor allem aber habe der Krieg, so war Berlepsch überzeugt, endlich Klarheit geschaffen über Wirkung und Bedeutung der Sozialreform: Nicht »Verweichlichung und Simulation« könne man ihr vorwerfen, vielmehr sei eine »Hebung der Kraft, der Gesundheit, des sittlichen Willens« zu verzeichnen.[130] Noch deutlicher hatte Waldemar Zimmermann 1915 über Krieg und Sozialpolitik geurteilt: »Die deutsche Sozialpolitik«, so schrieb er, »gehört zu den Faktoren, die zu der gigantischen und sieghaften Mobilmachung der deutschen Nation ebenso erfolgreich beigetragen haben wie der Generalstab, die Reichsbank und die Eisenbahn.«[131] Lag somit in der neuen Wertschätzung sozialer Reformen die eigentliche ›Bundesgenossenschaft‹ zwischen Krieg und Sozialpolitik? War unter dem Eindruck des Krieges das bevölkerungs- wie wehrpolitische Motiv des »inneren Imperialismus« wirkungsmächtig geworden?

Für die Jugendfürsorger hatte der Krieg mit einem spektakulären Erfolg begonnen. Am 4.8.1914, als der Reichstag die Kriegskredite beschloß, fanden die Abgeordneten eine Eingabe des Archivs Deutscher Berufsvormünder auf ihren Plätzen. Das Archiv schlug darin vor, die Nichtbeachtung unehelicher Kinder im seit 1888 geltenden Gesetz über die Unterstützung von Familien in den Dienst eingetretener Mannschaften aufzugeben. Tatsächlich erreichten die Berufsvormünder, als deren parlamentarischer Arm sich der Frankfurter Reichstagsabgeordnete Max Quarck (SPD) betätigte, eine Änderung des Gesetzes noch am selben Tag. Der ursprünglich vorgesehene Zusatz, nachdem uneheliche Kinder unterstützt werden sollten, sofern der Vater der Verpflichtung zur Unterhaltsgewährung bereits nachgekommen war, wurde dabei während der Sitzung noch einmal verändert. Die schließlich in dieser veränderten Form verabschiedete Fassung gewährte den unehelichen Minderjährigen bereits Unterstützung, wenn nur die Verpflichtung des Vaters zur Unterhaltsgewährung festgestellt war. Was dem Reichstagsvizepräsidenten Hermann Paasche in der Aufgeregtheit des Tages als bloße »Berichtigung« der ursprünglichen Fassung vorkam, war aber nicht nur eine Ausweitung des Kreises der Unterstützungsberechtigten über das ursprünglich vorgesehene Maß hinaus. Vielmehr wurde mit dieser Gesetzesänderung zum ersten Mal ein Familienverhältnis zwischen dem Vater und seinem unehelichen Kind anerkannt. Die kuriose Vorstellung des BGB, wonach ein uneheliches Kind und sein Vater als nicht miteinander verwandt galten, hatte einen ersten schweren Stoß erhalten.[132]

Auch wenn weitere Schritte auf diesem Weg der Gleichstellung erst nach der Revolution 1918 erfolgten, markierte der Erfolg der Berufsvormünder doch einen Trend hin zu einer neuen Beweglichkeit der Jugendfürsorge im Krieg. Selbst das festgefügte System des preußischen Fürsorgeerziehungsgesetzes erfuhr im Juni 1915 eine Novellierung, mit der die restriktive Interpretation des preußischen Kammergerichts unterlaufen und der Kreis der potentiellen Fürsorgezöglinge ausgeweitet werden sollte. Zuvor hatte das Kammergericht der Fürsorgeerziehung bloß subsidiären Charakter zugebilligt. Nun stellte der preußische Gesetzgeber in der ersten Ziffer des ersten Paragraphen des Fürsorgeerziehungsgesetzes klar, daß zur Fürsorgeerziehung überwiesen werden konnte, wenn eine anderweitige Unterbringung zur Verhütung der Verwahrlosung nötig war, eine solche aber ohne »Inanspruchnahme öffentlicher Mittel« nicht erfolgen konnte.[133] Der damit hergestellte Automatismus zwischen dem Einsatz öffentlicher Mittel und der Überweisung in Fürsorgeerziehung mußte, so war man überzeugt, den »Zufluß an Überweisungen ... erheblich zunehmen« lassen.[134]

Gleichwohl gaben der Anstieg der Jugendkriminalität und die Zunahme der Überweisungen in Fürsorgeerziehung kaum Anlaß zu stolzer Bilanz. Manche Jugendfürsorger hatten in der August-Euphorie 1914 vom Krieg auch eine »Heilung von Verwahrlosung«[135] erhofft. Sie waren geneigt, in der Handvoll von einberufenen oder zur Front ausgerissenen Fürsorgezöglingen, die mit dem Eisernen Kreuz zurückkehrten, eine Bestätigung zu sehen. Aber der Krieg als Ursache einer vielfältigen Gefährdung und Verwahrlosung machte sich von Anbeginn an ungleich stärker bemerkbar. Klagen darüber, daß Jugendliche »respektlos wie eine Fliege« seien und »Schülerinnen der Lyzeen in kecken bunten Mützen öffentlich eine Vertrautheit mit Gymnasiasten an den Tag legen, die schärfsten Widerspruch herausfordert«,[136] reichten im Erfassen der Verwahrlosung nicht besonders weit. Die kriegsbedingte Aufsichtslosigkeit sollte für Unterschichtjugendliche weitaus gravierendere Folgen haben als für die Töchter und Söhne des Bürgertums. Aufsichtslos-Sein im Krieg war für Unterschichtjugendliche mehr als nur die dauernde Abwesenheit des an der Front stehenden Vaters und die temporäre der notgedrungen erwerbstätigen Mutter. Aufsichtslos-Sein ging auch über das von den Behörden gern gezeichnete Familienbild hinaus, »das die vaterlose Arbeiterfamilie als Nahkampfstätte verwahrloster jugendlicher Tyrannen mit ihren schwächlichen bis liederlichen Müttern«[137] verstand. Aufsichtslosigkeit als Grund vielfältiger Gefährdung zeigte sich vor allem in einer – auch durch die tatkräftigste Jugendfürsorge nur verlangsamten – Destruktion des bisher erreichten, ohnehin fragilen Maßes an lebensweltlicher Sicherheit. Die Teuerung und Verknappung der nicht zuletzt für die Ernährung Heranwachsender wichtigen Lebensmittel wie Milch und Fette und die Schwierigkeiten, ausreichend Bekleidung und

Heizmaterial zu beschaffen, machten das Aufwachsen in Unterschichtfamilien zu einem größeren Risiko als in den Friedensjahren seit der Jahrhundertwende. Unterernährung und oft fortdauernde Einschränkung der körperlichen Leistungsfähigkeit waren die Folge, ›Erziehung‹ spielte kaum mehr eine Rolle.

Die Bedeutungsminderung familiärer Erziehung konnte durch Institutionen abseits der Jugendfürsorge nicht ausgeglichen werden. Die Schule verlor an Bedeutung: »Stunden fallen regelmäßig aus, Siege müssen gefeiert werden, Lehrermangel tritt in denkbar weitestem Umfang ... ein« – in Berlin wurden 2065 von insgesamt 3600 Volksschullehrern bis zum Dezember 1915 zum Militärdienst eingezogen. Vielerorts nahm das unentschuldigte Schulversäumnis zu. Das »Schuleschwänzen« galt in der Wertung bereits als »ein gefährliches Frühsymptom für beginnende Verwahrlosung«.[138] Subtile Veränderungen im Auftreten Jugendlicher – etwa das Nachahmen von Verhaltensweisen der im Krieg stehenden Älteren durch die Jüngeren, ihr auch durch die hohen Löhne in der Kriegsindustrie ermöglichter Versuch, nicht altersgemäße ›Positionen‹ zu besetzen[139] – verschmolzen mit Verwahrlosungserscheinungen, die Ausdruck der mehrdeutig verstandenen Aufsichtslosigkeit, des Mangels an Sicherheit waren. Die Zahl der straffällig gewordenen und verurteilten Jugendlichen stieg von 46.940 im Jahr 1914 über 63.126 im Jahr 1915 und 80.399 im Jahr 1916 auf 95.651 im Jahr 1917 an, um 1918 schließlich mit 99.493 Verurteilten den Höhepunkt zu erreichen.[140] Die durchschnittliche Tagesbelegung der preußischen Justizgefängnisse mit männlichen Jugendlichen belief sich im Rechnungsjahr 1913 auf 376, 1917 aber bereits auf 835 Personen.[141] Auch die Zahl der Fürsorgezöglinge nahm zu: Befanden sich am Ende des Rechnungsjahres 1914, am 1.4.1915, 55.229 Minderjährige in der preußischen Fürsorgeerziehung, so stieg die Zahl der Zöglinge auf 56.267 im Rechnungsjahr 1915 und 59.935 im Rechnungsjahr 1916 an, um sich bis zum Ende des Rechnungsjahres 1917, am 1.4.1918, auf 63.395 zu belaufen.[142]

Viele der wahrgenommenen Phänomene jugendlicher Verwahrlosung waren noch mit Begriffen wie »Kriegsverwilderung«[143] zu fassen und vorübergehend. Anderes aber wog denkbar schwerer: Die Zustände auf dem Arbeitsmarkt und in der Berufsausbildung boten ein Bild der Zerrüttung. Mit der kriegsbedingten Schließung vieler Betriebe ging die Entlassung der Lehrlinge einher.[144] Eine nicht geringe Zahl von Jugendlichen trat zudem von sich aus die »Werkstattflucht«[145] an. Die industrielle, »sturmschnelle Massenproduktion«[146] für den Kriegsbedarf lockte mit hohen Löhnen und ließ die Zahl der Un- oder schnell Angelernten vor allem unter den Jugendlichen steigen, die aus ›Kriegerfamilien‹ kamen und deutlich zum Familienunterhalt beitragen mußten.[147] Der Anteil der Ungelernten an den Schülern der Pflichtfortbildungsschulen der Großstädte, der bereits vor dem Krieg bei einem Drittel gelegen hatte, stieg während des Krieges auf über die Hälfte an.[148] Mit der Umstellung der Industrieproduktion auf den Heeresbedarf und dem Anstieg der Zahl Ungelernter einher ging eine nicht unbedeutende Umschichtung des jugendlichen Arbeitskräftepotentials. Während die Konsumgüterindustrie, vor allem die textilverarbeitende Industrie massiv an Jungarbeiterinnen und Jungarbeitern verlor, füllten sich die Produktionsstätten der kriegswichtigen Betriebe der metallverarbeitenden –, Maschinen- und chemischen Industrie, aber auch des Bergbaus mit immer mehr jugendlichen Arbeitskräften. »Die von den Erwachsenen gelichteten heereswichtigen Fabriken hatten alle irgendwie verwendbaren jugendlichen Kräfte aus Lehrwerkstatt und Ausbildungsanstalt rücksichtslos aufgesaugt.«[149] Überdies löste mit der Einführung der Hilfsdienstpflicht 1916 die Einziehung Jugendlicher zum ›Vaterländischen Hilfsdienst‹ ein Lehrverhältnis automatisch auf.[150] Selbst jene Jugendlichen, die formal noch in die Lehre gingen, waren oft nichts anderes als »maskierte ›jugendliche Arbeiter‹«, die, wie es in einem bayerischen Erlaß aus dem Jahr 1917 hieß, nicht »Lehrarbeiten ausführen, sondern ... sofort bei wichtigen Arbeiten in unmittelbarer Zusammenarbeit mit geeigneten Fachleuten an der Hochleistung teilnehmen«.[151] Am Ende des Krieges schließlich, als die überhitzte Kriegsproduktion zusammenbrach, waren es zuerst und abrupt die minderqualifizierten Jugendlichen, die von ihrem bisherigen Erwerb ausgeschlossen wurden.[152]

Die Schwächung der Gesundheit und Arbeitsfähigkeit der Jugendlichen durch Mangel und Unterernährung und ihre mit Minderqualifikation und dem Risiko der Erwerbslosigkeit behaftete Einbindung in die industrielle Massenproduktion ließen die ›Bundesgenossenschaft‹ des Krieges in einem Zwielicht oder geradezu als zynisch erscheinen. Gewiß machte der Krieg, vor allem der durch ihn verursachte rapide Bedeutungsverlust der sozialisatorischen Instanzen Familie, Schule und Berufsausbildung das Unvermögen der alten Armenpflege und der zersplitterten Bemühungen um Jugendliche einsichtig. Aber durch die Auswirkungen des Krieges ging mehr an Stabilität verloren, als selbst eine straffe Sozialpolitik und eine umfassende Jugendfürsorge je wieder erreichen konnten. Ihren formalen Zielen – einer reichseinheitlichen Gesetzgebung und der obligaten Einrichtung von Jugendämtern – kamen die Jugendfürsorger immer näher. Aber die Gefährdung, Verwahrlosung und Verelendung nicht mehr nur der Unterschichtjugendlichen ließen einen tatsächlichen Erfolg der mit dem Ausbau und der Vereinheitlichung der Jugendfürsorge verbundenen Absichten in weite Ferne rücken. Die Jugendfürsorge stand vor Aufgaben, denen sie kaum gewachsen sein konnte – zumal vor allem die klassischen Instrumente der Jugendfürsorge wie etwa die Fürsorgeerziehungsanstalten vom Mangel an Nahrung, Kleidung und Brennstoffen nicht ausgeschlossen waren.[153]

Doch im Selbstverständnis der Jugendfürsorge lag nun endgültig auf der Hand, was bereits vor dem Krieg oft und gern vorgetragen worden war: die bevölkerungspolitische Notwendigkeit, Jugendfürsorge nicht aus philanthropischem Sentiment, sondern aus nationalem Machtinteresse heraus zu betreiben. Klumker hatte sich 1916 nicht entblödet, die Arbeit der Fürsorge militärisch umzurechnen:

»Was hier [im Bereich der zu befürsorgenden Jugend] an Menschenleben bei wirklicher Fürsorge erhalten werden kann, ist nicht unbeträchtlich ... Hätten wir im letzten Menschenalter hier durchgreifender arbeiten können, so würden wir jetzt zwei Armeekorps aus den unehelich Geborenen mehr ins Feld stellen können. Wer seit einem Jahrzehnt ununterbrochen für eine gründliche Besserung dieser Fürsorge gekämpft hat, der wird auch wohl solche Gründe für die Bedeutung der Arbeit mit ins Feld führen.«[154]

Der alte Traum, Jugendfürsorge »nicht als Lückenbüßer nach der Familie, sondern als eigene Pflicht selbständig neben der Familie« ausüben zu können,[155] schien am Ende des Krieges in Erfüllung zu gehen: die Jugendfürsorgebewegung setzte sich durch. Im Juli 1918 ging dem Preußischen Abgeordnetenhaus der Entwurf eines Jugendfürsorgegesetzes zu, das die Errichtung von Jugendämtern jedem Stadt- und Landkreis zur Pflicht machte.[156] Die Jugendämter des preußischen Gesetzentwurfes sollten zur zentralen und leitenden Instanz der Jugendfürsorge werden, die Berufsvormundschaft über die Unehelichen übernehmen, die Fürsorgeerziehung und die Strafrechtspflege unterstützen, schließlich die »freie Liebestätigkeit« anregen und auf »ein zweckentsprechendes Ineinandergreifen der gesamten Säuglings-, Kleinkinder- und Schulkinderfürsorge« hinarbeiten.[157]

Aber die Jugendfürsorgebewegung fühlte sich inzwischen stark genug, um einen partikularen Weg einzelner Länder, zumal des dominierenden Landes Preußen, als ungenügend zurückzuweisen. Auf dem von den zentralen Fachverbänden[158] einberufenen Jugendfürsorgetag in Berlin am 20. und 21.9.1918, der mit rund 2000 Teilnehmern und prominenten Rednern zu einer machtvollen Demonstration der Jugendfürsorgebewegung wurde, faßte Kurt Blaum, der Verwaltungsdirektor des Straßburger Armenamtes, in seiner Ablehnung einzelner Ländergesetze Motive und Ziel zusammen:

»... die Jugendnot und der Geburtenrückgang, jene beiden Gründe, aus denen wir einleitend allgemein die Forderung der umfassenden Regelung der Jugendfürsorge erhoben haben, sind überall und allerorten im gesamten Reichsgebiet vorhanden; die Freizügigkeit verlangt, daß die Maßnahmen der Jugendfürsorge nicht an irgendwelchen Grenzpfählen ein Ende nehmen ... Ein zweiter Grund auch spricht gegen die Beschreitung des Weges der einzelstaatlichen Regelung, die Dringlichkeit der Reform. Hier sprechen die schweren Verluste des Krieges und der während ihm eingetretene ganz außerordentliche Rückgang der Geburtenzahl, ein ernstes und mahnendes Wort, nicht zu warten, bis 25 einzelne Bundesstaaten im Wege ihrer verschiedenen Gesetzgebungsmaschinen eine ähnliche Regelung durchgeführt haben. Es ist deshalb, so sehr der preußische Jugendfürsorgegesetzentwurf in seiner heutigen Fassung an sich zu begrüßen ist, die Forderung zu erheben, daß nach Möglichkeit vor Erlaß einzelstaatlicher Jugendfürsorgegesetze das Reichsgesetz über Jugendämter eingebracht und verabschiedet werde. Von jedem, der außerhalb Preußens stehend aus bisheriger Erfahrung sprechen kann, muß sonst eine Sorge vorgetragen werden, daß nach Durchführung einer Regelung in Preußen eine reichsgesetzliche Maßnahme auf lange hinaus verzögert wird.«[159]

Freilich: Der Reichsgesetzgebung fehlte die Kompetenz zum Erlaß reichsweiter Jugendfürsorge-Gesetze. Folgerichtig reklamierte Blaum auf dem Jugendfürsorgetag auch die »Kompetenzkompetenz« der Reichsverfassung, die Ausdehnung der Zuständigkeit, »wenn die Beschreitung des Weges der bundesstaatlichen Gesetzgebung als ungenügend nachgewiesen werden kann«.[160] Nicht wenige der auf dem Jugendfürsorgetag versammelten Reformer werden dabei auf Veränderungen im Institutionengefüge des Reiches gewartet haben, die sich mit der ›Osterbotschaft‹ des Kaisers 1917 angedeutet hatten und hoffen ließen, daß auch die letzten Sperren für eine reichseinheitliche Jugendgesetzgebung bald fallen würden. Tatsächlich war das Reich im September 1918 davon nicht mehr weit entfernt. Der preußische Gesetzentwurf fiel der »Agonie« des Landtages zum Opfer,[161] und nach der Revolution blieb ein preußischer Separatweg ohne Chance.

Was die Jugendfürsorge vom Krieg in den Frieden hinüberbegleitete, waren eine Handvoll Erfolge, ein Bündel aus Plänen, eine Menge akuter und fortdauernder Not, vor allem aber ein vielfach erprobtes Pathos, ein Sentiment, das die Jugendfürsorge der Weimarer Republik noch einige Jahre tragen sollte. Die Niederlage im Weltkrieg gab den Jugendfürsorgern keinen Anlaß, von ihren Plänen abzulassen. Zwar hatten viele der in den Jahren zuvor erörterten Vorschläge einen »für Deutschland günstigen Ausgang des Krieges«[162] vorausgesetzt. Aber der bevölkerungspolitische Impuls und die pathetische Strategie der Jugendfürsorger waren mühelos in die Niederlage übersetzbar, ja erhielten durch sie eine zusätzliche Dynamik. »In einer Zeit«, so stand schon 1918 in der Begründung des preußischen Jugendamtsgesetzes zu lesen, »in der der blutigste Krieg aller Zeiten gewaltige Lücken in unsere Volkskraft gerissen hat, und in der wir einen auffallenden Rückgang der Geburten zu beklagen haben, wird das Leben jedes Geborenen doppelt wertvoll und seine Erhaltung zu einer der brennendsten Aufgaben.«[163] Drei Jahre später erhielt das Motiv der Nutzbarmachung des Nachwuchses im Lichte des Zusammenbruchs erst recht eine fast tragisch zu nennende Färbung:

»Unser deutsches Vaterland«, so hieß es in der Begründung des Reichsjugendwohlfahrtsgesetzes, »ist niedergebrochen. Die unsäglichen seelischen und körperlichen Leiden des Krieges, die schwere Krisis der Revolution und der harte Friedensvertrag haben die Kraft des deutschen Volkes zermürbt, eine dunkle, hoffnungsarme Zukunft liegt vor uns. Dennoch dürfen wir nicht verzagen. Deutschland muß sein Selbstvertrauen wiedergewinnen, muß neue, tief in seinem Innern schlummernde Kräfte wecken, damit sie mithelfen beim Wiederaufbau der deutschen Kultur und Wirtschaft. Von unserer heranwachsenden Jugend und den noch ungeborenen Geschlechtern dürfen wir solche Kräfte erwarten.«[164]

Um jene Kräfte zu wecken und zu erhalten, bedurfte es einer gemeinschaftlichen Anstrengung. Nicht auf den geringsten wollte man verzichten, selbst die »noch ungeborenen Geschlechter« wurden ins Kalkül gezogen. Zähe Entschlossenheit erschien im Sentiment der Jugendfürsorger als die der Niederlage einzig angemessene Haltung. Nicht von ungefähr erinnerte der AFET-Vorsitzende Pastor Wilhelm Backhausen 1921 an die Zeit der preußischen Reformen: »Vor hundert Jahren opferte der zusammengebrochene preußische Staat das Letzte für die Erziehung, für die Erneuerung des Volksgeistes. Nie offenbarte sich preußischer Charakter glänzender als damals. Möchte Deutschland diesem Stern folgen!«[165]

Die Revolution half und beseitigte mit ihrem zunächst antiföderalen Anspruch die letzten Sperren auf dem Weg zur Reichskompetenz. Die »deutsche Kleinstaaterei«, die Klumker 1919 als »Übeltäter« brandmarkte, weil sie für »Wirrwarr« und »Durcheinander«[166] sorge und die Arbeit der Jugendfürsorge behindere, verschwand nicht völlig. Aber sie trat nur mehr eingeschränkt in Wirkung. Philipp Scheidemann machte in seiner ersten Rede als Reichsministerpräsident vor der Nationalversammlung am 13.2.1919 »die planmäßige Verbesserung ... der Säuglings- und Jugendfürsorge«[167] zum Regierungsprogramm. Nicht zuletzt auf Drängen der Fachverbände wie auch der weiblichen Abgeordneten entschied sich die Nationalversammlung dafür, neben der Wohlfahrtspflege, deren Regelung durch das Reich im Entwurf der Verfassung bereits vorgesehen war, auch »Bevölkerungspolitik, ... Mutterschafts-, Säuglings-, Kinder- und Jugendfürsorge« in den Verfassungsrang zu erheben und der Gesetzgebungskompetenz des Reiches zu übertragen.[168] Überdies proklamierte die Verfassung im Abschnitt über »Grundrechte und Grundpflichten« das Erziehungsziel einer »leiblichen, seelischen und gesellschaftlichen Tüchtigkeit«, dessen Erfüllung »oberste Pflicht« der Eltern blieb, über deren Tätigkeit aber die »staatliche Gemeinschaft« zu wachen habe. Dem Staat und den Gemeinden oblag es, Einrichtungen zu schaffen, um Jugendliche vor Ausbeutung und Verwahrlosung zu schützen. Schließlich machte die Verfassung es dem Gesetzgeber zur Pflicht, unehelichen Kindern »die gleichen Bedingungen für ihre leibliche, seelische und gesellschaftliche Entwicklung zu schaffen wie den ehelichen Kindern«.[169]

Doch noch bevor das Reichsinnenministerium an die Arbeit ging und unter der Leitung des Staatssekretärs Heinrich Schulz (SPD) ein Reichsgesetz entwarf, legte Württemberg ein eigenes »Jugendamtsgesetz« vor.[170] Zur treibenden Kraft war hier eine ehrgeizige Gruppe kommunaler Praktiker geworden, die einst in Straßburg unter dem sozialreformerisch gesinnten Bürgermeister Rudolf Schwander kommunale Sozialpolitik gestaltet hatte und sich nach der Ausweisung aus dem Elsaß in Stuttgart versammelte. Der nachrevolutionäre württembergische Innenminister Hugo Lindemann (SPD), berief mit Blaum einen der ›Straßburger‹ ins Innenministerium und beauftragte ihn mit der Erarbeitung des Gesetzentwurfes.[171] Das Jugendamtsgesetz, das Blaum vorlegte und das der württembergische Landtag mit kleinen Veränderungen am 4.10.1919 verabschiedete, sah analog zu dem preußischen Gesetzentwurf des Jahres 1918 die obligate Errichtung von Jugendämtern mit umfassender Zuständigkeit in Städten oder Oberamtsbezirken einer bestimmten Einwohnerzahl vor.[172]

Nicht wenige der Jugendfürsorger mag dabei erstaunt haben, daß ausgerechnet Blaum, dessen Referat auf dem Jugendfürsorgetag noch in Erinnerung gewesen sein wird, nun als Herold eines landesgesetzlichen Separatweges in Erscheinung trat. Blaum beschwor als Protagonist der »württembergischen Jugendfürsorgereform« die »kulturellen Schöpfungen deutschen Städtewesens und deutscher Stämme«.[173] Freilich hatte es zuvor nicht in der Absicht des Jugendfürsorgetages gelegen, mit dem Appell an den Reichsgesetzgeber die gewachsene Verbindung zwischen Jugendfürsorge und kommunaler Verwaltung aufzugeben – schließlich bestand das Gros der Jugendfürsorger noch immer aus überwiegend kommunalen Praktikern. Aber das Protestschreiben des Reichsinnenministers Eduard David (SPD) an die württembergische Staatsregierung, in dem er darum bat, von einem Separatweg abzulassen, um einer bevorstehenden reichsgesetzlichen Regelung nicht zuvorzukommen, kam der Intention des Jugendfürsorgetages ohne Zweifel näher als der württembergische Alleingang. Wohl mit Recht wies David daraufhin, daß eine sinnvolle Jugendgesetzgebung Abänderungen bestehender Reichsgesetze, insbesondere des Bürgerlichen Gesetzbuches und seines Einführungsgesetzes sowie des Armenrechts zur Voraussetzung habe. Solche Gesetzesänderungen waren »dem einzelstaatlichen Eingriff verschlossen«[174] und nur auf dem Wege der Reichsgesetzgebung möglich. Davids Intervention aber blieb ohne Erfolg; der württembergische Landtag ließ die Vorlagen zum Gesetz werden. Doch der von David in seinem Schreiben bekräftigte Entschluß der Reichsregierung, den Entwurf eines Reichsgesetzes noch 1919 vorzulegen, gestand dem württembergischen Jugendamtsgesetz nur noch die Funktion eines gewissermaßen vorweggenommenen Landesausführungsgesetzes zu. Daß es aber möglich werden sollte, den württembergischen Alleingang dem System des Reichsjugendwohlfahrtsgesetzes nachträglich anzupassen,[175] war ein Zeichen für das hohe Maß an Übereinstimmung unter all jenen, die – ob im preußischen Entwurf von 1918, im württembergischen Gesetz oder schließlich im Reichsjugendwohlfahrtsgesetz – darangingen, die seit der Jahrhundertwende erarbeiteten Vorstellungen einer zentralen und systematischen Jugendfürsorge in Gesetzesform festzuschreiben.

Das Reichsjugendwohlfahrtsgesetz sollte Schlußstein all der vorangegangenen Bemühungen werden. Ein erster Entwurf war 1920 der Nationalversammlung übersandt worden. Er blieb nach der Neuwahl des Reichstages zunächst »verschollen«.[176] Eine Interpellation aller Frauen des Reichstages führte 1921 zur Vorlage einer zweiten Fassung. Nach der Beratung im Reichsrat, einem eigens eingerichteten Ausschuß und vielen Gremien der Fachverbände wurde das Reichsjugendwohlfahrtsgesetz am 14.6.1922 mit großer Mehrheit verabschiedet.[177] Überschrieben war das Gesetz mit dem programmatischen Leitsatz vom Recht eines jeden deutschen Kindes »auf Erziehung zur leiblichen, seelischen und gesellschaftlichen Tüchtigkeit«,[178] der an Überlegungen und Formulierungen anschloß, die Polligkeit und Petersen vor dem Weltkrieg in die Diskussion eingeführt hatten.[179] Die »staatliche Bürgschaft«[180] für das – jedoch nicht einklagbare – Recht auf Erziehung ließ »öffentliche Jugendhilfe« eintreten, »insoweit der Anspruch des Kindes auf Erziehung von der Familie nicht erfüllt wird«.[181] Die begriffliche Systematik im einleitenden Abschnitt des Gesetzes war dabei kompliziert. Unter »Jugendwohlfahrt« verstanden die Autoren sowohl Jugendfürsorge als auch Jugendpflege; »alle behördlichen Maßnahmen zur Förderung der Jugendwohlfahrt« wiederum bezeichnete das Gesetz als »öffentliche Jugendhilfe«.[182] Doch erschien als Organ der Jugendhilfe das altvertraute Jugendamt, dem das Reichsjugendwohlfahrtsgesetz nahezu alle vorhandenen jugendfürsorgerischen Instrumente zur Aufgabe machte oder seine Mitwirkung an ihnen festschrieb.[183] Die wirtschaftliche Unterstützung hilfsbedürftiger Minderjähriger ging von der Armenpflege auf die Jugendämter über, die »den Lebensbedarf einschließlich der Erziehung und der Erwerbsbefähigung« zu gewährleisten hatten.[184] Überdies wurde die »Wohlfahrt« aller Minderjährigen den Jugendämtern in einer Weise anheimgestellt, die den Kommunen – Phantasie und Geld vorausgesetzt – fast völlig freie Hand im Beschreiten neuer Wege ließ.[185] Mit der gesetzlichen Amtsvormundschaft des Jugendamtes über alle in seinem Zuständigkeitsbereich geborenen unehelichen Kinder[186] erfüllte sich die zentrale Forderung der Berufsvormünder, die in den Diskussionen nach der Jahrhundertwende eine so große Rolle gespielt hatte. Erst der zweite Entwurf und die verabschiedete Fassung unterwarfen auch die Fürsorgeerziehung als Kerninstitution der modernen Jugendfürsorge einer einheitlichen Regelung und führten zusätzlich die Möglichkeit einer »Schutzaufsicht« für gefährdete Minderjährige ein.[187]

Auch das vom Reichsjustizministerium erarbeitete und vom Reichstag und Reichsrat fast zeitgleich mit dem Reichsjugendwohlfahrtsgesetz beratene und verabschiedete Jugendgerichtsgesetz, das zum 1.7.1923 in Kraft trat, verhalf den Vorstellungen einer »Sonderheit«[188] der Minderjährigen in Strafrecht und Strafvollzug zu gesetzlicher Geltung. Für jugendliche Straftäter zwischen 14 und 18 Jahren, die über Einsicht in die Strafbarkeit ihrer Tat verfügten, war das Jugendgericht zuständig, das Strafe nicht mehr als unerläßlich erachtete. Dem Gericht oblag es vielmehr, zu prüfen, ob Erziehungsmaßregeln – Verwarnung, Überweisung in die »Zucht« der Erziehungsberechtigten, Auferlegung besonderer Verpflichtungen, Unterbringung, Schutzaufsicht oder Fürsorgeerziehung[189] – erforderlich erschienen. War dies der Fall, wurde nach dem Grundsatz der »Subsidiarität der Strafe«[190] verfahren und von einer solchen abgesehen. Hielt das Jugendgericht Strafe aber für notwendig, dann war der Strafvollzug so auszurichten, daß die Erziehung des Jugendlichen dabei gefördert wurde.[191] Das Jugendgerichtsgesetz ließ auf den ersten Blick dem Richter somit die Wahl zwischen Strafe und Erziehung. Es konstruierte tatsächlich aber keinen Gegensatz, sondern ließ beide Möglichkeiten miteinander verschmelzen: Die meisten Jugendlichen empfanden wohl auch die Anordnung von Erziehungsmaßregeln – die Einkleidung der ›Erziehung‹ in ein formales Verfahren – als eine Art von ›Strafe‹.[192] Zu Erziehung und Strafe hinzu trat die Fürsorge: Das Jugendgerichtsgesetz machte die Einrichtung der Jugendgerichtshilfe, die das Reichsjugendwohlfahrtsgesetz dem Jugendamt als Aufgabe zugewiesen hatte, obligat.[193]

Daß nicht alle Wünsche der Jugendfürsorger und Forderungen der Fachverbände in den Beratungen der Gesetzestexte Gehör gefunden hatten, stand nicht dem Eindruck entgegen, daß die Bemühungen der Jugendfürsorgebewegung im Reichsjugendwohlfahrtsgesetz und im Jugendgerichtsgesetz zu einem vorteilhaften Abschluß gekommen waren.[194] Von einem »Markstein nicht nur in der Entwicklungsgeschichte der Jugendfürsorge und Jugendpflege, sondern auch für die soziale und kulturelle Entwicklung unseres Volkes« schrieb Polligkeit, inzwischen zum Vorsitzenden des Deutschen Vereins avanciert, in der Einleitung zu seinem Kommentar des Reichsjugendwohlfahrtsgesetzes. Erst »spätere Geschlechter« könnten, so sein Urteil, »in vollem Umfange würdigen ..., was es bedeutet, daß ein Volk, das aus einem mehrjährigen verlorenen Kriege mit schweren Schädi-

47

gungen seiner wirtschaftlichen Kraft, seiner gesundheitlichen und kulturellen Lebensbedingungen hervorgegangen ist, den entschlossenen Willen bekundet, durch die Sorge für die heranwachsende Jugend den Grundstein für eine bessere Zukunft zu legen«.[195] Für nicht wenige der Jugendfürsorger aber mag es paradox gewesen sein, daß sie ihr Ziel in einer nicht von allen ersehnten Republik erreichten. Die Synchronisation zwischen >ihrer< Bevölkerungspolitik und der Reichspolitik erfüllte sich erst nach der Niederlage des Kaiserreiches – jenes Reiches, das durch das Leitmotiv des »inneren Imperialismus« eigentlich gestärkt werden sollte. Tatsächlich waren das Reichsjugendwohlfahrtsgesetz ebenso wie das Jugendgerichtsgesetz von ihrem materialen Gehalt her nichts anderes als Kodifikationen dessen, was im Kaiserreich an vielen Orten pragmatisch bereits Praxis hatte werden können. Nichts in den Gesetzen war wesentlich neu, nichts – außer ihrer endgültigen Gestalt – verdankten sie der Revolution und den frühen Jahren der Republik. Anders gewendet: Warum kam es nicht schon während des Kaiserreiches zur Gesetzgebung, zu einer Zeit, in der mindestens unter den Jugendfürsorgern und den Spezialisten der kommunalen Verwaltungen Konsens in zentralen Punkten herrschte und sich vieles bereits vor Ort bewährt hatte? Warum gelang im wilhelminischen Deutschland nicht, was in Dänemark 1905, in England 1908 (»Children's Charter«) und in Belgien 1912 gelungen war: noch nicht kodifizierte Vorschriften und Einrichtungen der Jugendfürsorge und des Jugendschutzes in vereinheitlichte Gesetzesform zu bringen?[196]

Der Föderalismus und die fehlende Kompetenz des Reichsgesetzgebers sind – ebenso wie die kleinen Widerstände und Widrigkeiten in der Jugendfürsorge selbst – nur ein Teil der Erklärung. Denn auch das, was in die Kompetenz des Reichstages fiel und ihm vorlag – die Entwürfe einer Strafprozeßordnung und eines Gesetzes über das Verfahren gegen Jugendliche sowie eine Novelle zum Gerichtsverfassungsgesetz aus den Jahren zwischen 1908 und 1912[197] – drang nicht durch und blieb unfertig. Lag es an mangelnder Fühlung zwischen Jugendfürsorge und Reichsbehörden, wie rückblickende Betrachter urteilten?[198] Gewiß: Die moderne Jugendfürsorge war ein genuin kommunales Projekt, vorangetrieben von einem liberalen, aber auch interventionistisch gesinnten Bildungsbürgertum, das sich im Machtgefüge des Kaiserreiches auf die Städte zurückgeworfen sah.[199] Daß dieses Bürgertum auf seinesgleichen setzte, auf die Bildungsbürger der Kommunalverwaltung eher als auf den fernen Reichstag,[200] lag auf der Hand. Dennoch erstaunt es, daß Reichs- und Landespolitiker, Abgeordnete der Parlamente in den Diskussionen der Jugendfürsorger nach der Jahrhundertwende keine Rolle spielten, weder teilnehmend noch in irgendeiner Form als Adressat. Einzig Quarck und Schulz traten in Erscheinung. Einsatz und Interesse der beiden Sozialdemokraten aber wurden erst spät wirkungsmächtig: im Krieg, vollends nach der Revolution.[201]

Jedoch ist es wiederum nur ein Teil der Wahrheit, dem fortschrittlichen Projekt der Jugendfürsorge immobile Parlamente und eine desinteressierte Reichsbürokratie gegenüberzustellen. Ohne Zweifel war die Jugendfürsorge ein Beispiel für die »auf vielen Gebieten erstaunliche Modernität des Kaiserreiches, die zum größten Teil eine bürgerliche Leistung verkörpert«.[202] Mit großer Offenheit blickten die Jugendfürsorger über die Grenzen, rezipierten die Bemühungen anderer Länder, vor allem der USA[203] und waren sich der Leistung ihrer Klasse wohl bewußt: Daß »der soziale Fortschritt in den Rathäusern der Städte entstanden und aus ihnen heraus sich auf das Land und auf die Staaten ausgedehnt hat«, war in den Augen Blaums »ein stolzes Zeichen deutschen Bürgertums«.[204] Experimentierlust, große Neugierde, die Lebenswelt der Unterschichtjugendlichen auszumessen und aufzuschreiben, auch die Bereitschaft, Veraltetes schonungslos zu kritisieren, kennzeichneten die Jugendfürsorgebewegung nach der Jahrhundertwende. Aber dieses Bild ist nicht ohne Schatten: Die Jugendfürsorge war *auch* paternalistisch, *auch* repressiv, vor allem gegenüber der sozialdemokratisch organisierten Arbeiterjugend.[205] Gewiß wird man gerade bei letztgenanntem unterscheiden können. So waren es wohl eher traditionale, konfessionell ausgerichtete Jugendfürsorger, die einer politisierten Arbeiterjugend ›bekehrend‹ gegenübertraten,[206] während bürgerliche Sozialreformer längst mit manchen Sozialdemokraten zusammenarbeiteten und eine politische ›Auffälligkeit‹ junger Lehrlinge und Arbeiter nicht als Zeichen der Verwahrlosung empfanden.[207]

Dennoch ist eine solche klare Scheidung eher eine Ausnahme. Allzuoft verbanden sich Moderne und bisweilen abgestandene Traditionalität in einer augenblicklich gelungenen, aber langfristig höchst problematischen Mischung. So war das erste deutsche Jugendgericht in Frankfurt ohne Zweifel eine ›moderne‹ Institution. Aber war auch der vielgelobte Frankfurter Jugendrichter Karl Allmenröder ›modern‹, der auf dem Dritten Deutschen Jugendgerichtstag 1912 sein Erziehungsideal offenlegte und damit zustimmende Heiterkeit unter seinen Kollegen auslöste:

»Wenn die Lehrer heute ein Kind züchtigen, schreit alles. Der Arzt bescheinigt Striemen. Ich habe als Junge gar manchesmal ausgesehen wie ein Zebra. (Große Heiterkeit.) ... Nun sollen sie sich einmal diese Burschen zwischen dem 16. und 18. Lebensjahre ansehen, diese ausgewachsenen Schlingel, dann werden sie nicht darauf verfallen, daß man mit ihnen so sehr sanft umgehen müsse. Denen kann man schon allerlei zumuten. Da werden sie nicht verstehen, daß man hier immer von der weichen Kinderseele redet. Du liebe Zeit, die habe ich ja auch gehabt, (Heiterkeit) und wie ist man mit mir umgegangen! Kein Mensch hat danach gefragt, und jetzt haben sie einen ganz vernünftigen Jugendrichter vor sich. (Große Heiterkeit.) ... Wir sind heute wirklich in einer gewissen Gefahr, uns in falschen Humanitätsgefühlen zu verlieren, die uns bei der Erziehung der Jugendlichen nicht nützlich sind. (Lebhafter Beifall.)«[208]

Die Jugendfürsorge mag in ihrer fragilen Modernität nicht untypisch für die wilhelminische Zeit gewesen sein.[209] Der Grund für die Passivität in der Reichsgesetzgebung vor 1918 aber lag im Unvermögen, den »inneren Imperialismus« mit dem realen Imperialismus des Kaiserreiches zu einer Politik zusammenzufügen. Die ›große Politik‹ des Kaiserreiches war bevölkerungspolitisch eher blind. Aber auch die Jugendfürsorger waren bei aller Strategie zurückhaltend. Klumker, mittlerweile Inhaber des Lehrstuhls für Fürsorgewesen an der Universität Frankfurt am Main, schrieb 1919, daß die Fürsorge »sich bisher vom politischen Leben möglichst ferngehalten« habe: »Es mußten schon besondere Gründe vorliegen, wenn sich z.B. die Jugendfürsorge nach langem Zögern entschloß, Parteien und Parlamente anzugehen oder in Veranstaltungen wie dem Jugendfürsorgetag mit bestimmten Forderungen an die Öffentlichkeit zu treten. Doch handelte es sich dabei stets um gesetzliche Änderungen in beschränktem Rahmen; zu allgemeinen politischen Erwägungen kam es hierbei kaum.«[210] Sprachlos war die Jugendfürsorgebewegung nicht, aber sie war auf eigentümliche Weise unpolitisch.[211] Die Jugendfürsorger aus dem Bildungsbürgertum hingen allzuoft jener Illusion nach, die das am ›Gemeinwohl‹ orientierte Pragmatisch-Fachmännische und das Politische für unvereinbar hielt. Die Jugendfürsorgebewegung zog sich auf das für den kommunalen Liberalismus aufgrund der Verwechslung von ›unpolitischem‹ Gemeinwohl und Klassenwahlrecht sichere Terrain der Städte zurück.[212] Die moderne Jugendfürsorge kam hier als bürgerliches Projekt daher, sah sich aber vielfach auf Institutionen und Gewohnheiten der traditionalen Jugendfürsorge zurückgeworfen. Ihrer Modernität nie ganz gewiß, in der Balance zwischen bürgerlichem Motiv, staatlicher Intervention und konfessioneller Tradition oft unsicher, stieß die Jugendfürsorgebewegung immer wieder auf Grenzen der Durchsetzungsfähigkeit. Erst der Republik sollte – in der Durchsetzung – gelingen, was dem Kaiserreich unerledigte Aufgabe geblieben war.

Die lange Vorgeschichte des Reichsjugendwohlfahrtsgesetzes aber erklärt »die für ein so umwälzendes Gesetz kurze Zeit der Vollendung und Verabschiedung des Gesetzes«, erklärt vielleicht auch die »Begeisterung ..., die gerade für jene Tage mit ihren scheinbar unversöhnlichen Gegensätzen etwas Eigenartiges hat«.[213] Aber mit der Revolution, der Republik und dem gewachsenen Einfluß der Sozialdemokratie wurde aus der bürgerlichen Jugendfürsorge eine in Maßen plurale: »Widerstreitende Mächte«[214] traten im Reichsjugendwohlfahrtsgesetz und der Jugendfürsorge nun zutage. Und ein Blick auf die Kluft zwischen der Verabschiedung des Gesetzes und seinem tatsächlichen Inkrafttreten, ein Blick auf den beschleunigten Wandel in der Lebens- und Arbeitswelt der Unterschichtjugendlichen in Kriegs- und Nachkriegszeit, ein Blick schließlich auf Durchsetzung und Ausführung des Reichsjugendwohlfahrtsgesetzes in der Praxis lassen es zweifelhaft erscheinen, ob das Ziel erreicht war und ein tatsächlich »umwälzendes Gesetz« vorlag.

II. Am Ziel? Jugendfürsorge in der Weimarer Republik

1. Reichsjugendwohlfahrtsgesetz und Fürsorgeerziehung in der Nachkriegszeit

Allen unbestreitbaren Erfolgen zum Trotz war die Jugendfürsorge bereits im Laufe des Krieges an die Grenzen ihrer Leistungsfähigkeit gestoßen. Doch was im Krieg durch Disziplin und Parolen noch verdeckt werden konnte, trat im Augenblick der Niederlage – und mehr noch mit den Folgen der Inflation – um so deutlicher zutage. Gefährdung und Verelendung der Jugendlichen wurden in kaum mehr zu bewältigender Weise sichtbar.[1] Eine gesetzliche Regelung leistungsfähiger Jugendfürsorge-Institutionen schien dringlich wie nie zuvor. Doch das Reichsjugendwohlfahrtsgesetz war von einem Inkrafttreten zunächst noch weit entfernt. Mit Rücksicht auf die zu erlassenden Ausführungsgesetze der Länder hatte man den Zeitpunkt des Inkrafttretens auf den 1.4.1924 festgelegt.[2] Unversehens gab dabei die Lücke zwischen der Verabschiedung und dem Inkrafttreten Gelegenheit zu überraschenden Widerständen gegen das Reichsjugendwohlfahrtsgesetz. An die Stelle der Einmütigkeit, ja der »Begeisterung« trat nun in Teilen der politischen Apparate schroffe Ablehnung. Massiv sträubten sich unter dem Eindruck der Inflation der deutsche Städtetag und zwischenzeitlich auch die Reichs- und Länderfinanzminister gegen ein Gesetz, das ihnen kostenintensive Leistungen abverlangte.[3]

Nicht zuletzt das Elend der Jugendlichen, der Druck der Jugendfürsorger und der sie unterstützenden Wohlfahrtspolitiker der Parteien und das noch anhaltende Aufbau-Pathos halfen jedoch dabei, daß der »Kampf um das RJWG«[4] nicht völlig verlorenging. Für die Entscheidung des Reichskabinetts zugunsten eines Inkrafttretens des Reichsjugendwohlfahrtsgesetzes waren darüber hinaus aber noch Rücksichten besonderer Art von Belang gewesen. So hieß es in einem Schreiben des Reichsinnenministers an den Staatssekretär in der Reichskanzlei vom 2.2.1924:

»Ich muß insbesondere darauf hinweisen, dass der Erfolg der Sammlungen für Kindernot im Ausland, wie bekannt, in höchstem Grade davon abhängig ist, dass dem Ausland gezeigt wird, dass Deutschland auch aus eigener Kraft an der Ueberwindung der Kindernot mitarbeitet ... Das Reichsgesetz für Jugendwohlfahrt hat im Ausland die größte Beachtung gefunden. Es wird nicht verstanden werden, wenn das Reich diesem Gesetz, das die einzige organisatorische Maßnahme vorbeugenden Charakters gegen die deutsche Kindernot darstellt, die bereits gesetzlich bewilligten Reichsmittel wieder entzieht.«[5]

Den Durchbruch aber hatte zuvor eine am 8.12.1923 vom Deutschen Verein in Berlin organisierte Konferenz erbracht, auf der Reichs- und Länderministerien, Wohlfahrts- und kommunale Spitzenverbände vertreten waren. Auf dieser Konferenz – und einer Anschlußsitzung am 14.12. – einigten sich alle Beteiligten auf einen Kompromiß, der ein eingeschränktes Inkrafttreten des Reichsjugendwohlfahrtsgesetzes zum vorgesehenen Datum des 1.4.1924 ermöglichte.[6]

Gleichwohl war mit der »Verordnung über das Inkrafttreten des Reichsgesetzes für Jugendwohlfahrt«[7] vom 14.2.1924 mehr ›durchbrochen‹ worden, als den Jugendfürsorgern recht sein konnte. Vor allem für die Jugendämter war der Weg von der Verabschiedung des Reichsjugendwohlfahrtsgesetzes über das Inkrafttreten bis hin zu den Ausführungsgesetzen der Länder zu einer abschüssigen Bahn aus Reduktion und Kompetenzverlusten geworden. Auf drei Wegen erlitt das Jugendamt empfindliche Einbußen. Zum einen verlor es mit der Verordnung über das Inkrafttreten seine unbedingte Selbständigkeit. Von der Einrichtung eines Jugendamtes konnte abgesehen werden, wenn die Jugendamtsaufgaben einer anderen Dienststelle – in der Regel den Wohlfahrtsämtern – übertragen werden konnten.[8] Die meisten Jugendämter waren in der Folgezeit tatsächlich nur als Abteilungen der Wohlfahrtsämter tätig: Unter den insgesamt 1251 Jugendämtern im Reich zählte die Statistik 1928 nur 383 selbständig arbeitende Ämter.[9] Die Errichtung von Landesjugendämtern, denen das Reichsjugendwohlfahrtsgesetz einen umfänglichen Katalog von Aufgaben zugewiesen hatte, wurde allein ins Ermessen der Länder gestellt. Das Reichsjugendamt wurde nicht eingerichtet. Die stolze Konstruktion der Jugendämter auf allen Ebenen (Stadt- oder Kreisjugendamt – Landesjugendamt – Reichsjugendamt) war der Knappheit der Mittel und den Einsprüchen der Kommunen zum Opfer gefallen. Zum anderen konterkarierte die Verordnung über das Inkrafttreten mit der Übertragung der Jugendamtsaufgaben auf andere Dienststellen auch den Wunsch des Reichsjugendwohlfahrtsgesetzes, in das Jugendamt nur Personen hauptamtlich zu berufen, »die eine für die Betätigung in der Jugendwohlfahrt hinreichende Ausbildung besitzen, die insbesondere durch eine mindestens einjährige praktische Arbeit in der Jugendwohlfahrt erworben ist«. Unter dem Dach anderer Dienststellen mußte eine solche Vorschrift rasch an Wert verlieren.[10]

Gravierender aber als die Verluste an Selbständigkeit und Professionalität waren schließlich die Verknüpfungen und Abstriche im Aufgabenkatalog der Jugendämter. Die oberste Landesbehörde konnte die Jugendämter von der Jugendgerichtshilfe, der Mitwirkung bei der Fürsorge für Kriegerwaisen und Kriegsbeschädigtenkinder sowie von der Mitwirkung bei polizeilicher Jugendhilfe, etwa der »Unterbringung zur vorbeugenden Verwahrung«, befreien. Vollends ins Belieben gestellt wurde der Paragraph 4 des Reichsjugendwohlfahrtsgesetzes, der den Jugendämtern den Auftrag zur Schaffung eigener Einrichtungen und Veranstaltungen zur Jugendwohlfahrt, Jugendberatung und Mutterschutz erteilte. Auch im Pflegekinderschutz und in der Amtsvormundschaft stellte die Verordnung Entlastung in Aussicht. Wie umfänglich solche Entlastungen sein konnten, zeigte sich in der im März 1924 erlassenen Ausführungsanweisung zum preußischen Ausführungsgesetz. Auf Antrag der Gemeinden und Gemeindeverbände konnte in Preußen die Altersgrenze der zu betreuenden Pflegekinder herabgesetzt, der Kreis der zu Betreuenden also verkleinert werden. Selbst von der gesetzlichen Amtsvormundschaft, dem eigentlichen Kernstück des Jugendamtes, durften sich ländliche Jugendämter auf Antrag befreien. Der preußische Volkswohlfahrtsminister Hirtsiefer empfahl für solche Fälle »eine tatkräftige Förderung der organisierten Einzelvormundschaft« – gerade so, als ob die im Kaiserreich geübte scharfe Kritik an den Unzulänglichkeiten von Gemeindewaisenräten und Einzelvormundschaften vor allem auf dem platten Lande nur exaltiertes Geschrei großstädtischer Fürsorgetheoretiker gewesen wäre.[11]

Andere Aufgaben, die dem Jugendamt in zentralisierender Absicht zugedacht waren, wurden gleichfalls suspendiert. Der ursprüngliche Abschnitt 5 des Gesetzes, der die wirtschaftliche Fürsorge für hilfsbedürftige Minderjährige den Jugendämtern übertragen wollte, entfiel mit der Verordnung über das Inkrafttreten ersatzlos. Die 1924 verabschiedete Reichsfürsorgepflichtverordnung schrieb die alte Trennung, die es eigentlich zu überwinden galt, fest: Jugendfürsorge und wirtschaftliche Fürsorge für Minderjährige ressortierten fortan in voneinander getrennten Ämtern, im Jugendamt das eine, im Wohlfahrtsamt das andere.[12] Eine weitere Trennung in der Zuständigkeit für Minderjährige hatte sich zuvor schon durchgesetzt. Noch in den Ausschußberatungen war es dem prominenten Sozialhygieniker Alfred Grotjahn, der zu dieser Zeit für die Sozialdemokratie im Reichstag saß, gelungen, die Gesundheitsfürsorge für Kinder und Jugendliche nicht dem Jugendamt, sondern dem Gesundheitsamt zuzuweisen. Er hielt sich später zugute, damit »günstig für die Entwicklung eines selbständigen kommunalärztlichen Dienstes« gewirkt zu haben.[13] Die institutionelle

Rivalität verschiedener Wohlfahrtseinrichtungen, der Grotjahn damit jedoch Geltung verschafft hatte, raubte den Jugendämtern schon früh ein Stück ihrer gedachten Allzuständigkeit.

Der Ursprung solcher Reduktion und Kompetenzverluste lag vor allem in den wuchtigen Schlägen, die die Interessenverbände der Städte und Gemeinden unter dem Eindruck von Inflation und Finanznot 1922/23 dem verabschiedeten Reichsjugendwohlfahrtsgesetz beibringen konnten. Keine zusätzliche Last, so lautete die Losung, sollte den Kommunen aufgebürdet werden. »Bis auf weiteres sind Reich und Länder nicht verpflichtet«, hieß es folgerichtig auch am Beginn der Verordnung über das Inkrafttreten, »Bestimmungen des Reichsgesetzes für Jugendwohlfahrt durchzuführen, die neue Aufgaben oder eine wesentliche Erweiterung bereits bestehender Aufgaben für die Träger der Jugendwohlfahrt enthalten.«[14] Da »ein Rückschritt gegenüber dem bisherigen Zustand«[15] mit dem eingeschränkten Inkrafttreten des Reichsjugendwohlfahrtsgesetzes aber nicht angestrebt werden sollte, war die Politik der Städte ein geradezu zynischer Beleg dafür, daß das Gesetz – besehen im Licht großstädtischer Jugendfürsorge – offenbar nicht allzuviel Neues gebracht hatte.

Gab es aber über das Argument finanzieller Belastung hinaus noch ein weiteres, verdecktes Motiv für die Bemühungen des Städtetages, das Reichsjugendwohlfahrtsgesetz zu sistieren? Tatsächlich war den Städten wohl daran gelegen, die Autonomie und Entfaltungsmöglichkeiten der eigenen Jugendfürsorgebehörden gegenüber einem befürchteten nivellierenden Einfluß des Reiches zu verteidigen. Die erfolgreiche Attacke gegen ein Reichsjugendamt mag als Beispiel für solche Bemühung gelten. Kostenintensiv wäre ein kleiner, im Reichsinnenministerium angesiedelter Apparat nicht unbedingt gewesen, aber mancher Freund kommunaler Jugendamtsautonomie und -herrlichkeit sah schon die Schatten zentralistischer Gängelung an der Wand.[16] So ist es fast tragisch zu nennen, daß die gewachsene kommunale Tradition der Jugendfürsorge einem Gesetz zum Verhängnis wurde, das das in vielen Städten schon erreichte Maß reichsweit verbindlich machen wollte. Den Wortlaut der Verordnung über das Inkrafttreten und der preußischen Ausführungsanweisung für bare Münze genommen und an der Absicht des Reichsjugendwohlfahrtsgesetzes gemessen, wurde die Gußform des Jugendamtes zwischenzeitlich regelrecht eingeschmolzen. Nicht wenige der Jugendfürsorger äußerten sich enttäuscht über das eingeschränkte Gesetz. Zornig betonte Klumker 1927, daß für die Jugendfürsorge nicht die »fortgeschritteneren Behörden ... in Betracht« kämen: »Sie waren vor dem Kriege in ihren Einrichtungen oft schon weiter als das Gesetz heute fordert«. Vielmehr sei es nötig gewesen, »einen gleichmäßigen Ausbau der Kinderfürsorge in allen Teilen des Reiches herbeizuführen. Das kann aber nur durch eine reichsgesetzliche Vorschrift geschehen. Wollten wir diesen Fortschritt dem guten Willen der einzelnen Behörden überlassen, so hätten wir uns die Mühe des ganzen Gesetzes sparen können.«[17] Die Hoffnung auf ein schlagkräftig handhabbares, mit propagandistischem Glanz und entsprechenden Finanzmitteln versehenes Organisations- und Leistungsgesetz zerstob mit der Verordnung über das Inkrafttreten. Der im Weltkrieg durch weitgehende Pläne zur Jugendgesetzgebung bekanntgewordene Geheime Admiralitätsrat Paul Felisch urteilte mit beißendem Spott: »Fast mit dem gleichen Rechte, mit dem man sagen kann, es sei das Reichsgesetz für Jugendwohlfahrt am 1. April 1924 in Kraft getreten, kann man behaupten, es sei an diesem Tage außer Kraft gesetzt worden.«[18]

Indes waren in der Nachkriegszeit vor allem die Fürsorgeerziehungsanstalten in Bedrängnis geraten. So wenig, wie sie im Krieg den alltäglichen Nöten und der schwierigen Versorgungslage entkommen konnten, so wenig war es ihnen möglich, sich den großen Verwerfungen in Wirtschaft und Politik der Nachkriegszeit zu entziehen. Mit dem Fortgang der Inflation wurde es zunehmend schwierig, Zöglinge aus der Anstalt heraus in Pflege- oder Dienststellen zu geben. Die Geldentwertung machte es unmöglich, »die Pflegegeldsätze für die in Familienpflege befindlichen Zöglinge so schnell zu erhöhen und vor allen Dingen so schnell zur Auszahlung zu bringen, daß die Pflegeeltern sie noch als einigermaßen angemessene Entschädigung für die ihnen durch die Zöglinge entstehenden Ausgaben ansehen konnten«.[19] Auch die für die Anstalten selbst durchgesetzte Einführung eines »gleitenden Pflegesatzes entsprechend den Reichsindexzahlen für Lebenshaltung«[20] blieb fast wirkungslos, »da die den Anstalten auf diese Weise zufließenden Gelder vielfach erst in ganz entwertetem Zustande in die Hände der Anstalten kamen«.[21] Überdies erschwerte der schlechte Gesundheitszustand vieler Zöglinge die Unterbringung in Pflegefamilien: nur Kinder, »die sich schon durch kleinere Handreichungen nützlich machen können, ... jedenfalls durch außerordentliche Pflege keine besondere Last machen dürfen«,[22] hatten Aussicht auf Familienpflege.

Nach den Berichten der Landeshauptmänner der preußischen Provinzen waren die Auswirkungen der Revolution von 1918/19 aber ungleich bedrohlicher als alle Versorgungsschwierigkeiten. »Weit schlimmere Wirkungen«, urteilte 1920 der Landeshauptmann der Provinz Ostpreußen rückblickend, »zeitigte ... die Staatsumwälzung. In weitesten Volkskreisen machte sich die Anschauung breit, daß es keine Zucht und Autorität mehr gäbe. Eltern und Arbeiterräte griffen vielfach gewaltsam in den Gang der Fürsorgeerziehung ein ... Bei den Zöglingen zeigte sich Widersetzlichkeit, ungemessener Freiheitsdrang, und, ebenso wie in weiten Kreisen des Volkes, Unlust zur Arbeit, Vergnügungssucht und das Bestreben, auf jede, und sei es auch auf unlautere Weise zu Gelde zu kommen.«[23] Daß die Arbeiter- und Soldatenräte, die sich seit den Novembertagen 1918 überall im Reich gebildet hatten, »gewaltsam« in die Fürsorgeerziehung eingriffen, durfte jedoch niemand verwundern. Der Arbeiterbewegung im Kaiserreich war die Fürsorgeerziehung verhaßt. Sprachkräftig hatte der Sozialdemokrat Otto Rühle 1911 die konfessionell dominierte Fürsorgeerziehung als »Fürsorgemißhandlung« und »Gemisch« aus »Knute und Halleluja« gegeißelt.[24] Aus solcher Sicht heraus veranlaßten Arbeiter- und Soldatenräte im November und Dezember 1918 Entlassungen von Zöglingen – die in der Revolution den »Tag der Befreiung von der Fürsorgeerziehung gekommen« sahen[25] –, verhinderten Neueinweisungen und traten der Polizei bei der Rückführung entlaufener Zöglinge entgegen.[26] Unter dem Druck von Revolution und Rätebewegung stimmten die verunsicherten Fürsorgeerziehungsbehörden widerruflichen Entlassungen meist zu, die Zahl der Neuüberweisungen sank.[27]

Doch noch im Dezember 1918 stellte sich die paritätisch aus MSPD und USPD zusammengesetzte preußische Landesregierung den Arbeiter- und Soldatenräten entgegen: »Die Entscheidung darüber, ob Fürsorgeerziehung erforderlich ist oder nicht«, hieß es, stehe »dem zuständigen Gericht zu, dessen Unabhängigkeit von der neuen Regierung ausdrücklich anerkannt worden ist«.[28] Was übrigblieb, war eine geregelte Mitarbeit von Räten in den Fürsorgeerziehungsbehörden einiger preußischer Provinzen. Eine solchermaßen gezähmte Beteiligung der Arbeiterschaft kam vielen Behörden nicht ungelegen – bot sie doch die Möglichkeit, Mißtrauen abzubauen.[29] Diese direkte Mitsprache von Arbeitervertretern verlor jedoch mit dem Niedergang der Rätebewegung an Bedeutung.

Aber die Gründe für das Eingreifen der Räte blieben bestehen: das tiefe Mißtrauen gegen private, vor allem konfessionelle Wohltätigkeit und das Streben nach öffentlicher, also kommunaler oder staatlicher Fürsorge. Von »Gerechtigkeit und Anspruch«[30] war die Fürsorgeerziehung in den Augen der Arbeiterbewegung denkbar weit entfernt. Vom unbedingten Glauben an die Wirksamkeit der Institutionen aber war die Arbeiterbewegung beileibe nicht ausgeschlossen. Doch vor allem die Trägerschaft der bestehenden Institutionen verfiel der Ablehnung. »Alle privaten und konfessionellen Jugendfürsoganstalten müssen verschwinden«, forderte die SPD-Abgeordnete Wilhelmine Kähler in der Nationalversammlung 1919 unter großem Beifall der Linksparteien.[31] Längst schon war die Auseinandersetzung zwischen Revolution und Jugendfürsorge über den spontanen Eingriff der Räte hinweggegangen. Sie war zu einem allgemeinen und nicht minder politischen Konflikt geworden und hatte sich zu einem Kampf zwischen der Dominanz der ›freien‹, überwiegend konfessionellen Einrichtungen und dem sozialistischen Prinzip eines Primats der öffentlichen

Wohlfahrtspflege in staatlicher oder kommunaler Regie ausgewachsen. Nirgends prallten jedoch die Fronten so stark aufeinander wie auf dem Feld der Fürsorgeerziehung – und der Ausgang dieses Kampfes sollte nicht nur über die Gestalt der Fürsorgeerziehung, sondern auch über Zukunft und Gewicht der privaten Wohlfahrtspflege im neuen Staat entscheiden.

Für die konfessionelle Fürsorgeerziehung ging es zum Jahresende 1918 – wenigstens in den Augen der Träger und ihrer Gegner – tatsächlich um die schiere Existenz. Bereits am 16.11.1918 sandte Backhausen ein Schreiben an seine Mitstreiter in Vorstand und Ausschüssen der Organisation, in dem er um Vorschläge für den Schutz »gegen willkürliche Eingriffe der neuen lokalen Regierungsinstanzen« bat, vor allem aber nach Wegen suchte, »um den Bestand der mit so vielen Mühseligkeiten aufgebauten Fürsorgeerziehung« sichern zu können.[32] Der Weg, den der AFET ebenso wie die sich in einem »Fachausschuß für private Fürsorge« im Deutschen Verein zusammenschließenden freien Wohlfahrtsverbände dabei gingen, erwies sich als außerordentlich geschickt. Bereitwillig wurde Selbstkritik geübt.[33] Dem schloß sich, vor allem beim AFET, ein Angebot zur Reform an. Die »Leitsätze, betreffend die Lage der Fürsorge-Erziehung und die Aenderung des Fürsorge-Erziehungs-Gesetzes«, die der AFET im Februar 1919 veröffentlichte, stellten auf den ersten Blick Veränderungen in Aussicht. Aber bei näherem Hinsehen erweckte vieles den Eindruck einer bloßen Konzession. »Im übrigen lassen wir uns gern schönere Namen gefallen und warten auf Vorschläge«:[34] Was Backhausen über neue Bezeichnungen für die alte »Prügel- und Betanstalt«[35] schrieb, kann als Tenor der »Leitsätze« schlechthin gelten. Das von Pastor Disselhoff 1919 mit Blick auf die konfessionelle Anstaltserziehung gesprochene »sint ut sunt, aut non sint«, das von Backhausen gerne aufgegriffen wurde,[36] konterkarierte ohnehin die im Wortlaut der »Leitsätze« vorgetäuschte Bereitschaft zur Veränderung. Im Prinzip war man mit dem Hergebrachten ja auch einverstanden: »Das bisherige Gesetz hat sich im allgemeinen bewährt. An seinen wesentlichen Grundlagen sollte nicht gerüttelt werden«, schrieb der hannnoversche Landesrat Hartmann in einer Ergänzung zu den »Leitsätzen«.[37] Immerhin: die »Zwangshose« opferten die Fürsorgeerzieher dem neuen Staat,[38] Sinnbild für das kleine Maß an Veränderung, zu dem die Fürsorgeerziehung tatsächlich aus eigener Absicht bereit war. Für den Bereich der Fürsorgeerziehung konnte die VII. Tagung des AFET am 19.5.1921 in Köln endgültig Entwarnung geben. Dort urteilte Backhausen, die Anstalten hätten »die Belastungsprobe [der Revolution] gut bestanden.«[39]

Aber der konfessionellen Fürsorgeerziehung drohte in der Nachkriegszeit noch von ganz anderer Seite her Gefahr. Die Kritik der Arbeiterbewegung kam stets von außerhalb. Die heftige Ablehnung jedoch, mit der

Backhausen dem ›Revolutionär‹ Karl Wilker und seiner Arbeit in der städtischen Erziehungsanstalt Berlin-Lichtenberg begegnete, ließ erahnen, daß sich auch innerhalb der Fürsorgeerziehung ein Potential an Innovation und Veränderung auftat, das von der traditionalen Fürsorgeerziehung als bedrohlich empfunden wurde. Wilker, der nach einer kurzen Lehramtstätigkeit, dem Studium der Medizin und publizistischer Arbeit im April 1917 im Alter von 31 Jahren die Leitung der Berliner Erziehungsanstalt in Lichtenberg übernommen hatte, zählte zu den prominenten Figuren der freideutschen Jugendbewegung.[40] Seine Tätigkeit in Lichtenberg markierte den Beginn der reformpädagogischen Arbeit in der Jugendfürsorge. Der Begriff »pädagogische Reformbewegung«[41] umschrieb dabei das durchaus vielgestaltige Feld pädagogischer Arbeit, das sich aus dem Gemeinschaftsgefühl und dem kulturkritischen Anspruch der Jugendbewegung speiste. Wilker, ein kleiner Kreis gleichgesinnter Mitarbeiter und ihre Förderer verstanden die Arbeit in der alsbald in »Lindenhof« umbenannten Lichtenberger Erziehungsanstalt als ein »Stück Tat gewordene Jugendbewegung«.[42] Die Fürsorgeerziehung mußte für Wilker und seine Mitarbeiter somit mehr sein als »Besserung«, mußte vielmehr zur »Lebensschulung« werden.[43]

»Wenn ich Gitter absägen ließ, wenn ich für viele Blumen und Bilder sorgte, für vertiefte Kunstpflege eintrat, wenn ich keine konfessionelle Religion, keinen politischen Patriotismus pflegte, wenn ich die Selbstverwaltung unterstützte, die Selbstgerichtsbarkeit betonte«, schrieb Wilker rückblickend, »so war das für mich nicht entsprungen aus Lust am Reformen, aus Dünkel auf mein Können, aus Bessermachen-wollen-trieb. Es war auch nicht bestimmt dadurch, daß etwa sozialistische Parteiprogramme das vorgesehen haben sollten. Es war vielmehr einzig und allein bestimmt aus meinem Glauben an das Gute im Menschen.«[44]

Die »gefühlsmäßige Art der Erziehung« sowie ein »mystischer und ein stark ästhetischer Zug«[45] standen im Zentrum der Kritik, die Wilker erfuhr. Die Zöglinge, so befand der Leiter der Berliner Fürsorgeerziehung und Wilkers Dienstvorgesetzter, Direktor Knaut, liefen bei solcher Erziehung »Gefahr, den Sinn für die harten Realitäten des Lebens ... zu verlieren«.[46] Nicht zu verkennen sei, »daß unsere Zöglinge bei dieser Art leicht zu hoch über die Wirklichkeit ihres Lebens hinausgehoben werden, den Geschmack an der ständigen Arbeit verlieren und glauben, gefestigt und stark zu sein, wenn sie über Dinge reden und denken und wenn sie edel empfinden und fühlen können«.[47] Tatsächlich orientierte sich Wilkers Erziehungspraxis an durch die Jugendbewegung mitunter irrational überformten bildungsbürgerlichen Vorstellungen: »Kulturelle Persönlichkeitsbildung [sollte] wichtiger sein als formale Ausbildung. Lektüreempfehlungen reichten bis Rabindranath Tagore, und für einen Museumsbesuch fielen die Arbeiten in den Werkstätten allemal aus.«[48]

Ungleich schwerer als jene Verletzung des behördlichen Sinnes für die »harten Realitäten des Lebens« wog aber für Backhausen und die konfessionelle Fürsorgeerziehung die scheinbar areligiöse Haltung Wilkers. »Wir werden wohl nicht irren in der Annahme«, schrieb Backhausen, »daß in Wilker das religiöse Empfinden sich mehr oder weniger im künstlerischen aufgelöst hat; darum kann er einer besonderen religiösen Erziehung nicht Raum geben.«[49] Fast mußte es Backhausen die Sprache verschlagen haben, daß Wilker, der »keineswegs die Religion und noch weniger die Frömmigkeit« ausschließen wollte,[50] ausgerechnet Johann Hinrich Wichern – den Pionier evangelischer Anstaltserziehung – als Vorbild gelten ließ. »Mich wundert nur«, so schrieb Backhausen, »daß er diesen Geist zu rufen wagt; denn Wichern ist das genaue Gegenteil von Wilker.«[51] Die »wunderbare Synthese von Mißtrauen und Vertrauen, von Strenge und Güte, von Autorität und Freiheit«, die Backhausen Wichern idealisierend unterschob, schien bei Wilker einseitig aufgelöst zu sein. »Scheu vor der Pflicht und der Erziehung zur Pflichterfüllung«[52] entdeckte Backhausen in der Wilkerschen Fürsorgeerziehung. Der AFET-Vorsitzende war aber nicht frei von Respekt, ja von Sympathie für manchen von Wilker proklamierten Grundsatz. Die Vorstellung einer Erziehung als »Gabe an den Zögling« und das Prinzip einer – wenn auch unterschiedlich fundierten – »Lebensgemeinschaft« von Erziehern und Zöglingen stießen bei Backhausen auf Zustimmung. Auch manche Kritik an der »Enge und Strenge« der Anstalten ließ er gelten.[53] Aber die vermutet einseitige Auflösung der Verschränkung von Autorität und Freiheit laufe, war sich Backhausen sicher, »konsequent« auf die Auflösung der herkömmlichen Fürsorgeerziehung hinaus und werde somit auf kaltem Wege den in der Nationalversammlung ausgesprochenen Wunsch der politischen Linken nach dem Verschwinden der konfessionellen Anstalten erfüllen.[54]

Backhausens Furcht währte indes nicht lange. Wilker geriet in einen zunehmend unauflösbaren Konflikt mit den ›alten‹ Erziehern im Lindenhof und der Berliner Jugendfürsorgebürokratie. Von seinen Anhängern wurde der Zwist emphatisch auf eine Auseinandersetzung zwischen »jung« und »alt«, zwischen »Idealismus« und »Materialismus« reduziert und als Angriff auf »die ganze deutsche Jugendbewegung, ja die Jugendbewegung der gesamten Kulturwelt« verstanden.[55] Der Berliner Magistrat hingegen sah im Lindenhof »Maßnahmen getroffen oder zugelassen, die ... als bedenklich und die Entwicklung der Jugendlichen in mancher Hinsicht gefährdend angesehen werden müssen«.[56] Im Oktober 1920 verließen Wilker und seine Mitarbeiter aus der Jugendbewegung den Lindenhof.

Doch wenn Wilker mit seinem Abschied vom Lindenhof auch als gescheitert galt und es ihm in der Weimarer Republik nicht mehr gelang, dauerhaft in Einrichtungen der Jugendfürsorge Fuß zu fassen, so blieb sein erstes Beispiel jugendfürsorgerischer Arbeit aus dem Geist der Jugendbewegung heraus nicht ohne fortdauernde Wirkung. Curt Bondy urteilte 1929: »Das bleibt bestehen: Wilker hat durch seine neue Erziehungsart – bewußt und ausdrücklich im Sinne der Jugendbewegung – und durch die allgemeine Diskussion, die sich an seine ihm aufgezwungene Amtsniederlegung anschloß, einen außerordentlich starken, heute noch wirksamen Einfluß, nicht nur auf die Fürsorgeerziehungsanstalten, sondern auch auf die gesamte Jugendfürsorge ausgeübt.«[57] Und Bondy war es auch, der zusammen mit dem Wilker-Mitarbeiter Walter Herrmann auf eine gleichsam unprätentiösere Weise einen weiteren Versuch unternahm, Jugendbewegung und Jugendfürsorge zusammenzuführen. Ihre Tätigkeit als Wachtmeister und Sozialbeamte im Hamburgischen Jugendgefängnis Hahnöfersand 1921/22 galt der Durchsetzung des Erziehungsprinzips im Jugendstrafvollzug. »Uns schwebte«, so resümierte Herrmann, »als Jugendgefängnis etwas wie eine gute Fürsorgeerziehungsanstalt vor ..., nicht Ducken, Biegen, Unterdrücken durfte also unsere Aufgabe sein, sondern Helfen, Aufrichten, Abtragen von Schutt und Schlacke, unter der das Gute, an das wir auch bei unseren Gefangenen glauben, verborgen liegt«.[58] Doch blieb Herrmann und Bondy eine dauerhafte Wirkungsmächtigkeit auf Hahnöfersand versagt. Allzusehr sträubte sich auch hier die eingesessene Bürokratie gegen die von außen – Bondy und Herrmann waren Schüler des Hamburger Strafrechtsreformers Moritz Liepmann – lancierten Fürsorger. Dennoch blieb auch ihre Tätigkeit, mehr noch die theoretische Verarbeitung ihrer Erfahrungen[59] nicht ohne Folgen. Bondy und Herrmann avancierten in der Folge zu den prominentesten Vertretern der Reformpädagogik auf dem Gebiet der Jugendfürsorge in der Weimarer Republik, zumal sie sich im Unterschied zu Wilker im Institutionengefüge festsetzen konnten, ja geradezu Karriere machten: Herrmann wirkte ab 1924 in der thüringischen Fürsorgeerziehung, zuletzt als Leiter der Anstalt in Egendorf, und Bondy wurde Direktor des Jugendgefängnisses in Eisenach und Honorarprofessor in Göttingen.

Die praktische Arbeit im Lindenhof und auf Hahnöfersand war – bei allem Nachhall, den sie fand – somit Episode geblieben. Die Arbeit im Frankfurter Westendheim aber stand auf stabilerem Fundament. Das Westendheim, das 1916 durch den Erziehungsverein Frankfurt am Main e.V. gegründet worden war, arbeitete bis zu seiner Auflösung 1933 unter der Leitung August Verlegers. Er wollte ähnlich wie Wilker, Bondy und Herrmann den Impuls der Jugendbewegung für die Jugendfürsorge nutzen.[60] Ursprünglich als Herberge für jugendliche Wanderer eingerichtet, nahm das Westendheim nach dem Krieg auch Fürsorgezöglinge auf, ohne jedoch zu einer reinen Fürsorgeerziehungsanstalt zu werden. »Mittel- und Obdachlose, freiwillig kommende, entlassene Strafgefangene, zur Fürsorge vorläufig Untergebrachte, Zöglinge des Herrn Landeshauptmanns, Pfleglinge des Jugendamtes, Pfleglinge caritativer Vereine, vom Jugendgericht Ueberwiesene«[61] gaben dem Heim seinen eigentümlichen Charakter. Die Erziehungsarbeit war bestimmt durch den offenen bzw. halboffenen Charakter der Einrichtung. Wer immer dazu in der Lage war, lernte oder arbeitete außerhalb des Heimes. Die Mitarbeit von Gewerkschaften und Betriebsräten erleichterte die Einbindung der Zöglinge in die Frankfurter Arbeitswelt.[62]

Allen drei reformpädagogischen Projekten – Lindenhof, Hahnöfersand, Westendheim – gemein war der Versuch, die negative Prominenz, das schlechte Hervorragen der Fürsorgeerziehung aufzuheben. Gräben zwischen ›Drinnen‹ und ›Draußen‹ sollten zugeschüttet werden. Der Kampf gegen die Düsternis bisheriger ›Besserungsanstalten‹, das Absägen von Fenstergittern, die Installierung von Blumenkästen, die Gewährung von Freiheit und Recht für den einzelnen Zögling waren Wege hierzu. Zwingend hieraus ergaben sich die Ansätze zur Selbstorganisation, zur bedingten Selbstverwaltung der Zöglinge, sei es durch das »Jungensgericht«, die so genannte eigene ›Gerichtsbarkeit‹ im Lindenhof, den »Innenring« auf Hahnöfersand oder die Anbindung an die »Naturfreunde« als Organisation der Arbeiterjugend im Westendheim. Schließlich wurden Fäden nach ›Draußen‹ geknüpft: Vereine ehemaliger Zöglinge machten eine nachgehende Fürsorge möglich.

Freilich gab es auch Unterschiede zwischen den drei Anstalten. Wilkers bildungsbürgerliches Kulturideal legt zu Recht die Frage nahe, »wer von den Zöglingen aus der Unterschicht bereit und in der Lage war, sich die kulturellen Produkte einer ihm fremden Welt als Orientierungsangebot anzueignen«?[63] Völlig unterschieden hiervon war Verlegers Bemühen, das Westendheim ins Netz der Frankfurter Arbeiterjugend einzubinden – für zeitgenössische Beobachter ein Beispiel dafür, »daß eigenwüchsige Gemeinschaftsbildungen der Zöglinge von Dauer und stärkster Bildungskraft sein können, sofern sie von einer ihrer Lebenslage entsprechenden geistigen Idee getragen werden«.[64] In der Abkehr von der bisherigen Fürsorgeerziehung machte das Westendheim den Versuch, das Aufwachsen in der Anstalt dem ›normalen‹ Aufwachsen in den Familien soweit als möglich anzupassen. Für Verleger war mithin die Abgeschlossenheit der Anstalt nichts, das ›Draußen‹ alles. Für Wilker aber bedeutete die Abkehr von der herkömmlichen Praxis keinesfalls das Aufheben der ›Besonderung‹ der Anstalt. Vielmehr galt ihm eine annähernd weltabgesetzte Lebensgemeinschaft von Zöglingen und Erziehern als Voraussetzung gelungener Erziehung. Diese unterschiedlichen Positionen prägten auch die Debatten in der 1925 gegründeten »Gilde Soziale Arbeit«, in der sich Erzieher aus der Jugendbewegung mit Gleichgesinnten aus anderen sozialen Berufen zusammenfanden.⁶⁵ Sollte Fürsorgeerziehung so kurz als möglich sein, sollten die Zöglinge nie den Kontakt zur Außenwelt verlieren? Oder war gerade der Bruch zwischen den Zöglingen und ihrer bisherigen Lebenswelt und ein entsprechend langer Anstaltsaufenthalt zur Beseitigung der Verwahrlosung nötig?⁶⁶

Aber einerlei, ob Wilkers Wunsch nach Abgeschiedenheit oder Verlegers Beispiel einer offenen Einrichtung das Modell für eine moderne Fürsorgeerziehung hätte abgeben können: Die Reformpädagogen waren allemal in einer verschwindenden Minderheit. Der Verallgemeinerungsfähigkeit ihrer Versuche waren darüber hinaus deutliche institutionelle Grenzen gesetzt. Das Wirken der Reformpädagogen vollzog sich, wenn überhaupt, dann nur in den wenigen staatlichen und kommunalen Anstalten oder den noch weitaus selteneren Einrichtungen privater, aber nicht konfessioneller Vereine. Zwar hörten die Reformpädagogen nicht auf, um Einfluß auch in der Fürsorgeerziehung zu kämpfen. Doch mit dem unerbittlichen Urteil: »Wer nicht mehr ... mit der Sünde im Menschen als einer realen, dämonischen Macht rechnet, wird mit der Fürsorgeerziehung nicht fertig und Wilker ist nicht mit ihr fertig geworden«,⁶⁷ verschloß Backhausen 1922 die Tore der konfessionellen Fürsorgeerziehung vor dem Einfluß der Reformpädagogik. Die Abwehr der Reformpädagogik und die Verteidigung konfessioneller Dominanz⁶⁸ in der Jugendfürsorge liefen Hand in Hand: Sicherte die Ablehnung der Wilkerschen Vorstellungen die ideologische Exklusivität der konfessionellen Fürsorgeerziehung, so entzog die Verteidigung der Besitzstände den Vorkämpfern einer neuen Erziehungspraxis einen Großteil des Spielraums. Die von Backhausen auf der AFET-Tagung 1921 zufrieden vorgetragene Bemerkung, die Anstalten hätten im Angesicht der Revolution die »Belastungsprobe gut bestanden«,⁶⁹ galt auch mit Blick auf die Reformpädagogik.

Hinsichtlich der Behauptung der traditionalen Fürsorgeerziehung kann es nicht erstaunen, daß auch das Reichsjugendwohlfahrtsgesetz nur wenig noch verändern konnte, ja daß es kaum gelang, die Fürsorgeerziehung der Konstruktion des Reichsjugendwohlfahrtsgesetzes einzufügen. Der erste Entwurf des Reichsjugendwohlfahrtsgesetzes hatte eine Regelung der Fürsorgeerziehung erst gar nicht vorgesehen. Vielmehr wurde ein separates Reichsfürsorgeerziehungsgesetz in Aussicht gestellt.⁷⁰ Erst auf Drängen der SPD nahm der zweite, schließlich verabschiedete Entwurf des Reichsjugendwohlfahrtsgesetzes den Abschnitt über Schutzaufsicht und Fürsorgeerziehung auf⁷¹ – der durch die Verordnung über das Inkrafttreten in seinem Gehalt unangetastet blieb.⁷² Die Aufnahme der Fürsorgeerziehung in das Reichsjugendwohlfahrtsgesetz war nicht unumstritten gewesen. Sollten die Jugendämter mit der ungeliebten Fürsorgeerziehung belastet werden? Oder war gerade die Anbindung der Fürsorgeerziehung an die

Jugendämter nötig, um ihr den Makel zu nehmen?[73] Die Lösung, die das Gesetz anbot, war wenig mehr als ein schlechter Kompromiß. Den neu zu errichtenden Jugendämtern wurde lediglich eine Mitwirkung bei der Fürsorgeerziehung zugestanden,[74] die tatsächliche Durchführung der Fürsorgeerziehung oblag nach wie vor den separaten Fürsorgeerziehungsbehörden, die in den preußischen Provinzen bereits seit dem Inkrafttreten des Fürsorgeerziehungsgesetzes von 1900 bestanden. Darüber hinaus blieben die Ausführung der Fürsorgeerziehung und die Kostenträgerschaft landesgesetzlicher Regelung vorbehalten. All dies machte die Fürsorgeerziehung zu einer von den übrigen Maßnahmen der Jugendfürsorge abgegrenzten Sondereinrichtung. Klumker sollte Jahre später urteilen, der Abschnitt über Fürsorgeerziehung sei dem Reichsjugendwohlfahrtsgesetz nur »ganz zusammenhanglos hinten angeklebt«.[75]

Immerhin sah das Reichsjugendwohlfahrtsgesetz keine Mithilfe der Polizei bei der Durchführung der Fürsorgeerziehung mehr vor.[76] Gleichfalls entfiel die diskriminierende Kostenzuständigkeit des Ortsarmenverbandes. Schließlich fanden die Bestrebungen der Jugendfürsorger des Kaiserreiches, einen immer größeren Personenkreis mit Fürsorgeerziehung erfassen zu können, im Reichsjugendwohlfahrtsgesetz einen denkbar weitgehenden Abschluß. Galt bislang in der Regel die Vollendung des 18. Lebensjahres als Altersobergrenze zur Anordnung der Fürsorgeerziehung,[77] so konnte mit dem Reichsjugendwohlfahrtsgesetz »für den Fall, daß Aussicht auf Erfolg der Fürsorgeerziehung besteht ..., diese auch noch angeordnet werden, wenn der Minderjährige das 18., aber noch nicht das 20. Lebensjahr vollendet hat«.[78]

Doch das Wesen der Fürsorgeerziehung in der Weimarer Republik ist nicht allein über den Wortlaut des Abschnittes 6 des Reichsjugendwohlfahrtsgesetzes zu erschließen. Die tatsächliche Gestalt der Fürsorgeerziehung fand ihren prägnanten Ausdruck vielmehr in den Ausführungsgesetzen und -anweisungen der Länder, die für Durchführung und Kostenregelung der Fürsorgeerziehung zuständig blieben.[79] Hier zeigte sich, wie das Reichsjugendwohlfahrtsgesetz die Fürsorgeerziehung zwar erstmals reichseinheitlich regelte, dabei aber zuvörderst Apparat und Ideologie der obrigkeitsstaatlichen Fürsorgeerziehung für die Weimarer Republik bestätigte. Das Reichsjugendwohlfahrtsgesetz und das preußische Ausführungsgesetz zum Reichsjugendwohlfahrtsgesetz vom 29.3.1924 reproduzierten wesentliche Teile des preußischen Fürsorgeerziehungsgesetzes von 1900. Träger der Fürsorgeerziehung wurden in Preußen abermals die Provinzen, die zur Erfüllung ihrer Aufgaben einen Staatszuschuß in Höhe von zwei Dritteln der Kosten erhielten. Von noch viel größerem Gewicht aber war die von Hirtsiefer im März 1924 herausgegebene Ausführungsanweisung zum Reichsjugendwohlfahrtsgesetz und zum preußischen Ausführungsgesetz. Sie demonstrierte augenfällig die ungebrochene Kontinuität der Fürsorgeerziehung:

»In Preußen war die Fürsorgeerziehung bisher durch das Gesetz vom 2. Juli 1900, abgeändert durch die Novelle vom 7. Juli 1915, geregelt. Die Vorschriften des Gesetzes haben sich im allgemeinen so gut bewährt, daß sie fast durchweg in das Reichsgesetz übernommen worden sind. Die Ausführung der Fürsorgeerziehung liegt als Auftragsangelegenheit den weiteren Kommunalverbänden ob, die sich in mehr als zwanzigjähriger Arbeit die Einrichtungen für eine einwandfreie Durchführung geschaffen haben. Obwohl durch die Aufhebung des Preußischen Fürsorgeerziehungsgesetzes die darin erlassenen Ausführungsbestimmungen vom 18. Dezember 1900 außer Kraft treten, sind wesentliche Änderungen der bisherigen bewährten Praxis nicht erforderlich. Es bleiben daher auch alle in Erlassen und Verfügungen enthaltenen Verwaltungsanordnungen bestehen, soweit sie sich nicht auf Bestimmungen des Fürsorgeerziehungsgesetzes beziehen, die in das Reichsgesetz nicht übernommen worden sind.«[80]

Auch die Beteiligung der Polizei, die im Reichsjugendwohlfahrtsgesetz nicht verankert worden war, kehrte auf der praktischen Ebene der Ausführungsanweisung wieder zurück: Es sei nach wie vor »Pflicht der Polizeiverwaltung, die Jugendwohlfahrtsbehörden auf deren Ersuchen nach Kräften zu unterstützen, insbesondere Hilfe bei der Durchführung von Zwangsmaßnahmen zu gewähren«.[81] Die ausschließliche Unterbringung der Zöglinge in einer Erziehungsanstalt wurde in der Ausführungsanweisung, ähnlich wie im Fürsorgeerziehungsgesetz von 1900, unterlaufen: »Jedoch bestehen keine Bedenken dagegen, daß Gebäude, die bei Landarmen- oder Arbeitshäusern überflüssig werden, von den Fürsorgeerziehungsbehörden zur Errichtung eigener Erziehungsanstalten benutzt werden.«[82] Zwar sollte auf strikte Trennung der beiden Bereiche geachtet werden, die gemeinsame Nutzung eines Gebäudekomplexes unter einheitlicher wirtschaftlicher Verwaltung aber war möglich.[83] Auch die Ausführungsbehörden der Fürsorgeerziehung sahen die Kontinuität und betrachteten sie als Bestätigung ihrer Arbeit. »Es besteht in einsichtigen Kreisen kaum ein Zweifel darüber«, hieß es im Bericht des Berliner Magistrats über die Fürsorgeerziehung in den Rechnungsjahren 1921 bis 1923, »daß das preußische Fürsorgeerziehungsgesetz sich bewährt hat. Ein Beweis dafür ist es, daß seine grundlegenden Bestimmungen ohne wesentliche Änderungen in das Reichsjugendwohlfahrtsgesetz übernommen werden konnten.«[84]

Wie mußten solche Sätze in den Ohren jener klingen, die von der Republik und ›ihrem‹ Reichsjugendwohlfahrtsgesetz einen Neuanfang in der Jugendfürsorge erhofft hatten? In den Beratungen des preußischen Landtags über Ausführungsgesetz und -anweisung war angesichts der geradezu auftrumpfenden Kontinuität von der Aufbruchsstimmung und der Zusammenarbeitsrhetorik, die die Debatten über das Reichsjugendwohlfahrtsgesetz im Reichstag geprägt hatten, wenig zu spüren. Die SPD, immerhin größte preußische Regierungspartei, lehnte Ausführungsgesetz und -anweisung ab.[85] Die kaum verhüllte Kontinuität, die sich in der preußischen Jugendfürsorge zeigte, aber war eine Folge jener vorangegangenen Verteidigung konfessioneller Besitzstände. Ohne den Hintergrund jener gelungenen Abwehr der ›Revolution‹ – einerlei ob in Gestalt von Arbeiterräten oder Reformpädagogen – wären die preußischen Anweisungen kaum denkbar gewesen. Sie resümierten das Maß der Beharrung und zogen einen Schlußstrich unter die Infragestellung der alten Fürsorgeerziehung und den Wunsch nach Veränderungen. Nicht die jugendfürsorgerische Praxis folgte dem Reichsjugendwohlfahrtsgesetz, vielmehr schloß sich das Gesetz der vorhandenen, »bewährten« Praxis an – und lief ihr somit regelrecht hinterher.

Aber Behauptung und Erfolg der konfessionellen Fürsorge, die Abwehr aller auf Kommunalisierung oder Veränderung der Wesensgehalte zielenden Bestrebungen, waren auch eine Folge des Vorteils, den existente Institutionen ihren Alternativen gegenüber stets haben: Für einen Augenblick war das Bestehende 1918/19 zur Rechtfertigung gezwungen, aber schon bald wurde die Beweislast den Gegnern zugeschoben. Wie hätte der Staat ohne oder gar gegen das Netz der konfessionellen Fürsorge der großen Not in der Nachkriegszeit begegnen wollen? In der angespannten Finanzlage waren Staat und Kommunen auch nicht annähernd in der Lage gewesen, den Wirkungsbereich der konfessionellen Fürsorge durch eigene Einrichtungen oder durch vollständige Übernahme konfessioneller Einrichtungen zu ersetzen. Das von der Reichstagsabgeordneten Marie Baum (DDP) auf der Tagung des Deutschen Vereins zur Zukunft der privaten Fürsorge 1919 mit Melancholie zitierte »bekannte Wort des Staatsrechtslehrers Ihering ..., wonach in der Wohlfahrtspflege die Entwicklung vom Einzelnen über den Verein zum Staate gehe«,[86] war so falsch nicht. Doch konnte der Staat am Ende dieser Entwicklung weder Einzelne noch Vereine hinter sich lassen: Er blieb auf sie angewiesen.

Die umfassende Beharrung, die für Jugendfürsorge und Wohlfahrtspflege der Nachkriegszeit charakteristisch war, hatte ihre Ursache aber nicht nur in der Zähigkeit der alten Institutionen und einer geschickten Lobby. Auch die argumentative und machtpolitische Schwäche der Gegner trug dazu bei. Hatte es über barsche und berechtigte Kritik an der Fürsorgeerziehung hinaus auf seiten der Sozialdemokratie – ob MSPD oder USPD – präzise Vorstellungen zur Gestaltung der Jugendfürsorge, zur Reform der Fürsorgeerziehung gegeben? So sehr die Sozialdemokratie die Fürsorgeerziehung im Kaiserreich als Klassengesetz abgelehnt hatte, so wenig bestritt sie die Existenzberechtigung einer Ersatzerziehung. Niemand wußte besser als die mit der proletarischen Lebenswelt vertrauten Sozialdemokraten um die tendenzielle Auflösung der Familie, um das unfreiwillige Ungenügen familialer Erziehungsleistungen aufgrund der unzureichenden materiellen Lebensbedingungen. Ausformulierte Reformvorschläge aber fehlten. Der Sozialdemokrat Johann Caspari, nach 1918 zeitweise Leiter des Jugendamtes Neukölln, verlangte eine Fürsorgeerziehung, die »vielmehr als bisher nach sozialen Gesichtspunkten und einheitlich« durchgeführt werden solle[87] – aber was hieß das? Zwar gelang, nicht zuletzt auf Druck der SPD, die »einheitliche« Durchführung durch Aufnahme der Fürsorgeerziehung in das Reichsjugendwohlfahrtsgesetz. Aber was war damit gewonnen, wenn in der »einheitlichen« Fürsorgeerziehung alles beim alten blieb? Ausgesprochen defensiv war der Versuch verlaufen, über eine Ergänzung der Reichsverfassung den konfessionellen Einfluß in der Fürsorgeerziehung zurückzudrängen. In der Nationalversammlung forderten Abgeordnete der MSPD und der USPD eine Erweiterung des Artikels 120, der von der Pflicht zur Erziehung handelte. Leitung und Erziehungsarbeit in den Anstalten sollten nur »erzieherisch gebildeten Personen« übertragen werden. Auch dürfe Fürsorgeerziehung nicht aufgrund einer politischen oder religiösen Betätigung des Jugendlichen oder seiner Erziehungsberechtigten angeordnet werden. Doch diese Anträge fanden keine Mehrheit.[88]

In weitgehendem Gleichklang mit der bürgerlichen Sozialreform[89] setzten Sozialdemokraten alle Hoffnung auf die Schaffung leistungsfähiger Jugendämter. Die partielle Kommunalisierung der Jugendfürsorge und die angestrebte Demokratisierung der öffentlichen Verwaltung schienen bereits eine Fürsorge zu gewährleisten, die ihrem Namen gerecht wurde. Mehr war offenbar nicht vorgesehen. »Sozialpolitik und Wahlrecht waren und blieben die eigentlichen Objekte sozialdemokratischer Politik, und was daneben lag, wurde entweder ignoriert oder nur zaghaft und unzulänglich angefaßt«,[90] urteilte Rosenberg und meinte dabei mit Sozialpolitik die klassische, auf die Lohnarbeiterexistenz bezogene Sozialpolitik, nicht aber die Jugendfürsorge: Sie lag »daneben«. Der Spielraum, der sich 1918/19 durch die Verunsicherung der traditionalen Fürsorgeerziehung ergeben hatte, blieb ungenutzt. Eine Prüfung der tatsächlichen Reformbereitschaft des Fürsorgeerziehungs-Establishments fand nicht statt. Backhausen konnte seine »Leitsätze« noch 1919 in der Schublade versenken – nie mehr sollte von ihnen die Rede sein.[91]

Gewiß: Vieles, was mit dem Reichsjugendwohlfahrtsgesetz nun – wenn auch nach dem Inkrafttreten eingeschränkt – reichsweite Gestalt annahm, das Jugendamt, die Berufsvormundschaft, Schutzaufsichten und manch anderes mehr, war ohne Zweifel fortschrittlich. Aber bei näherem Hinsehen lag die Fortschrittlichkeit schon Jahre zurück. Es war eine alte, mitunter eingefroren wirkende Fortschrittlichkeit, die sich der Koinzidenz zwischen dem Instrument und der Klientel der Unterschichtjugend in ihrer sich unterdes rasch verändernden Lebens- und Arbeitswelt nicht mehr unbedingt sicher sein konnte. Vor allem aber die Gestalt der Fürsorgeerziehung sollte sich im Augenblick ihrer Festschreibung im Reichsjugendwohlfahrtsgesetz, den Ausführungsgesetzen und – anweisungen der meisten Länder, vor allem aber in der Praxis einer übergroßen Zahl von Anstalten nicht bloß als Bestätigung einer aus dem Kaiserreich überkommenen Institution, sondern vielmehr noch als Folge einer versäumten Modernisierung erweisen.

2. Trennlinien: Unterschichtjugend und Arbeiterjugend

Das Gefüge von Bedingungen, in dem Jugendliche in den Jahren der Weimarer Republik aufwuchsen, war dem Blick der Zeitgenossen kaum zugänglich. Erst im Rückblick verschränken sich langfristige demographische Veränderungen und die Belastungen des Arbeitsmarktes zu einer Krisenzeit. Diese ließ die Jugend der Weimarer Republik zu einer Generation werden, der »von Anfang an weniger Chancen«[92] eingeräumt wurden, als jenen, die vor und nach ihr kamen. Die geburtenstarken Vorkriegsjahrgänge – der Anteil der 14 bis 25jährigen betrug 1925 23,1 % der Gesamtbevölkerung des Reiches gegenüber 20,6 % im Jahr 1910 und 17,9 % im Jahr 1933[93] – drängten zu Zeiten einer krisengeschüttelten Wirtschaft auf den Arbeitsmarkt. Dessen Instabilität und begrenzte Aufnahmefähigkeit ließ »Überflüssigkeit« zum »Generationsschicksal« werden: In den Jahren der Weimarer Republik gab es »einfach zu viel Jugend«.[94] Doch eine Ahnung um solche Zusammenhänge beschlich die Jugendfürsorger der Weimarer Republik wenn überhaupt, dann erst mit der Dauer der Depression in den frühen dreißiger Jahren.

Für die Zeitgenossen der unmittelbaren Nachkriegszeit war nur gewiß, daß von einer Rückkehr zu einer wie auch immer gedachten Vorkriegsnormalität kaum die Rede sein konnte. Die durch den Krieg verursachte Gefährdung und Verwahrlosung der Unterschichtjugendlichen war mit Revolution und Waffenstillstand nicht an ein Ende geraten. Bedrückende Umstände des Heranwachsens in Unterschichtfamilien blieben erhalten, ja verschärften sich noch. Vom Mangel an Lebensmitteln und Wohnraum war einstweilen nicht loszukommen, und die Zahl der unvollständigen Unterschichtfamilien wurde durch die sozial ungleich verteilten Risiken von Krieg und Hunger größer. Ans Licht trat eine »Nachkriegszeit«, die nicht bloß »zeitliche Folge« war, sondern vielmehr »innere Verbindung« zum Krieg aufwies.[95]

Aber im Unterschied zum Krieg wurden in der Nachkriegszeit immer breitere Schichten fürsorgebedürftig. Der Nürnberger Wohlfahrtsdezernent Hermann Heimerich (SPD) sprach rückblickend von »Massennotstände[n] ..., die in Deutschland ein Vorbild wohl nur in den Verhältnissen nach dem Dreißigjährigen Krieg haben«. Zwischen 50 und 70 % der großstädtischen Bevölkerung, so seine Schätzung, seien am Ende des Jahres 1923 von wirtschaftlicher Fürsorge abhängig gewesen.[96] Auch bürgerliche Fassaden, die im Krieg noch standgehalten hatten, brachen nun zusammen und gaben den Blick frei auf Umstände des Heranwachsens, die sich in vielem von dem in Arbeiter- und Unterschichtfamilien kaum noch unterschieden. Dennoch reproduzierten sich auch bei klassenübergreifender Senkung des Lebensstandards Muster sozialer Ungleichheit. Der Frankfurter Stadtmedizinalrat Schnell veröffentlichte 1923 eine Untersuchung über den Gesundheitszustand der Frankfurter Schulkinder, deren Gesamtergebnis ihm »trostlos« erschien. Unterschieden nach Schulgattungen und Bedürftigkeitskategorien ergab sich ein Bild, in dem ganze 19 % der untersuchten Minderjährigen als »körperlich normal entwickelt« galten und einer zusätzlichen Speisung nicht bedurften. (Vgl. Tabelle 1.)

Soziale Ungleichheit oder »der wirtschaftliche Charakter der Not« zeigte sich vor allem bei der, wenn auch geringen Zahl der Hilfsschüler, deren Herkunft aus Unterschichtfamilien außer Frage stehen dürfte. Über ein Drittel der Hilfsschüler zählte zu den ernsthaft Gefährdeten, ganze 5,5 % waren »unbedürftig«; Zahlen, die vom Durchschnitt stark abwichen. Auch der Gesamtzustand der Volksschüler unterschied sich zu ihrem Nachteil von Realschülern und Gymnasiasten: Für den Stadtmedizinalrat war dieser Unterschied aber »nicht so groß, wie mancher annehmen könnte«, zeigte sich doch auch im Gesundheitszustand der höheren Schüler »die Not ... des geistigen Arbeiters und kinderreichen kleinen Beamten, ... des verarmten Mittelstandes«.[97] Aber auch unter den Volksschülern gab es Unterschiede zwischen Schulen »sozial verschieden zu beurteilender Stadtbezirke«[98] – was freilich in der Durchschnittszahl nicht zum Ausdruck kam. Auch auf die Differenz zwischen Zentrum und Randbezirken wies Schnell hin. In den Vororten war die Versorgungslage oft durch Gärten und Kleintierhaltung besser, die Wohnraumlage und die Spielsituation entspannter als in den verdichteten Innenstadtquartieren. Das machte sich im Gesundheitszustand der dort lebenden Minderjährigen bemerkbar.

In den Jahren der ›relativen Stabilisierung‹ der Republik aber wuchs die Hoffnung, daß alle Mißlichkeiten der Unterschichtjugendlichen rasch überwindbar seien. Der durch den Krieg forcierte Geburtenrückgang, der sich nach einer kurzen Aufholphase auch nach dem Krieg fortsetzte, nährte diese Hoffnung. In den Jahren ab 1929 mußten die geburtenschwachen Kriegsjahrgänge auf den Arbeitsmarkt gelangen. Spätestens dann, so die

Tabelle 1: Der Gesundheitszustand der Frankfurter Schulkinder 1923

Schul-gattung	Zahl der Untersuchten	I	I/II	II	II/III	III	III!
Volks-schulen	Gesamtzahl 30.391	6379	2969	6905	5672	8079	387
	in Prozent 100	20,9	9,9	22,7	18,6	26,6	1,3
Mittel-schulen	Gesamtzahl 6895	1438	603	2377	1131	1198	148
	in Prozent 100	20,9	8,7	34,6	16,4	17,4	2,1
Höhere Schulen	Gesamtzahl 5402	1579	531	1722	685	840	45
	in Prozent 100	29,2	9,8	31,8	12,7	15,7	0,8
Hilfs-schulen	Gesamtzahl 668	37	39	162	173	246	11
	in Prozent 100	5,5	5,8	24,3	25,9	36,8	1,7
Summe aller Schüler	43.356	9433	4142	11.166	7661	10.363	591
in Prozent:	100	19,1	8,6	28,3	18,4	24,1	1,5

Quelle: *Schnell*, S. 26. Die Kategorien: „I = normal entwickelt, unbedürftig einer Zusatzspeisung; II = bedürftig einer Zusatznahrung, z.B. wegen Unterernährung, Blutarmut; III = dringend bedürftig, d.h. der Befund ist ein so schwerer, daß die Gewährung von Zusatznahrung zur Abwendung ernster gesundheitlicher Gefahr notwendig ist (hierher die Fälle von offenbarer Tuberkulosegefährdung). Zur Bezeichnung von Zwischenstufen (nur in Grenzfällen angewandt, daher in der Tabelle an Zahl zurücktretend) waren die Zahlen I/II und II/III vorgesehen; III! bezeichnete Kinder in extrem schlechtem, unmittelbar gefahrdrohendem Zustand." (Ebd.)

allgemein verbreitete Erwartung,[99] werde Jugenderwerbslosigkeit auf absehbare Zeit der Vergangenheit angehören. Bis zum Zusammenbruch solcher Gewißheiten im Laufe der Depression – die tatsächlich exakt in den Jahren stattfand, in denen der Entlastungseffekt eintreten sollte! – war diese in den Köpfen festsitzende Prognose nicht weniger ›wirklich‹ als das sich dem rückblickenden Betrachter erschließende »demographische Stigma der Vorkriegsjahrgänge«.[100] Für das Handeln all derer, die mit Jugendlichen, ihren Problemen und ihrer Eingliederung ins Berufsleben befaßt waren, besaß die hoffnungsfrohe Erwartung für die geburtenschwachen Jahrgänge eine kaum zu unterschätzende Bedeutung. Wenn irgendetwas die optimistische Färbung des Unternehmens Jugendwohlfahrt über das Reichsjugendwohlfahrtsgesetz hinaus doch noch prolongieren mochte, so war es diese Hoffnung auf ›weniger Jugend‹ und die damit verbundene Aussicht auf geringere Probleme.

Die in der Statistik nur grob nach Wirtschaftsbereichen aufgegliederte Gruppe der erwerbstätigen Jugend zerfällt bei näherem Hinsehen: Selbst die in Industrie und Handwerk tätige ›Arbeiterjugend‹ im engeren Sinne war kaum als Monolith begreifbar. Unterschiede zwischen Stadt und Land machten sich bemerkbar, Unterschiede aber auch in den Städten selbst: nach dem Anteil der in Industrie und Handwerk beschäftigten Jugendlichen, dort wiederum nach der tatsächlichen Zusammensetzung der Betriebe zwischen Schwerindustrie und Kleingewerbe.[101] Über die geschlechtsspezifischen Unterschiede hinaus gab es weitere Linien der Unterscheidung, gab es ›Arbeiterjugend‹, die dies, vom Lande kommend, in der ersten Generation war und ›Arbeiterjugend‹, die ihr Schicksal als Folge eines sozialen Abstiegs aus einem Mittelschichtelternhaus erlebte. Vor allem aber gab es die Trennung in eine arbeitende und eine arbeitslose ›Arbeiterjugend‹, selten individuell verschuldet und meist – wenigstens bis zum Einbruch der Depression – vorübergehend. Dennoch war diese Trennung in der krisengeschüttelten Nachkriegswirtschaft für eine große Zahl Jugendlicher erfahrbar gewesen.

Aber ungleich stärker noch als die Fluktuation zwischen Arbeit und Arbeitslosigkeit ließ die »fundamentale Scheidelinie« zwischen Gelernten und Ungelernten, zwischen geregelter Berufsausbildung und einem »schnell ›ins Verdienen‹ kommen«[102] das Bild einer wie auch immer geschlossenen ›Arbeiterjugend‹ ins Wanken geraten. Die 1925 durchgeführte Betriebszählung erfaßte 986 567 gewerbliche Lehrlinge, die überwiegend – je nachdem ob sie als Handwerks- oder Fabriklehrlinge zählten – in Betrieben der Größenklasse von 4 und 5 bzw. zwischen 6 bis 10 Personen ausgebildet wurden. Einen hohen Anteil am Gesamtpersonal der verschiedenen Industriegruppen nahmen Lehrlinge in der Eisen-, Stahl- und Metallwarenindustrie (14,6 %), im Holz- und Schnitzstoffgewerbe (13,6 %), im Maschinen- und Fahrzeugbau (11,2 %), im Bekleidungsgewerbe (10,3 %), in der elektrotechnischen Industrie sowie im Baugewerbe (je 8,5 %) ein. Demgegenüber fast bedeutungslos war der Anteil der Lehrlinge am Gesamtpersonal im Bergbau, der chemischen Industrie, in der Kautschuk- und Asbestindustrie sowie in der Wasser-, Gas- und Elektrizitätsversorgung.[103] Neben der runden Million an Lehrlingen erfaßte die Betriebszählung 1925 aber auch 461.000 jugendliche Hilfsarbeiter oder ungelernte Jugendliche und rund 200.000 angelernte jugendliche Arbeiter.[104]

Vollends in die Minderheit gerieten Lehrlinge, wenn nicht der Kern der gewerblichen Betriebe, sondern alle erwerbstätigen Jugendlichen – rund 2,3 Millionen im Alter bis zu 18 Jahren in Preußen[105] – von den Statistikern erfaßt und ausgezählt wurden. Darunter befanden sich nur etwas mehr als ein Drittel im Lehrverhältnis: 600.000 gewerbliche Lehrlinge in Handwerk (rund 60 %) und Industrie, 220.000 kaufmännische und technische, 16.000 landwirtschaftliche sowie 20.000 gewerbliche Lehrlinge außerhalb von Handwerk und Industrie zählten die preußischen Statistiker 1925. Diesen zur Ausbildung beschäftigten Jugendlichen standen 450.000 »mithelfende Familienangehörige« vor allem in der Landwirtschaft gegenüber. Hinzu kamen 374.000 jugendliche landwirtschaftliche Arbeiter oder Angestellte. 160.000 vorwiegend weibliche Jugendliche arbeiteten als Hausangestellte. Als un- oder angelernte Arbeiter waren 320.000 Jugendliche in einem von der Statistik nicht benannten Beruf tätig. 80.000 Jugendliche zählten gleichfalls als Arbeiter, waren aber einem von der Statistik benannten Beruf zugehörig. Als Angestellte galten 60.000 Jugendliche. Sie verfügten aber nur in wenigen Fällen über eine berufliche Ausbildung.[106]

Das Ergebnis einer Befragung unter rund 200.000 Berufsschülern im Frühjahr 1927 machte zudem deutlich, daß sich Un- oder Angelernte vor allem in jungen Industrien ohne handwerkliche Tradition fanden. Mit Ausnahme der Industrien, die auf spezifisch weibliche Berufe – wie etwa das Bekleidungsgewerbe auf Schneiderinnen – zurückgreifen konnten, war darüber hinaus der Anteil der weiblichen Un- oder Angelernten insgesamt außerordentlich hoch: Der starke Zustrom weiblicher Jugendlicher auf den Arbeitsmarkt ging an der beruflichen Ausbildung fast völlig vorbei.[107] Doch wenn auch das Ergebnis dieser Berufsschülerbefragung nur einen Ausschnitt aus der Arbeitswelt der Jugendlichen abbildete, blieben die Ergebnisse der sorgfältigen preußischen Zählung hingegen unzweideutig repräsentativ für das Reich: Die Mehrheit der Jugendlichen war als un- oder angelernte Arbeiter tätig. Auch wenn eine mithelfende Tätigkeit in einem landwirtschaftlichen Familienbetrieb oder eine Beschäftigung als Dienstmädchen nur ein Übergang, eine altersspezifische Arbeit war, schloß sich eine berufliche Ausbildung in der Regel nicht mehr an. »Die fachlich exakte Ausbildung zu einem qualifizierten Beruf ist«, so resümierte Franz Schleiter 1930 die Auswertung der Berufs- und Betriebszählung, »auf einen kleinen Teil der Jugendlichen beschränkt.« Die Mehrheit der Jugendlichen war »aus wirtschaftlichen, sozialen oder individuellen Gründen von der Erlernung eines bestimmten Berufes ausgeschlossen«.[108]

Gewiß gab es für die notwendig flexiblen Ungelernten in der Kriegs- und Nachkriegszeit »mit ihrer ungewöhnlichen politischen wie wirtschaftlichen Gestaltung ... reichere Beschäftigungsmöglichkeit und größere Lohnsteigerung«[109] als für ihre gelernten Altersgenossen. Auch schien die sich im Verlauf der Weimarer Republik beschleunigende Rationalisierung der Wirtschaft die Un- und Angelernten unversehens in das Zentrum der industriellen Entwicklung zu rücken. Nachdem das System der Berufsausbildung, die Kanonisierung industrieller Beschäftigung zu Lehrberufen, mit der schnellen industriellen Entwicklung nicht mehr Schritt halten konnte, erschien die alte Lehre nun auch gar nicht mehr wünschenswert zu sein. Vor allem mit der Automatisierung, der »Auflösung der Volltätigkeit in Teiltätigkeiten ... gesellt sich in die Reihe der qualifizierten Fachleute der Un- und Angelernte (auch Frauen und Jugendliche), die für Teiltätigkeiten brauchbar werden und so den Gelernten erübrigen«, mutmaßte der Arbeitswissenschaftler Fritz Giese 1930.[110]

Doch Gieses Sicht auf den ›modernen‹ Ungelernten war mehr noch fordistische Utopie als industrielle Wirklichkeit. Tatsächlich konnte von einer ›Gleichwertigkeit‹ der Gelernten und der Ungelernten kaum gesprochen werden. Giese übersah die Marginalisierung der Ungelernten, die sich aus ihrer nur losen Anbindung an geregelte Lohnarbeit ergab, übersah die Besonderung dieser Jugendlichen, die ab der Mitte der zwanziger Jahre längst auch sprachlichen Ausdruck gefunden hatte. Gertrud Hermes etwa sprach, um die Scheidelinie innerhalb der Arbeiterschaft fassen zu können, von »Arbeitern« und »Proletariern«.[111] Hildegard Hetzer fand in einer Wiener Untersuchung über »Kindheit und Armut« »gepflegte« und »ungepflegte« Jugendliche: während der eine in einen »Beruf« eintritt, geht der andere bloß einer »Arbeit« nach.[112] Aber einerlei, wie sich die Jugendforschung den Spaltungen zwischen Gelernten und Ungelernten näherte: Was sich in Gieses technokratischem Modell aus der Ausdifferenzierung industrieller Produktion von selbst zu ergeben schien, war im Falle jedes einzelnen Jugendlichen und seiner Familie eine höchst individuelle Entscheidung. Das Ergreifen einer ungelernten Arbeit erschien oft als »letzte Stufe« einer »Notwahl« und Folge eines krisenhaften Arbeitsmarktes, der die »Instinktwahl«[113] unmöglich machte. Dabei waren un- oder angelernte Jugendliche nicht bloß ein Phänomen der Massenproduktion, fanden sich nicht bloß in den Zentren der Industrie. Nach wie vor gab es nicht-industrielle Beschäftigungen Jugendlicher als Tagelöhner und Gelegenheitsarbeiter, gab es auf die Jugendphase zugeschnittene ›Boy-Labour‹, vor allem im Bereich von Dienstleistungen – vom Pagen bis zum Laufjungen. Vor allem gab es das weite Feld landwirtschaftlicher Arbeit, auf welches das System der Berufsausbildung noch kaum vorgedrungen war.[114] Wie es letztlich überhaupt die deutsche Form der überwiegend handwerksbezogenen Art der Berufsausbildung war, die ›Arbeiterjugend‹ in zwei Kategorien teilte: wer keine Handwerks- oder Industrielehre mit Abschluß durchlief, war un-, durch dauerhafte Beschäftigung bestenfalls angelernt. Ob und inwieweit das Ergreifen einer ungelernten Tätigkeit für einen schulentlassenen Jugendlichen eine ›Wahl‹ war, hing also nicht zuletzt davon ab, ob sich ihm in seiner Umgebung überhaupt die Möglichkeit einer Lehre bot – auf dem Land war dies nur eingeschränkt der Fall. Aber auch dort, wo es, wie in den Städten, unbedingt der Fall war, konnte von einer tatsächlichen Entscheidungssituation nicht immer gesprochen werden. Allzuviel ließ eine

Wahl unmöglich werden. Wer ohne Abgangszeugnis die Volksschule verließ, war auf dem Lehrstellenmarkt ohne Chance.[115]

Aber auch unter Jugendlichen, die nach der Schulentlassung die ›Wahl‹ zu haben schienen und dennoch ungelernte Arbeit ergriffen, waren Motive übermächtig gewesen, die ihnen tatsächlich *keine* ›Wahl‹ gelassen hatten. Von 129 ungelernten Altonaer Fabrikarbeitern, die Hermann Bues 1925 befragte, wollten 89 (69 %) ursprünglich einen Beruf erlernen, nur 40 (31 %) erklärten, keinen Beruf angestrebt zu haben. Unter den vielen Gründen, warum der Einstieg in ungelernte Arbeit erfolgte, war der Wunsch, Geld zu verdienen – verdienen zu müssen – ausschlaggebend gewesen. Noch immer aber war unter den befragten Jugendlichen auch der Wunsch groß, von der ungelernten Arbeit wegzukommen. 68 (52,7 %) der befragten Jugendlichen gaben an, ein Handwerk erlernen zu wollen, so sie noch einmal vor der Wahl stünden. 61 (47,3 %) Jugendliche jedoch wollten – vor die Wahl gestellt – erneut den Weg in ungelernte Arbeit gehen. Nicht wesentlich anders sah es unter Altonaer und Harburger Boten, Beifahrern, Lauf- und Hausburschen aus – auf der »untersten sozialen Stufe«, wo ein Beobachter glaubte, von kaum »mehr als vegetativer Existenz« sprechen zu können.[116] 47 (75,9 %) der befragten Jugendlichen dieser Kategorie verspürten nach der Schulentlassung den Wunsch, einen Beruf erlernen zu wollen, nur ein Viertel (15, 24,1 %) gab an, dieses Ziel nicht angestrebt zu haben. Auch unter diesen Jugendlichen gab es nach ein, zwei oder drei Jahren in ungelernter Arbeit noch den Wunsch, ein Handwerk zu erlernen. 32 (51,7 %) der Befragten bejahten die Frage nach der Lehre, wenn sie noch einmal vor der Entscheidung stünden. Aber immerhin auch 30 Jugendliche (48,3 %) hatten sich bereits eingerichtet und gaben an, bei erneuter Entscheidung wieder in ungelernte Arbeit gehen zu wollen.[117] Auch unter den Boten und Laufburschen war die materielle Not ausschlaggebend für die ›Wahl‹ einer ungelernten Arbeit gewesen.

Einher mit der Tätigkeit in ungelernter Arbeit als Ausdruck einer »Notwahl« ging eine nur geringe Stetigkeit im Arbeitsverhältnis. Eine Gruppe von 1834 Berliner Berufsschülern, die ungelernt arbeiteten und im Jahr 1928 von ihren Lehrern befragt worden waren, hatte im Laufe von zweieinhalb Jahren 5420 Arbeitsstellen durchlaufen: »Es ist also durchschnittlich mit mindestens einem Stellenwechsel im Jahre zu rechnen.«[118] Umgerechnet auf 1000 ungelernte Jungarbeiter war nur rund ein Viertel der Jugendlichen über den Zeitraum von zweieinhalb Jahren in einer Arbeitsstelle tätig gewesen. (Vgl. Tabelle 2.)

Gleichwohl gab es viele Jugendliche, »bei denen im Laufe des Stellenwechsels eine bestimmte Berufstätigkeit öfter vorkam, so zwar, das an der Zeitdauer gemessen, ein ausgesprochenes Vorwiegen dieses Berufsinhaltes festgestellt werden konnte«: Die Zahl der »Einfach Stetigen« und der »im

Tabelle 2: Die Berufsstetigkeit ungelernter Jugendlicher I

Zahl der Arbeitsstellen in 2,58 Jahren	Von 1000 ungelernten Jugendlichen durchliefen diese Arbeitsstellen
1	252
2	210
3	216
4	140
5	92
6	45
7	20
8	15
9	5
10 u. mehr	5

Quelle: *Brandsch*, S. 133.

Tabelle 3: Die Berufsstetigkeit ungelernter Jugendlicher II

Un-, an- und teilgelernte Arbeiter	absolute Zahl	Verhältniszahl	Im Verlauf des Stellenwechsels stetig aufgrund:
Einfach Stetige	641	35,9	einmaliger langdauernder Tätigkeit im ständigen Beruf
Im Rückfall Stetige	407	22,2	zweimaliger Tätigkeit im ständigen Beruf
"	216	11,8	dreimaliger Tätigkeit im ständigen Beruf
"	133	7,2	viermaliger Tätigkeit im ständigen Beruf
Summe der Stetigen	1397	76,2	Einfach und im Rückfall stetig
Berufsunstete	437	23,8	Vorwiegen eines Berufes nicht erkennbar
Summe insgesamt	1834	100	(Meßzeit: 2,58 Jahre)

Quelle: *Brandsch*, S. 136.

Rückfall Stetigen« belief sich in der Berliner Untersuchung auf 1397 Jugendliche (76,2 %). Nur bei 437 (23,8 %) der Befragten war das »Vorwiegen eines Berufes nicht erkennbar«.[119] (Vgl. Tabelle 3.)

Der dergestalt ermittelte hohe Prozentsatz an »Berufsstetigen« unter den befragten Jugendlichen darf aber nicht darüber hinwegtäuschen, daß beileibe nicht alle Ungelernten die Berufsschule besuchten, von einer Repräsentativität der Untersuchung also nur eingeschränkt die Rede sein kann. In aller Regel waren es ohnehin nur die »Stetigen«, in halbwegs stabilen Beschäftigungsverhältnissen tätigen Ungelernten, die eine Berufsschule besuchten – das Gros der Ungelernten blieb unbeschult. Überdies stieg die Zahl der Unstetigen mit Beginn und Fortschreiten der Depression stark an: 1931 betrug ihr Prozentsatz unter nunmehr 2216 befragten Berliner Berufsschülern bereits 31,8 %.[120]

Aber nicht nur die Realität des Arbeitsalltags konstituierte die klar erkennbare Gruppe der ungelernten jungen Arbeiter. Auch Fremd- und Selbsteinschätzung trugen dazu bei. Der »Narzißmus der kleinen Differenzen« (Freud) war allgegenwärtig. Ungelernte Jugendliche spielten Fußball und fuhren Rad, unter gelernten Jugendlichen waren Leichtathletik und Paddelbootfahren populärer.[121] »80 % der Arbeiterinnen«, stellte Lisbeth Franzen-Hellersberg scharfblickend fest, »tragen künstlich behandelte Haarfrisuren, während bei Mädchen gleichen Alters in Berufsausbildungen höchstens 30 % künstlich gelockte Haare haben«: »Die billige Eleganz entschädigt für die trübe Öde der Arbeit und der Arbeitsstellen.«[122] Auch sah gelernte Jugend auf ungelernte Jugend gern herab. Ihre Meinung über die Ungelernten war »im überwiegenden Maße durchaus absprechend«, stellte Günther Dehn fest und wunderte sich, »wie wenig der Sozialismus mit seinen Gedanken der Gleichheit aller Menschen in der Seele der proletarischen Jugend Substanz geworden ist.«[123] »Ausgestoßenheit« liege auf »dem Ungelernten mitten im Proletariat«.[124] In Vereinen, die überwiegend gelernte Jugendliche zu Mitgliedern zählten, blieben Ungelernte ohne Chance. Ironie und Spott mögen noch erträgliche Formen der Selbstwahrnehmung gewesen sein:

»Die Berliner Jugend wird freilich häufig mit ihrer ›miesen‹ Lebenslage durch eine allerliebste Selbstironisierung fertig. Der junge Arbeiter sagt: ›Ich bin Arbeitöhr‹, was erfreulich an Monteur anklingt. Der Junge, der den Wagen durch die Straßen zieht, nennt sich »Handwagenchauffeur«. Besonders die Laufjungen und Laufmädchen sind Gegenstand freundlichen Spottes. Berliner Ausdruck für Laufen ist Botten. So wird der Laufjunge Bottkeule genannt, das Mädchen Bottbottiere, was der Sache wieder einen vornehmen Anstrich verleiht. Die Büroboten, die von Zimmer zu Zimmer und von Stockwerk zu Stockwerk gehen, heißen ›Treppenterriers‹ oder ›Linoleumlatscher‹.«[125]

Doch alle Ironie konnte die Inferiorität nicht verdecken. »Man bemüht sich, vor anderen seine Tätigkeit geheimzuhalten«, beobachtete Dehn.[126] Und unter den Besuchern sozialdemokratischer Jugendschulen in Wien gab es auf eine Umfrage Antworten wie diese: »Welchen Beruf hast du? Hilfsarbeiter. Befriedigt dich dein Beruf? Nein. Warum nicht? Weil er keiner ist.«[127]

Die in der Arbeitswelt wie auch in der lebensweltlichen Wahrnehmung erkennbaren Separierungen unter den auf eigenen Erwerb angewiesenen Jugendlichen vollzogen sich entlang der Scheidelinie von Ausbildung und Nicht-Ausbildung, von Beruf und bloßer ›Arbeit‹ oder – an Kategorien der Ehrbarkeit und des Arbeitsethos gemessen – Arbeit und Nicht-Arbeit. Wenn aber in der historischen Formierungsphase der Arbeiterklasse Lohnarbeit das zentrale Kriterium zur Unterscheidung der entstehenden Arbeiterklasse von der Unterschicht war,[128] muß es dann nicht nahe liegen, in der Nähe oder Ferne zur steten Lohnarbeit ein Trennungskriterium zu sehen, daß die begrifflich induzierte Einheit der ›Arbeiterjugend‹ als Chimäre erscheinen läßt? Zumal die Klassenbildung, die »objektive Proletarisierung« ein dauernder, in jeder heranwachsenden Generation stets aufs Neue sich vollziehender Vorgang ist?[129] Liegt es nicht nahe, in diesen Fällen von Unterschichtjugendlichen zu sprechen?

Paul Lazarsfeld fand in seiner Wiener Untersuchung über »Jugend und Beruf« den weitaus höchsten »Traditionskoeffizienten« (gleicher Beruf bei Vätern und Söhnen) bei den Hilfsarbeitern und resümierte: »je sozial bedrückter eine Gruppe ist, um so weniger weitgreifend, um so lahmer und von vornherein bescheidener ist die Berufswahl ihrer Kinder«.[130] Eine dergestalt annähernd statische – weil von Mobilität fast ausgeschlossene – Unterschicht innerhalb des Proletariats unterschied sich vielfältig von den anderen ›Schichten‹ des Proletariats. Aber bei allen fließenden Grenzen und allen Gemeinsamkeiten der proletarischen Klassenlage über die Unterscheidung zwischen Arbeiterklasse und Unterschicht hinweg, bot die Unterschicht ihrem Nachwuchs eine im Vergleich zur ohnehin gedrückten Lage noch weiter verschärfte Minderung der Lebenschancen. »Ob der heute geborene Knabe 64 Prozent oder 9 Prozent Wahrscheinlichkeit hat, diese Erde, kaum gegrüßt, gemieden, als Säugling wieder zu verlassen«, so formulierte Siegfried Bernfeld 1925, »bestimmt seine Geburtssituation: ob er in ›Wedding-Berlin, der Proletarierhölle‹, oder im Tiergartenviertel geboren wurde.«[131] Aber nicht nur die wohnräumliche Segregation entschied über die Überlebenswahrscheinlichkeit, auch die Schichtung innerhalb des Proletariats – die sich möglicherweise innerhalb der Arbeiterwohngegenden bereits selbst wieder in einer räumlichen Segregation niedergeschlagen hatte – trug dazu bei. Hetzer fand in ihren Wiener Untersuchungen über »Kindheit und Armut« rund doppelt so viele untergewichtige Kinder in den Familien der Gelegenheitsarbeiter wie in Familien, in denen die Eltern Arbeiter oder kleine Angestellte waren.[132]

Die »doppelte Bedrückung« der Kinder des Proletariats, ihr Leiden als Proletarier und als »kleine« Proletarier[133] mag ein allgemein-proletarisches Schicksal gewesen sein – das freilich Mädchen noch stärker betraf als Jungen: »Nirgendwo bedenkt man die Zukunft des weiblichen Nachwuchses weniger als in der Arbeiterschicht.«[134] Aber das Maß der Bedrückkung war in der statischen Unterschicht ungleich größer als in den aufstiegsorientierten Arbeiterfamilien, in denen der Wunsch nach dem ›Vorwärtskommen‹ die Bedrückung nach Möglichkeit reduzierte. Wer aber auf den Verdienst der Kinder angewiesen war, konnte den dreifachen Druck auf Heranwachsende durch Schularbeit, häusliche Arbeit und Erwerbsarbeit[135] nur schwer lösen. Kinderarbeit war – nur unzureichend gesetzlich eingeschränkt – in der Weimarer Republik noch weit verbreitet: ohnehin in der Landwirtschaft, wo »häusliche Arbeit« und Erwerbsarbeit der Heranwachsenden ineinsfielen, aber auch in den Städten.[136] Nicht zuletzt über Kinderarbeit, vor allem über die ›Boy-Labour‹-Beschäftigungen, die zunächst noch neben dem Schulbesuch ausgeübt wurden, war der Weg in ungelernte Arbeit und marginale Beschäftigungsverhältnisse schon fast vorgezeichnet.

Vor allem bei diesen ungelernten Jugendlichen, die frühzeitig ins Erwerbsleben eingetreten waren, gab es bemerkenswerte Ungleichzeitigkeiten in der Persönlichkeitsentwicklung. Zum einen traten die durch Krieg und Nachkriegszeit in ihrer körperlichen Entwicklung ohnehin geschwächten Jugendlichen »mit einem Schlage« in den Jahren »stärkster körperlicher Entwicklung und Revolutionierung« ins Erwerbsleben ein. Das führte »zu einer Verschärfung der ungünstigen Entwicklung, zur Erhöhung der Erkrankungshäufigkeit und zu höherer Unfallhäufigkeit«.[137] Die »zeitlich und inhaltlich starke Reduktion des psychologischen Überbaues über die physiologischen Reifungsvorgänge«, bezeichnete Lazarsfeld als »verkürzte Pubertät«.[138]

Mit dieser Reduktion ging eine extreme und frühe Selbständigkeit im Verhalten und Auftreten der Unterschichtjugendlichen einher. Frühe sexuelle Kontakte und eine »Asphaltverbundenheit« entdeckten fürsorgliche Beobachter unter den Unterschichtjugendlichen.[139] Nirgends schien die »Unvollständigkeit« der Familie so gravierend zu sein wie in der Unterschicht, nirgends war die »Zufälligkeit«[140] der Familie deutlicher greifbar. Die Freisetzung dieser Jugendlichen schien zunächst nichts anderes als Aufsichtslosigkeit zu bedeuten. Hierin unterschied sich die öffentliche Wahrnehmung in den zwanziger Jahren kaum von der Wahrnehmung in der Gründerzeit der modernen Jugendfürsorge dreißig Jahre zuvor. Verwahrlosung – der Begriff, dessen Wortbedeutung ›Wahrlos-Sein‹ auf nichts anderes als auf jene Aufsichtslosigkeit rekurrierte – war nach wie vor die postulierte Ursache jugendfürsorgerischen Handelns. Doch war der Begriff noch weit von einer schlüssigen Definition entfernt. Die Operationalisierbarkeit stand auf tönernen Füßen, zumal nicht nur Verwahrlosung, sondern bereits auch eine ›Gefährdung‹ den Eingriff der Jugendfürsorge rechtfertigte. Beide Kennzeichnungen waren somit nahezu völlig ins Belieben der Fürsorger und ins Ermessen der Bürokratie gestellt.[141] Daß der Begriff der Verwahrlosung ›unscharf‹ sei, darüber waren sich die aufgeklärten Jugendfürsorger und -forscher einig. Aber die Unschärfe ergab sich nicht allein, weil der Begriff »das Verhalten der Einzelpersönlichkeit und gleichzeitig auch das schuldhafte Verhalten der Umgebung«[142] erfaßte. Vielmehr entstand Unschärfe, weil Verwahrlosung stets zwei, je für sich auch wandelbare Komponenten enthielt: das wie auch immer bedingte Verhalten einzelner Jugendlicher und das Bild, das davon in den Köpfen all derer entstand, die berufen waren oder sich berufen fühlten, es zum Ausgangspunkt fürsorgerischer Bemühungen zu nehmen. Werner Runge schrieb in einem zusammen mit Otto Rehm verfaßten und 1926 veröffentlichten Buch »Über die Verwahrlosung der Jugendlichen«, »daß unter Verwahrlosung die Entwicklung einer Verhaltungsweise des Kindes oder Jugendlichen zu verstehen ist, die ein Einfügen in die durch die Familie und das soziale Gemeinschaftsleben gegebenen Gesetzmäßigkeiten unmöglich macht und die durch das Auftauchen von für dieses Einfügen ungünstigen Gefühls-, Willens- und Triebrichtungen bedingt ist«.[143] Er kam damit der Spannung zwischen Verhalten und erwartetem Verhalten nahe. Zugleich schrieb er auch von den »Verwahrlosenden« und unterstrich damit die Prozeßhaftigkeit des Vorgangs.

Für nicht wenige der Fürsorger war mit einfachen Merkmalszuordnungen wie ›Stehlen‹, ›Herumtreiben‹, ›Unzucht‹ nur die Oberfläche der Verwahrlosung erfaßt. Der eigentliche Movens der Verwahrlosung mußte tiefer liegen: Auch dort, wo nicht mit Eindeutigkeit von »Arbeitsscheu« oder einem »Versagen auf Arbeits- oder Lehrstellen« als den Überweisungsgründen die Rede war,[144] stand es für aufmerksame Beobachter außer Frage, daß die Nicht-Arbeit, oder – bei noch schulpflichtigen Minderjährigen – eine Haltung, die ein gebrochenes Verhältnis zur Lohnarbeit fürderhin erwarten ließ, den Urgrund der Verwahrlosung bildete. »Nun besteht aber die Verwahrlosung der weiblichen Jugend eben darin«, führte die Düsseldorfer Landesverwaltungsrätin Emmy Hopmann auf dem Allgemeinen Fürsorgeerziehungstag 1927 in Hamburg aus, »daß sie nicht arbeitet, nicht auf rechtmäßige Weise das Brot verdient, sondern sich nichtstuend umhertreibt, Toilette macht auf Kosten des Verführers oder des Verführten, dem Genuß statt der Arbeit nachgeht.«[145] Mit geradezu zynisch anmutendem Realismus und einem völligen Verzicht auf die üblichen sentimental-moralistischen Begleittöne hieß es in einer wenige Jahre später erschienenen Studie über das »Seelenleben verwahrloster Mädchen«, daß nicht so sehr ein frühzeitiger Geschlechtsverkehr, sondern die darin zum Ausdruck kommende Tendenz, sich »Existenzmittel zu verschaffen, die sie sich durch Arbeit hätten verschaffen sollen«, Ausdruck sexueller (sic) Verwahrlosung sei.[146] Pastor Kleßmann, der an der Spitze einer westfälischen Erziehungsanstalt der Inneren Mission stand, verallgemeinerte an anderer Stelle derlei Einschätzungen. Für ihn galt als verwahrlost, »wer aus der Haltung des Dienstes heraustritt in die Haltung der Forderung«.[147]

Eine solche einfache, auf das Vorhanden- oder Nicht-Vorhanden-Sein von Arbeitsgesinnung abzielende Erklärung der Verwahrlosung traf den Kern der Sache: Verwahrlosung war all das, was sich bewußt der Einfügung in geregelte Lohnarbeit entzog oder sich doch zumindest diesem Prozeß entgegenstellte – eine ›Untüchtigkeit‹, der der Paragraph 1 des Reichsjugendwohlfahrtsgesetzes das wohlverstandene Leitbild der ›Tüchtigkeit‹ gegenüberstellte. Deutlich hatte bereits Klumker in seiner 1918 erschienenen Schrift über das Fürsorgewesen den Rahmen hierfür umrissen, als er das Problem aller Armut und aller Fürsorge mit »Unwirtschaftlichkeit« und das Ziel aller Fürsorge mit der Erlangung von Selbständigkeit und »Wirtschaftlichkeit« umschrieb.[148] Wie ein Sperriegel aber lag die Verwahrlosung zwischen dem Jugendlichen und dem ihm von den Erwachsenen zugedachten »Einfügen« in die gegebenen Verhältnisse, erschien als »stärkste Hemmung des Arbeitsprozesses«: »Das soziale Unglück der Verwahrlosung wie der ihr korrealierenden Kriminalität ist die stillschweigende Ausmerzung aus der Gesellschaft der Arbeitenden.«[149]

Aber auch eine Jugendfürsorge, die sich eine »frühzeitige umfassende Pflege der Wohlfahrt der Jugend als der in die Volkswirtschaft hineinwachsenden künftigen Träger der Produktion« zur Aufgabe gemacht hatte und folgerichtig auf »Beseitigung und möglichste Eindämmung der [die Produktion] belastenden Momente«[150] bedacht war, trug schließlich mit dazu bei, eine Unterschichtjugend zu konstituieren.[151] Arbeitsmarktlage, Selbst- und Fremdeinschätzung, schließlich Beobachtung und Maßnahmen der Jugendfürsorge fokussierten allesamt um eine instabile Bindung an Lohnarbeit, die den Begriff ›Arbeiterjugend‹ endlich als zu unpräzise erscheinen läßt. Gewiß gab es Gemeinsamkeiten und Integrationskräfte, die eine ›Arbeiterjugend‹ nicht völlig als Chimäre erscheinen lassen. Doch wiegen die Unterschiede und Trennlinien schwerer, zumal im Blick auf das Wechselverhältnis zwischen der Jugendfürsorge und ihrer Klientel. Die junge Textilarbeiterin, die aus einem Facharbeiter-Elternhaus kam, die Schneiderinnenlehre abschloß, ihre Freizeit in der sozialistischen Arbeiterjugend oder einer konfessionellen Jugendgruppe verbrachte und über die Jugendfürsorge nur die Sensationsberichte in der Tagespresse las, verband zu wenig mit dem vom Land in die Großstadt kommenden Dienstmädchen, das sich zuzeiten auch als Gelegenheitsarbeiterin verdingen mußte, erwerbslos wurde, der Prostitution nahekam oder verfiel, schließlich aufgegriffen und zur Fürsorgeerziehung überwiesen wurde, als das ›Arbeiterjugend‹ als Kategorie hinreichend gewesen wäre, beide ›Typen‹ gleichermaßen zu erfassen.[152] Den hemmenden Faktor Verwahrlosung zu beseitigen, aus den vielfach diffusen Unterschichtjugendlichen somit ›Arbeiterjugend‹ zu machen, war Auftrag der Jugendfürsorge.

3. Die Praxis der Jugendfürsorge. Ausmaß und Grenzen der Innovation

Das Nebeneinander von verharrenden Institutionen und einer in ständiger Bewegung befindlichen Lebens- und Arbeitswelt der Unterschichtjugendlichen sollte die Jugendfürsorge-Wirklichkeit der Weimarer Republik prägen. Aber die Jugendfürsorge ging nicht restlos in diesem Nebeneinander auf. So sehr Jugendfürsorge und Jugendämter wieder auf ihre städtischen Ursprünge zurückgeworfen wurden, so souverän forcierten viele große und auch kleine Städte ihre Jugendfürsorgearbeit. Dabei waren die Jugendämter nicht nur für die Jugendfürsorge zuständig. Um den Eindruck zu vermeiden, als ob es sich »nur um eine Einrichtung für die anormale, minderwertige Jugend« handele,[153] erhielten die Jugendämter mit der Jugendpflege auch die Kompetenz für die ›gesunde‹ Jugend. Im Jugendamt verbanden sich somit zwei Bereiche, deren Motivationen im Kaiserreich nicht weit voneinander entfernt gelegen hatten – die seither jedoch unterschiedliche Entwicklungswege beschritten und institutionell wenig Gemeinsamkeiten aufwiesen. Jugendpflege war überdies eine eher vage Einrichtung. Die Freizeitangebote der freien und konfessionellen Jugendverbände reduzierten die Aufgaben kommunaler Jugendpflege oft auf Bezuschussung und die Bereitstellung von Räumen. Das Zusammenbinden der beiden disparaten Aufgabenbereiche Jugendpflege und Jugendfürsorge im Jugendamt ergab selten mehr als ein Nebeneinander; was die beiden Bereiche miteinander zu tun haben könnten, war kaum Gegenstand der Reflexion.

Eine Besonderheit des Jugendamtes im Rahmen der Kommunalverwaltung bestand im ›gemischten‹ Charakter der Einrichtung. Das Reichsjugendwohlfahrtsgesetz konstituierte das Jugendamt als »Kollegialbehörde«, die sich aus drei Gruppen von Mitgliedern zusammensetzte: Den vom Träger des Jugendamtes benannten beamteten Mitgliedern, unter denen sich zugleich auch der Vorsitzende des Jugendamtes befand, den ehrenamtlichen Mitgliedern aus in der Jugendwohlfahrtspflege erfahrenen Frauen und Männern und den Mitgliedern mit beratender Stimme, wie etwa Vormundschaftsrichtern, Medizinal-, Schul- und Gewerberäten.[154]

Mit der verordneten Zusammenarbeit von beamteten und ehrenamtlichen, meist von den privaten Wohlfahrtsverbänden benannten Mitarbeitern aber geriet das Jugendamt unweigerlich ins Gestrüpp der Auseinandersetzungen zwischen öffentlicher und privater Wohlfahrtspflege hinein. Das Recht der staatlichen Gemeinschaft zum Eingriff in die Erziehung der Familie stand im Reichsjugendwohlfahrtsgesetz im Zwielicht der Subsidiarität, der Nachrangigkeit staatlicher Intervention. Das »neokorporatistische Verhandlungssystem«[155] installierte eine Pluralität, mit der umzugehen noch Schwierigkeiten bereitete und die oft als politischer Konflikt gedeutet und ausgetragen wurde: Was der katholische Publizist Karl Neundörfer in einem vielzitierten Aufsatz als »widerstreitende Mächte« im Reichsjugendwohlfahrtsgesetz bezeichnete und als politischen Kompromiß zwischen Katholizismus und Sozialismus verstand, war nichts anderes als jenes verordnete, aber in der Praxis noch weitgehend ungeklärte Zusammenwirken von öffentlicher und privater Fürsorge. Wer in dieser Praxis nun eigentlich Vorrang hatte – Staat, Kommunen oder die private Fürsorge – blieb ein beliebtes Feld der Auseinandersetzung im Weimarer Wohlfahrtskorporatismus.

Für die Entwicklungslogik der privaten Wohlfahrtsverbände war der Kampf gegen die hegemonialen Tendenzen der öffentlichen Wohlfahrtspflege dabei zwingend. Vor allem die katholische Wohlfahrtspflege sah sich in diesem Kampf in bester kulturkämpferischer Tradition und gut gerüstet. Der Tendenz, »den Einfluß der Kirche auf dem Gebiet der Fürsorge auszuschalten«, die Joseph Beeking auf der Suche nach der Tradition der Rivalität bereits in den spätmittelalterlichen Städten am Werke sah,[156] war mit der Dominanz konfessioneller Fürsorge in vielen Praxisfeldern zunächst erfolgreich begegnet worden. Die drei »Grundsätze«, die die Caritas anläßlich des preußischen Gesetzentwurfs über Jugendfürsorge 1918 aufgestellt hatte – Fürsorge auf konfessioneller Grundlage, Selbständigkeit der caritativen Vereine und Mitwirkung derselben in der öffentlichen Jugendfürsorge[157] – waren grosso modo berücksichtigt worden.

Mit Blick auf die erfolgreiche Verteidigung der Besitzstände war das heftige gemeinkonfessionelle Gezeter gegen die öffentliche Wohlfahrtspflege oft wohl nur Taktik. Das Mißtrauen jedoch, daß vor allem die Kommunalverwaltungen »zumal unter dem Einfluß der Demokratie ... viel weniger geeignet sind, Parität zwischen den Konfessionen oder Berücksichtigung der kirchlichen Bestrebungen zu üben«,[158] kam nicht von ungefähr. Die Aussicht, »daß die freie Liebestätigkeit durch die behördliche Tätigkeit des Jugendamts an die Wand gedrückt werden solle«,[159] war mancherorts gegeben. Die Entfaltungslogik kommunaler Bürokratien, aber auch der politische Wille sozialdemokratisch geführter oder dominierter Städte und Länder trug mitunter wenig bei zur Förderung der »freien Liebestätigkeit«. Ohne Zweifel führte die Konstruktion der Jugendämter zwischen Bürokratie, Selbstverwaltungsgremien und freien Verbänden auch zu einer ›Politisierung‹: »In Schlesien gelingt dem hochadeligen Großgrundbesitzer die blaue Färbung der Jugendamtsmitglieder, im Münsterlande der Geistlichkeit die schwarze, und in den Großstädten sehen sie blaßrosa bis blutrot aus.«[160] Überdies war der konfessionellen Wohlfahrtspflege im Prozeß der ›Politisierung‹ der Wohlfahrtspflege mit der sozialdemokratischen Arbeiterwohlfahrt ein nicht zu unterschätzender Gegner erwachsen. Entstanden aus der von Gewerkschaften und sozialdemokratischen Frauen getragenen Arbeit der Kinderschutzkommissionen, war die Gründung der Arbeiterwohlfahrt am 13.12.1919 aber auch eine Reaktion auf die sich abzeichnende Beharrung der alten Wohlfahrtspflege.[161] Die wachsende Mitarbeit der Arbeiterwohlfahrt in der Jugendfürsorge führte folgerichtig rasch zu Streitereien. In der Rheinprovinz, vor allem in Köln, wo die katholische Wohlfahrtspflege eifersüchtig über ihre Einflußbereiche wachte, entbrannte ein heftiger Konflikt über das Arbeitsfeld der Arbeiterwohlfahrt. War sie allein für die Betreuung der – zahlenmäßig geringen – Dissidentenkinder zuständig, während die kirchenangehörigen Minderjährigen der jeweiligen konfessionellen Wohlfahrtspflege zugeordnet werden mußten?[162] Oder vertrat die sozialistische Arbeiterwohlfahrt eine überkonfessionelle oder konfessionell neutrale Weltanschauung, wie die führende Köpfe der Arbeiterwohlfahrt meinten, womit die Beschränkung auf dissidentische Jugendliche entfallen mußte?[163]

Doch einerlei, mit welchem Ergebnis solche Konflikte ausgetragen wurden: Mit dem labilen Gleichgewicht zwischen öffentlicher und privater Wohlfahrtspflege, vor allem aber mit dem Auftreten der Arbeiterwohlfahrt ergab sich eine ohnehin mitunter für alle Beteiligten verblüffende Gemengelage. Die Arbeiterwohlfahrt sah sich als Verfechterin der öffentlichen Fürsorge – trat aber als privater Wohlfahrtsverband auf. Die Zweideutigkeit, die der Arbeiterwohlfahrt damit eigen war, bedurfte einer theoretischen Auflösung: Wie rechtfertigt man ›private‹ Wohlfahrtspflege, obgleich doch Staat und Kommunen die eigentlichen Träger der Wohlfahrtspflege sein sollten? Simon – die im Verlauf der zwanziger Jahre zur unangefochtenen Theoretikerin der Arbeiterwohlfahrt wurde – sah die Existenzberechtigung der freien Wohlfahrtspflege in einer Funktion »als Pfadfinder für die öffentlich-rechtliche Wohlfahrtspflege«.[164] Dem schwerfälligen bürokratischen Apparat der öffentlichen Fürsorge voranzugehen, durch politisches Wirken zugleich aber die öffentliche Fürsorge damit auch zu einer Ausweitung ihrer Tätigkeit zu bringen, schien ein selbstbewußter

Weg zu sein, der Doppeldeutigkeit zu entkommen. Der expansive Charakter, der der privaten Wohlfahrtspflege – und zuvörderst der Arbeiterwohlfahrt selbst – damit zugesprochen wurde, führte hin zu einem Wohlfahrtskorporatismus in eindeutig rivalisierender Absicht. Das schöne Bild einer Zusammenarbeit, das Baum 1926 entwarf, indem sie das Jugendamt als Orchester beschrieb, »in dem der Dirigent wie jeder Spieler sich sowohl der Eigenart und Eigenaufgabe, wie der Abhängigkeit voneinander und der Verbundenheit miteinander bewußt sind, sodaß nicht Über- und Unterordnung, nicht Befehl und Gehorsam, sondern der heilige Dienst an der gemeinsamen Sache das Werk regelt«,[165] erwies sich zu keinem Zeitpunkt als reales Bild der Wohlfahrtspflege. Vielmehr herrschte die Dissonanz. In den guten Zeiten einer entspannten Finanzlage waren Rangeleien an der Tagesordnung, suchte jeder Verband die Konkurrenten durch Ausweitung und Abwerbung der Klientel zu übertrumpfen. Während der Depression und der Knappheit der Mittel aber nahmen die Verteilungs- und Besitzstandswahrungskämpfe erst recht zu. Darüber hinaus entstand bei den konfessionellen Verbänden allmählich ein Bewußtsein davon, daß nicht so sehr der prinzipielle Kampf um den Vorrang öffentlicher oder privater Wohlfahrtspflege oder die alltäglichen Rempeleien mit Behörden oder der Arbeiterwohlfahrt bedrohlich seien. Vielmehr schien die Arbeit der Caritas und der Inneren Mission im Rahmen der nie bestrittenen staatlichen Gesetzgebung – »Liebestätigkeit« mithin als staatliche Auftragsangelegenheit – dem Wesen konfessioneller Wohlfahrtspflege eklatant zu widersprechen. Ein solches Sentiment verbarg sich hinter den Klagen über die »Säkularisation der Liebestätigkeit der Kirche, die unendlich verhängnisvoller ist als alle frühere Säkularisation der äußeren Güter ... Man verstaatlicht die Liebestätigkeit, ohne zu merken, wie ihr damit das Wesentlichste, Feinste, Innerste und Wirksamste genommen wird.«[166]

Einstweilen tröstete jedoch die über Krieg und Revolution hinübergerettete Dominanz der konfessionellen Einrichtungen über melancholisches Räsonnement hinweg. Viel Zeit dazu blieb den Praktikern der privaten Wohlfahrtspflege vor Ort ohnehin nicht, galt es doch Schritt zu halten mit der Arbeit der kommunalen Jugendfürsorge. Die allermeisten Jugendämter jedoch litten unter den Restriktionen, die ihnen das inkraftgetretene Reichsjugendwohlfahrtsgesetz auferlegte. Von einer Steuerung der Jugendfürsorge durch die Jugendämter konnte nicht immer die Rede sein. Schon die ersten großen Bewährungsproben öffentlicher Jugendfürsorge nach dem Kriege – die große Jugenderwerbslosigkeit 1923 und 1925/26[167] – liefen am Jugendamt in aller Regel vorbei. Nach der bis zum Erlaß des AVAVG 1927 geltenden Verordnung über Erwerbslosenfürsorge waren es in der Regel die Arbeitsnachweise, Arbeits- oder Berufsämter, die nicht nur die Unterstützung für die Berechtigten auszahlten, sondern zugleich auch Bildungs- und Arbeitsmaßnahmen durchführten.¹⁶⁸ Aber über solches Nebeneinander hinaus machte sich in den Jahren nach dem Inkrafttreten des Reichsjugendwohlfahrtsgesetzes zusehends ein grundsätzliches Problem der Jugendämter bemerkbar: das prinzipielle Zu-spät-Kommen des Eingriffs. Erst wenn Verwahrlosung, mindestens Gefährdung vorlag, konnten die ›schweren‹ Maßnahmen der Jugendfürsorge eingeleitet werden. War die Suche nach dem früh- und rechtzeitigen Eingriffspunkt schon ein Movens in der Entstehungsphase der Jugendfürsorge gewesen – der Blick von den Straffälligen über die Verwahrlosten auf die Unehelichen –, erwiesen sich all die vorbeugenden Maßnahmen von der Mütterberatung über Säuglings- und Kleinkinderfürsorge bis hin zur generellen Vormundschaft über die Unehelichen bald als ein zu grobes Raster. Die Suche nach dem richtigen Zeitpunkt des jugendfürsorgerischen Eingriffs wurde erneut dringlich. Sie geriet zu einem wesentlichen Moment im Auf- und Ausbau der Jugendämter in den wenigen Jahren zwischen dem Inkrafttreten des Reichsjugendwohlfahrtsgesetzes und dem Einbruch der Depression. Die dem Vorbild der amerikanischen Jugendgerichtspraxis folgende Schutzaufsicht, die das Reichsjugendwohlfahrtsgesetz ebenso wie das Jugendgerichtsgesetz für Fälle bereithielt, in denen »erzieherische Überwachung«, nicht aber Fürsorgeerziehung oder Gefängnis geboten war,¹⁶⁹ schien dem Ziel schon nahe zu kommen. Aber die in der Praxis dominierende gerichtliche Anordnung,¹⁷⁰ der Charakter der Schutzaufsicht als Bewährungszeit, oft als bloße Vorstufe zur Fürsorgeerziehung, machte sie zu einer eher starren Maßnahme. Alsbald kamen Klagen, auch sie werde »oft erst zu spät eingeleitet«.¹⁷¹

Das Angebot einer Jugendberatung, zu dem viele Jugendämter in den mittleren und späten zwanziger Jahren übergingen, versuchte dem Zuspät-Kommen zuvorzukommen. Die Grundlage für die Jugendberatung war die Andeutung einer solchen im Katalog der freiwilligen Jugendamtsaufgaben.¹⁷² »Zwingender war aber wohl die innere Notwendigkeit, die ja schon ohnehin betriebene Beratungstätigkeit auch auf die bisher noch nicht vom Amt erfaßten Jugendlichen auszudehnen und somit die vorbeugende Arbeit stärker auszubauen.«¹⁷³ Doch die beständige ›Eroberung‹ neuer Gruppen Jugendlicher durch die Jugendämter wuchs sich allmählich auch zu großer Unübersichtlichkeit aus. Wie sehr die Vielfalt der Jugendfürsorge in der Weimarer Republik den Jugendämtern trotz aller Einschränkungen bereits über den Kopf gewachsen war, zeigte jedweder Versuch, klassifikatorische Schneisen in das immer größer werdende Dickicht öffentlicher und privater Bemühungen zu schlagen. Doch lassen sich mit Hedwig Abel sinnvoll sechs Bereiche der Jugendfürsorge unterscheiden, in die sich jede Maßnahme, jede Einrichtung, jede Hilfeleistung einordnen ließ. Neben dem allgemeinen vorbeugenden Jugendschutz –

dem Schutz vor Alkohol, diversen Lichtspielen und ›Schund und Schmutz‹, unterschied sie die Fürsorge für Minderjährige ohne Elternhaus – Vormundschaft, Pflegschaft, Adoption – von der Fürsorge für aufsichtslose Minderjährige (einschließlich aller Einrichtungen der Fürsorge für die noch nicht schulpflichtigen Kinder). Daneben trat die Fürsorge für die arbeitende Jugend – Berufsberatung, Arbeitsschutz, Erwerbslosenfürsorge bzw. Arbeitslosenversicherung sowie die Fürsorge für die hilfsbedürftige Jugend – Unterhalt, Versicherung und wirtschaftliche Fürsorge. Die Fürsorge für die verwahrloste Jugend – Schutzaufsicht, Fürsorgeerziehung und Jugendgerichtshilfe – erschien als Schlußstein der Jugendfürsorge.[174]

Aber die Spannweite, die die Jugendfürsorge aufwies und aushalten mußte, ging über institutionelle Vielfalt hinaus: Spannweiten von Ansehen und ›Ehrbarkeit‹ unter der zu befürsorgenden Jugend gab es ebenso. Vor allem eine Gruppe blieb zwar in die Jugendfürsorge eingebunden, überschritt in der privilegierten Behandlung das herkömmliche Maß der Fürsorge aber markant: die Kriegerwaisen. Ihre Versorgung fußte, noch ehe sich die Reichsfürsorgepflichtverordnung von 1924 auch ihnen zuwandte, auf dem Reichsversorgungsgesetz und darüber hinaus auf jährlich im Reichshaushalt bereitgestellten Sondermitteln. Zur Verwendung dieser Mittel erließ ein eigens eingerichteter Ausschuß im Reichsarbeitsministerium »Richtlinien«. Mit dem Reichsversorgungsgesetz und den »Richtlinien« war zugleich auch die Grundlage der Fürsorge für die Kinder der Kriegsbeschädigten und den Fall geschaffen, daß »der Vater wegen einer auf seiner Dienstbeschädigung beruhenden Erwerbsbeschränkung nicht in der Lage ist, die Sorge für die Erziehung und Ausbildung der Kinder selbst zu übernehmen«.[175]

Das Stück Organisation, das damit verbunden war, lief wiederum an den Jugendämtern vorbei. »Jugendausschüsse« wurden bei den Hauptfürsorgestellen und Fürsorgestellen unter Beteiligung der privaten Wohlfahrtsverbände errichtet, um die Verteilung der Mittel durchzuführen. Dort, wo Fürsorgestelle und Wohlfahrtsamt eins waren und das Jugendamt zugleich auch einen Teil des Wohlfahrtsamtes bildete, mag sich eine Zusammenarbeit auf dem Wege der Geschäftsverteilung ergeben haben.[176] Davon abgesehen aber verpflichteten die »Richtlinien« die Ausschüsse bloß zur »Fühlung«[177] mit den Jugendämtern, so wie das Reichsjugendwohlfahrtsgesetz den Jugendämtern in dieser Frage auch nur eine »Mitwirkung« einräumte.[178]

Die Absetzbewegung von der üblichen Jugendfürsorge fand sich aber nicht nur in der Organisation der Fürsorge für Kriegerwaisen und Kriegsbeschädigtenkinder. Die Sondermittel sollten es, wie in den »Richtlinien« festgehalten war, den Fürsorgestellen ermöglichen, »Kriegerwaisen und Kinder der Kriegsbeschädigten weitergehend zu unterstützen, als es die allgemeine Jugendwohlfahrtspflege könnte«.[179] Die berufliche Ausbildung rückte dabei in den Vordergrund. Über die großzügige Vergabe von Beihilfen, etwa für die Anschaffung von Fahrrädern zur Bewältigung des Weges zum Ausbildungsort[180] hinaus, stand eine qualifizierte Ausbildung an erster Stelle: »Soweit möglich, sind die Kinder einem gelernten Beruf zuzuführen.«[181] Darin unterschied sich die Fürsorge für Kriegerwaisen und Kriegsbeschädigtenkinder deutlich von der herkömmlichen wirtschaftlichen Fürsorge für Minderjährige, die nach dem Wortlaut der »Reichsgrundsätze über Voraussetzung, Art und Maß der öffentlichen Fürsorge« allein »Erziehung und Erwerbsbefähigung« als zum »notwendigen Lebensbedarfe« gehörend ansah.[182] Erwerbsbefähigung aber war nicht gleichbedeutend mit Berufsausbildung. Letzteres sollte sich nach dem Willen der »Reichsgrundsätze« auf »geeignete Fälle« beschränken[183] und ein Kommentator schloß daraus nicht zu Unrecht, »daß in der Regel die Ausbildung, die durch Erfüllung der Schulpflicht erworben wird, zur Erwerbsbefähigung genügt«.[184]

Die Ursache für die außerordentlichen Leistungen zugunsten der Kriegerwaisen und Kriegsbeschädigtenkinder lag in der Bindung der Fürsorge an den Lebensstandard der Klientel. Nicht nur Anlage und Fähigkeit des Minderjährigen waren bei der Gewährung der Fürsorge zu berücksichtigen, auch die »Lebensstellung der Eltern«[185] spielte eine entscheidende Rolle. Viele der Kriegerwaisen und Kriegsbeschädigtenkinder kamen nicht aus der üblichen Unterschichtklientel der Fürsorge. Auch forderten die »Richtlinien« dazu auf, bei Kriegerwaisen etwaige überlieferte Wünsche des Vaters zur Berufswahl zu berücksichtigen und im Falle der Existenz eines väterlichen Betriebes eine Ausbildung zu ermöglichen, die dessen Fortführung gewährleiste. Die Fürsorge für Kriegerwaisen und Kriegsbeschädigtenkinder sprengte somit einerseits zwangsläufig jene Bindung an den Lebensstandard, die in den »Reichsgrundsätzen« in der Koppelung von (angenommener) Unterschichtherkunft und bloßer »Erwerbsbefähigung« (d.h. ungelernter Arbeit) zum Ausdruck kam. Andererseits hob sie ihn jedoch nicht grundsätzlich auf: Mußten nicht der Hinweis auf die »soziale und wirtschaftliche Lage der Familie«[186] und die präzisen Vorschläge der »Richtlinien« einen Unterschied in der Fürsorge für die Waise eines ungelernten Fabrikarbeiters und die Waise eines selbständigen Handwerksmeisters hervorrufen? Zumal unter Berücksichtigung der institutionellen Trennung vom Apparat der herkömmlichen Jugendfürsorge war tatsächlich eine Chance vertan worden, alle Jugendfürsorge über ein neues und konsequentes Leitbild der Kriegerwaisenfürsorge von der Bindung an den Lebensstandard zu lösen – und nicht familiäre Herkunft, sondern die Fähigkeiten des Minderjährigen und eine gegen Risiken möglichst abschirmende qualifizierte Berufsausbildung als Fürsorge- und Erziehungsmaßstab zugrundezulegen. Dennoch ist die Bedeutung dieser für die Jugendfürsorge erstmals in den »Richtlinien« aus dem Jahr 1921 erhobenen Forderung nach Ausbildung zu einem gelernten Beruf sowie zusätzlicher Ausbildung durch den Besuch von Fach- oder Gewerbeschulen, nicht zu unterschätzen. Allein von daher erscheint es gerechtfertigt, in der »Kriegskinderfürsorge ... den höchsten Ausdruck pädagogischer Verantwortung, der bei Ausübung der Erziehungsfürsorge bis 1930 gefunden worden ist«,[187] zu sehen. Aber es lag wohl in der Natur des »höchsten Ausdrucks« begründet, unter den obwaltenden wirtschaftlichen Bedingungen nicht verallgemeinerungsfähig gewesen zu sein. Nur in der Separierung, in der Begrenzung auf die »Ehrenpflicht«[188] den Kriegskindern gegenüber hat dieser partielle Fortschritt stattfinden können.

Doch auch er konnte nicht über die immer deutlicher werdende Kluft zwischen dem völlig der Jugendfürsorgebewegung des Kaiserreiches verhafteten Reichsjugendwohlfahrtsgesetz und der Notwendigkeit einer auf Veränderungen reagierenden Fürsorge hinwegtäuschen. Die Unzufriedenheit mit Gesetz und Praxis der Jugendfürsorge wuchs in den Jahren nach 1924. Nicht nur die Reduktion der Jugendämter durch die Verordnung über das Inkrafttreten nährte diese Unzufriedenheit. Auch die sich Bahn brechende Erkenntnis, mit den im Reichsjugendwohlfahrtsgesetz bereitgestellten Instrumenten nicht ein für alle mal ausgesorgt zu haben, trug dazu bei. Klumker, der Optimist der Jugendfürsorgebewegung des Kaiserreiches, sprach nun zurückhaltend von einem Ausbau des Jugendamtes, der nicht abgeschlossen, vielmehr »noch für ein Menschenalter zu tun« sei, bis das Jugendamt »den berechtigten Anforderungen gerecht« werde.[189] Wiederholt mußte sich der Reichstag in den Jahren bis zum Beginn der Depression mit Anträgen der SPD und der DDP auf Wiederherstellung der ursprünglichen Fassung des Gesetzes beschäftigen. Der Erfolg blieb diesen Anträgen jedoch versagt.[190] Fast hatte es den Anschein, als ob sich der Reichstag, nachdem ihm mit dem Mittel der Notverordnung das Inkrafttreten des Reichsjugendwohlfahrtsgesetzes im Februar 1924 aus der Hand geschlagen worden war, gegen eine Weiterarbeit am Reichsjugendwohlfahrtsgesetz sträubte. Gleichwohl war damit neuen Projekten einer Jugendfürsorge im weiteren Sinne *neben* dem Reichsjugendwohlfahrtsgesetz kein Riegel vorgeschoben. Die eingeschränkte Leistungsfähigkeit der zur Verfügung stehenden Mittel und Institutionen machte den Fürsorgern vor Ort ebenso wie den Spezialisten in den Fachverbänden Tag um Tag den Mangel des Bisherigen deutlich. Was war aus der ohne viel Camouflage vorgetragenen Omnipotenz geworden, mit der die Jugendfürsorgebewegung des Kaiserreiches ihren Gegenstand versehen hatte? Wie ging die Weimarer Republik mit dem in der ernüchternden Praxis der zwanziger Jahre übrigbleibenden Überschuß an Zielen der Jugendfürsorgebewegung um? Gelang ihr ein Anschluß an die alte Bewegung, schuf sie eine neue, ihrer Zeit eigene ›Bewegung‹?

Tatsächlich erwuchs den Fürsorgern und Sozialpolitikern der Weimarer Republik alsbald ein Motiv für weitere Bemühungen, das der Ausgangslage der Jugendfürsorgebewegung nach der Jahrhundertwende nicht unähnlich war. Der Geburtenrückgang der Jahre zwischen 1915 und 1919 schien den krisengeschüttelten Arbeitsmarkt ebenso wie die Jugendfürsorge nicht nur zu entlasten. Vielmehr mußte er mit Blick auf das für erforderlich gehaltene Arbeitskräftepotential sich dramatisch auswirken.[191] Der vom Reichsarbeitsministerium wie von der Jugendfürsorge, von Arbeitgebern wie von Gewerkschaften wahrgenommene künftige Mangel an erwerbstätigen Jugendlichen entfachte wenn nicht einen »Wettlauf um die Jugendlichen«,[192] so doch ein neues Interesse an ihnen. Eine neue, genuin ›weimarische‹ Jugendfürsorgebewegung erwuchs aus solcher Sorge und Erwartung jedoch nicht. Der neue Wert der Jugendlichen zog kein Pathos mehr nach sich, wie es die alte Jugendfürsorgebewegung tat. Nicht mehr imperiale Weltgeltung, sondern der Nachwuchs der Industrie stand im Vordergrund. »Qualitätsausfuhr« war für das reparationenbelastete Reich dringlich und setzte »Qualitätsarbeit und Qualitätsarbeiter«[193] voraus. Auch wenn ›Qualität‹ und ›Industrie‹ dabei nur Metaphern für Weltgeltung gewesen sein mögen,[194] ist die Differenz zur Jugendfürsorgebewegung der Jahrhundertwende doch erkennbar: An die Stelle einer imperial überhöhten, überwiegend bevölkerungspolitischen Sicht trat ein gleichsam rationalisierter wirtschafts- und berufspolitischer Blick.

Doch eigentlich waren die Unterschiede zur alten Jugendfürsorgebewegung gering. Die Verbindung zwischen Jugendfürsorge und Arbeitsmarkt, also auch zwischen Jugendfürsorge und Arbeitsmarktpolitik bzw. Arbeitsmarktbewirtschaftung war von Anbeginn an unter dem Leitbild des »inneren Imperialismus« präsent gewesen. Alles das, was in der zweiten Hälfte der zwanziger Jahre zur Entscheidung anstehen sollte – Berufsausbildungsgesetz, Arbeitsschutzgesetz, Arbeitslosenversicherung – konnte umstandslos *auch* als Teil einer umfassenden Jugendfürsorge verstanden werden. Die Entwicklung von Jugendfürsorge und Arbeitsmarktpolitik für Jugendliche hatte zum selben Zeitpunkt begonnen. Die erst später verallgemeinerten Instrumente wie Berufsberatung und Arbeitsvermittlung waren nach der Jahrhundertwende zunächst Maßnahmen für jene Jugendlichen gewesen, bei denen eine reibungslose Eingliederung in den Arbeitsmarkt nicht stattgefunden hatte oder nicht zu erwarten war.[195] Mit der Zeit aber traten Jugendfürsorge und Arbeitsmarktpolitik auseinander. Das nur unvollkommene Amalgam von Jugendfürsorge und Arbeitsmarktpolitik hatte Rudolf Dieterich im Sinn, als er 1930 der Jugendfürsorge den nur auf den ersten Blick widersprüchlichen Vorwurf machte, sie habe zu einseitig (sic) nicht die berufliche, sondern die »allseitige Entwicklung des Jugendlichen im Auge«.[196] Idealiter mußte die mit der tatsächlichen Einfügung in die Lohnarbeit befaßte Arbeitsmarktpolitik für Jugendliche somit zum ›missing link‹ zwischen der herkömmlichen Jugendfürsorge und dem Arbeitsmarkt werden. Doch von der Arbeitslosenversicherung abgesehen blieben alle anderen Gesetzesvorhaben im Stadium des Entwurfs stecken. Die Jugendfürsorge der Weimarer Republik kam über das reduzierte Reichsjugendwohlfahrtsgesetz nicht hinaus. Mußte nicht auch schon deshalb in den letzten Jahren der Weimarer Republik mit der Fürsorgeerziehung das klassische Instrument der Jugendfürsorge wieder in den Vordergrund rücken?

III. Revolten und Skandale.
Die Fürsorgeerziehung in den letzten Jahren der Weimarer Republik

1. Die Krise der Fürsorgeerziehung

Rund die Hälfte aller in der Weimarer Republik jährlich gezählten Fürsorgezöglinge waren Familienzöglinge. Das Reichsjugendwohlfahrtsgesetz hatte, ähnlich wie die meisten der alten Fürsorgeerziehungsgesetze, die Unterbringung von Zöglingen in fremden Familien auf öffentliche Kosten als Alternative zur Anstaltserziehung möglich gemacht. Oft als ›leichte Fälle‹ angesehen, konnte mancher Zögling sogar der eigenen Familie zur Fürsorgeerziehung – unter gehöriger Aufsicht – überwiesen werden. Die Familienzöglinge entzogen sich weitgehend dem Blick der Fürsorger und der Öffentlichkeit. Auch die seltene Visitation durch »Fürsorgeerziehungsinspektoren« der Fürsorgeerziehungsbehörden oder größerer Anstalten[1] änderte nichts daran, daß sich Fürsorgeerziehung in der Familie tunlichst nicht von der herkömmlichen Erziehung unterscheiden sollte, sich vielmehr im Familienalltag gleichsam aufzulösen hatte.

Doch die Anstalt war für nahezu alle Zöglinge die erste Station. Dort wurde nach Beobachtung und nach Maßgabe der zur Verfügung stehenden Anstalts- oder Familienplätze über den weiteren Weg des Zöglings entschieden.[2] Von daher verwundert es nicht, wenn Anstaltserziehung seit jeher als die ›eigentliche‹ Fürsorgeerziehung galt, ja Fürsorgeerziehung und Anstaltserziehung zusehends ineins gesetzt wurden. Der Eindruck der Geschlossenheit, den die Anstalten hervorriefen und der Eindruck der Homogenität, den die Zöglinge als eine Gruppe von »Anstaltsbürgern«[3] erweckten, führte dazu, daß Fürsorgeerziehung auch hier und da schon als – unpopuläres – Synonym für den gesamten Bereich der Jugendfürsorge und die Arbeit des Jugendamtes galt. Zum Verwechseln ähnlich waren sich jedoch die Instrumente der Jugendfürsorge beileibe nicht. Die Differenz zwischen der Fürsorgeerziehung als Familienerziehung und der ›eigentlichen‹ Fürsorgeerziehung in Anstalten aber wirft die Frage nach der Gemeinsamkeit der Fürsorgezöglinge auf: Welche Jugendlichen wurden zur Fürsorgeerziehung überwiesen? Überdies: Wenn Erziehung etwas Alltägliches war, das sich in Familien en passant ergab – und in fremden Familien ebenso en passant fortgesetzt werden konnte – wie sah dann der Alltag aus, wenn Erziehung außerfamiliär geleistet, in des Wortes eigentlicher Bedeutung ›ver-anstaltet‹ wurde? Traten Alltag und Erziehung – die in Familien üblicherweise amalgamierten – auseinander, wurde Erziehung ›außeralltäglich‹? Wie trafen sich Alltag und Erziehung in der Anstalt?

Die Vormundschaftsrichter hatten in aller Regel eine Reihe von Merkmalsbeschreibungen der Verwahrlosung parat, die in Überweisungsgründe ›übersetzt‹ wurden. Stand bei männlichen Minderjährigen Diebstahl und andere Kleinkriminalität als Merkmal der Verwahrlosung und Grund der Fürsorgeerziehung obenan, so erschien bei weiblichen Minderjährigen oft der Prostitutionsverdacht in allen Schattierungen – von der ›Liederlichkeit‹ bis zur tatsächlichen ›Gewerbsunzucht‹ – als Ursache für die Anordnung der Fürsorgeerziehung. Vernachlässigung und Mißhandlung, außengeleitete Verwahrlosung, die den Minderjährigen ausschließlich als ›Leidenden‹ traf, beschränkte sich, so zeigte eine Ermittlung unter den 1610 Fürsorgezöglingen einer sächsischen Großstadt im Jahr 1929, auf die jüngeren Altersgruppen. (Vgl. Tabelle 4.)

Tabelle 4: Die Verwahrlosungsmerkmale bei Fürsorgezöglingen

Merkmale	Kleinkinder männl.	Kleinkinder weibl.	Schulkinder männl.	Schulkinder weibl.	14 bis 21jährige männl.	14 bis 21jährige weibl.	Gesamt
Lügen, Betrügen, Stehlen, Betteln, Umhertreiben	1	–	394	119	268	73	855
Gewalttätigkeit, Rohcit, Widersetzlichkeit	–	–	45	6	19	2	72
Geistige Minderwertigkeit	–	–	11	5	9	10	35
Unzucht, Onanie	–	–	42	34	14	–	90
Homosexualität	–	–	16	–	16	–	32
Liederliches Herumtreiben	–	–	–	–	–	48	48
Geschlechtsverkehr, Gewerbsunzucht	–	–	–	28	–	116	144
Vernachlässigung	27	27	49	54	5	2	164
Mißhandlung	8	2	27	12	1	4	54
Sittliche, moralische, körperliche Gefährdung	3	5	47	31	1	29	116
Zusammen	39	34	631	289	333	284	1610

Quelle: *Patzig*, S. 175.

Derlei Merkmalsbeschreibungen und die Bindung der Jugendfürsorge an das Paradigma von Arbeit und Wirtschaftlichkeit machten Verwahrlosung zu einem Phänomen der Unterschicht.[4] Tatsächlich stand der relative Klassencharakter der Fürsorgeerziehung außer Frage. Die Hinweise, die sich in der preußischen Statistik über die häuslichen Verhältnisse der Zöglinge finden, verwiesen fast ausnahmslos auf eine Herkunft aus Unterschichtfamilien. Rund 70 % der Eltern von 1757 Zöglingen, die 1928 zur Fürsorgeerziehung überwiesen wurden und über die entsprechende Angaben vorlagen, verfügten nur über ein unter 200 Reichsmark liegendes Monatseinkommen.[5] Auch die Untersuchung über die Zöglinge der sächsischen Großstadt ließ wenig Zweifel an der Unterschichtherkunft der Zöglinge aufkommen: 53,35 % aller erfaßten Zöglinge und 61,69 % der ehelich Geborenen kamen aus »Arbeiterkreisen«. Auch die zweitstärkste Gruppe der »sonstigen Berufe« war von diesen »Kreisen« nicht weit entfernt: Unter den »Sonstigen« fanden sich »Kutscher, Kraftfahrer, Kellner, (Kaffeehaus-) Musiker und Artisten und endlich eine Anzahl Invaliden«.[6]

»Sie alle«, so faßte die Untersuchung zusammen, »wie auch die selbständigen Handwerker, meist kleine Meister, die schwer um ihre Existenz ringen müssen, und die selbständigen Händler: Obst-, Jahrmarkts- und Lumpenhändler und Schausteller, heben sich in ihrer wirtschaftlichen Stellung kaum über das Niveau der Arbeiter hinaus, sind zum Teil sogar noch schlechter gestellt und damit auf dem Wege, auch sozial in dieser Schicht unterzugehen. Die einzigen Vertreter einer anderen sozialen Schicht bleiben abgesehen von einigen unehelichen Vätern, die aber für die Lebensverhältnisse der Kinder nicht in Betracht kommen, die Beamten und kaufmännischen und Büroangestellten. Die Beamten sind jedoch meist auch Vertreter unterer Gehaltsgruppen, und auch bei den Angestellten herrschen mit Ausnahme weniger Bessergestellter knappe wirtschaftliche Verhältnisse ... Auch die nicht genannten Berufe sind typisch für die Herkunft der Fürsorgezöglinge: negativ typisch. Von vornherein beschränkt sich der Kreis, aus dem Fürsorgezöglinge kommen, auf wenige Berufsgruppen und soziale Schichten.«[7]

Unbekannt war in der Mehrzahl der Fälle (50,24 %) der Beruf, oft auch die Person des unehelichen Vaters – wie überhaupt der Anteil der unehelich Geborenen in der Fürsorgeerziehung weit über ihrem Anteil an der gesamten jugendlichen Bevölkerung lag: jeder vierte Zögling der sächsischen Untersuchung war unehelich geboren.[8] Der hohe Anteil der Unehelichen unter den Zöglingen verwies auch auf ein weiteres Kennzeichen der Unterschicht: die Unvollständigkeit oder gar Nichtexistenz der Familie als tatsächlicher Lebensgemeinschaft. Den meisten der in der sächsischen Untersuchung erfaßten Zöglingen war mindestens ein Elternteil durch Tod, Scheidung oder Trennung abhanden gekommen. (Vgl. Tabelle 5.)

Tabelle 5: Die Herkunft der Fürsorgezöglinge

Familiensituation	Fürsorgezöglinge	
	ehelich	unehelich
Eltern geschieden	185	–
Eltern getrennt lebend	69	–
Vater verstorben	230	–
Mutter verstorben	211	246
beide verstorben	52	–
Mutter ledig	–	173

Quelle: *Patzig*, S. 177.

Ungleich schwer in Form einer Statistik zu präsentieren, durch Einzelbeobachtungen aber gleichwohl festgehalten war ein anderer wichtiger Hinweis auf die Herkunft der Zöglinge. Nicht wenige der überwiegend großstädtischen Zöglinge waren Großstadtbewohner in der ersten Generation oder gar selbst noch auf dem Lande geboren. Zur Mitte der zwanziger Jahre waren 80 % der Eltern Berliner Zöglinge aus Kleinstädten oder vom Land zugezogen, 40 % der Zöglinge wiesen selbst noch einen nicht-großstädtischen Geburtsort auf.[9] Die periphere Stellung zur regelmäßigen, gelernten industriellen Lohnarbeit als sozialer Ort der Verwahrlosung wurde somit unterstrichen durch die sozialräumliche Zusammensetzung der Berliner Zöglinge: Nicht die gefestigt-städtische Jugend fiel ins Netz der Jugendfürsorge, sondern die »vom Lande Gekommenen und in Berlin Angeschwemmten«,[10] die großstädtische Arbeits- und Lebenswelt erst zu lernen hatten und zunächst daran – offenbar – gescheitert waren.

Nachdem solches Scheitern ›auffällig‹ und aktenkundig geworden und der Beschluß des Vormundschaftsgerichtes auf Fürsorgeerziehung gefallen war, erwartete den Zögling in der Anstalt ein Procedere. Es begann in aller Regel mit dem Bekanntmachen der Hausordnung, einer Prüfung der Kenntnisse und Fähigkeiten, der Vorstellung des Anstaltsgeistlichen u.a.m. Eine reibungslose Eingliederung ins Anstaltsleben war das Ziel. Ungleich bedeutsamer waren aber jene Vorgänge, die – handfest oder symbolisch – auf einen Bruch mit der bisherigen Lebenswelt hinausliefen. Das demonstrative Bad am Tag der Anstaltsunterbringung gehörte ebenso dazu wie der Austausch der eigenen Wäsche und Kleidung mit Beständen der Anstalt.[11] Die Ausgabe eigener Anstaltskleidung – hier und da auch noch in Gestalt einer Anstaltsuniform – markierte zugleich auch den Willen der Anstalt, aus der bunt zusammengewürfelten Zöglingsschar eine einheitliche, auf die Anstalt zugeschnittene Gruppe zu machen. Andere, ›einheitsstiftende‹ Maßnahmen, wie das Kurzschneiden der Haare am Tag der Ankunft, kamen hinzu.[12] Von den Initiationsriten abgesehen, nahm es den Anschein, als ob nur wenig Anstaltserziehung von der herkömmlichen Erziehung in Familien unterschied. Das in den allermeisten Anstalten herrschende »Familiensystem«[13] – die Aufteilung der Zöglinge in als ›Familie‹ empfundene Gruppen – trug zu diesem Eindruck ebenso bei wie die Drapierung des Personals vor allem der kleineren Anstalten als ›Hausvater‹ oder ›Hausmutter‹. Allein der relative Massencharakter der meisten Anstalten[14] führte zu Spannungen mit der gewünschten Annäherung an ein verklärtes und ideologisiertes Familienbild und zog Alltagserscheinungen nach sich, die mit ›Familie‹ wenig gemein hatten. Davon jedoch abgesehen, war die Fürsorgeerziehung sorgsam darum bemüht, ein Bild familialer Normalität aufrechtzuerhalten. Stille Andacht und eine in jeder Hinsicht unspektakuläre, fast langweilige Form des Tagesablaufs waren die Regel. Schule für die Jüngeren, Berufsausbildung und Beschäftigung für die Älteren, Freizeit – unterschied sich die Anstaltserziehung von der Familienerziehung tatsächlich nur durch die für den Erhalt der Einrichtung notwendigen Gemeinschaftsarbeiten? Selbstbewußte Vertreter der Anstalten wiesen darauf hin, daß der Anstaltsalltag mindestens an einer Stelle mehr war als herkömmlich: Er schien den Zöglingen an Wohlleben grenzende Möglichkeiten zu eröffnen, die sie in ihrem bisherigen Dasein nicht besessen hatten oder sich nur auf illegalem Wege beschaffen konnten:

»In keiner Weise kommt aber weder bei den Mädchen noch bei den Jungen die Befriedigung des Spiel- und Wandertriebes zu kurz. Ein Nachmittag in jeder Woche ist außer den von der Schule veranstalteten Turnnachmittagen Wandertag für alle Knaben und Mädchen. Die größte Freude ist im Sommer die fast tägliche Badestunde in der eigenen Badeanstalt am Straussee. Der Jahreszeit entsprechend werden auch Blaubeeren oder Pilze gesucht, im Winter wird Schlittschuh gelaufen und gerodelt. Der Sonntagnachmittag dient regelmäßig größeren Spaziergängen in die schöne Umgebung Strausbergs, wobei die Musikkapellen der Knaben und die schönen Wanderlieder der Knaben und Mädchen nicht fehlen dürfen. Bei schlechtem Wetter und insbesondere an den dunklen Spätnachmittagen des Herbstes und Winters vereinigt oft die Festhalle die Kinder zu Kinovorführungen und Theaterspiel.«[15]

Wurde die Anstalt für den Zögling mithin zum angenehmen Aufenthaltsort ohne originäre, anstaltsspezifische Erziehung, ohne ›Strategie‹ oder ›Plan‹? Erschöpfte sich Fürsorgeerziehung in der Herauslösung aus dem verwahrlosenden Milieu und dem Versuch, ›Familie‹ auf Anstaltsebene nachzuspielen? Die eher pessimistische Sicht der Fürsorger auf die ihnen anvertrauten Zöglinge mußte letztlich darüber hinaus gehen. Nicht so sehr das Milieu war in den Augen der Verwahrlosungs-Wissenschaftler, aber auch nach dem Augenmaß der den Fortschritten wissenschaftlicher Erkenntnis stets etwas hinterherhinkenden Fürsorger und Anstaltspraktiker für die Verwahrlosung verantwortlich. Allenfalls eine ›Mitschuld‹ war dem Milieu zuzusprechen. Als ungleich entscheidender für Ausbruch und Verlauf der Verwahrlosung erschien die ominöse ›Anlage‹, deren ›Schuld‹ vor allem bei der Vielzahl konfessioneller, durch ein religiöses Vorverständnis der Erbsünde geprägter Erzieher und Fürsorger außer Frage stand.

Jene einfache religiöse Gewißheit vereitelte zugleich aber jedwede nähere Untersuchung über die tatsächlichen Hintergründe individueller Verwahrlosung. Sie überließ das der Handvoll ehrgeiziger, überwiegend aus der Medizin oder Psychiatrie kommenden Anstaltsdirektoren und ihren Mitarbeitern. Für das Gros der Anstalten war nicht der Ursprung der individuellen Verwahrlosung, viel eher der Anlaß der Überweisung, mithin: die Erscheinungsform der Verwahrlosung von Interesse. An ihr orientierte sich ein aller Anstaltserziehung gemeinsames Strukturmerkmal, das noch keine planmäßige Erziehung an sich war, aber doch das ›Außeralltägliche‹, das Anstaltsspezifische deutlich werden ließ. Es kann als Versuch beschrieben werden, der als Unordnung in jeder Hinsicht empfundenen Verwahrlosung eine Matrix der Regelmäßigkeit entgegenzustellen. Wie dies im Einzelfall auch geschah – durch den unumgänglichen Einsatz der Hausordnung als »Organ, das sich der Geist eines Hauses schafft«,[16] durch eine »auch seelisch« herrschende »penetrante Sauberkeit«,[17] durch »regelmäßigen Arbeitsrhythmus mit gleichbleibendem Arbeitstempo«[18] oder durch die Annäherung des Anstaltslebens an den Klosteralltag, an Schweigegebote und »ora et labora« als Leitmotiv[19] – stets handelte es sich um ein »rituelles Arrangement«,[20] um

»einen festgespannten Rahmen von Pflichten, die klar, eindeutig, übersichtlich, auch für den Neuling leicht verständlich sind. Schon nach den ersten Tagen sind Form und Inhalt der kommenden Tage, Wochen, ja Monate leidlich voraussehbar. Das Drückende sowohl wie der Reiz der Neuheit schwinden bald; die Eintönigkeit des Lebens, verhältnismäßig wenig unterbrochen, führt zu rascher ›Gewöhnung‹. Von ihr verspricht sich die AE ... ein Mehrfaches. Mit ihr und in ihr versinken sollen die bewegte, bunte und nicht immer erfreuliche Vergangenheit und alle ihre lockenden, glänzenden und irrlichternden Erinnerungen. Aus der Gewöhnung an das Gleichmäßige, ruhig dahingleitende Anstaltsleben sollen Kraft und Wille genommen werden, das oft übersteigert gewesene Triebleben zurückzuverweisen in die ihm durch Natur und Ethik gezogenen Schranken. Während der Gewöhnung und durch sie sollen im Wesen des jungen Menschen Fuß fassen die in der Anstalt geübten und gelehrten Tugenden: Sauberkeit, Ordnung, Höflichkeit, Hilfsbereitschaft, aber auch Fleiß, Wahrheitsliebe, Ehrlichkeit, gesundes Schamgefühl, Ehrgefühl usw., und sollen ihm dadurch bindende Norm für sein ganzes zukünftiges Leben werden.«[21]

Die Matrix der Regelmäßigkeit sah sich in all ihrer Absicht freilich stets mit dem Problem der Bereitschaft der Zöglinge, anders gewendet: mit dem

Problem der Anstaltsdisziplin konfrontiert. Jedoch entledigte sich die herkömmliche Anstaltserziehung dieses Problems durch einen Kunstgriff. Sie ließ beides – die Matrix der Regelmäßigkeit als das ›Außeralltägliche‹ der Anstaltserziehung und die Anstaltsdiziplin – ineinanderfallen. Doch geriet die traditionale Anstaltserziehung just an diesem Punkt zunehmend unter Rechtfertigungszwang. Nicht mehr nur die jugendbewegten Reformpädagogen nahmen den Kunstgriff, die offenbare Reduktion der Erziehung auf Disziplin, zum Anlaß scharfer Kritik. Auch Teile des Establishments nahmen Anstoß, als jene Sicht von Anstaltsdisziplin auf der Tagung des AFET-Hauptausschusses 1926 mit solider Borniertheit von Pastor Büchsel als dem Vertreter der evangelischen Anstaltserziehung referiert wurde. Büchsel favorisierte in seinem Vortrag – angesichts einer »aus allen Fugen« geratenen Zeit – eine »handfeste Zucht«, eine »sonnige Disziplin, die befreien will.«. Quell solcher Autorität könne einzig der Leiter oder Hausvater der Anstalt sein, jedoch nie die »›solidare‹ Zöglingsgemeinschaft« in Form einer Selbstregierung oder Selbstverwaltung: »Es geht, wenn ich es ganz klar sagen soll, um die Alternative: Monarchie oder Demokratie in der Anstalt, oder pädagogisch (sic) ausgedrückt: Patriarchalismus oder Selbstregierung.« Der Gefahr der Despotie war sich Büchsel wohl bewußt, jedoch schien sie abwendbar: »Wer ›unter Gott‹ steht, ist von allen despotischen Neigungen befreit.«[22]

Büchsels Plädoyer für »sonnige Disziplin« löste unter den Anwesenden der AFET-Tagung Unbehagen aus. Mag es bei einigen Teilnehmern ein wahres Unbehagen über den tatsächlichen Inhalt seiner Äußerungen gewesen sein, war es bei vielen ohne Zweifel ein Unbehagen darüber, daß die bisher unreflektierte Praxis in einer Vielzahl ›hausväterlich‹ geleiteter Anstalten auf eine offenbar unvorteilhafte Weise Ausdruck gefunden hatte. Pastor Wolff, der nach Backhausens Tod 1924 AFET-Vorsitzender geworden war, hatte während Büchsels Referat »bei nicht wenigen in unserem Kreise eine steigende innere Ablehnung«[23] beobachtet. Er beeilte sich, darauf hinzuweisen, daß nicht alle Vertreter der evangelischen Anstaltserziehung einem »veralteten Patriarchalismus« das Wort reden würden.[24] Doch eine aus der Versammlung heraus eingebrachte Entschließung, die in eindeutiger Formulierung eine »rein autoritative, patriarchalische und repressiv sich auswirkende Anstaltsdisziplin mit dem Erziehungszweck nicht für vereinbar hielt«, gelangte durch geschickte Tagungsregie weder zur Diskussion noch zur Abstimmung.[25]

Gleichwohl geriet der Büchselsche Auftritt nicht in Vergessenheit. Vor allem die aus der Jugendbewegung kommenden, den Vorbildern Lindenhof und Hahnöfersand verpflichteten Reformpädagogen nahmen Anstoß an der »alttestamentlich-regimentalen Tonart«.[26] Ihre Kritik fand zunehmend Gehör und gewann an Plausibilität. War ein ganz bestimmter Typ von Anstaltserziehung aber einmal unwidersprochen als ›alt‹ charakterisiert, lag es nahe, ihm ›neue‹ und ›moderne‹ Anstaltserziehung entgegenzustellen. Für den ehemaligen Wilker-Mitarbeiter und nachmaligen Leiter eines Berliner Lehrlingsheims, Egon Behnke, der diese Auseinandersetzung 1932 in einem großen Aufsatz unter der Überschrift »›Alte‹ und ›moderne‹ Erziehungsgrundsätze in der Fürsorgeerziehung«, resümierte, war »das wesentlichste der beiden Richtungen ihre verschiedenartige Auffassung vom Verhältnis des Erziehers zum Zögling«.[27] Nicht »über, sondern neben seinen Zöglingen« solle der Erzieher stehen, der »nicht Vorgesetzter, sondern Führer, Helfer, älterer Kamerad« sein müsse. Autorität lehnten die ›Modernen‹ nicht ab, der funktionalen »Stellungsautorität« der alten Erzieher aber setzten sie die »Persönlichkeitsautorität« entgegen. Damit einher ging eine kaum verhüllte Negation des ›hausväterlichen‹ Familienprinzips. Für die Verfechter der alten Anstaltserziehung war die Gruppenbildung von Gleichaltrigen ein eher irritierender Faktor, der durch die Umdeutung der Gemeinschaftsbildung in eine (nicht altershomogene) ›Familie‹ beseitigt wurde. Die ›moderne‹ Fürsorgeerziehung aber wollte den Massencharakter der Anstalt als Chance begreifen. Sie wollte der Gleichaltrigengemeinschaft – einschließlich der ›kameradschaftlichen‹ Erzieher – den Rang einer eigenständigen Lebensgemeinschaft auf Zeit zubilligen und sie durch ›Selbstregierung‹ und Mitbestimmung aufwerten.

Mit letzterem einher ging eine Ablehnung nicht der Matrix der Regelmäßigkeit, auch nicht der Anstaltsdisziplin, wohl aber der ›Gewöhnung‹ alten Schlages. An ihre Stelle sollten »Selbstentscheidung« und »Eigenverantwortlichkeit«[28] das Zöglingsdasein bestimmen. Zugleich kam der Freizeiterziehung ein höherer, über die bisherige »Aschenputtelstellung« hinausgehender Stellenwert zu.[29] Gleichwohl stand die ›moderne‹ Fürsorgeerziehung der Reformpädagogen mehr noch auf dem Papier, als das sie von der Wirklichkeit der Fürsorgeerziehung Besitz ergriffen hätte. Zwar gab es im Laufe der zwanziger Jahre Zugeständnisse mancher Anstalten und Aufsichtsbehörden, auch der Fachverbände – wer wollte schon im Moment der Dichotomisierung von ›alt‹ und ›modern‹ zu den ›Alten‹ zählen? Aber die Zahl der Anstalten, die dem Reformlager der ›modernen‹ Erzieher zugerechnet werden konnten, war auch am Beginn der dreißiger Jahre nicht hoch. Behnke sah »nicht mehr als einige Dutzend unter den vielen hundert FE-Anstalten«.[30] Und dort, wo prominente Reformpädagogen einer Anstalt vorstanden, gab es für neugierige Reisende mitunter Verblüffendes zu beobachten: In der von Herrmann geleiteten Anstalt in Egendorf gab es Appelle als offenbare Zeichen einer »stark betonten etwas militärisch anmutenden Disziplin«.[31] Dieselbe Anstalt verfügte neben einer »Geschlossenen Abteilung« auch noch über eine »Zelle«: der »sogenannte

›Kahn‹. Dort gibt es nur trockenes Brot und schwarzen Kaffee.«[32] Freilich waren Strafen und Disziplin auch von den Reformpädagogen nie gänzlich in Frage gestellt worden. Die offensichtlich rigide Praxis in Egendorf überraschte dennoch. War Herrmanns ›Regiment‹ ein Zeichen dafür, daß sich auch die hehren Ansprüche der Reformpädagogik mitunter auf die vermeintlich sicheren Erziehungsmittel des Strammstehens oder Einsperrens zurückgeworfen sahen? Oder war es bereits eine Reaktion auf die Kritik der ›Alten‹ an »übertriebener Weichlichkeit« und »sinnloser Humanitätsduselei«, die ihrer Ansicht nach das Wesen der ›modernen‹ Fürsorgeerziehung bestimmten?[33]

Einerlei: Das Potential an Innovation und Veränderung, das die reformpädagogisch motivierte Fürsorgeerziehung in sich barg, wurde durch einen flüchtigen Blick nach Egendorf nicht zunichte gemacht. Doch stimmt die Praxis in Herrmanns ›Erziehungsheim‹ skeptisch, ob und inwieweit die Reformpädagogen unter den obwaltenden Umständen überhaupt zu einem tatsächlichen Gegenentwurf, zu einer praktischen Antwort auf die traditionale Fürsorgeerziehung in der Lage waren. Allzuviel stellte sich der Realisierung ihrer Ziele in den Weg: »Ungeeignete, aber beamtete Erzieher, die bis zu ihrer Pensionierung durchgeschleppt werden müssen, veraltete Gebäude und Einrichtungen, die geeigneter Gruppenbildung und gesundem Gruppenleben hindernd entgegenstehen, Mangel an Mittel für gute Schuleinrichtungen, für praktische Arbeitserziehung, für sinnvolle Freizeitgestaltung.«[34] Darüber hinaus aber sahen sich, ungeachtet der mitunter gewollt schroffen Gegenüberstellung in der Publizistik, ›Alte‹ und ›Moderne‹ in manchem recht ähnlich. Abseits des abstrakten, hier wie dort geteilten, weil unterschiedlich deutbaren Erziehungszieles ›Tüchtigkeit‹ und ebensolcher Techniken wie »Gewissensbildung« und »innere Bindung«[35] reduzierte sich das Erziehungsziel bei ›Alten‹ wie bei ›Modernen‹ auf einfache Weise: »Das ist es doch«, war Pastor Voigt, der Leiter einer nachmalig prominent werdenden Anstalt der Inneren Mission in Schleswig-Holstein, überzeugt, »sie [die Zöglinge] sollen Menschen werden, wie wir sind. Schlichter und zugleich umfassender kann man das Erziehungsziel nicht ausdrücken: In dieser Schlichtheit des Erziehungszieles liegt zugleich der Beweis für seine innere Wahrheit.«[36] Nicht ganz so schlicht, aber im Kern dasselbe meinend, formulierte Herrmann 1927: »Wir dürfen nicht vergessen, daß wir die Jungen davon überzeugen wollen, daß unsere Art des Lebens eine bessere ist als die ihres bisherigen Daseins.«[37] Je mehr sich die Zöglinge, so war zu vermuten, von diesem Selbst-Bild entfernten, sich einer Annäherung verweigerten, um so dringlicher stellte sich für beide Varianten der Anstaltserziehung das Problem der Sanktion. In dieser Gemeinsamkeit mag ein Grund dafür gelegen haben, warum reformpädagogische Praxis in Disziplin und Bestrafung der herkömmlichen Anstaltserziehung nicht unähnlich sehen konnte – auch wenn nicht der anthropologische Pessimismus der ›Alten‹, sondern eine im ›Geist‹ der Jugendbewegung verborgen liegende, autoritär-irrationale Motivation dazu den Hintergrund abgab.

Doch die Kritik am Ineinanderfallen von Disziplin und Erziehung, die im Entwurf einer ›modernen‹ Fürsorgeerziehung unweigerlich aufkommende Frage, ob Anstalts-Ordnung und -Disziplin schon Erziehung seien oder nur Voraussetzung derselben,[38] traf noch immer pfeilgerade ins Herz der traditionalen Fürsorgeerziehung. Überall dort, wo sich Strafen zu einem kanonisierten System auswuchsen und ›Vergünstigungen‹ gleichfalls festgeschrieben wurden, um im Sanktionsfall entzogen werden zu können;[39] überall dort, wo ein ausgeklügeltes System an Gewährung und Entzug von Leistungen zur »Abschleifung« der Zöglinge in Form eines »Aufstiegssystems«[40] – notabene also auch eines Abstiegssystems – installiert wurde, war das Ineinanderfallen von ›Ordnung‹ und Erziehung gegeben. Der Alltag war dort nichts anderes als die Unterordnung des Zöglings unter einen mehr oder minder perfekten Disziplinarapparat.

Dem Raub an Autonomie, den der in Fürsorgeerziehung geratene Minderjährige erfuhr, stand ein für die Zeit nach der Entlassung fragwürdiger Gewinn gegenüber. Wie ein Schatten begleitete das Stigma,[41] Fürsorgezögling gewesen zu sein, den weiteren Lebensweg. Es beeinträchtigte nicht selten einen wie auch immer verstandenen ›Erziehungserfolg‹. Hans Maier sprach 1926 davon, daß Fürsorgeerziehung in der »Volksmeinung ... ungünstig beurteilt« werde: »Wenn wir noch so sehr die Berechtigung dieser Meinung bestreiten, so leiden die Fürsorgezöglinge darunter. Sind sie als solche abgestempelt, so tragen sie für ihr ganzes Leben daran.«[42] Preußen hatte 1919 seine Nachforschungen bei Entlassenen über den Erfolg der Fürsorgeerziehung eingestellt, »da befürchtet werden muß, daß durch die Nachforschungen den ehemaligen Zöglingen Unannehmlichkeiten bereitet werden könnten, die ihr Fortkommen erschweren«.[43] Nur rührend war es, daß die zuständigen Behörden dem Stigma durch Leugnung der Bezeichnung ›Fürsorgezögling‹ und Umbenennungen der Anstalten beizukommen glaubten. Der preußische Volkswohlfahrtsminister gab 1925 die Anregung, die staatlichen Erziehungsanstalten in »Erziehungsheime« umzubenennen.[44] Daraufhin wurde aus der Brandenburgischen Provinzial-Schul- und Erziehungsanstalt in Strausberg ein Brandenburgisches »Landesjugendheim« und das dortige Burschenfürsorgeheim firmierte als »Landerziehungsheim«[45] – Bezeichnungen, die sich aber weder im behördlichen noch im öffentlichen Sprachgebrauch durchsetzen konnten. 1924 bereits hatte der preußische Justizminister eine Verfügung erlassen, nach der die Bezeichnung ›Fürsorgezögling‹ im Sprachgebrauch der Justizbehörden künftig vermieden werden solle.[46] Ein entsprechender

Erlaß erging 1930 seitens des Preußischen Innenministers an die Polizeibehörden.⁴⁷

Doch auch wenn das Stigma erst nach der Entlassung zum Tragen kam, begann der Prozeß einer Stigmatisierung potentieller Fürsorgezöglinge noch vor der Anstaltsunterbringung. Das unverändert schlechte Ansehen der Fürsorgeerziehung als ›Bestrafung‹ brachte es mit sich, daß in der fürsorgerischen und polizeilichen Praxis mit der Überweisung in Fürsorgeerziehung als Drohgebärde hantiert wurde.⁴⁸ Der polizeiliche Charakter der Fürsorgeerziehung, der eigentlich abgeschafft sein sollte, in der preußischen Ausführungsanweisung aber durch die Hintertür wieder Eingang gefunden hatte, trug zu jenem Ansehen der Fürsorgeerziehung als ›Bestrafung‹ nicht unwesentlich bei. Nach der Anordnung der vorläufigen Fürsorgeerziehung erfolgte die erste Unterbringung oft im Polizeigewahrsam.⁴⁹

Endgültig in die Anstalt überwiesen, war der Zögling nahezu völlig rechtlos. Er konnte keinen Antrag auf Entlassung stellen, das Beschwerderecht war unzureichend geregelt. Die Dauer der Arbeitszeit, Strafen, die Möglichkeit, Besuch zu empfangen und Briefe zu schreiben, blieben der Willkür der jeweiligen Anstalt vorbehalten. Der Mangel an Rechtsgarantien sah den Zögling noch schlechter gestellt als den Strafgefangenen.⁵⁰ Das Reichsjugendwohlfahrtsgesetz hatte zwar das Recht des Kindes *auf* Erziehung proklamiert, vom Recht des Kindes *in* der Erziehung aber war, wenigstens in der Praxis der Fürsorgeerziehung, kaum etwas zu spüren. Erheblicher Rechtsunsicherheit unterworfen waren die Zöglinge auch in Fragen der Sozialversicherung.⁵¹

Für entwichene Zöglinge war wiederum die Polizei zuständig – auf eine jedoch in den zwanziger Jahren noch regelungsbedürftige Weise: Erst nachdem 1928 ein entwichener Zögling nach seiner ›Verhaftung‹ bei einem Fluchtversuch von einem Polizisten erschossen worden war, untersagte das preußische Innenministerium seinen Beamten in einem Erlaß den Gebrauch der Schußwaffe gegen Kinder.⁵² Die Kleinkriminalität entwichener Zöglinge, die sich durch Diebstähle etc. versorgten und die Kriminalität entlassener Zöglinge⁵³ bestimmten weithin die öffentliche Meinung von Fürsorgeerziehung als »Verbrecherschulen«,⁵⁴ »Vorläufer[n] des Strafgefängnisses« und »Sammelstellen jugendlicher Übeltäter«.⁵⁵ Darin schloß sich der über Rechtlosigkeit und Mißachtung laufende Kreis, der noch vor der Anordnung der Fürsorgeerziehung mit der Drohung einer ›Bestrafung‹ begonnen hatte. Damit zusammen hing ein immer wieder von den Fürsorgern berichteter Wunsch vieler Zöglinge: »Lieber ins Gefängnis als in die Erziehungsanstalt«.⁵⁶ Erklärungen dafür waren schnell gefunden: In Gefängnissen wurde weniger geprügelt, die nicht verbrauchte Arbeitsentlohnung konnte gespart werden, und das Beschwerderecht war geregelt. Vor allem aber wußte der Gefangene den Tag seiner Entlassung, während

Fürsorgeerziehung grundsätzlich unbefristet war und der Zögling »oft jahrelang ohne greifbares Ziel leben« mußte.[57] Aber der Vorzug, den viele Zöglinge dem Gefängnis vor der Anstalt gaben, war mehr als ein pragmatisches Abwägen von Vor- und Nachteilen. In ihm kam die Annahme und Verinnerlichung des Stigmas zum Ausdruck.

Den Apparat der Fürsorgeerziehung focht das wenig an. Mit sturer Regelmäßigkeit verkündete die preußische Statistik einen alljährlichen, nie näher beschriebenen ›Erfolg‹ bei rund zwei Drittel bis drei Viertel der entlassenen Zöglinge.[58] Selbstsicherheit und Selbstzufriedenheit herrschten bei den Verantwortlichen in den Behörden, Anstalten und Fachverbänden vor. Doch gab es in diesen Jahren, abseits der Auseinandersetzung zwischen den ›Alten‹ und den ›Modernen‹, auch erste Stimmen, die vage Zweifel an der Übereinstimmung zwischen Institution und Gesellschaft, zwischen der überkommenen Fürsorgeerziehung und ihrer Klientel zum Ausdruck brachten. Die Hamburger Regierungsrätin im Landesjugendamt Bertha Paulssen gab auf der Tagung des AFET-Hauptausschusses 1926 zu bedenken, daß »eine überspannte Anstaltsdisziplin« und die »ganz andersartige Struktur des proletarischen Familienlebens«, die »den in diesen Kreisen aufwachsenden Kindern eine ganz außerordentlich große Selbständigkeit in ihrer Lebenshaltung«[59] ermögliche oder aufnötige, nicht recht zueinander passen. Heinrich Webler, Grabowskys Nachfolger als Herausgeber des Zentralblattes, warnte im Jahr darauf vor all zu großer Zufriedenheit, vor allem vor der »falschen Solidarität der guten mit den schlechten Anstalten«.[60] Wie weit die Fürsorgeerziehung von der Lebenswelt ihrer Klientel tatsächlich entfernt war, wie wenig von einer Erziehung zur ›Tüchtigkeit‹ die Rede sein konnte, sollte sich alsbald zeigen. Mit der 1927 einsetzenden Kette von Anstaltsrevolten, Skandalen und Prozessen rückte Fürsorgeerziehung in der Wahrnehmung der Öffentlichkeit wieder in den Vordergrund der Jugendfürsorge, nachdem sie erst durch die Jugendfürsorgebewegung nach der Jahrhundertwende, später durch das Reichsjugendwohlfahrtsgesetz und die Debatten über Folgeprojekte in den Hintergrund getreten war. Aber es war nicht ihre zentrale Funktion, die der Fürsorgeerziehung im letzten Drittel der Weimarer Republik eine außerordentliche Prominenz verschaffte, sondern ihre Krise.

Drei Umstände waren dabei in relativer Zeitgleichheit ineinander verwoben: die Revolten und Skandale in einzelnen Anstalten, die zuvörderst von Lampel forcierte Beschreibung der Revolten und Skandalzustände durch Literatur und Theater, schließlich die zuerst im September 1928 von Justus Ehrhardt, dem Leitenden Fürsorger des Landesjugendamtes Berlin, so genannte »Krise der Fürsorgeerziehung«.[61] Diese drei Umstände sind freilich nicht säuberlich voneinanderzutrennen. Schon gar nicht waren sie zusammenhanglos. Gewiß: Die literarische Verarbeitung war eine bloße

Reaktion. Nicht das Theater machte die Revolten – wie es eine bequeme Kritik mancher Behörden wahrhaben wollte[62] –, sondern Revolten und Mißstände boten das Material für einen sich zeitkritisch verstehenden Literatur- und Theaterbetrieb. Diffiziler war der Zusammenhang zwischen der ›Krise‹ als einem Gegenstand von Analyse und Diskussion und den höchst realen Revolten und Skandalen. War die Krise eine bloße Folge der Revolten und Prozesse? Ging die Krise völlig in den Revolten und Skandalen auf? Oder waren diese Vorgänge nur Ausdruck einer Krise, die umfassend war? Tatsächlich meinte der seit 1928 zunehmend populär werdende Begriff der »Krise der Fürsorgeerziehung« mehr als nur die Summe der Revolten und Skandale. Wenn die Krise aber als ein umfassendes Phänomen erscheint, warum gab es dann Vorfälle – bei allem allgemeinen Aufsehen, das sie erregten – nur in einer kleinen Zahl von Anstalten? Gab es spezielle, der einzelnen Anstalt eigene Gründe, die zur Revolte oder zum Skandal führten? Ist die Krise – auch wenn sie über die Vorkommnisse in einzelnen Anstalten hinausging – über die Rekonstruktion einzelner Skandale und Revolten faßbar?

Gestalt nahm die Krise der Fürsorgeerziehung zunächst in den Veröffentlichungen Lampels an. Seine 1928 erschienene Sammlung von Selbstzeugnissen der Zöglinge – »Jungen in Not« – berichtete von Mißhandlungen, Anstaltskarrieren und Revolten. Das Material, das er während einer Hospitantentätigkeit in einer Anstalt gesammelt hatte, verarbeitete er darüber hinaus zu einem bald vielgespielten und beträchtliches Aufsehen erregenden Theaterstück, das unter dem Titel »Revolte im Erziehungshaus« die Zustände in der Fürsorgeerziehung auf einen dramatischen Kern reduzierte. Beim FE-Establishment stieß seine Darstellung auf schroffen Widerstand. Lampels Nähe zur KPD, sein Auftreten als »jugendbewegter Außenseiter«,[63] der Beginn der Debatte »auf dem Theater«[64] – all das gab dem Establishment zunächst Anlaß zu bequemer, meist billiger und zuweilen haßerfüllter Kritik – wohlgemerkt an Lampel, nicht an den Mißständen, die er beschrieb. Hirtsiefer beeilte sich im Februar 1929, dem Preußischen Landtag »Ermittlungsergebnisse« seines Ministeriums über die von Lampel geschilderten Zustände mitzuteilen. Der Volkswohlfahrtsminister bestritt die Authentizität des Buches: »Die Art und Weise, wie diese Berichte zustande gekommen sind, läßt sich nicht treffender kennzeichnen, als es die Jungen selbst mit den Worten getan haben: wir haben ihm tüchtig die Hucke vollgelogen«.[65] Noch, so hatte es den Anschein, hielten die Dämme, fanden die Mißstände ein nur literarisches Echo, dem mit behördlicher Literaturkritik an den »Anwürfen literarischer Mistfinken«[66] zu begegnen war. Doch der Schein trog und der Damm brach mit der Revolte in der Anstalt Scheuen im Februar 1930. Sie ließ die Krise der Fürsorgeerziehung nicht mehr nur auf dem Theater, sondern fortan in der nüchternen Welt der

Gerichtssäle öffentlich werden. Der Fall Scheuen markierte eine Wasserscheide: Vertuschung und Literaturkritik wichen einer in der Fachöffentlichkeit wie darüber hinaus erregt geführten Debatte um Krise und Zukunft der Fürsorgeerziehung.

Die Fürsorgeerziehungsanstalt Scheuen im Kreis Celle war erst zur Mitte der zwanziger Jahre auf dem Gelände eines ehemaligen Fliegerhorstes errichtet und seit 1926 vom Landesjugendamt Berlin mit Fürsorgezöglingen beschickt worden. Das ›Landerziehungsheim‹ Scheuen galt – wohl aufgrund seines geringen Alters – allenthalben als ›modern‹. Gleichwohl waren Prügel durch den Anstaltsdirektor Straube an der Tagesordnung[67] – Lampel hatte in seinem Buch zwei Berichte mißhandelter Zöglinge aus Scheuen veröffentlicht.[68] Offenbar ohne Erfolg untersagte das ferne Landesjugendamt in Berlin Straube mehrfach das Prügeln. Als ein Erzieher aus Abneigung gegen Straubes exzessives Prügeln die Anstalt verließ, gab es für ihn keinen Nachfolger: Den 55 zur Zeit der Revolte in der Anstalt untergebrachten Zöglingen standen der Direktor Straube und vier ›Aufseher‹ gegenüber. Den äußeren Anlaß zur Revolte boten Züchtigung und schlechtes Essen. Eine Gruppe von 25 Jungen zog am Abend des 18.2.1930 los und zerschlug Fensterscheiben. Der Versuch, Mädchen einer zum Anstaltskomplex gehörenden Haushaltungsschule für weibliche Fürsorgezöglinge zu ›befreien‹, scheiterte. Straube hatte indes eine ihm willfährige Gruppe von Zöglingen mit Gummiknüppeln und Ackergeräten bewaffnet – das Prinzip des ›Teile und Herrsche‹ war ein unweigerlicher Ausfluß der auf den Wechsel von Vergünstigungen und Strafen aufgebauten Anstaltsdisziplin. Nach einem Schreckschuß aus einer Flinte stoben die ›Aufrührer‹ auseinander. Ein nachtblinder Junge und ein weiterer Zögling, »der ihm offfenbar zu Hilfe kommen wollte«,[69] blieben zurück und wurden von Straube und seiner Zöglingsgruppe verprügelt. Beide Zöglinge erlitten dabei schwere Verletzungen, einer, Hans Ledebur, erlag wenige Wochen später seinen Verletzungen. Die an der Revolte beteiligten Zöglinge, die sich in die umliegenden Wälder geflüchtet hatten, wurden nach ihrer Rückführung oder ihrer freiwilligen Rückkehr in die Anstalt schwer mißhandelt. Während das Landesjugendamt Berlin und die zuständige Stadträtin Klara Weyl (SPD) sich zunächst schützend vor Straube stellten – ein Verhalten, das Bondy in seinem Prozeßgutachten als »Vertuschungspolitik« bezeichnete[70] – war nach dem Tod Ledeburs »nichts mehr zu verheimlichen«.[71] In einem aufsehenerregenden Prozeß verurteilte das Schwurgericht Lüneburg im Juli 1931 Straube wegen vorsätzlicher Körperverletzung »bzw. deren Veranlassung und Duldung in 25 Fällen«[72] zu zwei Jahren Gefängnis. Von 34 angeklagten Zöglingen wurden zwei freigesprochen, einer erhielt eine Geldstrafe in Höhe von 30 Reichsmark und 31 Zöglinge wurden wegen schwerer Körperverletzung »und der Körperverletzung mit tödlichem Ausgang bzw. der Bildung eines bewaffneten Haufens«[73] zu Gefängnisstrafen zwischen vier Wochen und acht Monaten verurteilt.

Mit dem Fall Scheuen war *ein* Höhepunkt der öffentlich wahrgenommenen Krise der Fürsorgeerziehung erreicht, beileibe jedoch nicht der letzte. Unmittelbar nach der Revolte in Scheuen waren im April 1930 bereits der Direktor und zwei Mitarbeiter der von der Inneren Mission getragenen Fürsorgeerziehungsanstalt Rickling in Schleswig-Holstein wegen gefährlicher Körperverletzung zu Gefängnisstrafen verurteilt worden. Rickling war jene Anstalt, die Klötzel im »Berliner Tageblatt« bereits als »Kulturschande« attackiert hatte.[74] Auch Sophie Christmann, SPD-Abgeordnete im Preußischen Landtag, hatte den Volkswohlfahrtsminister immer wieder durch Anfragen und Materialbereitstellung auf die Mißstände hingewiesen.[75] Hirtsiefer wiegelte zunächst ab, mußte aber nach erneuter Prüfung eingestehen, »daß Einrichtungen und Erziehungsmethoden der Ricklinger Anstalt, die vom Standpunkt neuzeitlicher Erziehungswissenschaft an ein Fürsorgeerziehungsheim gestellt werden müssen, in mehrfacher Beziehung nicht voll genügten«.[76] Das von der Kieler Staatsanwaltschaft eingeleitete Ermittlungsverfahren, das zur Verurteilung der Erzieher führte, bestätigte die schon von Klötzel erhobenen Vorwürfe voll und ganz. »Eine prügelwürdige Verfehlung lag schon dann vor, wenn man eine Arbeit begann, ohne zuvor die Erlaubnis dazu vorschriftsmäßig eingeholt zu haben.«[77] Für die Arbeitszeit und auch für Freistunden bestand ein Schweigegebot. Trotz eines Verbots durch das Volkswohlfahrtsministerium waren »Bestrafungen mit Dunkelarrest und Kostentzug an der Tagesordnung«.[78] Webler resümierte die Erziehungspraxis in Rickling: »In einzelnen Fällen wurden Zöglinge bis aufs Blut und bis an die Grenze der Bewußtlosigkeit geschlagen. Selbstmordversuche und Selbstverstümmelungen, ... durch die Zöglinge ihre Entfernung aus der Anstalt durch Überführung ins Krankenhaus erstrebten, um sich dieser Behandlung zu entziehen, sind nachgewiesen«.[79]

Die Kette der Revolten und Skandale riß in der Folge nicht ab. Überdies fiel der Blick nach den Debatten um Lampel und den publizitätsträchtigen Anstaltsprozessen auch auf zurückliegende Vorfälle. Der Leiter einer pfälzischen Anstalt erinnerte sich daran, allein im Frühjahr 1929 von vier Revolten in Anstalten seiner näheren und weiteren Umgebung in Tageszeitungen gelesen zu haben.[80] Gleichwohl blieben die Revolten und Skandale ein Phänomen, das erst seit den späten zwanziger Jahren auftrat: Vor das Jahr 1927 reichten weder die Berichte von Lampel noch die retrospektiven und durchaus gründlichen Berichte in den Fachzeitschriften zurück. Das Spektrum der bekanntgewordenen Revolten war dabei breit und reichte vom Zerschlagen von Einrichtungsgegenständen über Brandstiftung bis hin zu Kollektivausbrüchen und regelrechten Anstaltsaufständen, die nur mit Polizeigewalt niedergerungen werden konnten.[81] Das Spektrum der Skandale war nicht weniger umfassend, die Vielfalt der dabei zutagetretenden Mißhandlungen niederschmetternd.[82] Scheuen und Rickling aber gaben Musterbeispiele ab: Während in Scheuen die Mißstände durch die Revolte der Zöglinge augenfällig wurden, bedurfte es beim Ricklinger Skandal der aufklärenden Intervention von außen. Der Unterschied wird deutlich auch beim Blick auf das Verhalten der Jugendlichen. Gab es in Scheuen aktive, mit Gewaltbereitschaft ebenso wie mit Ehrgefühl versehene Zöglinge, die ihre ›Ketten‹ – wenigstens für einen Augenblick – zu sprengen wußten, war in Rickling der auf den Zöglingen lastende Druck offenbar von solcher Schwere, daß ein Davonkommen nur durch Selbstverstümmelung – oder Selbstmord – möglich schien.

Die Häufung der Revolten und Skandale führte zur Präzisierung des bereits zuvor vage verwendeten Begriffs der ›Krise‹ der Fürsorgeerziehung. Freilich sprachen viele Zeitgenossen noch lieber von ›Katastrophen‹. Dieser Begriff wurde mit dem Beigeschmack des Unverschuldet-Hereinbrechenden gerade bei jenen, die bisher zum Abwiegeln geneigt hatten, zum geflügelten Wort. Von »Anstaltskatastrophen« sprach der AFET,[83] und das Preußische Volkswohlfahrtsministerium überschrieb einen Erlaß über »Gerichtsverhandlungen, in die Jugendliche verwickelt sind und ... Fürsorgeerziehungsfälle« mit dem Begriff »Jugendkatastrophen«.[84] Je dramatischer aber die Beschreibung durch die Verantwortlichen ausfiel, um so mehr setzten sie sich selbst dem Erklärungszwang aus. Platte Hinweise auf eine »durch Lampel geförderte Revoltenstimmung« oder die wohlfeile Charakterisierung der Revoltierenden als »radikal kommunistisch«[85] reichten nicht aus. Warum revoltierten die Zöglinge in den Anstalten? Worin lagen die Ursachen der Krise? Die Analysen der Zeitgenossen kreisten vor allem um jene Gruppen, aus deren Interaktion sich die Praxis der Fürsorgeerziehung in den Anstalten ergab: Zöglinge und Erzieher. In einer Erklärung des AFET-Vorstandes nach den Urteilen von Rickling und Scheuen hieß es: »Der Vorstand sieht eine der wesentlichen Ursachen für diese beiden Anstaltskatastrophen im Einsatz völlig ungeeigneter Kräfte sowohl als Leiter wie als Erzieher.«[86] Gleichfalls war von einer »Sonderbehandlung schwersterziehbarer Jugendlicher«[87] die Rede. Es war dies ein Reflex auf die Diskussionen über die steigende Zahl Schulentlassener in der Fürsorgeerziehung und die Überweisung der über Achtzehnjährigen, die nach Meinung vieler der Verantwortlichen zu spät in die Anstalten kämen und ob ihrer fortgeschrittenen Verwahrlosung nicht mehr zu erziehen seien.[88] Zöglinge und Erzieher – lagen im Überweisungsalter der einen und der ungenügenden Ausbildung der anderen Gruppe die Ursachen der Krise?

Jedweder Versuch einer gründlichen Betrachtung der Fürsorgezöglinge muß sich auf Ergebnisse der Statistik verlassen. Doch die Zahl der Fürsorgezöglinge im Reich war bis zum Jahr 1928 kein Gegenstand exakter Ermittlung gewesen. Erst nachdem die zur Mitte der zwanziger Jahre durchgeführte Reichsjugendwohlfahrtsstatistik aufgrund der landesrechtlich unterschiedlichen Durchführung der Fürsorgeerziehung von einer statistischen Erfassung derselben absah, führte der AFET eigene Ermittlungen durch. Doch blieb die auf Einzelstatistiken deutscher Fürsorgeerziehungsbehörden angewiesene AFET-Statistik stets an irgendeiner Stelle unvollständig. Überdies war jede Einzelstatistik »nach anderen Gesichtspunkten geführt«[89] und daher mit anderen Ergebnissen nur eingeschränkt vergleichbar. Die AFET-Statistik verriet wenig mehr als die Gesamtzahl der deutschen Zöglinge. Die aber war enorm: Am 31.3.1928 erfaßte die Statistik 97.571 Zöglinge, eine Zahl, die gleichwohl in den Folgejahren ständig zurückging. Immerhin: 1928, als die Fürsorgeerziehung durch die Arbeiten Lampels in den Mittelpunkt eines öffentlichen Interesses rückte, war das »Heer der deutschen Fürsorgezöglinge ungefähr ebenso groß ... wie die deutsche Reichswehr«.[90]

Ungleich präziseres Material bot die jährliche, seit dem Erlaß des Fürsorgeerziehungsgesetzes von 1900 durchgeführte preußische Statistik. In den Jahren nach dem Ersten Weltkrieg war die Zahl der Zöglinge in Preußen ausweislich der veröffentlichten – und aufgrund der Größe Preußens auch für das Reich repräsentativen – Zahlen kontinuierlich angestiegen und hatte 1925, ein Jahr nach dem Inkrafttreten des Reichsjugendwohlfahrtsgesetzes, mit 64.384 Zöglingen den Höchststand erreicht. (Vgl. Tabelle 6.) Danach sank die Zahl der Neuüberweisungen (vgl. Tabelle 7) ebenso wie die Gesamtzahl, die sich ab 1930 bis zum Ende des Rechnungsjahres 1932 (31.3.1933) auf weniger als die Hälfte der Zahl an Zöglingen des Jahres 1925 reduzierte.

Für die Situation in den Anstalten und für die Krise der Fürsorgeerziehung aber war die Zusammensetzung der Gesamtgruppe der Zöglinge ungleich wichtiger als die bloße Summe der Zöglinge. Während sich die Prozentanteile der Zöglinge in den Anstalten auf der einen und in Familienpflege, auswärtigen Lehr- und Dienststellen auf der anderen Seite durchgehend die Waage hielten – bei leichtem Übergewicht der Familienpflege[91] – stieg der Anteil weiblicher Zöglinge stetig an. Unter den Neuüberweisungen schwankte der Anteil weiblicher Minderjähriger nach 1925 zwischen 47,3 % und 43,3 % (vgl. Tabelle 7); waren 1924 noch 60,3 % aller Zöglinge männlich, so fiel der Anteil der männlichen Minderjährigen 1932 auf 56,1 %. (Vgl. Tabelle 6.) Deutliche Verschiebungen ergaben sich auch in der Alterszusammensetzung. Der Prozentanteil der Schulentlassenen, die zur Fürsorgeerziehung überwiesen wurden, stieg von 55,2 % im Jahr

Tabelle 6: Die Zahl der Fürsorgezöglinge in Preußen

Rech-nungs-jahr	Zahl der Zöglinge	davon männlich	weiblich	in Anstal-ten	in Fami-lien	sonstige/ent-wichen
1913	56.455	36.210 (64,1 %)	20.245 (35,9 %)	–	–	–
1924	63.269	38.121 (60,3 %)	25.148 (39,7 %)	47,0 %	44,7 %	8,3 %
1925	64.384	37.672 (58,5 %)	26.712 (41,5 %)	47,3 %	46,5 %	6,2 %
1926	63.866	36.851 (57,7 %)	27.035 (42,3 %)	46,2 %	49,5 %	4,3 %
1927	61.330	35.005 (57,1 %)	26.325 (42,9 %)	45,8 %	49,8 %	4,4 %
1928	58.514	33.253 (56,8 %)	25.261 (43,2 %)	45,1 %	50,4 %	4,5 %
1929	54.081	30.430 (56,3 %)	23.651 (43,7 %)	44,9 %	51,1 %	4,0 %
1930	50.197	28.339 (56,5 %)	21.858 (43,5 %)	45,1 %	50,9 %	4,0 %
1931	a) 46.638	26.149 (56,1 %)	20.489 (43,9 %)	44,4 %	51,1 %	4,5 %
	b) 44.663	25.059 (56,1 %)	19.604 (43,9 %)			
1932	a) 31.988	17.895 (55,9 %)	14.093 (44,1 %)	50,2 %	46,3 %	3,5 %
	b) 30.084	16.872 (56,1 %)	13.212 (43,9 %)			

Quelle: Statistik 1932, S. 2 sowie die Übersichten in den Statistiken der Jahre 1924 bis 1931. a) = rechtskräftig und vorläufig, b) = rechtskräftig überwiesene Zöglinge. Unterbringung ›in Familien‹ bezieht Lehr-, Dienst- und Arbeitsstellen mit ein, ›sonstige‹ Unterbringung die in Gefängnissen einsitzenden Zöglinge.

Tabelle 7: Die Neuüberweisungen von Fürsorgezöglingen in Preußen

Rechnungsjahr	Zahl der Zöglinge	davon männlich	weiblich
1913	10.358	6237 (60,2 %)	4121 (39,8 %)
1924	10.081	5308 (52,7 %)	4773 (47,3 %)
1925	10.885	5729 (52,6 %)	5156 (47,1 %)
1926	9600	5095 (53,1 %)	4505 (46,9 %)
1927	8319	4523 (54,4 %)	3796 (45,6 %)
1928	7858	4389 (55,9 %)	3469 (44,1 %)
1929	6626	3628 (54,8 %)	2998 (45,2 %)
1930	6096	3388 (55,6 %)	2708 (44,4 %)
1931	5464	3041 (55,7 %)	2423 (44,3 %)
1932	4718	2673 (56,7 %)	2045 (43,3 %)

Quelle: Für die Jahre 1913 bis 1926: Statistik 1927 und 1928, S. 12; für die Jahre 1927 bis 1931: Statistik 1931, S. 2; für 1932: Statistik 1932, S. 4.

Tabelle 8: Das Alter der neuüberwiesenen preußischen Fürsorgezöglinge

Rechnungsjahr	Zahl der Fürsorgezöglinge im Alter			
	bis 6 Jahre	6 bis 14 Jahre	14 bis 18 Jahre	über 18 Jahre
1912	437 (4,4 %)	4223 (42,6 %)	5249 (53,0 %)	–
1924	883 (8,8 %)	3628 (36,0 %)	4805 (47,6 %)	765 (7,6 %)
1925	977 (9,0 %)	3673 (33,7 %)	5030 (46,2 %)	1205 (11,1 %)
1926	990 (10,3 %)	3187 (33,2 %)	4809 (50,1 %)	614 (6,4 %)
1927	667 (8,0 %)	2443 (29,4 %)	4079 (49,0 %)	1130 (13,6 %)
1928	592 (7,5 %)	2081 (26,5 %)	4067 (51,8 %)	1118 (14,2 %)
1929	433 (6,5 %)	1547 (23,4 %)	3685 (55,6 %)	961 (14,5 %)
1930	217 (3,6 %)	1215 (19,9 %)	3789 (62,2 %)	875 (14,3 %)
1931	144 (2,6 %)	1104 (20,2 %)	3506 (64,2 %)	710 (13,0 %)
1932	139 (3,0 %)	1193 (25,3 %)	3021 (64,0 %)	365 (7,7 %)

Quelle: Für die Jahre 1912 bis 1925: Statistik 1926, S. 22; für die Jahre 1926 bis 1932: Statistik 1932, S. 12.

1924 auf 66 % im Jahr 1928 und erreichte 1931 mit 77,2 % den Höchststand. (Vgl. Tabelle 8.)

Verursacht wurde der Zuwachs an Schulentlassenen nicht zuletzt durch die über Achtzehnjährigen, denen das Reichsjugendwohlfahrtsgesetz den Weg in die Fürsorgeerziehung freigemacht hatte. Ihr Anteil an den Neuüberweisungen schwankte zwischen 6,4 % (1926) und 14,5 % (1929) (vgl. Tabelle 8), war regional aber unterschiedlich. Unter den Neuüberweisungen in Berlin 1929 waren 23,7 % über Achtzehnjährige. Ostpreußen überwies im selben Zeitraum nur 11,3 % Minderjährige dieser Altersgruppe. 1930 betrug in Berlin der Anteil der Schulentlassenen an den Neuüberweisungen 92,6 %, in Ostpreußen nur 56,2 %. (Vgl. Tabelle 9.)

Tabelle 9: Das Alter der neuüberwiesenen Fürsorgezöglinge in Berlin und Ostpreußen

Rechnungsjahr	Neuüberwiesene Fürsorgezöglinge im Alter			
	bis 6 Jahre	6 bis 14 Jahre	14 bis 18 Jahre	über 18 Jahre
Berlin				
1929	1,0 %	7,9 %	67,4 %	23,7 %
1930	0,2 %	7,2 %	77,3 %	15,3 %
1931	0,5 %	9,4 %	74,1 %	16,0 %
1932	0,4 %	14,4 %	75,9 %	9,3 %
Ostpreußen				
1929	9,0 %	31,7 %	48,0 %	11,3 %
1930	7,8 %	36,0 %	46,5 %	9,7 %
1931	9,1 %	34,1 %	45,0 %	11,8 %
1932	7,0 %	32,3 %	52,8 %	7,9 %

Quelle: Für 1929: Statistik 1929, Sp. 176; für 1930:Statistik 1930, Sp. 714; für 1931 und 1932: Statistik 1932, S. 13.

Wie sehr die Fürsorgeerziehung zu einer Einrichtung für die Schulentlassenen und Älteren geworden war, zeigte sich am Verhältnis der Altersgruppen der zur Fürsorgeerziehung Überwiesenen im Vergleich zur Gesamtzahl der gleichaltrigen Jugendlichen. Während die Altersgruppen zwischen 3 und 14 Jahren im Schnitt aller Zöglinge unterdurchschnittlich stark vertreten waren, lag der Anteil der 18 bis 20jährigen, vor allem aber der 14 bis 18jährigen deutlich über dem Durchschnitt. (Vgl. Tabelle 10.)

Durch den wachsenden Anteil der Schulentlassenen an den Neuüberweisungen veränderte sich zwangsläufig auch die Alterszusammensetzung der Gesamtgruppe: Von den 46.481 Zöglingen, die die preußische Statistik am

Tabelle 10: Der Anteil der einzelnen Altersgruppen unter den neuüberwiesenen Fürsorgezöglingen im Verhältnis zur Zahl der gleichaltrigen Jugendlichen

Jahrgang	Auf 10 000 Jugendliche im Alter von				
	3 bis 6 Jahren	6 bis 14 Jahren	14 bis 18 Jahren	18 bis 20 Jahren	3 bis 20 Jahren
	entfielen zur FE Überwiesene gleichen Alters				
1925	4,3	7,8	15,8	7,6	9,3
1926	4,6	6,8	15,3	3,8	8,3
1927	3,3	5,2	13,2	7,0	7,3
1928	2,9	4,5	13,3	7,0	7,0
1929	2,1	3,3	12,8	6,2	5,9
1930	1,1	2,5	15,0	5,7	5,6

Quelle: Statistik 1930, Sp. 711. Die an Zahl geringen Zöglinge, die bei der Überweisung noch nicht drei Jahre alt waren, wurden in der Spalte der Drei- bis Sechsjährigen mitgezählt.

Ende des Rechnungsjahres 1931 (31.3.1932) erfaßte,[92] waren 35,3 % im Alter zwischen 14 und 18 Jahren und bereits 40,7 % über 18 Jahre alt. Unterschiede gab es auch hier zwischen städtischen und ländlichen Regionen. Unter den 2717 ostpreußischen Zöglingen am Ende des Rechnungsjahres 1931 waren 34,1 % über 18 Jahre alt, während diese Altersgruppe unter den 4490 Berliner Zöglingen einen Anteil von 50 % hielt. (Vgl. Tabelle 11.)

Auch der Anteil der Zöglinge aus Groß- und Industriestädten war in den Jahren der Weimarer Republik angewachsen. Der Prozentanteil der Zöglinge, die aus Berlin und Städten mit über 100.000 Einwohnern überwiesen wurden, stieg von 44,6 % (1926) auf 47,3 % (1932), obgleich in den Großstädten 1932 nur 34,4 % der Gesamtbevölkerung lebten.[93] In hohem Maße unterrepräsentiert waren Zöglinge aus Gemeinden unter 20.000 Einwohnern. Zwar betrug der Bevölkerungsanteil dieser Gemeindegrößenklasse 1932 52,8 %, doch stellte sie in den Jahren zwischen 1926 und 1932 nur wenig mehr als ein Drittel der Überweisungen. (Vgl. Tabelle 12.) Freilich lag die hohe Zahl an Überweisungen aus Großstädten nicht nur in den besonderen Problemen der Unterschichtjugendlichen in den Ballungszentren begründet. Sie war auch die Folge einer im Vergleich zum Land effizienten und ausgebauten Fürsorgebürokratie.[94]

Fürsorgezöglinge waren in jenen Jahren somit in höherem Maße städtischer Herkunft und wesentlich älter, als es bislang in der Fürsorgeerziehung der Fall gewesen war. Ursächlich hierfür aber war nicht allein die Anhebung

Tabelle 11: Die Alterszusammensetzung der Fürsorgezöglinge in Preußen, Berlin und Ostpreußen am 31.3.1932

	Fürsorgezöglinge im Alter			
	bis 6 Jahre	6 bis 14 Jahre	14 bis 18 Jahre	über 18 Jahre
Preußen	777	10.368	16.420	18.916
	(1,7 %)	(22,3 %)	(35,3 %)	(40,7 %)
Berlin	18	628	1597	2247
	(0,4 %)	(14,0 %)	(35,6 %)	(50,0 %)
Ostpreußen	104	738	948	927
	(3,8 %)	(27,2 %)	(34,9 %)	(34,1 %)

Quelle: Statistik 1931, S. 6.

Tabelle 12: Die Wohnorte (Größenklassen) der neuüberwiesenen preußischen Fürsorgezöglinge

Rechnungsjahr	Berlin	andere Großstädte	Gemeinden mit 20.000 bis 100.000 Einwohnern	Gemeinden unter 20.000 Einwohnern
1901	6,9 %	22,5 %	21,5 %	49,1 %
1912	7,2 %	35,1 %	22,3 %	35,4 %
1926	11,6 %	33,0 %	20,8 %	34,6 %
1927	10,7 %	32,5 %	18,5 %	38,3 %
1928	9,9 %	34,2 %	20,0 %	35,9 %
1929	7,9 %	35,3 %	21,1 %	35,7 %
	(10,5 %)	(23,2 %)	(12,4 %)	(53,9 %)
1930	9,8 %	36,2 %	18,4 %	35,6 %
	(10,5 %)	(23,2 %)	(12,4 %)	(53,9 %)
1931	10,4 %	34,9 %	19,4 %	35,3 %
	(10,5 %)	(23,2 %)	(12,4 %)	(53,9 %)
1932	10,4 %	36,9 %	17,8 %	34,8 %
	(10,6 %)	(23,7 %)	(12,9 %)	(52,8 %)

Quelle: Für 1901 bis 1927: Statistik 1927 u. 1928, S. 35; für 1928 bis 1932: Statistik 1932, S. 14 (dort auch die Angaben zum Bevölkerungsanteil 1932). Angaben zum Bevölkerungsanteil der jeweiligen Gemeindegrößenklassen (für die Jahre 1929 bis 1932 in der Tabelle in Klammern) für 1929: Statistik 1929, Sp. 178; für 1930: Statistik 1930, Sp. 715: für 1931: Statistik 1931, S. 13.

der Altersobergrenze. Das Reichsjugendwohlfahrtsgesetz hatte abseits des »angeklebten«[95] Abschnittes über Fürsorgeerziehung neue und durchaus fortschrittliche Einrichtungen der Jugendfürsorge, Angebote der Jugendämter und vor allem die Schutzaufsicht geschaffen. Für die Klientel der Jugendfürsorge war die Fürsorgeerziehung nun nicht mehr die einzige, sondern eine unter mehreren zur Verfügung stehenden Maßnahmen. Mit dem größeren Maßnahmenangebot ›sortierte‹ das Reichsjugendwohlfahrtsgesetz ›auffällig‹ werdende Teile der Unterschichtjugend jetzt sorgfältiger, als es zuvor der Fall gewesen war. Allerdings galt die Fürsorgeerziehung ob ihres Sondercharakters im Maßnahmenangebot des Reichsjugendwohlfahrtsgesetzes als das ›letzte Mittel‹. Somit blieben gerade für die Fürsorgeerziehung nur die ›schweren Fälle‹ übrig, bei denen andere Maßnahmen erfolglos geblieben waren und die deshalb erst in fortgeschrittenem Alter der Fürsorgeerziehung überwiesen wurden.[96]

Doch lagen Spätüberweisungen nicht nur im aufgefächerten Maßnahmenkatalog des Reichsjugendwohlfahrtsgesetzes und dem Charakter der Fürsorgeerziehung als ›letztem Mittel‹ begründet. Spätüberweisungen waren auch die Folge eines mit der Krise wachsenden Mißtrauens der Jugendämter und Vormundschaftsgerichte am Nutzen der Fürsorgeerziehung. Im Mangel an Vertrauen rächte sich die mißliche Konstruktion des Reichsjugendwohlfahrtsgesetzes, die Jugendamt und Fürsorgeerziehung institutionell nahezu unverbunden ließ und die Durchführung der Fürsorgeerziehung der separaten Fürsorgeerziehungsbehörde übertrug. Spätestens seit den »Anstaltskatastrophen« gehörte es gar zum Komment fortschrittlich gesinnter Jugendämter, möglichst niemand mehr der Fürsorgeerziehung zu überlassen.[97] Doch auch der ab 1931 zu beobachtende, 1932 drastisch sich verschärfende Rückgang an Überweisungen der über Achtzehnjährigen änderte wenig an der relativen Überalterung der Zöglinge. Die in den zwanziger Jahren nach der Schulentlassung zur Fürsorgeerziehung überwiesenen Jugendlichen sollten noch lange für einen wachsenden Anteil der Älteren in der Fürsorgeerziehung sorgen. Sie selbst wurden in der Fürsorgeerziehung älter, unzufriedener, ungeduldiger und überforderten ohne Zweifel in mancher Hinsicht den eingespielten Alltag der Fürsorgeerziehung. Für Wolff gehörten sie zu jener Generation, die »während des Krieges vaterlos aufgewachsen war und die die Revolution und in der Folge die Auflösung vieler Ordnungen miterlebt hatte, ohne doch ein klares Urteil über den Sinn dieser Auflösung und ihre Berechtigung in der einen oder anderen Beziehung zu gewinnen, eine Jugend also, die in der Negation stark war, der aber für die Anerkennung positiver Normen, auch historischer Werte jedes Gefühl fehlte«.[98]

Die vom AFET-Vorstand nach den Prozessen von Rickling und Scheuen formulierten Vorwürfe an die Anstaltserzieher[99] entbehrten ebensowenig der Grundlage wie die Hinweise auf die Überalterung der Zöglinge. Die Untersuchung der Revolten und Skandale offenbarte das Bild einer völlig unzulänglichen Personalsituation und eines minderen Ausbildungsstandards. In Scheuen standen dem als Lehrer ausgebildeten Direktor »zuletzt vier als Erzieher nicht ausgebildete landwirtschaftliche Aufseher zur Seite, von denen jeder eine Gruppe von 10–12 Zöglingen zu betreuen hatte«.[100] Ähnlich hatte es in Rickling ausgesehen. Von Erziehern, schrieb Webler zornig, könne dort keine Rede gewesen sein: »Die da als Zeugen vor dem Richter standen, waren landwirtschaftliche Aufseher ... Diese Leute von ›Erziehungsidealen‹ sprechen zu hören, wirkte geradezu grotesk ... Es ist offensichtlich, das mancher dieser Zöglinge seinen Erziehern in jeder Hinsicht überlegen war, und daß dies auch den letzten Mitzöglingen nicht verborgen bleiben konnte: Unter solchen Umständen mußte fast ausschließlich mechanischer Drill als Erziehungsmethode zur Anwendung kommen.«[101] Da nahezu alle Skandale und Prozesse ein vergleichbares Bild boten,[102] rückten alsbald nicht mehr nur die Zöglinge, sondern auch die »Erzieherfrage«[103] in den Mittelpunkt der Suche nach den Ursachen der Krise.

Die »Erzieherfrage« aber war ein altes Problem. Knaut hatte bereits 1913 auf einer AFET-Ausschußsitzung das Erzieherpersonal als »zum Weglaufen schlecht« bezeichnet.[104] Auch danach fehlte es nicht an warnenden, auf die mangelhafte Ausbildung der Anstaltserzieher hinweisenden Stimmen. Eine Rundfrage des AFET zur Personalsituation in den Anstalten ergab 1925 in nahezu allen Antworten einzelner Provinzen und Landesjugendämter das Bild eines völlig heterogen zusammengesetzten und fachlich unausgebildeten Erzieherpersonals: Handwerker, Gärtner, Landwirte fanden sich zuhauf. In der Rheinprovinz waren »Personen mit meist handwerksmäßiger Vorbildung, die pädagogisches Geschick bewiesen haben«, tätig,[105] Berlin berichtete von »frei angenommenen Kräften«,[106] Nürnberg berücksichtigte auch das »Militäranwärter-Privileg«,[107] das württembergische Innenministerium machte »Theologen, Lehrer, Diakonissen, barmherzige Schwestern«[108] in den Anstalten aus und das Jugendamt Bremen bekannte kleinlaut: »Soweit bremische Anstalten in Frage kommen, setzt sich das Erzieherpersonal fast durchweg aus nicht hinreichend vorgebildeten Personen zusammen, die erst durch die Anleitung des Vorstehers der Anstalt eine notdürftige Ausbildung erfahren. Das Personal ist leider vielfach noch zu jung.«[109]

So heterogen und fachlich unqualifiziert sich das Anstaltspersonal darstellte, so hilflos waren auch die Versuche, Anstaltsmitarbeiter nachträglich zu schulen. 1925 eröffneten die preußischen Provinzen Brandenburg, Sachsen und Ostpreußen eine gemeinsame Erzieherschule in Potsdam mit jeweils für ein Jahr vorgesehenen Lehrgängen. Doch der bunt zusammengewürfelte Unterrichtsplan demonstrierte augenfällig das Fehlen einer klaren Ausbildungsvorstellung, die das Berufsbild ›Anstaltserzieher‹ hätte konturieren können.[110] Alle bei jedweder Gelegenheit herausgestellte ›Fortbildung‹ des Anstaltspersonals konnte kaum darüber hinwegtäuschen, daß von Ausbildung wenig zu spüren war – und jede ›Fortbildung‹ nichts fort-bildete und nur Augenwischerei blieb. Alice Salomon, führende Vertreterin der sozialen Frauenschulen, resümierte 1930 knapp, daß Fürsorgeerziehungsanstalten »noch vorwiegend ungeschultes Personal haben«.[111] Daß Anstaltserziehung angesichts einer solchen Personalsituation auf wenig mehr als formale Aufrechterhaltung der Anstaltsdisziplin, notfalls auch durch Gewalt und Mißhandlungen hinauslief, verwunderte nicht. Auch ist es nicht falsch, vor dem Hintergrund der Schwere der Aufgaben und dem Mangel an Ausbildung nicht nur »Jungen in Not«, sondern auch »Erzieher in Not«[112] zu sehen. Erklärungsbedürftig allerdings ist, warum in den Jahrzehnten seit der Etablierung geschlossener Anstaltserziehung kein durch entsprechende standardisierte Ausbildung definiertes Berufsbild ›Anstaltserzieher‹ entstand. Warum überließ man die ›Heilung‹ der »Schwerkranken«, wie Klötzel spottete, den »Heilgehilfen?«[113] Wo lagen die Gründe für die ausgebliebene Verberuflichung?

Eine Reihe von Ursachen scheint dafür verantwortlich gewesen zu sein. Ungebrochen war die Dominanz der Konfessionen in der Fürsorgeerziehung mit ihren eigenen Ausbildungseinrichtungen, den Diakonenanstalten und Ordensbrüderhäusern, deren Ausbildung »nicht ausschließlich auf soziale, sondern in erster Linie auf religiöse Arbeit eingestellt«[114] war. Die Ergebnisse der AFET-Rundfrage wiesen hin auf eine hohe Zahl religiöser Berufsarbeiter, die in den von konfessionellen Wohlfahrtsverbänden getragenen Anstalten viele Funktionen innehatten. Durchweg fanden sich Diakone, Diakonissen, und Angehörige verschiedener Orden, von denen sich einige ausschließlich der Jugendfürsorge widmeten.[115] Direktor Petto schätzte auf einer Fachkonferenz des Deutschen Archivs für Jugendwohlfahrt 1927, daß »klösterliche Kräfte ... bis zu 90 % das Erzieherpersonal in den katholischen Anstalten für gefährdete Jugendliche« ausmachten.[116]

Mit der konfessionellen Dominanz war auch die Ideologie der privaten Wohltätigkeit als »freier Liebestätigkeit« ungebrochen geblieben, die die Persönlichkeit des Erziehers in den Vordergrund stellte und Ausbildung und Prüfung nur minderen Wert zubilligte.[117] Solange Gesundheit, Unbescholtenheit und Frömmigkeit, solange »ein kräftiger, gesunder Körper von mindestens mittlerer Größe«, »ein widerstandsfähiges Nervensystem« und »eine heitere, lebensbejahende Gemütslage«[118] nicht nur als ausreichend, sondern als die eigentlichen Eignungsvoraussetzungen angesehen wurden, solange mußte das Fehlen einer formalisierten Ausbildung nicht als Not erscheinen. Im Gegenteil: Die Familienideologie der konfessionellen Fürsorgeerziehung mit ihren ›Hausvätern‹ und ›Hausmüttern‹ machte eine Ausbildung regelrecht unnötig, »weil nichts anderes verlangt wurde als die Leistung der Familie, für die es auch keine Spezialausbildung gibt«.[119] Just dies war ursächlich, warum im Bereich der öffentlichen Erziehung von Professionalisierung im klassischen Sinn der freien Berufe, aber auch von einfacher Verberuflichung durch reguläre Ausbildung nicht die Rede sein konnte. Von einem komplexen, durch Ausbildung erworbenen Fachwissen, das sich sozialer Kontrolle durch Laien entzog,[120] blieb die öffentliche Erziehung durch die gewollte Annäherung an die alltägliche Erziehungsleistung der Familien weit entfernt.

Von großer Bedeutung für die ausgebliebene Verberuflichung der Anstaltserziehung war darüber hinaus aber die Besetzung des mit der Industrialisierung und ihren Folgen entstehenden Feldes sozialer Berufe durch die Frauen. Die enge Verbindung von bürgerlicher Frauenbewegung und Frauenarbeit in sozialen Berufen als Weg zur Emanzipation[121] führte jedoch nicht nur zu personeller Dominanz, sondern auch zu Berufen, die »durch spezifisch weibliche Wesensmerkmale strukturiert« waren.[122] War der Bereich sozialer Arbeit so zur Domäne der Frauen geworden, verwundert es nicht, daß der AFET in seiner Rundfrage zur Personalsituation der Anstalten 1925 in den Einrichtungen für weibliche Zöglinge auf durchaus qualifizierte Mitarbeiterinnen stieß: Kindergärtnerinnen, Kinderhortnerinnen, Krankenpflegerinnen und Absolventinnen sozialer Frauenschulen trugen dort die Hauptlast der Anstaltsarbeit.[123] Die Mitarbeit in der Anstaltserziehung männlicher Jugendlicher (die zahlenmäßig in den Anstalten überwogen) blieb Frauen zumeist jedoch verschlossen.

Solange Anstaltserziehung wenig mehr war als ›Disziplin‹, ging auch von den Anstalten selbst keine unbedingte Nachfrage nach einer auf die Anstaltserziehung zugeschnittenen Ausbildung aus. Die schlechten Arbeitsbedingungen und die kümmerliche Bezahlung machten die Arbeit in den Anstalten überdies, zumal angesichts des schlechten Ansehens, das die Fürsorgeerziehung besaß, nicht anziehend. »Solange der Sozialbeamte im Außendienst einer sozialen Behörde besser bezahlt wird als im Durchschnitt der Erzieher in einer Anstalt«, mutmaßte Bondy, »dürfen wir nicht erwarten, daß die Besten in die Anstaltsarbeit gehen.«[124] Darüber hinaus kam den konfessionellen Trägern der Fürsorgeerziehung ein qualifizierter Mitarbeiter oder auch nur umfassende Nachschulung zu teuer.[125] Die latente Rivalität zwischen unterschiedlichen Trägern, vor allem zwischen konfessionellen und staatlichen Anstalten, der Zwang zu attraktiven, d.h. niedrigen Pflegesätzen gab Anlaß zu einer knappen Kalkulation der Personalkosten. Von staatlicher Aufsicht und einer öffentlich gebotenen Anforderung ausgebildeter Erzieher war angesichts der Herrschaft privater Wohltätigkeit einstweilen wenig zu erwarten: Im Gegenteil: Die geringe

Entlohnung der Ordensleute und Diakone in den Anstalten wirkte unter der Hand lohndrückend, geriet offenbar zum Fixpunkt der Lohn- und Gehaltsskalen im Wohlfahrtswesen. Nicht zuletzt boten die Anstalten durch ihr niedriges Anspruchsniveau auch immer Platz zur Unterbringung derer, die unverschuldet aus ihrem bisherigen Arbeitsleben ausgeschieden waren – in der Weimarer Republik galt dies vor allem für die hohe Zahl der Kriegsbeschädigten.[126] Der Mangel an Verberuflichung lag somit in der finanziellen Struktur der Fürsorgeerziehung ebenso begründet wie in ihrer Funktion als Auffangbecken für eingeschränkte Arbeitskräfte. Unter den Bedingungen von Massenerwerbslosigkeit und öffentlicher Finanznot in den letzten Jahren der Weimarer Republik konnte eine Lösung der »Erzieherfrage« mithin kaum gelingen.

Wenn auch der Mangel an Verberuflichung vor allem im Bereich der Anstaltserziehung zu spüren war, galt er doch auch für den gesamten Bereich der Fürsorge, soweit sie von männlichen Kräften getragen wurde. Auch der Satz im Paragraph 9 des Reichsjugendwohlfahrtsgesetzes, wonach in den Jugendämtern nur Personen hauptberuflich tätig werden sollen, »die eine für die Betätigung in der Jugendwohlfahrt hinreichende Ausbildung besitzen«,[127] hatte keinen Schub der Verberuflichung ausgelöst. So wie das durchschnittliche Jugendamt nach dem Inkrafttreten des Reichsjugendwohlfahrtsgesetzes nicht unbedingt der Institution gleichkam, die die Promotoren des Gesetzes erhofft hatten, so war auch das durchschnittliche Personal – sieht man von den Direktoren bzw. Leitern einmal ab – von »hinreichender Ausbildung« meist weit entfernt. »Die große Mehrzahl der in der Jugendwohlfahrt beschäftigten Beamten«, hielt Bäumer 1927 fest, »sind nur für den Verwaltungsdienst schlechthin, rein formal vorgebildet, eine Vorbildung, die sie an sich ebenso gut oder schlecht befähigt, im Steuerwesen oder in der Jugendwohlfahrt Dienst zu leisten.«[128]

Jedoch fanden sich systematische Ansätze zu einer Verberuflichung im Ausbildungsangebot der preußischen Wohlfahrtsschulen. 1923 war an der Berliner Hochschule für Politik das von Carl Mennicke geleitete Seminar für Jugendwohlfahrt entstanden, das sich zu einer, dem Vorbild sozialer Frauenschulen angenäherten Wohlfahrtsschule für Männer auswuchs.[129] Andere Schulen waren gefolgt, und 1927 hatte Preußen verbindlich die staatliche Anerkennung männlicher Wohlfahrtspfleger geregelt.[130] Die schließlich 1930 vom Preußischen Ministerium für Volkswohlfahrt erlassenen »Richtlinien für die Lehrpläne der Wohlfahrtsschulen« boten mit dem Fach »Geschlossene Erziehungsfürsorge« erstmals eine umfassende, Pädagogik wie Psychologie einbeziehende Ausbildung.[131] Freilich standen die an Zahl geringen Absolventen der Wohlfahrtsschulen meist vor verschlossenen Türen. Die Expansionsphase der Fürsorgeerziehung mit dem Bau neuer Anstalten und der Personalausweitung sowie dem Aufbau und Ausbau der Jugendämter waren mit der Nachkriegszeit zu Ende gegangen. Der Rückgang der Zöglingsüberweisungen, die Kürzung der finanziellen Mittel und die Schließung mancher Heime machten Neueinstellungen ausgebildeter Erzieher in den letzten Jahren der Weimarer Republik zu Ausnahmen.

Daß das Aufeinanderstoßen unausgebildeter, mit der Lebenswelt der Zöglinge nicht vertrauter Erzieher und schwerverwahrloster, älterer Zöglinge in geschlossenen Anstalten und unter repressiven Alltagsumständen bis hin zum obligaten schlechten Essen Anlaß zu brutalen Mißhandlungen und Revolten geben konnte, kann somit außer Frage stehen. Aber waren damit Misere und Krise der Fürsorgeerziehung als gesellschaftlicher Institution, die offenkundig nicht in der Lage war, das »Recht des Kindes auf Erziehung« zu verwirklichen, schon geklärt? Der Hinweis auf den allen ›totalen Institutionen‹ innewohnenden Widerspruch, die Autonomie des Insassen zu rauben, obgleich ›Besserung‹ ohne jene Autonomie nicht möglich sei, reicht als Erklärung für die Krise ebensowenig aus wie die Vermutung einer aller Fürsorge inhärenten »Grenze der Sozialdisziplinierung«. Weder ersteres noch letzteres kann erklären, warum die Krise der Fürsorgeerziehung just im letzten Drittel der zwanziger Jahre zum Ausbruch kam, wohlgemerkt: vor der großen Depression, die sich gewiß verschärfend auswirkte, aber nicht ursächlich war. Auch »skandalöse Mißstände«[132] in den Anstalten mögen Anlaß gewesen sein, nicht aber Ursprung der Krise. Mißstände gab es seit Beginn der Zwangserziehung,[133] aber warum ging ein Teil der Zöglinge am Ende der zwanziger Jahre zur offenen Revolte über? Ist nicht vielmehr ein Ursachenkomplex zu vermuten, der mehr umschließt als die Summe der anstaltsinternen, mitunter sehr unterschiedlichen Anlässe zum Tumult? Ein Ursachenkomplex, der zeitgebunden und allen Anstalten – traditionalen wie modernen, skandalgeschädigten wie unbehelligten – gemein war?

Für die Zeitgenossen war die Sichtbarmachung eines solchen Ursachenkomplexes ungleich schwerer als das Abwälzen der Verantwortung auf Zöglinge und Erzieher. Eine über die Schuldzuweisung an diese beiden Gruppen hinausgehende Erklärung der Krise gelang in der Weimarer Republik nicht. Doch gab es in den Berichten über die Vorgänge in den Skandalanstalten Hinweise auf Alltag, Beschäftigung und Ausbildung der Zöglinge, die manchen aufmerksamen Beobachter, wenn auch deskriptiv und diffus eine Kluft zwischen der Fürsorgeerziehung und der städtisch-industriellen Gesellschaft empfinden ließ. So wurden die Zöglinge in Scheuen durch eine Beschäftigung als Landarbeiter »zum Übergang ins freie Leben vorbereitet«[134] und in Rickling sah es nicht viel anders aus: Dort waren die schulentlassenen Zöglinge überwiegend in einer Moorkultur und Torfstecherei eingesetzt. Erna Magnus, Lehrerin an der Wohlfahrtsschule der Arbeiterwohlfahrt in Berlin, war bereits 1929 zu einem Urteil gelangt:

»So ragen von Anfang an die tatsächlichen Arbeitsbedingungen und Arbeitsmöglichkeiten als hemmende Faktoren in die Erziehungsarbeit einer Anstaltspädagogik, die nicht für den konkreten wirtschaftlichen Lebensraum ihrer Schützlinge erzieht, sondern nach dem Bilde eines an sich tüchtigen, gehorsamen Menschen, wie es den Erziehungsgrundsätzen, von denen sie ausgeht, entspricht.«[135]

Lag somit im Verhältnis von Fürsorgeerziehung und Arbeitswelt und damit in Fragen der Arbeitsausbildung und -ideologie in den Anstalten der Schlüssel zur Krise der Fürsorgeerziehung als gesellschaftlicher Institution?[136] Reagierte die Berufserziehung in den Anstalten auf die Erfordernisse der industriellen Arbeitswelt oder bestanden hier Disparitäten, die einen Erfolg der Fürsorgeerziehung erschwerten?

Die Bedeutung der Berufsausbildung in der Fürsorgeerziehung war im Lichte der Leitmotive von ›Brauchbarkeit‹ und ›Wirtschaftlichkeit‹ unumstritten gewesen. Arbeit galt als Mittel, um »Faulheit, Vagabundieren und Arbeitsscheu als die auffälligsten Erscheinungen der Verwahrlosung zu beseitigen«.[137] Aber nicht mehr der »Arbeit an sich« käme erzieherische Bedeutung zu, so formulierte Adalbert Gregor, Leiter einer großen badischen Anstalt, sondern dem »Beruf als geistig durchleuchtete und moralisch veredelte Beschäftigung«.[138] Schon in den preußischen Ausführungsanweisungen zum Reichsjugendwohlfahrtsgesetz und zum Landesausführungsgesetz von 1924 stand zu lesen: »Da die Verwahrlosung häufig auf Arbeitsunlust beruht, ist die Erziehung zur Arbeit, besonders bei den Schulentlassenen, wichtig. Die Erfahrung hat gezeigt, daß gelernte Arbeiter weniger leicht arbeitslos werden als ungelernte. Außerdem ist gerade die Handwerkslehre ein ausgezeichnetes Erziehungsmittel. Es ist deshalb die Erlernung eines Berufes durch die Minderjährigen tunlichst zu fördern.«[139] Die Berufsausbildung in den Anstalten erschien den Verantwortlichen mit Recht als das zentrale Verbindungsmoment zwischen dem Anstaltsaufenthalt und dem weiteren Lebensweg der Jugendlichen. Zusammenhänge, die – so war zu vermuten – auch den Minderjährigen selbst nicht verborgen blieben. Hing nicht die Bereitschaft zur ›Besserung‹ von der Aussicht auf bessere Lebensumstände nach der Entlassung ab?[140]

Die Arbeits- und Ausbildungspraxis in den meisten Anstalten entsprach jedoch zumeist den Zuständen von Scheuen und Rickling und hielt den hehren Idealen von »geistig durchleuchteten Beschäftigungen« kaum stand. Allenthalben überwog die Beschäftigung in ausgewählten Handwerksberufen, vor allem aber in der Landwirtschaft – wobei »die Art der Beschäftigung mehr dem Zufall und den gerade vorkommenden Arbeitsbedürfnissen überlassen« blieb.[141] Von 7001 männlichen, in der Fürsorgeerziehung zur Schulentlassung gekommenen Zöglingen, die der AFET 1927 in einer gründlichen Umfrage erfaßte, waren 32,2 % in einem handwerklichen und 57,3 % in einem landwirtschaftlichen Beruf untergebracht. Der Rest verteilte sich auf angelernte, gehobene, gefährdende[142] und ungelernte Berufe. Bereits ein Viertel der handwerklich beschäftigten und 85,3 % der in der Landwirtschaft untergebrachten Zöglinge hatten zum Zeitpunkt der Umfrage ihre Tätigkeit wieder aufgegeben. Insgesamt waren nur 34,1 % der Zöglinge mit der Ausbildung fertig oder noch beschäftigt, während 57,9 % den Beruf aufgaben und 8 % ungelernten Berufen nachgingen. (Vgl. Tabelle 13.)

Das im hohen Anteil der Berufsflüchter zum Ausdruck kommende Scheitern der Berufserziehung in der Fürsorgeerziehung zeigte sich noch deutlicher bei der dominierenden Gruppe der bereits schulentlassen in die Anstalt überwiesenen Jugendlichen. Von 16.109 in der Umfrage erfaßten schulentlassenen männlichen Zöglingen waren 28,2 % einer handwerklichen und 55,2 % einer landwirtschaftlichen Ausbildung zugeführt worden. Während 27,2 % der handwerklich beschäftigten Zöglinge ihren Beruf aufgaben, entzogen sich 91,5 % der landwirtschaftlich Beschäftigten einer weiteren Tätigkeit in diesem Berufsfeld. Insgesamt gaben 63,6 % der Zöglinge ihren Beruf wieder auf, 9 % gingen ohnehin ungelernten Berufen nach. (Vgl. Tabelle 14.)

Während die ›Ausbildung‹ in der Landwirtschaft in einer Vielzahl von Tätigkeiten, vom Hütejungen über den Melker bis zum Motorpflugführer bestand[143] und das Spektrum angelernter Berufe außerhalb der Anstalt ohnehin breit war,[144] erschöpfte sich das Angebot an handwerklicher Beschäftigung in anstaltseigenen Werkstätten oft in wenigen Berufen. Bei den weiblichen Zöglingen überwog die Beschäftigung im hauswirtschaftlichen Bereich, wobei schon unter den Zeitgenossen umstritten war, ob dies überhaupt als Berufsausbildung bezeichnet werden konnte.[145] Eine solche Beschäftigung führte hin zur fast obligaten ›Stellung‹ entlassener weiblicher Zöglinge im Gesinde oder städtischen Haushalten.[146] Das endgültige Berufsziel Ehefrau, auf das die hauswirtschaftliche Arbeit vorbereitete, war dabei aus der Sicht der Verantwortlichen »nicht hoch genug einzuschätzen«,[147] galt doch die Ehe als »das natürlichste und sicherste Schutzmittel gegen die Prostitution«.[148]

Die Ausbildung in der Landwirtschaft und in traditionellen Handwerksberufen – ob in der Anstalt selbst oder bei ländlichen Kleinmeistern – war jedoch für die männlichen Zöglinge, die zumeist aus Groß- und Industriestädten kamen und nach ihrer Entlassung dorthin zurückkehrten,[149] weithin unangemessen und blieb erfolglos. Allzusehr beschränkte sich auch das Ausbildungsangebot an Handwerksberufen auf Tätigkeiten, die zuvörderst

Tabelle 13: Die Berufsausbildung der in der Fürsorgeerziehung zur Schulentlassung gekommenen männlichen Jugendlichen

Untergebracht in	Gesamtzahl	Es haben ausgelernt	Es sind noch in der Ausbildung	Es haben den Beruf aufgegeben
handwerklichen Berufen	2250 32,2 % (100 %)	642 9,2 % (28,4 %)	1066 15,2 % (47,3 %)	542 7,8 % (24,3 %)
landwirtschaftlichen Berufen	4013 57,3 % (100 %)	31 0,4 % (0,8 %)	557 8,0 % (13,9 %)	3425 48,9 % (85,3 %)
angelernten Berufen	85 1,2 % (100 %)	3 0,0 % (3,6 %)	36 0,5 % (42,3 %)	46 0,7 % (54,1 %)
gehobenen Berufen	53 0,8 % (100 %)	10 0,2 % (18,8 %)	24 0,3 % (45,3 %)	19 0,3 % (35,9 %)
gefährdenden Berufen	37 0,5 % (100 %)	8 0,1 % (21,6 %)	13 0,2 % (35,1 %)	16 0,2 % (43,3 %)
ungelernten Berufen	563 8,0 %	– –	– –	– –
insgesamt	7001 100 %	694 9,9 %	1696 24,2 %	4048 57,9 %

Quelle: *Weber*, Berufsprobleme-Vorbericht, S. 37. In der Umfrage, die dieser Untersuchung zugrunde lag, wurden 7001 Zöglinge erfaßt, die von der Anstalt oder einem Erziehungsverein zur Ausbildung in Familien untergebracht waren.

dem Eigenbedarf der Anstalten zunutze waren. Ausbildungsplätze gab es vor allem für Schuhmacher, Gärtner, Schreiner, Schneider und Schmiede. (Vgl. Tabelle 15.)

Ursächlich für solche Eigenwirtschaft war die aus dem 19. Jahrhundert überkommene, pseudo-autarke Praxis vieler Anstalten. Lange Zeit auf Landbesitz,[150] Stiftungsvermögen und Spenden angewiesen, blieben die Anstalten nach dem Eintritt des Staates in die (finanzielle) Verantwortung

Tabelle 14: Die Berufsausbildung der bereits schulentlassenen männlichen Jugendlichen in der Fürsorgeerziehung

Untergebracht in	Gesamtzahl	Es haben ausgelernt	Es sind noch in der Ausbildung	Es haben den den Beruf aufgegeben
handwerklichen Berufen	4545 28,2 % (100 %)	1476 9,2 % (32,5 %)	1832 11,3 % (40,3 %)	1237 7,7 % (27,2 %)
landwirtschaftlichen Berufen	8886 55,2 % (100 %)	46 0,3 % (0,5 %)	715 4,5 % (8,0 %)	8125 50,4 % (91,5 %)
angelernten Berufen	921 5,7 % (100 %)	22 0,1 % (2,4 %)	193 1,2 % (21,0 %)	706 4,4 % (76,6 %)
gehobenen Berufen	243 1,5 % (100 %)	42 0,3 % (17,2 %)	48 0,3 % (19,8 %)	153 0,9 % (63,0 %)
gefährdenden Berufen	76 0,4 % (100 %)	25 0,1 % (32,9 %)	20 0,1 % (26,3 %)	31 0,2 % (40,8 %)
ungelernten Berufen	1438 9,0 %	– –	– –	– –
insgesamt	16.109 100 %	1611 10,0 %	2808 17,4 %	10.252 63,6 %

Quelle: *Weber*, Berufsprobleme-Vorbericht, S. 61.

im Konkurrenzkampf untereinander auf möglichst niedrige Pflegesätze bedacht, die durch Eigenbetriebe erzielt werden sollten.[151] Überdies waren den Anstalten in den zwanziger und frühen dreißiger Jahren noch die Erfahrungen des Weltkrieges gegenwärtig, als allein die selbstversorgenden Anstalten in den Hungerjahren über die Runden kamen, während andere Anstalten in erhebliche Schwierigkeiten gerieten.[152] Manche Anstalt ging indes über die bloße Selbstversorgung hinaus. Der landwirtschaftliche Betrieb, vor allem die Moorkultur in der Skandalanstalt Rickling war eine

Tabelle 15: Die Zahl der Lehrlingsplätze in anstaltseigenen Werkstätten

Beruf	Zahl	Beruf	Zahl
Schuhmacher	543 (19,7 %)	Buchdrucker	63 (2,3 %)
Schneider	536 (19,5 %)	Stellmacher	56 (2,0 %)
Schreiner	477 (17,3 %)	Maurer	29 (1,1 %)
Metallverarbeitung	355 (12,9 %)	Elektriker	28 (1,0 %)
Gärtner	296 (10,8 %)	Setzer	13 (0,5 %)
Buchbinder	123 (4,5 %)	Koch	6 (0,2 %)
Bäcker	85 (3,1 %)	Müller	6 (0,2 %)
Polsterer/Sattler	64 (2,3 %)	Metzger	4 (0,1 %)
Maler/Anstreicher	64 (2,3 %)	Bildhauer	3 (0,1 %)

Quelle: *Weber*, Berufsprobleme-Vorbericht, S. 27 u. 49. Die insgesamt 2.751 Lehrlingsplätze verteilten sich auf 257 Anstalten, die sich an der Umfrage beteiligt hatten.

»Überschußwirtschaft, ... von der andere Einrichtungen der Inneren Mission gespeist wurden«.[153] Der Erfolg dieser Überschußwirtschaft durch den Arbeitseinsatz der Zöglinge hatte dem Direktor des Landesvereins für Innere Mission in Schleswig-Holstein, Pastor Gleiß, den Spitznamen »Stinnes der Inneren Mission« verschafft.[154] Doch waren Überschußwirtschaften eher die Ausnahme denn die Regel.[155] Den meisten Anstalten war ein Absatzmarkt für Produkte ihrer Lehrwerkstätten durch den Widerstand vieler Handwerksinnungen gegen die ›Konkurrenz‹ verschlossen, was sie auf sich selbst zurückwarf.[156] Das geringe Angebot an Ausbildungsberufen ging mit einer Tendenz zur Abschottung einher.

Die angebotenen Berufe entsprachen aber nicht nur nicht dem Milieu der in Fürsorgeerziehung untergebrachten Unterschichtjugendlichen. Sie fanden auch längst keine Entsprechung mehr auf dem Arbeitsmarkt der Städte. Mag die landwirtschaftliche Ausbildung im Kaiserreich für jüngere und in geringerem Umfang städtisch-industriell geprägte Zöglinge vor allem in den ostelbischen Gebieten noch von Bedeutung gewesen sein, war sie es in der Weimarer Republik angesichts der »Krise in der Agrarwirtschaft«[157] nicht mehr. Auch die Ausbildung in klassischen Handwerksberufen wie Schuhmacher oder Schneider mag noch vor dem Ersten Weltkrieg nicht nur dem Eigenbedarf der Anstalten, sondern auch dem Fortkommen der Zöglinge zunutze gekommen sein.[158] Vor dem Hintergrund industrieller Massenfertigung, Rationalisierung und einer labilen wirtschaftlichen

Situation in der Weimarer Republik[159] war eine solche Handwerkerexistenz in den Großstädten aber kaum mehr aufrechtzuerhalten. Ähnlich unbefriedigend stand es auch um die Arbeitsmarktchancen der in der Hauswirtschaft ausgebildeten weiblichen Zöglinge. Mag die Beschäftigung im Gesinde oder als Hauspersonal im Kaiserreich für ein bestimmtes weibliches Lebensalter ubiquitär gewesen sein, ließ die relative bürgerliche Verarmung in der Weimarer Republik die Zahl der Dienststellen und des städtischen Hauspersonals rasch sinken.[160] Auch stand der Vorrang des ›Berufsziels‹ Ehefrau in keinem Verhältnis zur weitgehenden Ausschöpfung des weiblichen Arbeitskräftepotentials in der Weimarer Republik,[161] die eine qualifizierte Berufsausbildung für die an Zahl stetig zunehmenden weiblichen Zöglinge längst notwendig gemacht hatte.

Ein besonders herausgehobenes Beispiel für die berufliche Fehllenkung in der Fürsorgeerziehung bot der in den Anstalten aus einleuchtenden Gründen außerordentlich beliebte Beruf des Schuhmachers. Die restlose Überbesetzung dieses Gewerbes mit Lehrlingen, welche angesichts der chronischen Krise des Schuhmacherhandwerks ohne jede Chance auf einen außerfabriklichen Arbeitsplatz blieben, veranlaßte die preußischen Handwerkskammern ebenso wie den preußischen Minister für Handel und Gewerbe 1928 zur rigiden Beschränkung der Lehrlingshaltung.[162] Im Jahr darauf sah sich der preußische Volkswohlfahrtsminister veranlaßt, die Einschränkung der Lehrlingsausbildung an die Anstalten weiterzugeben. In moderater Sprache wurden die Anstalten angewiesen, neue Schuhmacherwerkstätten nicht einzurichten und Ausbildungen nurmehr auf solche Fälle zu beschränken, in denen eine andernorts bereits begonnene Ausbildung fortzusetzen war.[163] Trotz aller, selbst vom Minister gehegten Skepsis über die Durchschlagskraft einer solchen Weisung – das »wirtschaftliche Interesse der Anstalt«[164] als Motiv der Berufsbildung war den Behörden nicht unbekannt – wies der Erlaß doch auf eine fast dramatisch zu nennende Situation hin: Ministerielle Eingriffe in die Ausbildungspraxis der Anstalten waren bis dahin noch nicht vorgekommen. Da die Anstaltsbetriebe keine oder nur in Ausnahmefällen Gewerbebetriebe im Sinne der Gewerbeordnung waren, folglich die in der Anstalt genossene Ausbildung auch nur selten als Lehrzeit im regulären Sinne galt, hing es überdies vom »sozialen Verständnis« der Handwerkskammern ab, ob und inwieweit die Anstaltsausbildung als Lehrzeit angerechnet oder anerkannt wurde.[165] Überall dort, wo das Handwerk in den Anstaltsbetrieben – analog zu den Gefängnisarbeiten – eine Konkurrenz erblickte, war es um das »soziale Verständnis« oft gering bestellt.[166]

Für die aus der Fürsorgeerziehung entlassenen Zöglinge hatte die unzureichende Ausbildung in der Landwirtschaft oder im traditionellen Handwerk nach ihrer Rückkehr in die Städte somit in aller Regel angelernte oder ungelernte Arbeit zur Folge. Unter den krisenhaften Bedingungen in den späten Jahren der Weimarer Republik führte dies zu jener ungesicherten Existenz und erneuter Verwahrlosungsgefahr, die durch die Berufserziehung eigentlich vermieden werden sollte. Wie gering die ›Erfolge‹ der Fürsorgeerziehung ausfielen, wie sehr eine unzureichende Ausbildung zu unständiger und marginaler Arbeit, zu Arbeitslosigkeit und Kriminalität führte, zeigte eine Untersuchung über das Schicksal von 125 männlichen Zöglingen, die in den Jahren zwischen 1924 und 1933 aus der badischen Anstalt Schloß Stutensee entlassen wurden. Der damalige Leiter der Anstalt, Alfred Späth, veröffentlichte 1939 die Ergebnisse seiner präzisen Nachforschungen über den weiteren Lebensweg seiner ehemaligen Schützlinge. 76 der 125 erfaßten ehemaligen Zöglinge der Geburtsjahrgänge von 1905 bis 1917 waren aus größeren Städten in die Fürsorgeerziehung gelangt, 22 kamen aus »kleineren Stadtgemeinden« und 27 entstammten »Landorten«.[167] Nur 41 der erfaßten Personen hatten in der Fürsorgeerziehung einen Ausbildungsabschluß erreicht, davon dem Angebot der Anstalt gemäß 17 als Gärtner, 9 als Schneider und 15 als Schuhmacher. Für das Gros war, oft auch aufgrund der nur kurzen Aufenthaltszeit,[168] nur eine landwirtschaftliche »Beschäftigung« übriggeblieben. Nach der Entlassung führte dies in der übergroßen Zahl der Fälle zu Hilfs- und Gelegenheitsarbeiten wechselnder Art. Nur 17 der entlassenen Zöglinge waren in ständiger gelernter Arbeit tätig, 9 immerhin in einer ständigen, wenn auch an- oder ungelernten Arbeit. Aber 71 der ehemaligen Zöglinge wurden nach der Entlassung ein- oder oft mehrfach straffällig und 56 hatten Phasen der Arbeitslosigkeit durchlaufen.[169]

Freilich stellten sich der »Wiedereinschaltung der jungen aus der Heimerziehung entlassenen Menschen in den Arbeitsprozeß während der Jahre zwischen 1924 und 1933 fast unüberwindliche Schwierigkeiten«[170] entgegen. Das »Schienensystem«, das für eine Jugendfürsorge, die »vor allem damit beschäftigt [ist], Wagen, die aus dem Gleis gesprungen sind, wieder auf die Schienen zu bringen« unentbehrlich sein mußte, war nach dem Urteil Herman Nohls bereits 1928 »vollständig zerstört«.[171] Aber das Abwälzen der Schuld an den geringen ›Erfolgen‹ der Fürsorgeerziehung auf ein zerstörtes »Schienensystem« war wenig ehrlich, solange nicht auch die Starrheit der anstaltsüblichen Beschäftigungen in Rechnung gestellt wurde. Mit ihrer ›Berufsausbildung‹ machte die Fürsorgeerziehung Unterschichtjugendlichen tatsächlich alles andere als ein Angebot der »rationalen Lebensführung«,[172] das bei reibungsloser Annahme mit »Qualifikation, Verstetigung des Lebenszuschnitts und sozialer Hebung« einherging.[173]

In der wachsenden Disparität zwischen der aus dem 19. Jahrhundert überkommenen und beflissen konservierten Arbeitsausbildung und -ideologie der Fürsorgeerziehung und dem in ständiger Bewegung befindlichen

Arbeitsmarkt der Großstädte lag die Krise der Institution Fürsorgeerziehung begründet.[174] Das Versagen der Fürsorgeerziehung im »bedeutsame[n] Augenblick des Übergangs«[175] von der Anstalt ins freie Leben lag aber nicht nur im Mangel an einer, dem ›Fortkommen‹ dienlichen Ausbildung begründet. Hinzu kam, daß die kaum vorgesehene Zusammenarbeit zwischen der Fürsorgeerziehung und den anderen fürsorgerischen Apparaten Möglichkeiten einer »Sanierung« der Herkunftsfamilien ungenutzt ließen.[176] Die alltäglichen Umstände der Verwahrlosung – Wohnungsnot, Mangel an Hygiene, unzureichende Ernährung – waren allein durch die Anordnung der Fürsorgeerziehung noch nicht verschwunden. Viele Zöglinge sahen sich nach ihrer Entlassung erneut damit konfrontiert. »Man hat den Eindruck«, schrieb der Leipziger Jugendrichter Walter Hoffmann schon 1925, »als ob der Prozeß der Verwahrlosung durch die Anstaltserziehung nur unterbrochen worden wäre und einfach von demselben Punkt aus fortschreitet, an dem er vorübergehend angehalten worden war.«[177] Das »Odium eines Mißlingens der ersten Schritte in die Freiheit«[178] war angesichts einer solchen Bündelung von Unvermögen für viele Zöglinge allgegenwärtig. Sie sahen sich nach der Entlassung aus der Fürsorgeerziehung einer regelrechten Verdoppelung des Stigmas gegenüber: dem Stigma der durch Fürsorgeerziehung ›bestraften‹ Verwahrlosung schloß sich das Stigma des Fürsorgezöglings als ›Absolvent‹ einer »Verbrecherschule« an. Das Stigma ›Fürsorgezögling‹ teilte sich gleichsam auf in eine faktische Vorgeschichte und ein fiktives Nachspiel: Was sollte aus einem Fürsorgezögling schon werden? Daß aus Fürsorgezöglingen – so wie sich die Fürsorgeerziehung der Weimarer Republik darbot – wenig werden *konnte*, berührte die Stigmatisierung dabei nicht. Wie kaum etwas anderes, das Unterschichtjugendlichen widerfahren konnte, schrieb Fürsorgeerziehung die Marginalisierung der durch sie hindurchgegangenen Minderjährigen fest und schuf damit einen weithin chancenlosen, fast immer krimineller Handlungen verdächtigten, deklassierten Teil der Unterschicht. Fürsorgezöglinge bildeten jenen Teil der Unterschichtjugend, der definitiv in und an der Klassengesellschaft und ihren »Versöhnungsversuchen« durch Schule, Kirche und den Instanzen des öffentlichen Lebens gescheitert war. Mit schneidender Schärfe beschrieb sie der Psychoanalytiker Bernfeld schon 1928 als »die Nieten dieser Versöhnungslotterie«.[179] Daß Fürsorgeerziehung nicht half, sondern das Scheitern nur manifest machte, war den Zöglingen in aller Regel bewußt. Wer in der Fürsorgeerziehung landete, so faßte ein Berliner Zögling sein Schicksal epigrammatisch zusammen, war »verratzt und verkooft«.[180] Alle angeleitete Selbststilisierung der Zöglinge als »sturmwindumwehte Gesellen« und wie dergleichen Heroisierungen in den in den Fachzeitschriften gern veröffentlichten »Selbstzeugnissen« noch ausfallen mochten,[181] konnte kaum darüber hinwegtäuschen.

Galt all dies selbst für die Jahre der ›relativen Stabilisierung‹ der Republik, so brachte die 1929/30 hereinbrechende Depression und die durch sie verursachte rapide Verschlechterung der Lebenssituation weiter Kreise der Bevölkerung eine extreme Verschärfung der Lage in der Fürsorgeerziehung. »Was kann aber eine Fürsorgeerziehung leisten«, fragte Maier 1932 mit Recht, »der das wichtigste Mittel der Erziehung, die Zuführung zum Beruf mit der Aussicht auf selbständige Lebensgestaltung für den Zögling von der Wirtschaftskrise aus der Hand geschlagen ist?«[182] Gemessen an den Aussichten, die sich landwirtschaftlich oder handwerklich beschäftigten Zöglingen nach ihrer Entlassung in den städtischen Zentren der Erwerbslosigkeit eröffneten – aus der Anstaltsarbeit ergab sich in der Regel keine Anwartschaft auf Leistungen aus der Arbeitslosenversicherung – erschien die Praxis der Fürsorgeerziehung nun vollends absurd. Der Anspruch auf Erziehung zur ›gesellschaftlichen Tüchtigkeit‹ klang hohl und der Wunsch nach Wohlverhalten und ›Mitarbeit‹ der Zöglinge am »Erziehungsprozeß« wurde nachgerade lächerlich. Die Matrix der Regelmäßigkeit lief ins Leere. Die in der Disparität zwischen der starren Fürsorgeerziehung und dem labilen Arbeitsmarkt der Städte begründete und durch das Aufeinandertreffen unausgebildeter Erzieher mit älteren, nicht einfach handzuhabenden Zöglingen verstärkte Krise der Fürsorgeerziehung mußte sich nun erst recht zu Verhältnissen zuspitzen, die unter den eingeschlossenen Zöglingen ein Gefühl der Deprivation hervorriefen und unmittelbar Anlaß zu Revolten gaben.[183]

Indes hatten die Verantwortlichen durchaus Unbehagen an der unzureichenden Ausbildungssituation empfunden. Die Ergebnisse der AFET-Umfrage von 1927 waren zu eindeutig und ließen Zufriedenheit mit dem Stand der Berufserziehung nicht zu. Aber nur langsam wuchs die Einsicht in die Bedeutung der Fabrikarbeit und der Industrielehre.[184] Hamburg ging zögerlich dazu über, die Arbeits- und Lehrverhältnisse seiner Zöglinge »soweit irgend möglich, ebenso zu gestalten wie die der im freien Leben befindlichen Minderjährigen«.[185] Einzelne Anstalten jedoch kamen dem Ziel einer Angleichung der Fürsorgeerziehung an die übliche Arbeitswelt ihrer Zöglinge schon recht nahe. So richtete die Anstalt Johannisstift in Schildesche bei Bielefeld einen metallverarbeitenden Betrieb als Zulieferer für die heimische Fahrradindustrie ein. Das Ziel der Berufsausbildung war der Werkzeug- und Maschinenschlosser. Für den Deutschen Verein war dies »das Beispiel einer selten glücklichen Lösung der Frage, wie man bei Anstaltszöglingen die Verwertung der Arbeitskraft mit den Erfordernissen der Berufsausbildung, die Wirtschaftlichkeit des Betriebes mit pädagogischen Forderungen ausgleichen kann«.[186] Weiter noch als das Johannisstift ging die der Inneren Mission zugehörende Anstalt in Harthau bei Chemnitz. Die Anstalt für weibliche Zöglinge war direkt an eine Fabrik, die

Sächsische Kammgarnspinnerei, angeschlossen. Die Zöglinge stellten rund ein Achtel der Belegschaft, unterstanden dem Textilarbeiter-Tarifvertrag und waren im Betriebsrat vertreten. In zweieinhalb Jahren absolvierten die Mädchen eine Laufbahn bis zur ausgebildeten Textilarbeiterin. Mit dem Tariflohn in der Hand waren sie erheblich selbständiger als andere Zöglinge.[187]

Jedoch waren die Anstalten in Schildesche und Harthau rare Ausnahmen von der herkömmlichen Anstaltspraxis. Just in dem Augenblick aber, in dem sie zukunftsträchtig erschienen und als Modell zur Nachahmung empfohlen werden konnten, verhalf die anhaltende Massenerwerbslosigkeit der landwirtschaftlichen Beschäftigung zu neuer und fragwürdiger Popularität. Mußte nicht in den Jahren der Depression die Berufserziehung zu industrieller Arbeit ebenso aussichtslos sein wie eine Beschäftigung in der Landwirtschaft? Bot nicht aber die Landwirtschaft wenigstens ein »Unterkommen«?[188] Tatsächlich war in den letzten Jahren der Weimarer Republik unter dem Eindruck der (städtischen) Massenerwerbslosigkeit der Anteil der beschäftigten Erwerbsbevölkerung in der Landwirtschaft nach einer Phase des Rückgangs wieder angestiegen.[189] Zudem legte auch der für die kommenden Jahre statistisch errechnete »Ausfall an jugendlichen Arbeitskräften in der Landwirtschaft«[190] eine stärkere Propagierung von Landarbeit und landwirtschaftlicher Siedlung nahe. In der mit einemmal höchst aktuell erscheinenden Siedlerideologie feierte der Traditionalismus in der Fürsorgeerziehung fröhlich Urständ. Manches schien damit wieder auf den ›rechten‹ Platz gerückt. Besondere Berufsausbildung, so schrieb Pastor Fritz, einer der führenden Vertreter der Inneren Mission, im Mai 1932 über die Erziehung weiblicher Minderjähriger, müsse sich »nur auf die wenigen ganz ausnahmsweise und einseitig dafür begabten Mädchen beschränken«.[191]

»Je mehr die Erkenntnis sich durchsetzt«, so fuhr er fort, »daß die Zeit des hemmungslosen industriellen Aufschwungs vorüber ist und es voraussichtlich nicht mehr möglich sein wird, die gleichen Massen wie früher in Industrie, Handel und Gewerbe zu beschäftigen, um so mehr wächst die Bedeutung einer hochqualifizierten Landwirtschaft für unser Volk. Den mannigfachen Bestrebungen der Rückführung der großstädtischen Bevölkerung in bäuerliche oder doch halblandwirtschaftliche Betätigung muß sich auch die Heimerziehung eingliedern. Denn das Gelingen der Bestrebungen der Siedlungs- und Randsiedlungsbewegung hängt nicht nur vom Vorhandensein eines guten männlichen Siedlerstandes ab, sondern ebenso von dem Verständnis und der Tüchtigkeit der Siedlerfrauen.«[192]

Das Beharren auf den alten, noch vor wenigen Jahren als ungenügend erkannten Ausbildungsformen vor dem Hintergrund einer vermeintlich dauerhaften Bedeutungsminderung industrieller Arbeit: Sollte es auf lange

Sicht hin nichts anderes bedeuten als eine Perpetuierung der Krise der Fürsorgeerziehung und der Marginalisierung der Zöglinge?

Die erneute Popularisierung landwirtschaftlicher Arbeit erschien freilich als ›reflektiert‹, als Folge einer – wenngleich auch kurzsichtigen – Beobachtung des Arbeitsmarktes. Doch die althergebrachte Popularität der landwirtschaftlich-kleinhandwerklichen Beschäftigung war gleichwohl nicht unreflektiert oder gar zufällig gewesen. Wenn auch die Ausbildungs- und Beschäftigungspraxis in der Fürsorgeerziehung ihre Wurzeln in der Genese der Anstalten und dem relativen Zwang zur Eigenwirtschaft hatte, lag ihr doch auch ein diffus artikuliertes, gleichwohl aber bewußt durchgehaltenes soziales Ideal als Ensemble der »wirtschaftlichen, sozialen oder moralischen Gefühle, Überzeugungen und Tendenzen« zugrunde.[193] Deutlicher noch als in den Anstalten selbst trat dieses Ideal dort zutage, wo Anforderungen an Pflegefamilien und außeranstaltliche Lehrmeister formuliert wurden. In der Geschäftsanweisung der Fürsorgeerziehungsbehörde der Rheinprovinz für Anstalten und Fürsorger hieß es hierzu:

»Familien auf dem Lande oder in kleineren Städten sind zu bevorzugen vor denen in Großstädten oder in dichtbevölkerten Industriegebieten ... Vorzuziehen sind Familien, die keine oder nur wenige Kinder haben, und in denen das Familienhaupt selbständiger Landwirt ist oder als Handwerksmeister zu Hause arbeitet ... Kleinere Betriebe, in denen der Lehrling unter unmittelbarer Anleitung des Lehrmeisters arbeitet, verdienen den Vorzug. Die Stelle soll eine möglichst vielseitige Ausbildung gewährleisten; von der Unterbringung in Stellen, in denen die Anfertigung von Massenartikeln erfolgt, ist nach Möglichkeit abzusehen. Auf Tischgemeinschaft mit der Familie ist Bedacht zu nehmen.«[194]

Dieses Ideal einer vorindustriellen Lebensweise war die regulative Idee der Fürsorgeerziehung, eine aller Praxis zugrundeliegende Strategie: Wenn ›die Industrie‹ für Gefährdung und Verwahrlosung verantwortlich war, mußte da nicht eine nicht-industrielle ›Antwort‹ naheliegen? Mußte nicht der Versuch gemacht werden, die durch die Industrie hervorgerufenen Schäden auf vorindustrielle Weise ›heilen‹ zu wollen? Und schloß sich solchen Überlegungen nicht die Hoffnung an, den als schädlich erkannten Weg vom Land in die Städte wenigstens für jene, die diesem Weg bereits zum ›Opfer‹ gefallen waren, umkehren zu können?

Alles, was einem konkurrierenden sozialen Ideal gleichkommen mochte – die prononcierte Hinwendung zu städtischer Berufsarbeit, ein realistisches Sicheinlassen auf die Lebenswelt der Unterschichtjugendlichen –, stieß von daher nicht ohne Grund auf das Mißtrauen und die Ablehnung der konfessionellen Fürsorgeerziehung. Als Direktorin Cornils, die Leiterin einer Hamburger Anstalt für schulentlassene Mädchen, auf dem Allgemeinen Fürsorgeerziehungstag 1927 von der »Idee der proletarischen Kultur«

als Erziehungsziel sprach,[195] hielt ihr Pastor Buschmann entgegen, »daß wir doch eigentlich nicht zu einer proletarischen Kultur ... erziehen wollen, sondern deutsche Mädel!«[196] Warum auch sollten die konfessionellen Anstalten für eine Gesellschaft erziehen, deren wesentlichen Ausprägungen (Großstadt, Industrie, Rationalisierung, Demokratie) sie gleichgültig bis ablehnend gegenüberstanden, ja sie zuvörderst als Ort und Ursache der Verwahrlosung begriffen?

Die anstaltseigene Form des sozialen Ideals lag im Streben nach Autarkie. Agrarromantik und Stadtfeindschaft amalgamierten mit den weiteren Gründen für eine Eigenwirtschaft zu einer Vision der Anstalt als »einem kleinen selbstversorgenden Staat, der mit seiner Betätigung die Hauptbedürfnisse des Lebens befriedigt«.[197] In Anlage und Architektur vieler, vor allem vor 1914 errichteter Anstalten kam die Absicht zum Ausdruck, gleichsam »Burgen der absoluten Sittlichkeit«[198] in möglichst großer Separatheit von den »verrotteten Verhältnissen«[199] zu errichten. Hin und wieder ausgesprochene Pläne, Zöglinge nicht nur zu Siedler-, sondern zu regelrechten Überseeauswandererkolonien zusammenzustellen[200] oder sie gar im Sinne einer »Fremdenlegion« beisammenzuhalten,[201] waren im Lichte des sozialen Ideals nicht so grotesk, wie es auf den ersten Blick den Anschein haben mochte. Tatsächlich waren solche Pläne eine, wenn auch übersteigerte Konsequenz der Autarkiebestrebungen. In solchem Koloniedenken brach sich der Wunsch Bahn, die Zöglinge auch nach der Entlassung in ›erziehlicher‹ Umgebung zu belassen, das soziale Ideal über die Dauer der Fürsorgeerziehung hinaus zu prolongieren; wohl wissend, daß der herkömmliche Zögling nach seiner Entlassung in ein gänzlich anderes Milieu als das der Anstalten zurückkehrte; wohl wissend auch, daß die in den Anstalten erzogenen »Treibhauspflanzen«[202] sich bestenfalls bei einem Fortbestehen des Treibhauscharakters als tatsächlich ›tüchtig‹ erweisen konnten.

Je mehr sich die Fürsorgeerziehung, ihrem sozialen Ideal folgend, in die Abgeschlossenheit verzog, um so mehr entfernte sie sich von den städtischen Zentren der Verwahrlosung. Von dort war einst der Impuls zur Jugendfürsorge ausgegangen, aber die Ausführung der Fürsorgeerziehung lief der städtischen Jugendfürsorge als bürgerlichem Projekt von Anbeginn an davon und war mit den Kompetenzen der Jugendämter kaum mehr einzuholen. Fürsorgeerziehung als das mächtigste Instrument der Jugendfürsorge stand und scheiterte als Solitär. Es gelang ihr auch in den Jahren der Weimarer Republik nicht, von einer ideologisch auf Städte und »verrottete Verhältnisse« fixierten Institution zu einer real auf sie bezogenen zu werden. Das soziale Ideal stand dem entgegen. Das Reichsjugendwohlfahrtsgesetz – und die Ausführungs- und Dienstanweisungen, über die es in Verwaltungshandeln übersetzt wurde – war dem Ideal gefolgt, das die vor-gesetzliche Praxis der Fürsorgeerziehung seit Anbeginn an geprägt hatte.

Die Krise der Fürsorgeerziehung läßt sich somit auch als Krise eines immer deutlicher an reale Grenzen stoßenden sozialen Ideals deuten. Dieses Ideal geriet in der Folge unter Rechtfertigungszwang. Die neue Attraktivität der Landwirtschaft und die fortwirkenden alten Zwänge der Anstaltserziehung änderten nichts daran, daß im Moment der Krise das Ideal zur Disposition stand: Mindestens schien die Zeit für Reformen günstig, günstiger denn je seit den Tagen und Wochen der Revolution 1918/19. Freilich blieb den Reformern nurmehr wenig Zeit. Die mit der Depression einhergehende Reduzierung öffentlicher Finanzmittel engte ihren Spielraum ein. Fast zeitgleich begann der – vordergründig mit der Finanznot zusammenhängende – Abbau der jugendfürsorgerischen Einrichtungen. Für die letzten Jahre der Weimarer Republik kann somit von einem Faszinosum ineinander verschachtelter und vielfach miteinander verwobener Vorgänge gesprochen werden. Mit der Krise der Leitinstitution Fürsorgeerziehung, vollends aber mit den Auswirkungen der Depression geriet die gesamte Jugendfürsorge ins Rutschen: Während noch reformiert und doch schon abgebaut wurde, begann zugleich auch die Suche nach neuen, über die herkömmlichen Institutionen der Jugendfürsorge hinausgehenden Steuerungsinstrumenten.

2. Pfade der Reform

Das ›Lager‹ der Reformer war auf einen ersten Blick hin nicht klein. Jugendbewegte Schriftsteller, Journalisten, junge Pädagogen, aufgeklärte Teile der Bürokratie, des Fürsorgeerziehungs-Apparates und der Wohlfahrtspolitik – sie alle entwarfen und publizierten Reformvorschläge und versuchten sich an deren Umsetzung in die Praxis. Zwei Gruppen unter den Reformern lassen sich jedoch deutlich unterscheiden. Beide – Sozialdemokraten und Reformpädagogen – waren nicht erst seit der Krise der Fürsorgeerziehung mit Kritik und Reformvorschlägen beschäftigt gewesen. Aber erst die Krise zwang sie zur Präzisierung ihrer Vorstellungen und ließ die Durchsetzung gravierender Veränderungen für geraume Zeit näherrücken.

Die Sozialdemokraten konnten dabei auf eine alte Tradition der Kritik ihrer Partei an der Fürsorgeerziehung zurückblicken. Aber der Mangel an Strategie, an handhabbaren Alternativen hatte sich im Augenblick der Revolution als entscheidende Schwäche entpuppt: Die verhaßte Fürsorgeerziehung war in ihren Grundfesten unerschüttert geblieben. Das Vertrauen auf eine naturwüchsige Tendenz zur Sozialisierung und Kommunalisierung übersah die faktische, durch die Revolution ungebrochene Macht der konfessionellen Träger. Überdies mußte das Beispiel der vom Berliner Magistrat gepachteten[203] Skandalanstalt Scheuen den Sozialdemokraten spätestens 1930 deutlich machen, daß selbst mit einer formalen Übernahme der Einrichtungen in öffentliche Regie noch keine Änderung der Erziehungspraxis erreicht war. Auch die von vielen Sozialdemokraten ebenso wie von bürgerlichen Sozialreformern gehegte Illusion, die Fürsorgeerziehung schon durch eine Einbindung in das Reichsjugendwohlfahrtsgesetz und damit in die ›freundlichen‹ Teile der Jugendfürsorge zu verändern, zerstob spätestens in den Revolten und Skandalen.

Allmählich aber war eine Wendung in der sozialdemokratischen Wohlfahrtspolitik eingetreten. Das Bekenntnis zur Republik, die Übernahme der Regierungsverantwortung, das Aufrücken vieler Sozialdemokraten in die wohlfahrtspolitischen Leitungsfunktionen von Städten und Ländern erzwangen einen Übergang von appellatorischer Kritik hin zu reformerischer Gestaltung. In der Arbeiterwohlfahrt sammelte sich wohlfahrtspolitischer Sachverstand, der vor 1918 von der SPD kaum nachgefragt worden war, der sich andererseits im Kaiserreich aber auch nicht unbedingt der SPD zur Verfügung gestellt hätte.[204] Während die Arbeiterwohlfahrt in ihrer praktischen Arbeit vor Ort durch den Typus der ›tapferen Arbeiterfrau‹ repräsentiert wurde, dominierte in der fachlich-theoretischen Arbeit, auch in den Spalten der Zeitschrift »Arbeiterwohlfahrt« ein anderer Typus: Experten mit akademischer Ausbildung, die bereits vor 1918 Erfahrungen zumeist in kommunaler Verwaltung gesammelt hatten, politisch meist an der Nahtstelle zwischen bürgerlicher Sozialreform und sozialdemokratischem Revisionismus standen und in aller Regel vor 1918 noch keine Parteimitglieder gewesen waren. Als Beispiel hierfür mag Maier stehen. Der Jurist hatte 1915 seine Berufsarbeit im Frankfurter Armenamt aufgenommen. 1923 wechselte er nach Sachsen, übernahm zunächst die Leitung der Wohlfahrtsabteilung im Innenministerium und stand hernach als Ministerialrat an der Spitze des Landeswohlfahrts- und Jugendamtes. Maier fühlte sich politisch zunächst dem süddeutschen Liberalismus nahe, verließ aber aus Enttäuschung über das geringe republikanische und sozialpolitische Engagement die DDP und wurde 1922 Mitglied der SPD.[205] Ein anderes Beispiel gab Simon ab. Aus bürgerlichem Elternhause kommend, trat sie 1919 mit der Gründung der Arbeiterwohlfahrt in das sozialdemokratische ›Lager‹ über.[206] Während ihrer Studienzeit in London war sie jedoch bereits Mitglied der »Fabian Society« geworden und nach ihrer Rückkehr gehörte sie für geraume Zeit dem Mitarbeiterkreis der Kautskyschen »Neuen Zeit« an.

Im evolutionären Sozialismusbild der englischen Fabier wie auch der deutschen Revisionisten erschien Wohlfahrtspflege nicht als konfessionelle Proselytenmacherei oder lächerliches Ritual bürgerlicher Wohltätigkeit, sondern als Vehikel, als »Wesenselement« des Sozialismus. Simon sprach hierüber auf der ersten Reichskonferenz des Hauptausschusses für Arbeiterwohlfahrt 1921 in Görlitz:

»Die Wohlfahrtspflege erstrebt, gegenüber dem kargen Existenzminimum der Armenpflege, die zur allgemeinen Gesundheit und Leistungsfähigkeit erforderliche Lebenshaltung aller Volksgenossen. Sie will jedes Sinken unter ein der jeweiligen Wirtschaft und Kultur entsprechendes Verbrauchsmindestmaß verhüten. Sie ist Voraussetzung sowohl der Höchststeigerung der gesellschaftlichen Gütererzeugung als auch des gesellschaftlichen Güteraustauschs. In diesem Sinne gehört sie zu den Wesenselementen des Sozialismus. Die sozialistische Weltanschauung führt mit Notwendigkeit zur modernen Wohlfahrtspflege, wie sie zur gewerkschaftlichen und genossenschaftlichen Organisation der Arbeiterschaft und zum Arbeiterschutz geführt hat. Gleich diesen dient sie der Gewinnung der Massen für die Sozialdemokratie. Mit Verelendung und Lumpenproletariat kommt man vielleicht zum Bolschewismus, nie jedoch zum Sozialismus.«[207]

Simon und Maier waren es auch, die dem sozialdemokratischen Nachdenken über eine Reform der Jugendfürsorge und der Fürsorgeerziehung die Richtung vorgaben. Simon hatte bereits in ihrem 1915 veröffentlichten Aufsatz »Das Jugendrecht« mit dem Satz: »Denn was sonst bezweckt das Jugendrecht, wenn nicht Ausgleich zwischen den Lebenschancen des vermögenden und des vermögenslosen Kindes?«[208] das Leitmotiv der sozialdemokratischen Jugendfürsorge formuliert. Mit dem Postulat eines »Ausgleichs an Lebenschancen« und der an derselben Stelle geforderten »Gleichheit der Möglichkeiten« war der Jugendfürsorge mitten im Weltkrieg ein utopisches Zielmoment gesetzt worden. Simon ging damit weit über das hinaus, was bis dahin an jugendpolitischen Entwürfen vorgelegt worden war. Die Forderung nach einem »Ausgleich an Lebenschancen« – welch gewaltiger Anspruch verbarg sich hinter dieser einfachen Formulierung! – ließ die defensiven Begründungen für Jugendfürsorge ebenso hinter sich wie die offensiven, ›imperialistischen‹ Aufgaben, die der Jugendfürsorge nach der Jahrhundertwende zugedacht wurden. Gleichwohl konnte ein im Simonschen Sinne ideales Jugendrecht, mithin das über ein umfassendes Jugendgesetz geregelte Netz an Einrichtungen und Leistungen, alles das – defensive wie offensive Funktionen – auch gewährleisten. Aber im mit Begriffen wie »Lebenschancen« und »Möglichkeiten« gesetzten Maßstab der Jugendfürsorge verbarg sich weit mehr.

Der Adressat der Simonschen Vorschläge war einzig der Staat. Dieser etatistische Optimismus trug bis zur Verabschiedung des Reichsjugendwohlfahrtsgesetzes. Aber schon am unvollkommenen Inkrafttreten des Gesetzes und an der kaum vollkommeneren Praxis der meisten Jugendämter entzündete sich die Kritik. Sie galt – noch vor dem Offenbarwerden der Krise – vor allem der mangelnden Einbindung der Fürsorgeerziehung in den Gesamtapparat der Jugendfürsorge. Unter der provokanten Überschrift »Brauchen wir noch Fürsorgeerziehung?« ritt Maier 1926 in der »Arbeiterwohlfahrt« eine furiose Attacke gegen den »Sondercharakter der Fürsorgeerziehung«.[209] Er hielt die mit der Schaffung eigener Fürsorgeerziehungsbehörden in den meisten Bundesstaaten eingetretene »Zerreißung der Erziehungsmaßnahmen nach Voraussetzung, Trägerschaft und Kostenregelung« für »eine schwere Schädigung der Jugendfürsorge ..., eine Durchbrechung des großen Gedankens des RJWG, neben Familie und Schule in dem Jugendamt einen einheitlichen Träger der Kollektivverantwortlichkeit für die Jugend zu schaffen.«[210] Ein weiterer Nachteil der separaten Kostenträgerschaft lag auf der Hand: Allzuoft mußten die Jugendämter vor allem finanzschwacher Städte und Gemeinden in einen »Pflichtenkonflikt«[211] geraten, ob Erziehungsmaßnahmen im Rahmen des Jugendamtes und damit auf eigene Kosten durchzuführen waren, oder ob nicht schon allein aus Kostengründen eine ›Abschiebung‹ in die von anderer Seite zu bezahlende Fürsorgeerziehung vorzuziehen war.

Der Gedanke einer Aufhebung des »Sondercharakters« der Fürsorgeerziehung prägte auch die im Mai 1929 veröffentlichten »Richtlinien zur Umgestaltung der Fürsorgeerziehung des Hauptausschusses für Arbeiterwohlfahrt«. Die Forderungen an Reichs- und Ländergesetzgebung, die darin erhoben wurden, liefen auf eine Eingliederung der Fürsorgeerziehung »in die allgemeinen Einrichtungen der öffentlichen Jugendfürsorge« hinaus.[212] Freilich lag zwischen der ersten Veröffentlichung von Maier und der Herausgabe der »Richtlinien« das Offenbarwerden der Krise der Fürsorgeerziehung. Lampels Buch und Theaterstück hatten bereits Wellen geschlagen und die ersten Revolten waren publik geworden, als die Jugendfürsorgeexperten der Arbeiterwohlfahrt – Maier, der Stadtrat Walter Friedländer aus dem Berliner Stadtbezirk Prenzlauer Berg, die preußische Landtagsabgeordnete Hedwig Wachenheim sowie die Anstaltsdirektoren Otto Krebs und Rudolf Schlosser – ihre Überlegungen veröffentlichten. Wohl auch aus diesem Grund gingen die Richtlinien über die Forderungen hinaus, die an Reichs- und Ländergesetzgeber adressiert waren. Nicht mehr nur das Verhältnis zwischen der Fürsorgeerziehung und den anderen Instrumenten der Jugendfürsorge erschien reformbedürftig, sondern auch und nicht zuletzt die Anstaltserziehung als solche. Umfänglich war von daher vor allem der mit »Pädagogische Grundsätze« überschriebene Teil der Richtlinien. Halboffene Heime, eine Berufsausbildung in freien Betrieben und Berufsschulen, die Angleichung der Entlohnung und der Arbeitszeit an die Verhältnisse der Gleichaltrigen außerhalb der Heime sollten ebenso zu einer Erziehung »in einer lebenswirklichen Umwelt« beitragen wie die geforderte Nutzung »erziehliche[r] Einflüsse der Außenwelt« in Gestalt von Vereinen oder Verbänden der Jugendbewegung.[213] Der inferioren Stellung der Zöglinge in der Anstalt suchten die Richtlinien auf unterschiedliche Weise abzuhelfen: Beschränkungen oder gar eine Zensur des Briefwechsels oder des Bezugs von Tageszeitungen wurde für ebenso unzulässig erklärt wie »körperlich und seelisch verletzende Strafen«.[214] Auch sollten nach Ansicht der Arbeiterwohlfahrt Anstaltsflüchter künftig straffrei ausgehen und ein allgemeines Beschwerderecht »bei einer Stelle außerhalb der Anstalt« sichergestellt werden.[215]

Geradezu revolutionär angesichts der trostlosen Wirklichkeit karger Massenschlafsäle war die Forderung nach Einzelschlafzimmern für »alle gesunden, schulentlassenen Jugendlichen«. Der Vorschlag koedukativer Erziehung, d.h. einer gemeinschaftlichen Erziehung von Jungen und Mädchen in einer Anstalt, erschien zwar im Erläuterungsteil der Richtlinien – über eine Aufnahme der Koedukation in den Text der Richtlinien selbst herrschte unter den Reformern der Arbeiterwohlfahrt offenbar kein Konsens. Ein solcher bestand aber darin, neben der notwendigen Aufwertung der Zöglinge auch eine Qualifizierung ihrer Erzieher zu fordern. Nurmehr Absolventen staatlich anerkannter Wohlfahrtsschulen, die zuvor ein einjähriges Volontariat in einer Anstalt absolviert hatten, sollten als Anstaltserzieher tätig werden dürfen. Ingesamt zielten die Richtlinien der Arbeiterwohlfahrt auf eine Transformation der Fürsorgeerziehung hin zu einer »einheitlichen Sozialerziehung«,[216] deren wesentliche Neuerung in der »Lebensnähe« zu bestehen schien. Im Augenblick des Offenbarwerdens der Krise der Fürsorgeerziehung lagen mit den »Richtlinien« Vorschläge auf dem Tisch, die die Reform- und Innovationskraft mindestens eines Teils der an der Ausführung der Jugendfürsorge Beteiligten deutlich werden ließ. Wie stand es nun um die Reform- und Innovationskraft der Weimarer Republik als solcher? Wie reagierte der eingefahrene Apparat der Fürsorgeerziehung? Gelang eine Veränderung der Fürsorgeerziehung auf politischem Wege, konnte die SPD als politischer Arm der Arbeiterwohlfahrt den Forderungen der »Richtlinien« an Reichs- und Ländergesetzgebung Gehör verschaffen?

In der Reichsgesetzgebung blieb ein Erfolg aus. Erst mit Datum vom 7.12.1932 legte die SPD-Reichstagsfraktion einen Antrag auf Änderung des Reichsjugendwohlfahrtsgesetzes im Sinne der »Richtlinien« vor.[217] Der Antrag gelangte aber erst gar nicht mehr in den Beratungsgang. Doch mit der Oblegung der Ausführung des Reichsjugendwohlfahrtsgesetzes an die Länder und mit den dafür geschaffenen Landesausführungsgesetzen war zumindest den einzelnen Bundesstaaten ein Handlungsspielraum zugewachsen, der den Weg für Weiterungen, Abweichungen und Innovationen durchaus eröffnet hatte. Sachsen bot für derlei Innovationen das eindrücklichste Beispiel. Daß sich Sachsen in dieser Zeit einen Ruf als »Versuchslaboratorium für neue Fürsorgeformen«[218] erwarb, war zuvörderst Maiers Verdienst.[219] Die Voraussetzungen im Institutionengefüge, mit denen er es nach seinem Umzug nach Dresden zu tun bekam, waren aber auch denkbar geeignet, um Sachsens Pionierrolle in der Wohlfahrtspflege zu stärken. Sukzessive waren nach der Revolution die bis dahin auf verschiedene Ressorts verteilten Bereiche der Sozialpolitik und Wohlfahrtspflege zusammengefaßt worden. Am 1.4.1924 wurde schließlich das Arbeits- und Wohlfahrtsministerium (mit dem Landeswohlfahrts- und Jugendamt) neugeschaffen, das ein denkbar weites, von der Gewerbeaufsicht über Jugendfürsorge bis hin zur Wohnungsfürsorge reichendes Spektrum an Aufgaben zu bearbeiten hatte.[220] Die Bündelung aller im weitesten Sinne wohlfahrtspolitischen Aufgaben und die tendenzielle Auflösung der traditionellen Trennung von Sozialpolitik und Wohlfahrtspflege waren ebenso singulär wie effektiv. Singulär war es, weil im Reich und den meisten Ländern an der ressortmäßigen Trennung zwischen Sozialpolitik und Wohlfahrtspflege festgehalten wurde;[221] effektiv war es, weil mit der Zentralität der Sozialverwaltung und einer reformorientierten Ministerialbürokratie eine Eigendynamik der sächsischen Wohlfahrtspolitik in Gang kam, die den bürokratischen Optimismus des sächsischen Ministerialbeamten Maier zum großen Teil rechtfertigen mochte.

Das sächsische Wohlfahrtspflegegesetz, das im Mai 1924 vom Gesamtministerium und im März 1925 vom Landtag verabschiedet wurde, war formal besehen das Landesausführungsgesetz zur Reichsfürsorgepflichtverordnung und zum Reichsjugendwohlfahrtsgesetz. Diese Koppelung allein aber war schon ausreichend, um dem sächsischen Gesetz einen »Pioniercharakter«[222] zuzubilligen. Von noch größerer Bedeutung aber war, daß das sächsische Gesetz mehr als bloße »Ausführung« im Sinne einer Anpassung an das Netz der Landesbehörden sein wollte. Vieles von dem, was etwa im Reichsjugendwohlfahrtsgesetz nur als freiwillige Aufgabe deklariert war, erschien in der sächsischen Wohlfahrtspflege als Pflichtaufgabe. Manches, was das sächsische Gesetz an Neuerung einführte – wie die »Beteiligung der Hilfsbedürftigen an der Durchführung der Wohlfahrtspflege«[223] – wurde später Bestandteil der Reichsgesetzgebung. Anderes wiederum taugte als Grundgerüst für Reformprogramme. Vor allem zwei Innovationen prägten erkennbar auch die »Richtlinien« der Arbeiterwohlfahrt: Eine separierte Fürsorgeerziehungsbehörde bestand in Sachsen nicht mehr. Die Wohlfahrts- und Jugendämter waren für alle Maßnahmen der Jugendfürsorge zuständig. Darüber hinaus hatte Sachsen die Möglichkeit einer freiwilligen Fürsorgeerziehung geschaffen. Unter Umgehung des Vormundschaftsgerichtes und des odiosen Verfahrens einer ›Bestrafung‹ konnte Fürsorgeerziehung auch auf dem Weg einer freiwilligen Vereinbarung zwischen den Erziehungsberechtigten und den Wohlfahrts- und Jugendämtern zustandekommen.[224]

Von Bedeutung war die Konstruktion der sächsischen Wohlfahrtspflege nicht zuletzt auch für die unmittelbare Durchführung der Fürsorgeerziehung. Einfluß und Zugriff des Ministeriums auf die Anstalten im Land waren größer und präziser als in anderen Bundesstaaten. Eine Unterbringung von Zöglingen durfte nach einer Vorschrift des Ministeriums nur in solchen Anstalten erfolgen, die vom Landeswohlfahrts- und Jugendamt »als geeignet« erklärt wurden.[225] Damit hielt das Ministerium aber nicht nur ein beträchtliches Druckmittel in Händen. Vielmehr zwang eine solche Regelung die Ministerialbürokratie auch zur dauernden Beschäftigung mit der Situation in den Anstalten. Bei den »Richtlinien für Fürsorgeerziehungsanstalten«, die das Ministerium im November 1928 erließ,[226] handelte es sich nicht so sehr um eine Reaktion auf die akut werdende Krise der Fürsorgeerziehung als vielmehr um das Ergebnis einer Eigendynamik. Diese »Richtlinien« waren der praktische Ausfluß der Ergebnisse einer Umfrage unter sächsischen Anstalten, die Maier 1927 durchführen ließ, um Handreichungen für die Eignungserklärungen der einzelnen Anstalten zu gewinnen. Freilich verschaffte die Krise der Fürsorgeerziehung den sächsischen »Richtlinien« und der aus der Umfrage hervorgegangenen Denkschrift[227] große Aufmerksamkeit und ließen sie erst recht als das erscheinen, was sie auch sein wollten: ein Versuch, die Fürsorgeerziehung in konsequenter Fortentwicklung der im sächsischen Wohlfahrtspflegegesetz gegebenen Möglichkeiten zu reformieren.

In den sächsischen »Richtlinien« beschrieb die Ministerialbürokratie es als »Aufgabe der Erziehungsanstalten«, jene Kräfte zu wecken und zu formen, die die Jugendlichen dazu befähigten, »ihr Leben für sich und in der Gesellschaft werthaft zu gestalten«. Der Erzwingung von Gehorsam durch »Zucht und Strafe« erteilten die Richtlinien eine deutliche Absage: Körperliche Züchtigung wurde als Erziehungsmittel ausgeschlossen, von der Aufstellung eigener Anstaltsstrafordnungen sollte abgesehen werden, da auf diese Weise oft der Eindruck entstünde, »daß Strafen das Kernstück des Anstaltslebens seien«.[228] Zu Kernstücken des Anstaltslebens sollten nach Maßgabe der Richtlinien hingegen Freizeit, Unterricht und Arbeit werden. Für die Berufsausbildung schrieben die Richtlinien vor: »Jungen und Mädchen sollen möglichst gelernten, wenigstens angelernten und nur in Ausnahmefällen ungelernter Arbeit zugeführt werden.« Dabei war die »volle Gleichberechtigung der Zöglinge in Berufsausbildung und Berufsbetätigung mit den Lehrlingen und jungen Arbeitern im freien Erwerbsleben ... zu erstreben«. Die Arbeitszeit sollte den Durchschnitt von sieben Stunden nicht überschreiten, bei Arbeitsleistung für Dritte war der Lohn nach den geltenden Tarifbestimmungen zu zahlen. Eine »abgeschlossene wohlfahrtspflegerische oder pädagogische Fachbildung, möglichst unter Berücksichtigung moderner Heilpädagogik« wurde als Nachweis erzieherischer Eignung verlangt.[229]

Der verkürzte Weg zwischen dem Ministerium und den Anstalten machte aus den sogleich als »bedeutsame Reform«[230] gewürdigten »Richtlinien« mehr als eine programmatische Absichtserklärung. Höflich stand in der Einleitung zu lesen, daß sich das Ministerium vorbehalte, »nach einem angemessenen Zeitraum die Eignungserklärung der Anstalten ... von der Erfüllung dieser Forderungen abhängig zu machen«.[231] Der Eindruck einer selbstbewußten und wohlfahrtsstaatlichen Ministerialbürokratie, den solches Vorgehen in der Jugendfürsorge allenthalben erweckte, trog nicht. Die Rolle als Träger der Reform, die den Ministerialbeamten zukam, erklärte sich aber nicht allein aus der Eigendynamik der sächsischen Wohlfahrtspflege. Hinzu kam, daß der zwischen Oktober 1923 und Januar 1930 in den Bürgerblockregierungen amtierende Arbeits- und Wohlfahrtsminister Georg Elsner ein blasser Wohlfahrtspolitiker und ein eher einflußloser Amtsinhaber war. Elsner gehörte der ASP an, einer Rechtsabspaltung der auf dem linken Flügel der Gesamtpartei angesiedelten sächsischen Sozialdemokratie.[232] Seine daraus resultierende schwache Stellung – die ASP fand bei den Wählern kaum Zuspruch, Elsner verfügte im Landtag über wenig Rückhalt – mag der (überwiegend sozialdemokratischen) Ministerialbürokratie noch mehr Eigengewicht und die Chance zu autonomerem Handeln eingeräumt haben, als ihr ohnehin zukam: Als Elsner im Spätsommer 1929 in seine zweite Amtszeit eintrat, begrüßte ihn Maier in einer Glosse der »Blätter für Wohlfahrtspflege« mit einem süffisanten »Habemus papam«.[233]

Anders sah es hingegen in Preußen aus. Weder der Volkswohlfahrtsminister noch die Ministerialbürokratie traten dort als Reformer in Erscheinung. Der Landtag jedoch war Schauplatz heftiger Debatten. Nach den Prozessen um Rickling und Scheuen gelang es den Regierungsparteien – SPD, Zentrum und Staatspartei – mit einem Gemeinschaftsantrag dem Ministerium Reformerlasse abzutrotzen. Doch war der Weg dorthin für die reformerisch gesinnten Abgeordneten nicht einfach gewesen. Ein von der SPD-Fraktion im Februar 1929 eingebrachter Antrag auf Abänderung des Landesausführungsgesetzes zum Reichsjugendwohlfahrtsgesetz,[234] war bei den bürgerlichen Parteien auf Ablehnung gestoßen. Anstelle der von der SPD favorisierten Aufwertung der Jugendämter zu Fürsorgeerziehungsbehörden entschied sich eine bürgerliche Mehrheit des Landtages zwar für den Versuch freiwilliger Fürsorgeerziehung. Doch sollte dies unter Beibehaltung der bisherigen Fürsorgeerziehungsbehörden geschehen. Die SPD hatte darum ihre Zustimmung versagt.[235] Gleichwohl war das Thema Fürsorgeerziehung damit noch nicht vom Tisch. Die Forderung von Arbeiterwohlfahrt und SPD nach einem Abbau der Fürsorgeerziehung als Sondermaßnahme war in der Fachöffentlichkeit inzwischen auf wachsenden Zuspruch gestoßen. Polligkeit hatte auf den Hauptausschußtagungen des AFET 1928 und 1929 verhaltene Zustimmung erkennen lassen,[236] und der Altonaer Jugendrichter Paul Blumenthal schrieb 1930, daß die Richtlinien der Arbeiterwohlfahrt »zum Teil Gemeingut aller fortgeschrittenen Berufsarbeiter der Fürsorgeerziehung geworden sind«.[237]

Mit dem Verlauf der Krise der Fürsorgeerziehung fiel indes dem preußischen Volkswohlfahrtsminister die Rechtfertigung des Bestehenden immer schwerer.[238] Die rosige Einschätzung in der Jubiläumsschrift des Volkswohlfahrtsministeriums aus dem Jahr 1929, daß die Fürsorgeerziehung »eine im großen und ganzen frisch vorwärtsstrebende Entwicklung genommen« habe,[239] mußte im Lichte der Skandale und Revolten als schlechter Witz erscheinen. Im Dezember 1930 schließlich verständigten sich die Regierungsparteien auf einen Gemeinschaftsantrag zur Reform der Fürsorgeerziehung. Neben einer »baldmöglichst« zu regelnden Zusammenarbeit zwischen Fürsorgeerziehungsbehörden und Jugendämtern verlangte der Antrag eine Regelung der Erzieherausbildung und Rechtsmittelbelehrungen für die Minderjährigen und ihre Eltern bei Anordnung der Fürsorgeerziehung. In seinem Kern zielte der Antrag jedoch auf Veränderungen in der Anstaltspraxis: Die Arbeitszeit der Zöglinge sollte strikt »nach den allgemein gültigen gesetzlichen Bestimmungen« geregelt werden, die Zahl der Zöglinge in einer Gruppe 20 nicht übersteigen. Schweigegebote, Dunkelarrest und Veränderungen der Haartracht mußten nach dem Wunsch der Antragsteller als Strafmittel ausscheiden. Alle zwei Jahre sollte zudem überprüft werden, ob die Anordnung der Fürsorgeerziehung aufgehoben werden könne.[240]

Der Preußische Landtag stimmte diesem Antrag am 13.5.1931 schließlich in einer leicht veränderten Fassung zu. In den Beratungen des bevölkerungspolitischen Ausschusses war der Antrag an zwei Stellen noch abgeschwächt worden: Die Rechtsmittelbelehrung wurde den Vormundschaftsgerichten nicht vorgeschrieben, sondern nur empfohlen und anstelle einer Regelung der Erzieherausbildung war dieselbe nur zu »fördern«.[241] Der Absicht des Antrags kam der Volkswohlfahrtsminister im Juni 1931 mit einem Erlaß nach. Die Forderungen des Antrags zur Anstaltspraxis und zur »Prüfung der Entlassungsreife« ergänzte der Erlaß – der mit der Feststellung einleitete, daß einzelne Anstalten in der Fürsorgeerziehung »versagt haben«[242] – mit der Aufforderung an die Fürsorgerziehungsbehörden zu stärkerer Wahrnehmung ihrer Aufsichtspflicht. Im Dezember folgte ein weiterer Erlaß, der ausführlich die Zusammenarbeit zwischen Fürsorgeerziehungsbehörden und Jugendämtern regelte.[243] Auch wenn es zweifelhaft ist, ob die Reformen 1931/32 in der Anstaltswirklichkeit noch umgesetzt werden konnten,[244] so hatten sich die preußischen Regierungsparteien in diesen Jahren dennoch handlungsbereit und handlungsfähig gezeigt. Aber nicht alles lag in ihren Händen. Ein angekündigter[245] dritter Erlaß zur Ausbildung der Erzieher kam nicht mehr zustande. Nach dem ›Preußenschlag‹ vom 20.7.1932 wurde das Ministerium aufgelöst. In Franz von Papens Kampf gegen jene, die Deutschland »zu einer Art Wohlfahrtsanstalt« gemacht hatten[246] war für ein Volkswohlfahrtsministerium kein Platz mehr.

Die Reformvorschläge der jugendbewegten Reformpädagogen, die sich in der »Gilde Soziale Arbeit« sammelten und neben Arbeiterwohlfahrt und SPD die zweite relevante Gruppe der Reformer bildeten, waren ausschließlich auf pragmatische Verbesserungen im Anstaltsalltag ausgerichtet.[247] Der »Arbeitskreis zur Reform der Fürsorgeerziehung«, der im März 1928 aus der Gilde hervorgegangen war, legte 1931 umfängliche »Rechtsschutzbestimmungen über die Anstaltserziehung in der FE« vor. Hinter dem spröde klingenden Begriff der »Rechtsschutzbestimmungen« verbarg sich ein beeindruckender Katalog an Leistungsansprüchen und Rechten, die den Zöglingen zugesprochen werden sollten. Dieser Katalog ging an Präzision über die pädagogischen Grundsätze der »Richtlinien« Sachsens und der Arbeiterwohlfahrt noch hinaus. Er verriet nicht nur eine große Vertrautheit der Autoren mit dem Anstaltsalltag und seinen Widrigkeiten, sondern ließ auch in der präzisen Beschreibung der als regelungsbedürftig empfundenen Verhältnisse (»Die Aufnahme von Lichtbildern ist nur in einer nicht ehrverletzenden Art, und keinesfalls gegen den Willen des Minderjährigen zulässig«) ein hohes Maß an Sensibilität, ja am Mitleiden der Autoren an der Verletzung und Empörung der Zöglinge verspüren.

Mag auch ein Grund für die Beschränkung auf das Innenleben der Anstalten in der Praxisverankerung der meisten Gilden-Mitglieder gelegen haben, so lag ein anderer Grund zweifellos in der dem ›Geist‹ der deutschen Jugendbewegung entsprechenden Skepsis gegenüber Bürokratie und Staat als den Apparaten der ›Alten‹. Daß die Bürokratie ein Adressat von Reformpapieren sein konnte, stand für den Gilden-Arbeitskreis außer Frage. Seine »Rechtsschutzbestimmungen« waren auch »ein Entwurf einer Verordnung der zuständigen deutschen Ministerialinstanzen an die Fürsorgeerziehung ausführenden Behörden«.[248] Daß die Bürokratie jedoch wie in Sachsen selbst Motor der Reform sein wollte und eine Reform über eine Änderung der Verwaltungsorganisation vonstatten gehen könne – wie es auch die »Richtlinien« der Arbeiterwohlfahrt dem Sinn nach vorschlugen – mußte für die der Jugendbewegung angehörenden Erzieher und Fürsorger der Gilde nur schwer nachvollziehbar sein.

Doch wäre es falsch, die beiden Gruppen der Reform dichotomisch –

hier der Glaube an den Staat, dort das Vertrauen auf den ›pädagogischen Geist‹ – einander gegenüberzustellen. Zwar mögen mit solchen Kennzeichnungen Tendenzen der jeweiligen Reformpläne zur Kenntlichkeit ›verzerrt‹ werden können, aber die pragmatischen Überschneidungen der Reformpläne waren reichlich. So wie der Katalog der Rechtsschutzbestimmungen des Gilden-Arbeitskreises bei den Reformern der Arbeiterwohlfahrt dem Wesen nach nicht auf Widerstand hätte stoßen können, so war auch der Gilden-Arbeitskreis davon überzeugt, daß die reichs- und landesgesetzliche Regelung der Fürsorgeerziehung »dringend reformbedürftig« war.[249] Überdies vertrauten beide Reformgruppen nicht nur der appellatorischen Kraft der Papiere, dem Einfluß geneigter Landtagsfraktionen und dem Wirken aufgeschlossener Ministerialräte. Beiden Reformgruppen eigen war der Versuch, die Plausibilität wie die Praktikabilität der Reformvorschläge am Modell realer Anstalten zu demonstrieren. Für die Reformpädagogen galt das ohnehin. Ihre Vorstellung einer gelungenen Fürsorgeerziehung schöpfte zu einem nicht geringen Teil aus den – am Ende der Weimarer Republik bereits zur Legende gewordenen – Experimenten im Lindenhof und auf Hahnöfersand. Aber auch das sächsische Landeswohlfahrts- und Jugendamt war bemüht, seine eigenen Vorstellungen in der ihm unmittelbar unterstellen Fürsorgeerziehungsanstalt Bräunsdorf zur Geltung zu bringen und der Bezeichnung »Sächsische Landeserziehungsanstalt« neue Bedeutung zu verleihen.[250] Schließlich richtete die Arbeiterwohlfahrt in der Lüneburger Heide mit dem »Immenhof« ein »Berufserziehungsheim« für schulentlassene Mädchen ein, um »den Beweis [zu] erbringen, daß die Forderungen, die der Hauptausschuß für eine Reform der Fürsorgeerziehung erhebt, durchaus praktische Wirklichkeit werden können«.[251]

Aber bei aller Reputation und berechtigten Aufmerksamkeit, die diesen Reformanstalten der zweiten Generation schnell zukam, zeigten sich in der Doppelstrategie einer Veränderung durch Modell und Ministerialerlasse auch deutliche Grenzen der Reform. Der Versuch einer Reform von ›unten‹ über beispielhafte Heime fand seine Grenzen in der nur geringen Expansion der Fürsorgeerziehung in der Weimarer Republik und der damit zusammenhängenden geringen Zahl neuerrichteter Anstalten. Heime, die im Reformlager standen, mußten den öffentlichen und privaten Trägern regelrecht abgetrotzt werden, sofern nicht die Träger selbst – wie im sächsischen Fall Bräunsdorf – ein Interesse an einer Modell-Anstalt hatten. Daß auf diesem Weg für die Reformer nur mühsam voranzukommen war, lag auf der Hand. Andererseits stand das Verharren der allermeisten Anstalten im Althergebrachten auch dem Erfolg einer Reform von ›oben‹ entgegen. Kein Ministerialerlaß konnte sicher sein, ob und wann er in den Anstalten wirksam wurde. Vor allem in Preußen waren die Wege von der erlassenden über die ausführenden und beaufsichtigenden Behörden bis zur Anstalt selbst durch die Existenz der separaten Fürsorgeerziehungsbehörden lang, länger als den Reformern lieb sein konnte. Selbst die gewiß präzisen Rechtsschutzbestimmungen des Gilden-Arbeitskreises sahen Visitationen der Anstalten nur »mindestens einmal im Jahr«[252] vor. Wenn dies eine Reformvorstellung war, um wieviel mußte die Wirklichkeit hinter dieser maßvollen Forderung noch zurückbleiben? Im Licht dieser Hemmnisse erscheint der Weg, den Maier in seinem sächsischen Wirkungskreis einschlug, nicht mehr als Ausgeburt bürokratischer Planung, vielmehr einleuchtend, ja nachgerade zwingend: Zwar konnten Probleme, die ihren Ursprung nicht unbedingt im Verwaltungsaufbau hatten, auch nicht durch Verwaltung – im doppelten Wortsinne – gelöst werden. Darin lagen die Grenzen einer Innovation durch Bürokratie. Aber war nicht dennoch die ›Abschaffung‹ der Fürsorgeerziehung, die Änderung der Verwaltungsorganisation, die Anbindung der Fürsorgeerziehung an die Jugendämter, mithin eine Verkürzung der Wege zwischen Anordnung und Ausführung der Fürsorgeerziehung überhaupt erst eine Voraussetzung für wirkungsvolle Reformen?

Wie stand es aber um die Reformen in der unmittelbaren Anstaltspraxis? War man auf dem richtigen Weg? Galten die Reformen einer Auflösung des alten sozialen Ideals, und der Schaffung einer neuen regulativen Idee? Ein genauer Blick auf die Reformpapiere und -versuche stimmt skeptisch. Die Reformer der Arbeiterwohlfahrt sollten recht bald schon über die Fangschnüre stolpern, die die geforderte Angleichung der neuen »Sozialerziehung« an die üblichen Verhältnisse junger Arbeiter bereithielt: Wenn eine derart angeglichene »Sozialerziehung« auf dem besten Wege schien, eine funktionsfähige Fürsorgeerziehung darzustellen, so mußten sich Sozialdemokraten fragen, ob eine simple Funktionsfähigkeit überhaupt wünschenswert war. Bernfeld, der die Forderungen der Richtlinien zusammen mit Friedländer auf den Hauptausschußtagungen des AFET 1928 und 1929 vertreten hatte, wies daraufhin, »daß jede Verbesserung der Erziehungsmethoden in der Klassengesellschaft zugleich auch eine Gefahr für's Proletariat in sich trägt«.[253] »Bessere« Erziehung, so stand zu vermuten, war zunächst nichts anderes als eine »bessere« Einfügung in die bestehende Gesellschaft. So sehr eine Orientierung der Erziehung an der Lebens- und Arbeitswelt der Unterschichtjugendlichen einen Erfolg der Fürsorgeerziehung zu versprechen schien, so sehr mußten sozialdemokratische Reformer darüber ins Grübeln geraten, ob die »Richtlinien« der Arbeiterwohlfahrt nur einen reibungslosen Übergang in die kapitalistische Gesellschaft erreichen konnten. Daß allein schon eine gewissermaßen ›normale‹ Ausbeutung durch reguläre Lohnarbeit für bisher marginalisierte Unterschichtjugendliche ein Fortschritt sein konnte, war kein Gegenstand der

Reflektion. Vielmehr erschien die Spannung zwischen der ›besseren‹ Erziehung für die bestehende Gesellschaft und der erhofften Erziehung für eine ›bessere‹ Gesellschaft als Dilemma, das vor allem in der Lohnfrage Gestalt annahm. Die Forderung nach ausreichendem, wenn nicht gar Tariflohn für die Arbeit der Zöglinge war für die Arbeiterwohlfahrt nicht so selbstverständlich, wie es in den Richtlinien noch den Anschein hatte. Schlosser verwahrte sich gegen Lohnforderungen »wie gegenüber jedem kapitalistischen Ausbeuterbetrieb«:

»Vergessen wir doch nicht ... daß wir vom Sozialismus, d.h. der Durchsetzung der Gemeinwirtschaft, doch auch die Beseitigung des Lohnsystems erwarten. Das Erziehungsheim aber hat ganz zweifellos die Aufgabe, in Richtung auf Gemeinwirtschaft ein Stück praktischer Sozialismus zu werden, und wir tun, wenn wir uns unter diesem Gesichtspunkt über die Lohnfrage klar werden wollen, gut, einmal nicht nur auf die Anstalten zu sehen, wie sie sind, sondern wie wir sie erstreben, also etwa gerade auch auf die Heime, die die Arbeiterwohlfahrt selbst hat oder künftig haben wird. Ist es wirklich sinnvoll, in eine Gemeinschaft wechselseitiger Dienste, die im wesentlichen von ihrer Hände Arbeit lebt und von dem Beitrag, den jeder nach seinen besonderen Gaben und Kräften dazu leistet, unbesehen und uneingeschränkt die dem Bereich der privatkapitalistischen Wirtschaftsordnung entnommene Lohnforderung zu übernehmen?«[254]

Mit der Einrichtung eines eigenen Berufserziehungsheims für schulentlassene Mädchen wurde die Lohnfrage für die Arbeiterwohlfahrt praktisch. Hanna Eisfelder, die Leiterin des Heims, entschied zugunsten des Lohnsystems, um die Mädchen »im privatkapitalistischen Sinne auf die Aufgaben vor[zu]bereiten, die später an sie gestellt werden«.[255] Zugleich aber sollte in einer Gruppe jüngerer, länger im Heim verbleibender Mädchen »Grundlagen für sozialistische Lebensformen« geschaffen werden. Hier, so Eisfelders Einschätzung, werde sich »später von selber die ideale sozialistische Form der Zusammenarbeit unter Fortfall von Privatlohn ergeben«.[256]

Wenngleich auch derlei Debatten um Lohnsystem oder Gemeinwirtschaft den ›Immenhof‹ in höchst modernem Licht erscheinen ließen, so war das »Stück praktischer Sozialismus« gleichwohl wenig mehr als ein flüchtiger Firnis über einer Anstaltserziehung, die der bekämpften »klösterlichen Abgeschiedenheit« in manchem außerordentlich ähnelte. Das berufsbildende Angebot auf dem Immenhof unterschied sich wenig vom Angebot herkömmlicher Anstalten. Die schulentlassenen Mädchen wurden in Hauswirtschaft, Säuglingspflege, einer Schneiderwerkstatt, einer Wäscherei und Plätterei sowie in einem Gartenbetrieb ausgebildet. »Es liegt aber in der sachlichen und technisch sorgfältigen Vorbereitung für den späteren Beruf nicht das Ausschlaggebende unserer Arbeitsart«, schrieb die Immenhofleiterin Eisfelder 1930, »sondern in der Gestaltung der Freizeit und der Lebensführung.«[257] Eine solche Aussage war angesichts des in den

»Richtlinien« enthaltenen Primats der Berufsausbildung frappierend genug. In der Folge läßt sich auch die Gesamttendenz der Erziehungspraxis in dem der Arbeiterwohlfahrt gehörenden Berufserziehungsheim – allein schon die übliche Formulierung »auf dem Immenhof« war überdeutlich – als Wunsch nach Abgeschiedenheit und ländlicher Autarkie beschreiben. Auch hier schien die Erziehung – ebenso wie in den herkömmlichen Anstalten – nur im »Treibhaus« möglich. Fast paradox mutet es an, daß ausgerechnet die Arbeiterwohlfahrt ihr Berufserziehungsheim durch ein Übergangsheim mitten in Berlin ergänzen mußte, um die Zöglinge der »realen Wiedereinordnung in großstädtische Verhältnisse« zuzuführen.[258] Entsprach nicht das ›Übergangsheim‹ viel stärker der Absicht der »Richtlinien«? Mußte nicht die Wiedereingliederung in großstädtische Verhältnisse« den eigentlichen Kern der Erziehung bilden, anstatt wie im faktischen Beispiel des Berliner Heims Notlösung und bloße Ergänzung zu sein?

Im Anstaltsmodell der Arbeiterwohlfahrt war somit nur schemenhaft die Alternative zur herkömmlichen Fürsorgeerziehung zu erkennen. Auch die Praxis der Reformpädagogen kam den Erwartungen einer realistisch auf die industrielle Welt bezogenen öffentlichen Erziehung kaum nach. Der Stellenwert einer adäquaten Berufsausbildung war hier noch geringer als auf Eisfelders ›Immenhof‹. Alle Innovation beschränkte sich auf das Gruppenleben abseits der beruflichen Ausbildung. Um die berufliche Bildung schlug die Reformpädagogik einen großen Bogen. Berufliche Ausbildung war für die jugendbewegten Erzieher Teil der mechanisierten Welt, der die Jugendlichen um der Erziehung willen zunächst zu entziehen waren. Das Frankfurter Westendheim blieb mit seiner Bindung an die großstädtische Arbeitswelt die Ausnahme. Für das Gros der Reformpädagogen in der Fürsorgeerziehung war eine fatale Trennung von Erziehung und Berufsausbildung maßgeblich. Wilker hatte dem auf deutliche Weise Vorschub geleistet, als er 1928 schrieb, »daß die Entlassung, oft schon das In-die-Lehre-Gehen, eine Trennung bedeutet, oft auch unsere Arbeit zerstört oder neu gefährdet«.[259] Solange das »In-die-Lehre-Gehen« nicht als integraler Bestandteil der Fürsorgeerziehung angesehen wurde, solange war von einer der Jugendbewegung verpflichteten Anstaltserziehung wenig an tatsächlichen Veränderungen der wichtigsten Schnittstelle zwischen ›Drinnen‹ und ›Draußen‹, zwischen der Fürsorgeerziehung und dem weiteren Lebensweg des Jugendlichen zu erwarten.

Freilich war der Handlungsspielraum der Reformmodelle gering. Der ›Immenhof‹ wie auch die von Reformpädagogen geleiteten Anstalten unterlagen Zwängen, denen solange nicht auszuweichen war, wie das Gesamtsystem der Fürsorgeerziehung unverändert blieb. Aber die geringfügige Stellung der beruflichen Bildung überall dort, wo man sich auf

Reformvorstellungen berief, läßt zweifeln, ob sich hinter der ubiquitären Forderung der Reformer nach einer Berufsausbildung die Ersetzung des alten, vorindustriellen sozialen Ideals durch ein neues und gegenwärtiges soziales Ideal verbarg. Tatsächlich hieß die Forderung nach gelernten Berufen wenig: Waren nicht auch die vielen Schuhmacher, Schneider und Gärtner, die Späth in seiner Untersuchung über die ›Erfolge‹ der Fürsorgeerziehung aufführte, gelernte Arbeiter oder Handwerker, ohne daß dabei von einer gelungenen Einbindung in reguläre Lohnarbeit gesprochen werden konnte? Das Spektrum der zum Ende der Weimarer Republik vorliegenden Reformpläne war durchaus geeignet, der »Despotie der Anstaltsverwaltung« ein »kräftiges Lüftlein demokratischen Geistes« entgegenwehen zu lassen.[260] Die Beseitigung der Ungleichzeitigkeit der Fürsorgeerziehung aber konnte mit vagen Hinweisen auf die Notwendigkeit einer Ausbildung in »gelernten Berufen« allein nicht erreicht werden. Allzusehr litten auch die sozialistischen und die meisten jugendbewegten Reformversuche an der Sehnsucht nach Abgeschiedenheit, ohne die vollkommene Erziehung nicht möglich schien. Mit Recht hielt Nohl 1928 der Jugendbewegung vor, »daß sie eben zu ihrer Voraussetzung den Dualismus von Jugend und Gesellschaft hat, auf eine verneinende Erfahrung eingestellt ist, die den Alltag hinter sich lassen will und doch nur ein isoliertes Jugendleben entwickeln kann, dem dann der Übergang in die Welt um so schwerer wird«.[261] Die Aufforderung des Kriminalpolitikers Oskar Schumacher, man solle »Barbars genug sein«, an die Stelle einer überspannt begründeten »Fürsorge aus sozialer Dankbarkeit« eine nüchterne »Fürsorge aus sozialer Zweckmäßigkeit« mit dem Ziele »staatlicher Beförderung in ein arbeitsgeregeltes Leben«[262] setzen, blieb ungehört. Überall dort, wo Erziehung von Anbeginn nicht als nüchterne Dienstleistung, sondern als ideologisch überhöhte Mission verstanden wurde, erschien Berufsausbildung als sperrig und in ihrer notwendigen Nüchternheit kaum für darüber hinausgehende Zwecke instrumentalisierbar – und überall dort konnte mit einer Reform des Ideals der traditionalen Fürsorgeerziehung nicht gerechnet werden.

Überdies standen die Reformer vor einer Phalanx an Widerständen aus den Apparaten der Fürsorgeerziehung und den ihnen nahestehenden politischen Kräften. Daß die preußischen Provinzen als Träger der Fürsorgeerziehungsbehörden einer Abschaffung dieser Behörde nicht zustimmen wollten und erfolgreich Druck auf die preußische Regierung ausübten, überraschte nicht. Doch die scharfe Kritik, die Karl Vossen, der der Caritas nahestehende Landesrat der Rheinprovinz, an den aus den »Richtlinien« der Arbeiterwohlfahrt hervorgegangenen SPD-Anträgen im Preußischen Landtag äußerte, reichte über die Interessenlage der preußischen Provinzen hinaus. Die Attacke gegen die Tendenz schleichender Kommunalisierung, die er ritt, hatte ihren Hintergrund vielmehr in der Interessenlage der konfessionellen Fürsorgeerziehung. Umgehend schien die Frontstellung klar zu sein: Hier die ›Kommunalisierer‹, deren Reform auf ›kaltem‹ Wege zu erreichen suchte, was in der Revolution nicht gelungen war – dort die Kräfte der konfessionellen Fürsorgeerziehung als »Felsen in der Brandung«, der es die Jugend noch einmal danken werde, so war Wolff überzeugt, »wenn sie festbleiben in einer Zeit, in der alles ins Wanken geraten zu sein scheint«.[263] Mit derlei verzopften Argumentationsfiguren immunisierten sich die konfessionellen Verbände auch unter dem Eindruck bedrohlicher Reformen schnell gegen Kritik. Schon früh stand für sie und die ihnen nahestehenden Politiker der Rechtsparteien fest, daß die Kritik an der Fürsorgeerziehung in der Sache kaum gerechtfertigt war, vielmehr auf einen politisch motivierten »Kampf gegen die konfessionellen Anstalten«[264] hinauslief. Im Dezember 1928 richteten DNVP, Zentrum, DVP, Wirtschaftspartei und ›Deutsche Fraktion‹ im Preußischen Landtag eine große Anfrage an den Volkswohlfahrtsminister, in der auf für diese Motivation charakteristische Weise nicht um Aufklärung über etwaige Mißstände, sondern um Auskunft gebeten wurde, was das Staatsministerium zur Abwehr der Angriffe gegen die Fürsorgeerziehung und zum Schutz der Anstalten zu tun gedenke.[265] Hirtsiefer erging sich in seiner Antwort in Invektiven gegen die bis dato literarische Provenienz der Fürsorgeerziehungs-Kritik, die »ernste Gefahren für eine ersprießliche Fortführung der Fürsorgeerziehungsarbeit«[266] mit sich bringe, riet andererseits aber auch dazu, sich mit der Kritik auseinanderzusetzen. Die Politiker der Rechtsparteien zeigten jedoch wenig Neigung, diesem Rat zu folgen. Für die ›Deutsche Fraktion‹ hatte der Abgeordnete Schmitt in der Debatte zuvor erklärt: »Das Leben ist ein Kampf und nur die werden sich im Leben durchsetzen, die in der Jugend gehorchen und sich unterordnen gelernt haben.«[267] Eine solche Haltung war auch durch Revolten und Skandale nicht erschütterbar. Sie mußte die Schuld für ein Scheitern der Fürsorgeerziehung allein in der Person des Zöglings suchen.

Auch die preußischen Reformen der Jahre 1930 und 1931 stießen auf massiven Widerstand der konfessionellen Wohlfahrtsverbände. Der Deutsche Verein hielt die Forderungen des Gemeinschaftsantrags der Regierungsparteien noch für angemessen und bezeichnete sie zu Recht als »sehr gemäßigt«.[268] Der AFET deutete für manche der Forderungen Zustimmung an, wollte aber – aus wohlverstandenem konfessionellem Interesse heraus – von einer staatlichen »Regelung« der Erzieherausbildung nichts wissen, da sie zur »Einengung und Einseitigkeit der Erziehungsarbeit führen« müsse.[269] Deutlicher aber noch fiel die Ablehnung in den Kreisen der konfessionellen Fürsorgeerziehung dort aus, wo keine Rücksicht auf die dachverbandliche Ausgewogenheit zu nehmen war. Den Kreisen der evangelischen Fürsorgeerziehung, »denen die preußische Regierung überhaupt ein Greuel ist«, war der Gemeinschaftsantrag schon allein deshalb auch ein Greuel, weil er aus einer Zusammenarbeit zwischen SPD und Zentrum hervorgegangen war.[270] Das preußische Zentrum aber erfuhr für die Unterstützung des Gemeinschaftsantrags scharfe Kritik von seiten der katholischen Fürsorgepublizistik. Der Fuldaer Domkapitular Victor Thielemann urteilte in der Zeitschrift »Caritas« über den Gemeinschaftsantrag: »Der Sozialismus hält sich für stark genug und auch die Stunde für gekommen, die Politisierung der Fürsorgeerziehungseinrichtungen unmittelbar durch die gesetzgebenden Faktoren selbst zu betreiben. Noch kann er ohne fremde Hilfe nicht zum Ziele kommen; darum sucht er Anleihe bei anderen Parteien. Schrittweise kommt man dann auch voran.« War das preußische Zentrum dergestalt in den Ruch eines Erfüllungsgehilfen sozialistischer Bestrebungen gekommen, so weissagte der Domkapitular den Anstalten, daß die Forderungen zur Regelung der Arbeitszeit wohl alsbald von einer »Gewerkschaftskommission der Fürsorgezöglinge« überwacht würden. »Warum«, so fragte er mit Häme, »werden nicht auch noch Klub- und Spielzimmer verlangt?«[271]

Jedwede Änderung an Aufbau und gesetzlicher Form der Fürsorgeerziehung schien die Besitzstände von Caritas und Innerer Mission und ihren Einfluß auf die Fürsorgeerziehung zu gefährden. Doch warum sollte nicht auch in den Jahren nach 1928 gelingen, was rund zehn Jahre zuvor erfolgreich gewesen war: eine Verteidigung des status quo ohne allzu große Konzessionen? Die Widrigkeiten der Depressionsjahre kamen diesem Wunsch entgegen und ließen die Ansätze zu einer Reform versanden. Die Finanznot des Staates machte vorliegende Reformpapiere schnell zu Makulatur. Spätestens mit der 2. preußischen Sparverordnung vom 23.12.1931, mit der der Zuschuß für die Ausführung der Fürsorgeerziehung durch die preußischen Provinzen schematisch auf 15 Millionen Reichsmark festgesetzt – und somit im Vergleich zum Jahr 1930 um rund 40 % gekürzt wurde[272] –, war die zur Reform nötige »Tatsache einer großen Kapitalinvestition in den Anstalten« ebenso hinfällig wie die Bereitstellung von Mitteln für eine anderweitige »Beschäftigung einer großen Anzahl von tatsächlich nicht brauchbaren ›Erziehern‹«.[273]

Zu Reformen *in* der Fürsorgeerziehung reichte die Kraft der politisch Handelnden am Ende der Weimarer Republik noch aus, wie die Beispiele mancher Anstalt und der Länder Sachsen und Preußen zeigten. Zu einer tatsächlichen Reform *der* Fürsorgeerziehung aber kam es nicht. Doch dürfen Einfluß und ›symbolisches‹ Gewicht der Reformer und ihrer Pläne nicht unterschätzt werden. Immerhin verschaffte jede noch so unbedeutende reformerische Option der Fürsorgeerziehung ein Maß an Zukunftsoffenheit, daß die Notwendigkeit nicht nur der Reformen *in* der

Fürsorgeerziehung, sondern auch *der* Reform der Fürsorgeerziehung nicht verschüttete, sondern ans Tageslicht hob. Das allein reichte schon aus, um die Protagonisten der traditionalen Fürsorgeerziehung in Harnisch zu bringen. Die Vielzahl der in den Reformen ins Auge gefaßten kleineren und größeren Veränderungen aber bedrohten erst recht – auch wenn sie sich nicht zu einem Stoß ins ›Herz‹ des alten sozialen Ideals bündeln ließen – die Machtstellung des Apparates und all derer, die am alten Ideal der Fürsorgeerziehung festhalten wollten. Der Abbau der Jugendfürsorge, der in relativer Zeitgleichheit mit der Reformdiskussion und den Reformversuchen begann, war aus Sicht des Fürsorgeerziehungs-Apparates auch stets mehr als eine spezifische Antwort auf die Krise der Fürsorgeerziehung und die scharfen Kürzungen in den öffentlichen Haushalten. Der Abbau war vielmehr auch eine Flucht nach vorn, ein Ausweichen vor der fälligen Reform: er war eine dezidierte Nicht-Reform.

3. Strategien des Abbaus

Der Abbau der Fürsorgeerziehung war keine bloße ad-hoc Reaktion der Bürokratie, die ohne relevante Vorgeschichte zustande kam. Schemenhaft hatte sich der Weg, auf dem die Krise der Fürsorgeerziehung 1932 einer ›Lösung‹ zugeführt werden sollte, noch vor den großen Revolten und Skandalen im Nachdenken mancher der älteren Praktiker der Fürsorgeerziehung über die Veränderung ›ihrer‹ Institution zwischen dem alten Fürsorgeerziehungsgesetz und dem Reichsjugendwohlfahrtsgesetz abgezeichnet. Von Anbeginn an war die Erweiterung der Altersobergrenze der Fürsorgeerziehung durch das Reichsjugendwohlfahrtsgesetz auf den Widerstand der preußischen Fürsorgeerziehungs-Dezernenten gestoßen.[274] 1925 hatte Vossen die mit dem Reichsjugendwohlfahrtsgesetz geschaffene Ausdehnung der Fürsorgeerziehung auf den Kreis der über Achtzehnjährigen öffentlich einer scharfen Kritik unterzogen. Die sukzessiven Erweiterungen der Altersobergrenze der Fürsorgeerziehung machte die »Fernhaltung älterer nicht mehr erziehbarer Elemente von der Fürsorgeerziehung« nach seiner Ansicht zum »Problem«.[275] Daß dieses Problem, auf das Vossen als Repräsentant der Fürsorgeerziehungs-Bürokratie in noch ruhiger Zeit aufmerksam machte, im Augenblick der offenbar werdenden Krise zusätzliche Erklärungsfunktion erlangte, lag auf der Hand: In der im August 1931 veröffentlichten Erklärung des AFET über die »bekannten Vorkommnisse« in den Fürsorgeerziehungsanstalten Rickling und Scheuen« war als Ursache der »Anstaltskatastrophen« auch auf »die noch nicht gelöste Aufgabe der Sonderbehandlung schwersterziehbarer Jugendlicher«

verwiesen worden.[276] Nicht die Institution Fürsorgeerziehung war unzureichend, wie die Reformer meinten, sondern die Zöglinge, genauer: ein ganz bestimmter Teil von ihnen war es. Nicht eine Veränderung der Institution stand folgerichtig zur Debatte, sondern eine Veränderung des Zöglingsbestandes durch Abschiebung, Ausscheidung, »Reinigung«.[277] Nicht die Fürsorgeerziehung, so konnte geschlußfolgert werden, war der flexible Teil der Interaktion von Institution und Klientel, der sich einer wandelnden Lebenswelt der Unterschichtjugendlichen anzupassen hatte, sondern die Jugendlichen selbst mußten der unbeweglichen Institution Fürsorgeerziehung angepaßt werden. Ohne die Krise der Fürsorgeerziehung wäre das Dominantwerden einer solchen Sicht in der Fachöffentlichkeit der Jahre nach 1928 freilich kaum denkbar gewesen.

Doch ist mit diesem Hinweis die Ideengeschichte eines Abbaus durch »Reinigung« noch nicht hinreichend umrissen. Dieser Diskurs gewann an Profil und Transparenz zuvörderst in der Konfrontation mit den Absichten der Reformer. Herausgefordert nicht nur durch die Krise, sondern nun auch durch den pädagogischen Anspruch der Reformer nahm die Vorstellung einer Ausscheidung ›störender Elemente‹ präzise Gestalt an. Auf der Hauptausschußtagung des AFET im Oktober 1929 in Wiesbaden standen sich die beiden Lager der Reform und der »Reinigung« – wenigstens auf dem Podium – noch annähernd gleichgewichtig gegenüber. Unter dem vorgegebenen Thema »Pädagogische Probleme in der Behandlung schwererziehbarer Schulentlassener (unter Berücksichtigung der in Erziehungsheimen vorgekommenen Revolten)« sprachen der Altonaer Oberarzt Cimbal für jene, die sich in der »Analyse der revolutionären Vorgänge in den Erziehungsanstalten« auf den Zögling und seine potentielle »Unerziehbarkeit«[278] konzentrierten, während der Direktor des Berliner Lindenhofs, Krebs, für die Reformer sprach. Krebs ging in seinem Referat soweit, »Schwererziehbarkeit« nicht nur als Ausdruck entsprechender Anlagen und Milieus zu sehen, sondern vielmehr die »Hauptursache der Schwererziehbarkeit« im »Mangel an erziehlichen Voraussetzungen in den Heimen« und den »angewandten falschen Erziehungsmethoden« zu suchen. War die Beweislast für die Krise dergestalt von den Zöglingen auf die Institution verschoben, lag es nahe, daß Abhilfe allein in einer durchgreifenden Reform der Institution zu schaffen war. Der Orientierung am Zögling, seiner Lebenswelt und seinem Fortkommen war dabei nach Ansicht Krebs' alles andere unterzuordnen. Die Entlassung stellte für den Nachfolger Wilkers im Lindenhof »den wichtigsten Teil der ganzen FE dar«. Unsichtbar solle »in jedem Raum der Anstalt angeschrieben stehen«, so Krebs' Empfehlung an seine Kollegen: »Nichts für das Heim, alles für den Tag der Entlassung!«[279]

Völlig konträr hierzu argumentierte Cimbal. Weder das Wesen der praktizierten Erziehung noch die Unzulänglichkeiten der Anstalten, sondern die potentielle »Unerziehbarkeit« des Zöglings und seine daraus folgende Disposition zur »Revolution« standen im Zentrum seiner Analyse. Mit der Entdeckung der »Unerziehbaren« eröffnete sich für Cimbal – und viele andere – ein weites Feld. In der Erkennntnis, daß die Masse der Zöglinge mit den Methoden der Medizin und Psychologie in eine ganze Reihe durch Merkmalsbeschreibungen zu definierende Gruppen aufgeteilt werden konnte, waren sich Cimbal und Krebs dabei durchaus einig. Doch stritten sie darum, ob den erkennbaren Unterschieden sogleich die Separierung oder Ausscheidung der Zöglinge folgen mußte. Für Krebs galt die Devise: »Behandele die Schwererziehbaren so, wie Du die normal erziehbaren Jugendlichen behandeln solltest!«[280] Cimbal entschied sich für das Gegenteil. Eine »Auflockerung und Differenzierung der Heilerziehung«[281] schien ihm das Gebot der Stunde zu sein. Vier Grundformen an Erziehungsanstalten schlug Cimbal vor: »einfache Erziehungsanstalten« für Kinder und Jugendliche, »bei denen lediglich durch Umwelteinflüsse Verwahrlosung oder Verwahrlosungsbereitschaft zustande gekommen ist«; »Erziehungsanstalten im engeren Sinne«, die »die schwierigen Charaktere durch den psychotherapeutischen, heilpädagogischen Einfluß geschulter Erzieher zu überwinden haben«, sowie »Psychopathenheime für Jugendliche, die intensiver ärztlicher, nicht nur heilpädagogischer Behandlung bedürfen«.[282] Für jene Zöglinge schließlich, die »vom Erziehungswesen als unerziehbar und ärztlich unheilbar ausgeschieden werden«, sah Cimbal »Verwahrungsanstalten staatlichen Charakters« vor. Solange solche Anstalten nicht bestanden, sollten die dafür vorgesehenen Zöglinge «der einfachen Straf- und der polizeilichen Sicherungsverwaltung« zugewiesen werden.[283]

Die Auseinandersetzung zwischen Cimbal und Krebs war noch allein eine Reaktion auf die ersten Revolten und die Anzeichen einer Krise der Fürsorgeerziehung gewesen. Zwei Umstände aber verhalfen dem Wunsch nach »Reinigung« im Verlauf der Depression zu fortdauernder Aktualität: die Verknappung der öffentlichen Finanzmittel und der prozyklische Charakter aller Fürsorge (der Verschlechterungen im allgemeinen Lebensstandard fast automatisch als Senkung im Niveau der Fürsorgeleistungen weitergab). Den Reformern wurde aus denselben Gründen Stück um Stück der Boden entzogen. Einmal ›entdeckt‹, lag es vor dem Hintergrund von Finanznot und Wirtschaftskrise nahe, den »Unerziehbaren« das Recht auf Erziehung streitig zu machen, ja die unangenehmen Revolten und Gerichtsprozesse in diesem Sinne zu instrumentalisieren. Im August 1931 resümierte der Deutsche Verein:

»Die Vorgänge in Scheuen und Rickling haben von neuem gezeigt, daß es sich im Grunde nicht um eine Krise der Fürsorgeerziehung handelt, sondern um eine Krise der Erziehungsanstalten. Alle Pläne und Vorschläge einer Reform der Fürsorgeerziehung als Institution, etwa durch Einbau in ein Gesamtsystem öffentlicher Erziehung, gehen deshalb an dem Kern der Frage vorbei, wenn sie nicht in Betracht ziehen, daß jede Erziehung Erziehungsfähigkeit voraussetzt ... Es gibt nur zwei Wege, um aus dieser unhaltbaren Situation herauszukommen ...: entweder muß mit größter Beschleunigung innerhalb der Fürsorgeerziehung-Anstalten eine starke Differenzierung durchgeführt werden, die es ermöglicht, die Unerziehbaren oder Schwersterziehbaren in besonderen Anstalten unter ärztlicher Leitung und mit heilpädagogisch geschultem Personal ... zu betreuen, oder man muß eingestehen, daß die Fürsorgeerziehung nicht die Geldmittel hat, eine solche heilpädagogische Behandlung durchzuführen und daß sie deshalb von Elementen befreit werden muß, denen mit den Mitteln der Pädagogik allein nicht beizukommen ist«.[284]

Vor allem die Notlagen der öffentlichen Finanzen führten zu einer immer aggressiver werdenden Debatte über die »Unerziehbarkeit« eines Teils der Zöglinge und die Möglichkeit ihres Hinauswurfs aus der Fürsorgeerziehung. Die preußischen Provinzen sahen sich außerstande, den Ausfall an Zuschüssen, der sich mit der 2. Sparverordnung ergeben hatte, durch Eigenmittel zu decken. In einer spektakulären Erklärung lehnten die Landeshauptleute die Verantwortung für Maßnahmen ab, »die die allgemeine Finanzlage den Provinzen auf dem Gebiete der FE aufzwingen wird. Diese Verantwortung trifft vielmehr allein die Preußische Staatsregierung«.[285] Die Herabsetzung des Staatszuschusses, so die Landeshauptleute, werde es nötig machen, »in einem über die gesetzlichen Vorschriften hinausgehenden Maße zur Entlassung von Zöglingen zu schreiten«.[286] Erst der finanzielle Zwang zur Entleerung der Anstalten machte die Schuldzuweisung für die Krise der Fürsorgeerziehung an die Zöglinge und den Wunsch nach Aussonderung der »Unerziehbaren« alternativlos.

Das Auffangen der »Unerziehbarkeit« im System der Fürsorgeerziehung selbst, sei es durch Binnendifferenzierung der Anstalten oder durch die Schaffung neuer Einrichtungen, mußte aufgrund der damit verbundenen Kosten aussichtslos erscheinen. Auch die Bemühungen um ein ›Bewahrungsgesetz‹ und eine neue Kategorie von Anstalten, in die »unerziehbare« Zöglinge bequem hätten abgeschoben werden können, verliefen vergeblich.[287] Eine andere Form des Umgangs mit der Krise der Fürsorgeerziehung *und* dem Druck knapper Kassen als die einfache ›Befreiung‹ der Fürsorgeerziehung von den »Unerziehbaren« blieb somit chancenlos. Zumal die Aussonderung eines Teils der Zöglinge nicht an Zuständigkeiten und Besitzständen in der Fürsorgeerziehung zu rütteln drohte, was dem AFET, den Fürsorgeerziehungsbehörden und den konfessionellen Wohlfahrtsverbänden gelegen kam. Die ›Befreiung‹ der Fürsorgeerziehung von den Unerziehbaren versprach neues Ansehen, ließ Hoffnung auf steigende Überweisungen jüngerer – und damit minderschwieriger – Zöglinge und alsbald wieder gefüllte Anstalten aufkommen.[288]

Der prozyklische Charakter der Fürsorge, der in den Depressionsjahren nach 1930 zu einer beständigen Leistungsminderung der Fürsorge führte, verschärfte den Auslese-Diskurs nicht nur, sondern gab ihm eine eigentümliche Wendung. Seltsam mußte in den Augen der Zeitgenossen schon die Debatte über den »Luxus« in der Fürsorgeerziehung anmuten, die Klumker im Herbst 1930 entfachte. Auf der Hauptausschußtagung des AFET 1930 in Weimar kursierten Gerüchte über Marmortreppen und Tennishallen in einzelnen Anstalten. Klumker hatte zuvor bereits die Verwendung von Butter in den Anstalten kritisiert und vermutet, Lorenzo der Prächtige sei Vorbild gewesen, als Säuglingsheime gebaut wurden.[289] Tatsächlich sahen sich die Verantwortlichen der Fürsorgeerziehung mittlerweile einer dreifachen Krisenerfahrung ausgesetzt sahen: Neben die Krise der Fürsorgeerziehung mit einer vielstimmigen Reaktion in der teilnehmenden Öffentlichkeit und der Krise der öffentlichen Finanzen trat eine mit der Depression einhergehende Verschlechterung des Lebensstandards der Unterschicht. Diese Verschlechterung verlief nicht so spektakulär wie die Krise der Finanzen. Sie war nicht wie diese an Ereignissen festzumachen, sondern vollzog sich sukzessive und nicht immer sichtbar. Dennoch schlug die Senkung des Lebensstandards mit nicht geringer Wucht ebenso auf Form und Durchführung der Fürsorgeerziehung zurück, wie dies bei der Verknappung der Haushaltsmittel zu beobachten gewesen war. Wie lebensfremd die Praxis in den einzelnen Anstalten auch immer gewesen sein mag, in einem war die Orientierung an der Lebenswelt der Unterschicht ein ungeschriebenes, wenngleich auch nicht unausgesprochenes Gesetz: Der Standard der Fürsorge durfte den herkömmlichen Lebensstandard der Unterschicht nicht übersteigen.[290] Hinter dieser Konstruktion verbarg sich ein Stück Ideologie der bürgerlichen Fürsorge. Als ihr Ziel galt zwar die »Wirtschaftlichkeit« der Klientel, doch sollte dies nur in einem eingeschränkten Maße geschehen. Jugendfürsorge, so hatte Polligkeit 1907 in seiner den Gang der Jugendfürsorge stark beeinflussenden Schrift über »Das Recht des Kindes auf Erziehung« geschrieben, »soll zwar dem Kinde eine Lebensführung ermöglichen, die nach allgemeiner Auffassung seinem durch die Abstammung bedingten Stande entspricht, braucht jedoch darüberhinausgehende Ansprüche nicht zu befriedigen«.[291]

Die Konvergenz von Lebensstandard und Niveau der Fürsorge war dabei freilich beweglich. Sank der Lebensstandard, so wie in den Jahren der Depression, so mußte ganz zwangsläufig auch das Niveau der Fürsorge sinken. Klumkers vehementer Angriff gegen den »Luxus« in der Fürsorgeerziehung war ein Reflex auf diese Zwangsläufigkeit. »Keine Zimperlichkeit in der Anstalt!«, formulierte 1933 ein offenbar höchst praktischer Ludwigshafener Amtsvormund: »Der junge Mensch muß die Not der Gegenwart an seiner Nahrung und Kleidung spüren, muß wissen, daß außerhalb der Anstalt ein scharfer Wind weht«.[292] Hatte die Fürsorgeerziehung zuvor den ihnen anvertrauten Zöglingen – etwa in Fragen der Berufsausbildung und Entlohnung – eine Anpassung an die äußeren Verhältnisse vorenthalten, war das ›Draußen‹ nun auf einmal willkommen, wenn es nur disziplinierende und spartanische Momente in die Anstalten hineinzutragen schien.

Aber der sinkende Lebensstandard provozierte nicht nur die Frage nach dem Niveau der Fürsorgeleistungen. Ein Vergleichen schlich sich ein. Im Februar 1932 schrieb Ministerialrat Richter im Amtsblatt des Volkswohlfahrtsministeriums:

»Richtunggebend für alle Beratungen über die Etatsgestaltung sollte die Erwägung sein, daß es sinnvoller ist, die körperlich, geistig und sittlich gesunde Jugend vor körperlichen, geistigen und sittlichen Schäden zu bewahren, als für die körperlich oder geistig oder sittlich minderwertige Jugend große Beträge auszugeben ... Wer der Allgemeinheit nichts leistet und voraussichtlich auch später trotz aller Fürsorge wenig oder gar nichts leisten wird, darf aus öffentlichen Mitteln nur soweit betreut werden, daß Unterkunft, Verpflegung und sonstige Fürsorge für ihn sich in bescheidenstem Rahmen hält.[293]

Mit der nach dem Einbruch der Depression ubiquitär werdenden Dichotomisierung von ›gesund‹ und ›krank‹ oder ›minderwertig‹ hatte der Diskurs um die Befreiung der Fürsorgeerziehung von den »Unerziehbaren« eine neue Schlagseite bekommen. Erst im Hinzutreten dieses Umstands, im Vergleich der Befürsorgten mit dem Gros der ›normalen‹ Jugendlichen verband sich die Debatte um die Befreiung der Fürsorgeerziehung von den »Unerziehbaren« mit Betrachtungen über Wert oder Minderwert der Fürsorgeklientel. Mit der Formulierung: »Es liegt daher die Frage nahe, ob der Erfolg wirklich dem Aufwand der Mittel entspricht«, umriß Hoffmann 1932 den Konnex zwischen der Unerziehbarkeit und der Verknappung der Mittel.[294] War der Begriff der »Unerziehbarkeit« zunächst rein funktional – vom Genügen oder Ungenügen im bestehenden System der Fürsorgeerziehung her – gedacht, bekam er nun einen Beigeschmack von ›Minderwertigkeit‹. Nicht nur zählten »unerziehbare« Zöglinge zu den ›Minderwertigen‹ – vielmehr war all das, was an ihnen ›minderwertig‹ erschien, zugleich die Ursache ihrer »Unerziehbarkeit«. In dieser Vermengung verschwand die in den Debatten der Fürsorger ursprünglich angestrebte Präzision der Begrifflichkeit, mit deren Hilfe die bislang undifferenzierte Masse der Zöglinge in ein aufgefächertes System der Fürsorgeerziehung aufteilbar schien. Was übrig blieb, war ein fast beliebig gewordenes Kriterium, das im Gegeneinander-Ausspielen der ›Wertigen‹ und der ›Minderwertigen‹ zur

Unterscheidung dienen konnte, wer unter ihnen noch staatlicher Leistungen für würdig zu erachten war. »Und es wird von daher verständlich«, schrieb Webler 1932, »warum im Augenblick so sehr der Ruf nach Differenzierung der anbrüchigen Jugend von der gesunden innerhalb der Fürsorge ergeht, in dem Wunsch, für sie den Weg frei zu machen oder gar einen neuen Weg mit ihr zu suchen.«[295] War eine räsonnierende Öffentlichkeit erst einmal zu der Erkenntnis gelangt, daß eine Versorgung der ›Minderwertigen‹ im Netz der öffentlichen Fürsorge zugleich auch die Möglichkeiten der gesunden Jugend einschränken mußte, so entpuppte sich die Differenzierung letztlich als Preisgabe der »anbrüchigen« Jugend. Nicht ein neues, unterschiedlichen Typen der Klientel angepaßtes System der Fürsorge war die Folge, sondern die Ausscheidung derer, die dem bestehenden System im Lichte seiner gleich dreifachen Verunsicherung – Krise, Finanzdruck, Niveausenkung – nicht mehr einfügbar erschienen. Den »Unerziehbaren« war das stolze und teure Recht auf Erziehung, das das Reichsjugendwohlfahrtsgesetz zu garantieren vorgab, somit streitig gemacht. Politik und Verwaltung blieben aufgerufen, eine rechtliche Handhabe zur Befreiung der Fürsorgeerziehung von der »anbrüchigen« Jugend zu schaffen.

Was als Stigmatisierung der »Unerziehbaren« begonnen hatte, endete schließlich in den beiden Notverordnungen zur Jugendwohlfahrt und Fürsorgeerziehung vom 4. und 28.11.1932. Mit ihnen war die rechtliche Handhabe geschaffen, um – nicht allein, aber doch auch – just jenen Teil der Zöglinge abrupt mit der Entlassung zu ›bestrafen‹, die »aus Gründen, die in der Person des Minderjährigen liegen«, die »Unausführbarkeit der Fürsorgeerziehung« erwarten ließen.[296] Zu einem Ende kam hiermit die unbedingt optimistische Jugendfürsorgebewegung, deren Ursprung in den Jahren der Jahrhundertwende lag und der »Unerziehbarkeit« ein fast unaussprechlicher Begriff gewesen sein muß. Die Geschichte der Jugendfürsorge zwischen der Jahrhundertwende und dem Ende der Weimarer Republik erscheint somit als eine Geschichte von Aufstieg und Fall. Die Folgen der in den letzten Jahren der Weimarer Republik populär gewordenen Dichotomisierung zwischen ›wertig‹ und ›minderwertig‹ in der nationalsozialistischen Anti-Fürsorge werfen zudem aber eine Reihe von Fragen auf. Verbarg sich in jener Geschichte von Aufstieg und Fall, in der Schaffung moderner Jugendfürsorge, ihrer Ausdifferenzierung und dem erkennbaren Umschlag hin zur Exklusion eine Zwangsläufigkeit, von der aus es bis zur – auch in der Jugendfürsorge vollzogenen – Ausmerze-Praxis der Nationalsozialisten nur ein kleiner und zwangsläufiger Schritt war? Kann davon gesprochen werden, daß der »Gedanke der Aussonderung der Nichterziehungsfähigen ... dem Gedanken von der Allgemeingültigkeit sozialpädagogischer Ansprüche und Angebote nicht äußerlich, sondern immanent« ist und in ihm »die weitergehende Folgerung, eine Endlösung der Asozialenfrage durchzuführen, eingeschlossen« lag? Ist eine solche Immanenz die Folge der »Struktur der Sozialpädagogisierung«, »der strukturellen Ambivalenz des Pädagogisierungskonzeptes«?[297]

Tatsächlich kann von solchen Zusammenhängen schon allein deshalb kaum die Rede sein, weil eine solche Argumentation die kategoriale Differenz zwischen Jugendfürsorge und Sozialpädagogik übersieht. Beide waren nicht identisch, wie es eine solche Argumentation zur Voraussetzung nimmt, sondern zwei – im Idealfall – einander begleitende Einrichtungen. Die moderne Jugendfürsorge war ein Stück der Wohlfahrtspolitik, das unter ganz bestimmten, sich wandelnden Prämissen funktionale Einrichtungen für einen bestimmten Teil der Bevölkerung zu schaffen hatte. Sozialpädagogik hingegen läßt sich beschreiben als eine Mischung aus Wissenschaft, Handlungslehre, Profession und ›Geist‹, der den Einrichtungen der Jugendfürsorge zupaß kommen konnte, aber nicht von vornherein darin enthalten war. Das Umschalten der Jugendfürsorge von einer defensiven Zwangserziehung hin zu einem offensiven »Jugendschutz« um einer machtstaatlichen Bevölkerungspolitik willen, das ab dem ausgehenden 19. Jahrhundert im Kaiserreich zu beobachten gewesen war, hatte zu seiner Begründung und Durchsetzung der Sozialpädagogik nicht bedurft. Tatsächlich war die Sozialpädagogik zu jenem Zeitpunkt ebenso wie im weiteren Verlauf des Kaiserreiches und auch in den Jahren der Weimarer Republik noch in jeder Hinsicht zu diffus und seltsam unpraktisch. Kaum einer der Promotoren der Jugendfürsorgebewegung – einerlei welcher beruflicher Herkunft – sprach und handelte im Namen einer Sozialpädagogik. Begründungen zur Forcierung der Jugendfürsorge gab es viele – eine explizit pädagogische war im Chor der Stimmen jedoch kaum zu vernehmen gewesen. Erstaunlich war all dies nicht. Zwar machte die ›Pädagogik‹ in den zwanziger Jahren Fortschritte, aber die Ubiquitität in der Verwendung des Begriffs beschränkte sich auf Festreden und Zeitschriftenartikel. ›Pädagogik‹ war zum Platzhalter geworden, zum Ausweis einer fortschrittlichen, eben ›pädagogischen‹ Gesinnung. Daß damit noch keine neue Handlungslehre in die Praxis der Jugendfürsorge, vor allem der Fürsorgeerziehung Eingang fand, war mit der Beharrung der Fürsorgeerziehung auf dem alten sozialen Ideal hinreichend deutlich geworden.

Aber wie stand es um ›Sozialpädagogik‹ am Ende der Weimarer Republik? Bäumer, die es im 1929 erschienenen Handbuch der Pädagogik übernommen hatte, den Band über Sozialpädagogik einzuleiten, wußte nur über »Voraussetzungen« und »Theorie« ihres Gegenstandes zu berichten, der ansonsten ausschließlich negativ definierbar schien: Sozialpädagogik war »alles was Erziehung, aber nicht Schule und nicht Familie ist«.[298] Wenn all dies tatsächlich Sozialpädagogik sein konnte, so traf Theodor Litts bereits 1926 geäußerter Spott ins Schwarze: Daß die Pädagogik Pädagogik nennt, »was in Wahrheit nach Herkunft und Bedeutung religiöse Prophetie, metaphysische Spekulation, wissenschaftliche Theorie, soziale Programmatik, politische Willensbildung ist«.[299] Vieles von dem, was mit dem Begriff Sozialpädagogik dennoch sinnvoll zu umreißen war, kam den Inhalten der Reformpädagogik wohl nahe. Doch war das Ziel einer Verbindung von Jugendfürsorge und Sozialpädagogik in den Krisenzeiten und den Zeiten der »Reinigung« weniger erreichbar denn je zuvor. 1932, als der Diskurs über die »Reinigung« der Fürsorgeerziehung auf einem Höhepunkt angelangt war, schrieb Ehrhardt als Parteigänger der Reformer, daß »Sozialpädagogik nicht mehr hoch im Kurs stünde«[300] – die Suche nach einer autoritären Lösung der Krise fand ohne Sozialpädagogen statt. Drei Jahre zuvor hatte Wolff in einem Resümee deutlich nicht nur auf die Differenz zwischen Sozialpädagogik und Fürsorgeerziehung, sondern auch auf Absicht und Scheitern der Bemühungen hingewiesen, beide zu einer Praxis zu vereinen:

»Die wissenschaftliche Pädagogik, namentlich die Sozialpädagogik, die von der Jugendbewegung herkommenden Kreise, – sie alle fanden sich zusammen, um hinsichtlich der Gestaltung der Erziehung im neuen Deutschland eine Zielsetzung und Methodik zu erarbeiten, die dem jugendlichen Menschen im freiheitlicher geordneten Staat eine volle Auswirkung seiner Kräfte im Dienst des Ganzen ermögliche. Es ist die Tragik der FE, daß sie sich an dieser Arbeit nicht so hat beteiligen können, wie dies – rückwärts schauend erkennt man es heute deutlich – der Sache wegen wünschenswert und erforderlich gewesen wäre. Aber die in der FE stehenden Kreise, namentlich die Anstalten, hatten in jenen Jahren eine Last zu tragen, die ihre Zeit und ihre Kraft völlig in Anspruch nahm. Schon früher waren die Anstalten immer genötigt gewesen, mit sparsamsten Mitteln auszukommen. In den Nachkriegsjahren, namentlich aber in der fortschreitenden Inflationszeit, wurde diese Notwendigkeit zu einem Druck, der fast unerträglich war ... Der wissenschaftlichen Weiterarbeit genügend Zeit zu widmen, neue Erkenntnisse und Methoden aufzunehmen, dazu waren viele Anstalten gar nicht in der Lage; sie mußten froh sein, wenn sie ihr Leben fristeten und sich für bessere Zeiten überhaupt lebensfähig erhielten.«[301]

Einerlei also, ob eine Tendenz zur Aussonderung der Nichterziehungsfähigen der Sozialpädagogik immanent war oder nicht: als prima causa einer verhängnisvollen Entwicklung in der Jugendfürsorge scheidet Sozialpädagogik aus, weil weder von einer deutlichen Einflußnahme auf die Praxis der Jugendfürsorge, geschweige denn von einem Identisch-Sein beider die Rede sein konnte. Die Frage nach Ambivalenzen und Zwangsläufigkeiten ist damit aber noch nicht endgültig beantwortet. Gab es nicht in der Fürsorge selbst – oder in dem die Jugendfürsorge prägenden unvollkommenen Amalgam aus Fürsorge und Pädagogik – Zwangsläufigkeiten? War nicht die der Fürsorge eigene Differenzierung der Klientel, die in der Regel als ›Fortschritt‹ verstanden wurde, eine im Lichte späterer Entwicklungen höchst ambivalente Angelegenheit?

Die Entdeckung der »Unerziehbaren« kann in der Tat als das Ergebnis einer Differenzierung betrachtet werden. Sie wäre gewiß ohne die Krise der Fürsorgeerziehung in dieser Form nicht zustande gekommen. Dennoch konnte sie an eine Zwangsläufigkeit anknüpfen, die bereits im Kaiserreich zu beobachten gewesen war und dem rückblickenden Betrachter als Entfaltungslogik der modernen Jugendfürsorge erscheinen muß. Der Schritt von den Straffälligen zu den Verwahrlosten bis hin zu den Unehelichen, der sich zwischen der Reichsgründung und den ersten Jahren des 20. Jahrhunderts vollzog, war nicht nur Ausdruck der Suche nach dem archimedischen Punkt, von dem aus das Problem, auf das die Jugendfürsorge zu reagieren vorgab, als reparabel erschien. Vielmehr war jene Entwicklung auch Ausdruck eines Eigeninteresses der Fürsorge, ihrer Promotoren und Verbände. Ein Eigeninteresse, das darauf zielte, immer neue Teile der Klientel zu ›entdecken‹, die Felder der eigenen Arbeit auszuweiten, alte Institutionen der Fürsorge umzubauen, neue Institutionen zu schaffen, kurz: die Notwendigkeit der Fürsorge außer Zweifel zu setzen und ihren Einflußbereich beständig zu vergrößern. Wenn auch die Suche nach dem archimedischen Punkt in der durch den Mangel geprägten Weimarer Republik keine große Rolle mehr spielte, war der Impuls zur Weiterung der Klientel und zum Ausbau der Fürsorge nicht erschöpft. Fortschritte in den Humanwissenschaften ebenso wie der Ausbau der wissenschaftlichen Apparate der Fürsorgeverbände und ihrer Fachorganisationen erleichterten einen immer präziser werdenden Blick auf die Gesellschaft und ihre unruhigen oder der Gefährdung ausgesetzten Teile. Vor allem aber stimulierte die im Vergleich zum Kaiserreich heftiger gewordene und politisierte Konkurrenz der Wohlfahrtsverbände mit der öffentlichen Fürsorge, aber auch der Wohlfahrtsverbände untereinander die beständige Suche nach neuen Wegen, nach einem »Aufbau und Ausbau der Fürsorge«, wie eine Schriftenreihe des Deutschen Vereins prägnant überschrieben war. Der »Ausbau der Fürsorge« zielte in diesem Sinne auch immer auf eine Neuverteilung von Macht und Einfluß. Unbetretene Pfade boten die Chance, eine als Benachteiligung empfundene minoritäre Stellung auf einem Sektor der Wohlfahrtspflege durch forciertes Engagement und Pionierarbeit auf einem neugeschaffenen Sektor wettzumachen.

Die Auseinandersetzung zwischen Cimbal und Krebs aber zeigte, daß von einer Zwangsläufigkeit zwischen Differenzierung und Auslese im Sinne einer Exklusion oder gar der ›Ausmerze‹ nicht die Rede sein konnte. Während Krebs differenzierte, um die dergestalt unterschiedenen Typen der Zöglinge um so besser in eine reformierte Fürsorgeerziehung einbinden zu können, entschied Cimbal sich mit dem Vorschlag einer Überweisung der »Unerziehbaren« an die »polizeiliche Sicherungsverwaltung«[302] für das Gegenteil – ohne das einer der beiden Kontrahenten behaupten konnte und wollte, die richtige Konsequenz der Differenzierung gezogen zu haben oder ihrer immanenten Tendenz auf die Spur gekommen zu sein. Überhaupt war bei jenen, die zu Zeiten eine Auslese praktisch zu machen gedachten, von tatsächlicher Differenzierung innerhalb der Klientel wenig zu hören gewesen. Eine Tagung des preußischen Landesgesundheitsrates 1932 konnte unter Fürsorgezöglingen wie auch unter allen anderen »sozialen Ballastexistenzen« wie »Kriminellen, Landstreichern und Prostituierten« nur mehr einen »erheblichen Prozentsatz« an »Schwachsinnigen« entdecken, deren »Ausschaltung ... eugenisch und sozial außerordentlich günstig wirken« würde.[303] Auch Direktor Mönkemöller hatte in einer sieben Jahre zuvor veröffentlichten Brandschrift wider den »Asozialismus« nicht differenziert. Er sah »Fürsorgezöglinge, die Verbrecher, die Vagabunden und Prostituierten, die Alkoholisten, die kriminellen Insassen der Irrenanstalten ... in ihrer überwiegenden Mehrheit durch das Band der psychischen Unzulänglichkeit verbunden«.[304] Der Ungeist, der Fürsorgezöglinge als den herausragenden Teil der Jugendfürsorge-Klientel umstandslos dem »Schwachsinn« zurechnete und sie ob der »psychischen Unzulänglichkeit« mit »Alkoholisten«, Kriminellen und Prostituierten in einen Topf warf, negierte den fürsorgerischen Optimismus der »Wirtschaftlichkeit« und bereitete den Boden für eine autoritäre Lösung der Krise der Fürsorgeerziehung. Voraussetzungslos war jener Ungeist nicht – aber die bloße Tendenz der Fürsorge zu einer immer sorgfältigeren Differenzierung ihrer Klientel gehörte gewiß nicht zu den Voraussetzungen.

Wo lag nun aber tatsächlich die Ursache für den wahrnehmbaren Schwenk von der Differenzierung hin zum rabiaten Ausschluß der »Unerziehbaren« – der der Inklusionstendenz der Wohlfahrtspflege völlig widersprach und vor allem in der Sprache ebenso wie in der Praxis der Jugendfürsorge Schneisen schlug, auf denen die nationalsozialistische Anti-Fürsorge nach 1933 schnell vorankommen konnte? Bleiben hier nur die Hinweise auf eine aller Erklärung sich versagende Kontingenz, auf die Depression (und ihre Folgen) als deus ex machina und eine Beschreibung einzelner Umstände und ihrer Verkettung als ›unglücklich‹?

Tatsächlich sind die Möglichkeiten einer über die Beschreibung der Vorgänge hinausgehenden Erklärung mit der Frage nach Zwangsläufigkeiten und ihrer Beantwortung noch nicht erschöpft. Die Jugendfürsorge war keine hermetisch abgeschlossene und treu dem funktionalistischen Ziel der »Wirtschaftlichkeit« dienende Institution. Sie war vielmehr eine offene, ohnehin instrumentalisierbare, aber auch anderen Einflüssen ausgesetzte Einrichtung. Die Beziehungen zwischen Jugendfürsorge und Pädagogik waren ein Beispiel für ein solches wechselseitiges Einflußverhältnis. Die Jugendfürsorge bot der jungen (Sozial-)Pädagogik – wenigstens idealiter – ein reiches Betätigungsfeld. Die Pädagogik wiederum konnte der Jugendfürsorge helfen, ›modern‹ zu werden. Daß dabei beider Wünsche nur höchst unvollkommen in Erfüllung gingen, erhebliche Widerstände gegen eine als ›modern‹ erscheinende Sozialpädagogik mobilisierbar waren und von einer tatsächlichen Amalgamierung von Jugendfürsorge und Pädagogik bestenfalls auf der Ebene mancher Experimente die Rede sein konnte, stand am Ende der zwanziger Jahre für Pädagogen wie für Fürsorger außer Frage. Aber die Sozialpädagogik war nicht die einzige Handlungslehre oder Wissenschaft, die sich um die Jugendfürsorge bemühte. Und so wie manch einer der Jugendfürsorger auf die Pädagogik hoffte und ihr in seinem Bereich Einfluß zu verschaffen gedachte, so gab es andere, die für ein davon recht verschiedenes ›Angebot‹ zunehmend empfänglich wurden und ihm Einfluß zu verschaffen suchten: Sprache und Ideenwelt der Rassenhygiene waren im Verlauf der Debatten über die Lösung der Krise der Fürsorgeerziehung im Lichte der Wirtschafts- und Finanzkrise unüberhörbar geworden. Ein Verständnis der Jugendfürsorge als offene, wechselnde Prägungen ausgesetzte Institution und die Beobachtung eines wachsenden Einflusses der Rassenhygiene lenken den Blick auf drei, im Zeitraum zwischen der Jahrhundertwende und dem Ende der Weimarer Republik erkennbare Denkfiguren der Jugendfürsorge. Sie sind idealtypisch voneinander zu trennen, lassen auf den zweiten Blick hin aber Zusammenhänge erkennen, die Aufschluß geben über die Radikalisierung der Debatten um Fürsorgeerziehung bis hin zur Wendung von der Inklusion zur Exklusion der »Unerziehbaren«.

Unter den drei Denkfiguren, die sich mit den Begriffen ›imperialistisch‹, ›kompensatorisch‹ und ›rassenhygienisch‹ kennzeichnen lassen, war die imperialistische Denkfigur – die Jugendfürsorge unter dem bevölkerungspolitischen Primat eines »inneren Imperialismus« – einst Movens der modernen Jugendfürsorge(bewegung) gewesen. Getragen von einer neuen Generation aufgeschlossener Sozialreformer war diese Denkfigur über die Maßen einflußreich und prägend, diente noch dem Reichsjugendwohlfahrtsgesetz als Leitideologie und verband ein Sentiment der Fürsorglichkeit mit kühl kalkulierendem Staatsinteresse zu einem unwiderstehlichen Pathos. Nicht weniger pathetisch war die kompensatorische Denkfigur, deren Wurzeln in Simons Betrachtungen über das »Jugendrecht« aus dem Jahr 1915 zu finden waren. Der dort formulierte Anspruch an die Jugendfürsorge, eine Ausgleich an Lebenschancen zwischen dem vermögenden und dem vermögenslosen Kinde zu schaffen, ließ Jugendfürsorge als ein mögliches Instrument umverteilender Gesellschaftspolitik erscheinen. Die Forderung nach einem Ausgleich war dabei unter den obwaltenden, für das vermögenslose Kind ungünstigen Umständen aber zuerst eine Forderung nach kompensatorischen Leistungen.[305] Vor allem Sozialdemokraten hatten derlei Überlegungen zu Leitmotiven ihrer Jugendfürsorgepolitik gemacht. Die »Richtlinien« der Arbeiterwohlfahrt nahmen sich Kompensation zum Ziel. Die »Umgestaltung« mußte folgerichtig in einer ›Hebung‹ der Fürsorgeerziehung und der Schaffung einer »Sozialerziehung«, die sich von anderen Formen der Erziehung nicht wesentlich mehr unterscheiden sollte, bestehen. Der Wunsch nach Kompensation war auch das Motiv für den sozialdemokratischen Anstaltsdirektor Schlosser, als er in einem internen, für den AFET bestimmten Papier aus dem Jahr 1932 vor einer »Einfachheitspsychose« in den Anstalten warnte und eindrücklich darauf verwies, daß das »Elend der langfristig erwerbslosen Familien und ihrer Lebenshaltung nicht der Maßstab für die Lebenshaltung in der Anstalt sein« kann, die Lebenshaltung dort vielmehr so zu gestalten sei, »das sie als Lebensziel für den jungen Menschen dienen kann«.[306]

Die Frage nach dem Zusammenhang zwischen den beiden ›pathetischen‹ Denkfiguren von ›Imperialismus‹ und ›Kompensation‹ scheint einfach zu beantworten. Wenn auch der Gedanke der Jugendfürsorge als kompensatorischer Leistung für den benachteiligten Nachwuchs der Unterschicht dem mainstream der imperialistischen Denkfigur nicht unbedingt entsprach, so war er ihm doch auch nicht fremd. Tatsächlich erschien die kompensatorische Denkfigur als ›Seitenlinie‹, als ›linker Flügel‹ der älteren, imperialistischen Denkfigur. Beider Ziel war eine befriedete, disziplinierte und stabile Gesellschaft mit gesundem und tüchtigem Nachwuchs. Wenngleich auch das nationale Machtstaatsinteresse bei den Verfechtern einer kompensatorischen Jugendfürsorge einen geringeren Stellenwert einnahm als bei den ›Imperialisten‹ selbst, so setzten beide doch gleichermaßen auf einen leistungsfähigen und finanzstarken Staat als Voraussetzung einer expansiven und teuren Jugendfürsorge. Der Staat sollte, so läßt sich dieser Anspruch der Fürsorger übersetzen, mit einer ausreichenden Finanzierung der Jugendfürsorge gewissermaßen einen Vorschuß auf den somit möglich werdenden tüchtigen Nachwuchs leisten. Als der Staat der Weimarer Republik weder leistungsfähig noch finanzstark war und dies auch nicht mehr – wie noch in den ersten Nachkriegsjahren – als Folge eines verlorenen Krieges angesehen wurde, gerieten beide Denkfiguren rasch ins Hintertreffen.

Zwielichtiger als die Zusammenhänge zwischen der kompensatorischen und der imperialistischen Denkfigur waren die Verbindungslinien zwischen letzterer und der rassenhygienischen Denkfigur der Jugendfürsorge, die just in dem Augenblick in den Mittelpunkt rückte, als die beiden anderen Denkfiguren an Einfluß verloren. Auf den ersten Blick sind gegensätzlichere Vorstellungen kaum denkbar: Standen auf der einen Seite Vorbereitung und Forderung eines massiven Aufbaues der Jugendfürsorge, so sammelten sich auf der anderen Seite jene, die einem Denkmodell anhingen, für das alle Fürsorge nur Gegenauslese betrieb, die »minderwertigen Menschen« schützte[307] und den Zielen eines tüchtigen Nachwuchses somit selbst widersprach. Gleichwohl gab es eine Reihe von Gemeinsamkeiten. Beide Denkfiguren entstanden um die Jahrhundertwende herum. Beide waren bevölkerungspolitisch motiviert und reagierten auf den Geburtenrückgang.[308] Beide Denkfiguren boten zudem einer jeweils neuen Generation von Sozialreformern – denn auch die Rassenhygieniker verstanden sich als solche – die Chance zur Durchsetzung von Personen und Inhalten zugleich. Beiden Denkfiguren gemein war schließlich auch ein Impuls der ›Züchtung‹. Freilich schimmerte bei dieser vordergründigen Gemeinsamkeit wieder die Differenz zwischen ›imperialistischer‹ Fürsorge und Rassenhygiene durch. War für die erstere Züchtung allein durch Fürsorge erreichbar, so war für letztere Züchtung ohne Auslese undenkbar. Dem pathetischen Motiv der imperialistischen Denkfigur – ›Wir brauchen jeden‹ – hätte kaum einer der Rassenhygieniker widersprochen. Jedoch hätten die meisten bestritten, daß jeder es ›wert‹ sei, gebraucht zu werden, hätten bestritten, daß ›Brauchbarkeit‹ in jedem Fall vorhanden ist.[309]

Eine solche Sicht war am Ende der Weimarer Republik zum Allgemeingut vieler Jugendfürsorger geworden. In der Überwältigung der imperialistischen Denkfigur durch die Rassenhygiene, in der Konstituierung einer eigenen rassenhygienischen Denkfigur der Jugendfürsorge lag schließlich der Schlüssel zur Erklärung des Umschlags von der Inklusion zur Exklusion, von der Differenzierung zur Auslese. Aber aus welchen Gründen war eine solche Entwicklung möglich geworden? Zweierlei, nicht voneinander zu trennende Ursachen hatten die Überwältigung möglich gemacht: Auf der einen Seite wuchs die Erkenntnis, daß die Weimarer Republik nicht der nach innen und außen wirkende Machtstaat sein konnte und wollte, den die imperialistische Denkfigur seit ihrer Entfaltung im Kaiserreich zur Voraussetzung hatte. Auf der anderen Seite mußte mit der Krise der Fürsorgeerziehung exemplarisch deutlich werden, daß die existierenden Maßnahmen der Jugendfürsorge ihren Zielen unter den obwaltenden Umständen einer Mangelgesellschaft kaum genügen konnten. Die Überwältigung der imperialistischen Denkfigur durch die Rassenhygiene geschah dabei in der Form einer ›Überholung‹. Rassenhygiene war in der späten Weimarer Republik nicht mehr neu. Aber ein Rückgriff auf ihre Ideenwelt erschien solange nicht als notwendig, wie der Optimismus der Jugendfürsorgebewegung unbedingt erfolgversprechend schien und die Hoffnung auf tüchtigen Nachwuchs durch Fürsorge nur durch das kleine Häuflein der Rassenhygieniker in Frage gestellt wurde. Erst mit dem Scheitern der Jugendfürsorge erhielt die Rassenhygiene als Alternative –

und genau das hat sie immer sein wollen[310] – Konjunktur und ließ die imperialistische Denkfigur als Movens der klassischen Jugendfürsorge hinter sich zurück. Eine ›Überholung‹ war dies auch noch in anderer Hinsicht: Während das Interesse der Jugendfürsorge zuvörderst der lebenden Generation Minderjähriger galt, sorgte sich die Rassenhygiene vorgeblich um die ›kommende Generation‹.

Dabei vollzog sich die Durchsetzung der Rassenhygiene – die der Jugendfürsorge nur die Sichtung der Klientel unter rassenhygienischen Gesichtspunkten als Aufgabe zuwies,[311] nicht abrupt, sondern allmählich. Eine kleine, aber im Verlauf der zwanziger Jahre größer werdende Gruppe von Jugendfürsorgern hatte bereits früh eine Vertrautheit mit der Sprache und den Denkweisen der Rassenhygieniker demonstriert. Wenn auch vieles dabei nur eine instrumentelle Rezeption erfuhr und Begriffe wie »Gegenauslese« als bloße Versatzstücke in die eigene jugendfürsorgerische Ideologie eingeschmolzen wurden, so gab es doch Fürsorger, die auf eine Verbindung von Rassenhygiene und Jugendfürsorge drängten. Gregor gehörte zu jenen, die aus der Unzufriedenheit mit dem Schwanken der Verwahrlosungsforschung zwischen Milieu und Anlage in ihrer eigenen Forschung über Verwahrlosung und ihre Entstehung[312] die Betonung deutlicher auf eine »Schädigung durch die Aszendenz«[313] legten. Tatsächlich war es die Verwahrlosungsforschung, auf deren Terrain eine Implementation der Rassenhygiene in die Jugendfürsorge nicht nur möglich, sondern um einer präzisen Forschung willen auch nötig erschien.[314] War die Rassenhygiene aber einmal Bestandteil des Nachdenkens über Verwahrlosung und ihre Ursachen geworden, so richtete sich der Blick nicht mehr nur auf die Vergangenheit, »auf die kausale Wirkung, die das Individuum in die FE geführt hat«, sondern auch in die Zukunft, auf »die Schädigungen, die der Rasse drohen von dem Individuum, nachdem es aus der FE entlassen ist (Verbrechen, Schädigung der Descendenz)«.[315] Dieser Blick in die Zukunft verwies auf Maßnahmen, die – wie der Vorschlag einer an nordamerikanischer und schweizer Gesetzgebung orientierten Sterilisierung[316] – mit Fürsorge nur mehr wenig gemein hatten. Gregor konnte nicht ahnen, wie sehr er mit seiner an anderer Stelle entworfenen Vision, eine Aufhebung der Fürsorgeerziehungs-Anstalten sei nur bei diktatorisch ausgestalteter Rassenhygiene möglich, Recht behalten sollte:[317] Was Gregor als einen Zustand der Aufhebung von Fürsorgeerziehung verstanden wissen wollte, wuchs sich im Augenblick einer tatsächlich diktatorisch durchgesetzten Rassenhygiene zur Unmöglichkeit der Fürsorge aus. Gregors Vision machte ebenso unfreiwillig wie unzweideutig die letztlich unüberspringbare Differenz zwischen einer Jugendfürsorge im Geist der alten Jugendfürsorgebewegung und der Rassenhygiene deutlich.

Freilich war nicht überall dort, wo mit rückblickend belasteten Begriffen hantiert wurde, eine Implementation der Rassenhygiene in den fürsorgerischen Diskurs schon erfolgreich gewesen. So war vor allem die in der amtlichen Begründung des Reichsjugendwohlfahrtsgesetz zu findende Dichotomisierung zwischen ›gesunden‹ und ›minderwertigen‹ Heranwachsenden nicht auf einen Ausschluß der ›Minderwertigen‹ hin angelegt. Vielmehr handelte es sich um eine präzise – wenn auch diskriminierende – Kennzeichnung derer, die zum Gegenstand der Jugend*fürsorge* werden sollten, während das Reichsjugendwohlfahrtsgesetz für die ›Gesunden‹ allein die Jugend*pflege* als öffentlich geförderte Freizeitgestaltung vorsah.[318] Erst mit der Krise der Fürsorgeerziehung – und der für die Verantwortlichen naheliegenden Frage: Wer verursacht sie? – sowie dem drastischen Rückgang der für Fürsorge zur Verfügung stehenden Finanzmittel – und der sich damit aufdrängenden Frage: Von wem wollen wir uns trennen? – vollzog sich die Durchsetzung der rassenhygienischen Denkfigur und die damit einhergehende Ineinssetzung der Stigmatisierung eines Teils der Klientel als ›minderwertig‹ oder »unerziehbar« mit der Notwendigkeit ihres Ausschlusses aus der Fürsorge.

Nicht also in der »rassistischen Entwicklungsdynamik der Humanwissenschaften«,[319] an denen die Jugendfürsorge wenig Anteil hatte, lag die Ursache für die Wendung von der Inklusion hin zur Exklusion eines Teils der Klientel, sondern in einer eigentümlich zeitbedingten Verschränkung einer verunsicherten Fürsorge mit der Deutungsmacht und den Handlungsangeboten der Rassenhygiene. Nicht »strukturelle Ambivalenzen«[320] der Sozialpädagogik oder der Fürsorge waren der Grund für eine solche folgenschwere Verschränkung, sondern ihrer beider Schwäche. Aber ein Erklärungsversuch, der komplexe Wendungen und Folgeerscheinungen nicht mit ›Ambivalenzen‹ monokausal zu erfassen sucht, muß die Frage beantworten, warum die Jugendfürsorge in einer ganz bestimmten Situation den rassenhygienischen Denkmodellen anheimfiel. Was war in der Jugendfürsorge oder in dem nur unvollkommenen Amalgam aus Fürsorge und Pädagogik einer »Osmose des rassenhygienischen Paradigmas förderlich« gewesen?[321]

In der Beantwortung dieser Frage richtet sich der Blick abermals auf offenbare Schwächen der Jugendfürsorge. Aber nicht so sehr die Schwächen einer praktischen Jugendfürsorge – wie sie etwa in der Krise der Fürsorgeerziehung zutage traten – stehen dabei im Mittelpunkt, sondern Schwächen im begrifflichen Instrumentarium. Keine der Behörden, die für die Verhängung von jugendfürsorgerischen Maßnahmen verantwortlich war, verlangte eine exakte, über die unmittelbare Anschauung hinausgehende Definition von Gefährdung oder Verwahrlosung. Doch war der Ehrgeiz in der Jugendfürsorge groß, mit immer präziser werdendem Blick die eigene Klientel zu vermessen, herauszufinden, welche Ausdrucksformen Verwahrlosung annehmen konnte und wo ihre Wurzeln lagen. Aber die »Wissenschaft von der Verwahrlosung«,[322] die seit der Jahrhundertwende mit dem Aufstieg der Jugendfürsorge hatte entstehen können, war alles andere als präzise Wissenschaft. Was als Verwahrlosungsforschung zu Papier gebracht wurde, bot eine Fülle von empirischem Material und schier endlose Deskriptionen dessen, was Verwahrlosung im Einzelfall sein konnte. Je mehr aber solche Forschung an Material in beschreibender und nicht rekonstruierender Absicht aufhäufte, umso schwieriger wurde eine Verallgemeinerung der Forschungsergebnisse. Allzusehr verfielen die Verwahrlosungsforscher in der Beschreibung ihrer Fälle kulturkritischen Lamentis und den Aporien, die sich mit dem Sortieren der vermuteten Ursachen nach ›Anlage‹ und ›Milieu‹ verbanden. Was aber war gewonnen, wenn die Forschungen in den allermeisten Fällen schließlich zu einer präzisen Ursachenbestimmung in dieser Hinsicht nicht fähig waren und fast resignativ ›Anlage‹ *und* ›Milieu‹ für Verwahrlosung verantwortlich machten? Das im Laufe der Zeit selbst empfundene Ungenügen an der eigenen ›Wissenschaft‹, das sich mit der Krise der Fürsorgeerziehung verschärfende Gefühl, nicht nur in der Analyse, sondern auch in der Behandlung der Verwahrlosung auf tönernen Füßen zu stehen, mußte empfänglich machen für all das, was dem Ideal exakter Wissenschaft unbedingt nahekam. Medizinisch verbrämte Deutungsmacht gewann in der Krise der Fürsorgeerziehung zunehmend an Popularität.[323] Eine Rassenhygiene aber, die solche medizinische Deutungsmacht, Gesellschaftspolitik und politische Teleologie mit dem Anspruch großer Zukunftsbedeutsamkeit zusammenband – und damit an die Wichtigkeit der Jugendfürsorge in ihren besten Jahren erinnerte – war als (erdrückender) Bündnispartner einer verunsicherten Jugendfürsorge schier unschlagbar. Die Wendung von der Inklusion hin zur Exklusion erschien somit nicht als Ausdruck einer ›Ambivalenz‹, sondern als Ergebnis einer Schwäche, die empfänglich machte: Der Mangel an pädagogischer Professionalisierung war nicht nur in der praktischen Erziehung vor Ort spürbar, sondern auch in der Konstituierung einer eigenen Fürsorge-Wissenschaft oder einer pädagogischen Handlungslehre. Der resolute Einbruch medizinischer Deutungsmacht war dabei nicht nur geeignet, einen etwaigen, noch vorhandenen »pädagogischen Allmachtstaumel«[324] hinwegzufegen. Er ließ auch die Bemühungen all jener, die – wie Krebs – um ein Eindringen der Sozialpädagogik, um Differenzierung *und* Zusammenhalt der Zöglinge bemüht waren, zu bloßer Gesinnung und Sentimentalität gerinnen. Die Sehnsucht nach Wissenschaftlichkeit, die die Jugendfürsorger seit der Jahrhundertwende umtrieb, aber schien mit der jeder Sentimentalität baren Rassenhygiene erfüllbar zu sein.

Wie sich dieser ›Fortschritt‹ im Blick auf die Klientel auswirkte, zeigte sich nicht nur an der plötzlichen Suche nach den »Unerziehbaren«, sondern auch am Umgang mit dem Begriff des ›Psychopathen‹. Noch unter der unmittelbaren Erfahrung der Revolution und den Krisen der Nachkriegszeit war geradezu inflationär von ›Psychopathen‹ die Rede gewesen, auf deren Treiben allzu große Auswüchse der Revolution und der Massenbewegungen zurückzugehen schienen. Doch das Interesse an ihnen sank in den mittleren Jahren der Weimarer Republik. Die ›Psychopathen‹ sahen sich zu dieser Zeit auf das nur von einigen Spezialisten bearbeitete und vom mainstream der Jugendfürsorge kaum mehr zur Kenntnis genommene Feld der »Psychopathenfürsorge«[325] abgedrängt. Auch von der »Unerziehbarkeit« war in diesen Jahren wenig zu hören gewesen. Obgleich die Begründung des Reichsjugendwohlfahrtsgesetzes den Begriff der »Unerziehbarkeit« noch genutzt hatte, wollte der AFET 1925 nur mehr über »sogenannte Unerziehbare«[326] sprechen, und der Optimismus eines Anstaltsdirektors blieb noch auf dem Allgemeinen Fürsorgeerziehungstag 1927 unwidersprochen: »Wenn wir einem Zögling gegenüber ... den Glauben verlieren, daß wir ihn zu einem rechtschaffenen Menschen machen können und uns dem Gedanken hingeben, alle unsere Mühe sei umsonst, dann sind wir am Ende.«[327] Zwei Jahre später sollte dies jedoch mit dem Auftritt des Mediziners Cimbal auf der Hauptausschußtagung des AFET anders aussehen, und auch dem Begriff der ›Psychopathen‹ kam in der Folge neue Bedeutung zu. Der milde Spott, die Diagnose ›Psychopath‹ sei beliebt, »weil sie kaum jemals als wirklich falsch erwiesen werden kann«,[328] verfing nicht mehr. Allzu probat bot sich in und mit diesem Begriff die Möglichkeit der »Vermischung von naturwissenschaftlich feststellenden und sozial wertenden Gesichtspunkten«.[329]

Genau darin lag schließlich auch die Gefährlichkeit des Eindringens medizinisch-rassenhygienischer Deutungsmuster in die Jugendfürsorge: Was als Präzision verstanden wurde, war wenig mehr als die Umdeutung von Auffälligkeit und Verwahrlosung in Krankheit. Die Ineinssetzung von »unerziehbar« und unheilbar lag dabei auf der Hand, zumal »Unerziehbarkeit« unter dem Primat der Vererbung nur Teil einer Kette schien, die durch Erziehung und Fürsorge gewiß nicht durchbrochen werden konnte. Unter der Hand entzog sich die Fürsorge mit einer derart begründeten Preisgabe eines Teils ihrer Klientel die Grundlage ihrer Existenz. Das ›Bündnis‹ von Rassenhygiene und Jugendfürsorge bedeutete keine Stärkung der Jugendfürsorge, sondern lief auf eine erneute Schwächung hinaus. Gleichwohl war das Amalgam aus Fürsorge und Rassenhygiene nicht weniger unvollkommen als das gescheiterte Amalgam aus Fürsorge und Pädagogik. Der folgende Abbau der Jugendfürsorge war in den Augen der Rassenhygieniker wie auch der von ihnen beeindruckten Jugendfürsorger ohne Zweifel ein tendenzieller Abbau der »Gegenauslese« und ein Schritt hin zu jener »differenzierte[n] Fürsorge«, die an die Stelle »einer volksfeindlichen unterschiedslosen Wohlfahrtspflege«[330] zu treten habe. Aber an eine ›positive‹ Rassenhygiene – etwa im Sinne einer Unterbrechung ›minderwertiger‹ Deszendenz durch Sterilisation – war in den letzten Jahren der Weimarer Republik nicht zu denken gewesen.

Ein neues, überzeugendes Profil gewann die Jugendfürsorge im Bündnis mit der Rassenhygiene somit nicht. Auch wenn sie darin dem Vorwurf der »Gegenauslese« zu entkommen suchte – der ›Kampf‹ gegen die ›Minderwertigen‹ konnte über die Krise der Fürsorgeerziehung und ihre ungelösten Probleme nicht hinwegtäuschen. Die Jugendfürsorge erschien am Ende der Weimarer Republik – gemessen an ihren Zielen – vor allem: ratlos. Aber ihre eigentliche Funktion, die »Erziehung zur Wirtschaftlichkeit« des Teils der Unterschichtjugend, der diesem Anspruch aus eigener Kraft nicht zu genügen schien, verlor sie nicht aus dem Auge. Doch die Suche nach neuen jugendfürsorgerischen Instrumenten – die über die diskreditierten Instrumente hinausweisen, deren eigentliche Aufgabe aber zugleich erfüllen sollten – beschränkte sich auf eine direkte Steuerung des Verhältnisses zwischen Jugendlichen und dem Arbeitsmarkt. Eine solche Steuerung – Jugendfürsorge sans phrase – erschien dringlich. Von der Destruktion des Arbeitsmarktes in der Depression, dem großen Ausmaß auch der Jugenderwerbslosigkeit und dem Abbau der Leistungen der Arbeitslosenversicherung für Jugendliche war ein noch größerer Kreis an Jugendlichen betroffen, als es durch den Abbau der Fürsorgeerziehung der Fall war. Aber diese Jugendlichen zählten nicht mehr zur klassischen Fürsorgeklientel und waren somit vom Verdacht einer ›Minderwertigkeit‹ noch entfernt. Vieles von dem, was als Ersatz für den Abbau der Leistungen aus der Arbeitslosenversicherung zur Diskussion gelangte, ähnelte dennoch fürsorgerischem Instrumentarium – und die Jugendfürsorge bewegte sich in ihrer Ohnmacht auf diese neuen, einstweilen oft nur gedachten jugendpolitischen Instrumente zu. Sie suchte in ihnen den ›Ersatz‹ für abgebaute oder diskriminierte Instrumente der Jugendfürsorge. Was in den letzten Jahren der Weimarer Republik an jugendpolitischen Maßnahmen diskutiert wurde, bewegte sich auf der Schneide zwischen Arbeitsmarktpolitik und Fürsorge. Doch wie schemenhaft auch immer sich das ›Neue‹ ausnehmen mochte – der Abbau der Jugendfürsorge, zuvörderst die Zurücknahme der Fürsorgeerziehung wurden 1932 höchst real.

IV. Der Niedergang der Jugendfürsorge

1. Die Universalität der Krise

Die Kette von Revolten und Skandalen, die die Fürsorgeerziehung seit den späten zwanziger Jahren erschüttert hatte, war auch in den frühen dreißiger Jahren nicht abgerissen. Eine Gerichtsverhandlung gegen ›Erzieher‹ der Berliner Fürsorgeerziehungsanstalt Gütergotz bei Stahnsdorf offenbarte skandalöse Mißstände. Im Fall der Provinzialanstalt Strausberg bei Berlin war im Februar 1932 zunächst das Überfallkommando gefragt: »Zehn schulentlassene Insassen einer mit Fenstergittern versehenen Abteilung für Schwererziehbare, die in zwei aneinanderstoßenden Zimmern untergebracht waren, verbarrikadierten die Türen, schlugen die Fenster ein, öffneten die Strohsäcke (sic) ihrer Betten und schichteten das Stroh im Zimmer auf, um es anzuzünden.«[1] Jedoch erregte das mitunter schwer zu entwirrende Knäuel aus Mißständen, Skandalen und Revolten im Jahr 1932 nicht mehr das Aufsehen, wie es zwei oder drei Jahre zuvor noch der Fall gewesen war. Zwar wurde die Misere der Fürsorgeerziehung und das Schicksal ihrer Zöglinge in den frühen dreißiger Jahren zu einem der bevorzugten Gegenstände des zeitbezogen-realistischen – oder auch bloß sentimentalen – Romans.[2] Doch war diese Bearbeitung des Themas – und Georg Glasers 1932 erschienener Roman »Schluckebier« überragte ob seiner unprätentiösen Sprache und einer fast expressionistisch anmutenden Wucht alles andere um Längen – schon ein deutliches Zeichen für eine relative ›Abkühlung‹ des Gegenstandes. Das Interesse der Öffentlichkeit galt in der Hochzeit der Depression 1932 vielmehr der in der Großstadt wie auch auf Landstraßen mit Händen zu greifenden Verelendung einer breiten Schicht Jugendlicher, dem Cliquen- und Bandenwesen und der erwarteten oder bereits eingetretenen Zunahme der Kriminalität. Zwar blieb der Zusammenhang zwischen dem Verfall der Fürsorgeerziehung und der Verelendung Jugendlicher am Beispiel der entlaufenen oder entlassenen Fürsorgezöglinge, die nicht selten den ›harten Kern‹ der Cliquen und Banden bilden sollten, unzweideutig gegeben. Aber die Verwahrlosung einer weit über die traditionelle Jugendfürsorge-Klientel hinausreichenden Schicht Jugendlicher ließ die traditionellen Institutionen der

Jugendfürsorge eher in den Hintergrund treten. Viel folgenschwerer als ihr Versagen war für jene Masse von Jugendlichen der fast gleichzeitige Ausschluß aus dem Arbeitsmarkt wie auch aus dem – ohnehin nur fragilen – Netz sozialer Sicherheit.

Aber so spektakulär *diese* Verelendung als Massenerscheinung auch gewesen sein mag, so war sie Tag um Tag gewachsen – ohne dramatische Vorgänge auf offener Bühne, ohne Skandal und ohne Revolte. Polligkeit untertrieb zwar maßlos, als er sich im Sommer 1932 zu der Beobachtung verstieg, daß »selbst in den Wohngegenden der Arbeiterbevölkerung ... nicht etwa zerlumpte Gestalten, Menschen ohne Schuhwerk« anzutreffen seien und das Fazit zog: »Die Not ist in Deutschland unsichtbar geworden.«[3] Gleichwohl behielte Polligkeit recht, wenn er mit der von ihm beobachteten »Unsichtbarkeit« der Not vor allem deren Allmählich- und Alltäglichkeit hätte kennzeichnen wollen. Denn wenn auch die Ursachen der immer mehr Menschen in ihren Bann schlagenden Not auch und vor allem in der Notverordnungspolitik der Regierungen Brüning und Papen zu suchen sind, war die dergestalt »verordnete Not«[4] dennoch insoweit »unsichtbar«, als auch massive Leistungskürzungen sukzessive erfolgten, jeweils Teil einer umfassenden Notverordnung waren und überdies in nachfolgenden Notverordnungen mitunter korrigiert wurden. Einzig der diskreditierten und den Blicken einer breiten Öffentlichkeit schon fast entzogenen Fürsorgeerziehung blieb es vorbehalten, im November 1932 zum ausschließlichen Gegenstand zweier Notverordnungen zu werden. Mit Aplomb griffen die Notverordnungen in die Konstruktion der Fürsorgeerziehung ein, die damit für einen Augenblick wieder in den Mittelpunkt der Aufmerksamkeit rückte.

Dabei war eine notverordnete Änderung der Fürsorgeerziehungs-Paragraphen des Reichsjugendwohlfahrtsgesetzes nicht nur ein markanter, sondern vor allem ein von der Konstruktion her höchst problematischer Vorgang. Der Erlaß einer Notverordnung unter Rückgriff auf Artikel 48 der Weimarer Reichsverfassung war nur unter der Voraussetzung einer tatsächlichen Entlastung der öffentlichen Haushalte möglich.[5] Das Ineinanderfallen der Krise der öffentlichen Finanzen und der Krise der Fürsorgeerziehung machte es aber nahezu unmöglich, in einer vordergründig finanziell motivierten Veränderung der Fürsorgeerziehung nicht auch Antworten auf die Krise der Fürsorgeerziehung finden zu wollen. Unter dem Deckmantel unabwendbarer Kürzungen bot sich die Gelegenheit, Fürsorgeerziehung nicht nur abzubauen, sondern im Abbau zugleich »einige, in Theorie und Praxis außerordentliche umstrittene Fragen zu regeln, die an sich gar nicht mit Sparmaßnahmen zusammenhängen«.[6] Eine allein ›praktische‹ Handhabung des finanziellen Drucks durch Leistungs-Kürzungen unterhalb einer Veränderung des gesetzlichen Rahmens erschien aus solcher Sicht nicht als ausreichend. Bereits im Januar 1931 lancierte Hirtsiefer anläßlich einer Hauptausschußtagung des Preußischen Landtags den Vorschlag, einerseits den Anwendungsbereich der vorbeugenden Fürsorgeerziehung zu erweitern (d.h. Minderjährige jüngeren Alters der Fürsorgeerziehung zuzuführen), andererseits die Altersgrenze herabzusetzen. Den Hintergrund seines Vorschlags bildete noch nicht der Zwang zum Sparen, sondern der Hinweis, daß die »Keimzellen der Unruhe und Auflehnung« in den Anstalten überwiegend aus älteren, spätüberwiesenen Schwerverwahrlosten bestünden.[7]

Wenngleich also Vorschläge für eine Korrektur der Fürsorgeerziehung längst in den Schubladen lagen, bedurfte es dennoch zuerst eines präzisen Anstoßes aus der Finanzverwaltung, um eine Notverordnung auf den Weg zu bringen. Im Frühherbst 1931 forderte der preußische Finanzminister mit Blick auf den zur Beratung anstehenden Etat, »eine Senkung der FE-Kosten um einen erheblichen Bruchteil«.[8] Sein Kabinettskollege Hirtsiefer beeilte sich daraufhin, noch im September 1931 das Reichsinnenministerium von der bevorstehenden Kürzung in Kenntnis zu setzen. Er übermittelte zugleich auch Vorschläge, wie eine Anpassung des Reichsjugendwohlfahrtsgesetzes und der Fürsorgeerziehung an die geringer werdenden Finanzmittel aussehen könnte. Im Kern schlug Hirtsiefer eine drastische Senkung der Zöglingszahl durch schematische Herabsetzung der Altersgrenzen um zwei Jahre, durch Vorverlegung der Entlassungstermine und durch Zulässigkeit einer Aufhebung der Fürsorgeerziehung im Einzelfall wegen »Unausführbarkeit« vor.[9] Noch im selben Monat[10] legten die Beamten des Reichsinnenministeriums einen Entwurf für eine Notverordnung vor, der am 27.11.1931 in einer Gruppe von Beamten des Ministeriums, der Fürsorgeerziehungsbehörden und Landesdirektorien sowie Sachverständigen der Caritas, der Inneren Mission und des Deutschen Vereins (Polligkeit) zur Diskussion gestellt wurde. Dieser Entwurf einer Notverordnung folgte im wesentlichen den Anregungen Hirtsiefers und sah eine Reduzierung der Zöglingszahl durch eine Vorverlegung der Altersgrenzen um zwei Jahre vor. Überdies eröffnete der Entwurf die Möglichkeit, einen Fürsorgezögling »wegen Unausführbarkeit der Fürsorgeerziehung aus Gründen, die in der Person des Minderjährigen liegen«, vorzeitig aus der Fürsorgeerziehung zu entlassen.[11] Aber allein damit war die im Entwurf vorgesehene Vision einer neuen und zugleich sparsamen Fürsorgeerziehung noch nicht erschöpft. Für die in den Diskussionen der Fachöffentlichkeit als »unerziehbar« bezeichneten Jugendlichen sah der Entwurf eine ganz besondere Form der Verwahrung nach der Entlassung aus der Fürsorgeerziehung vor: »Das Vormundschaftsgericht kann einen Minderjährigen, der den Erziehungsmaßnahmen der Fürsorgeerziehung beharrlichen, auf pathologische Veranlagung nicht zurückzuführenden Widerstand entgegensetzt, auf Antrag der Fürsorgeerziehungsbehörde einem Arbeitshaus überweisen.«[12]

Ohne Zweifel waren die Urheber dieses Vorschlags unter den preußischen Fürsorgeerziehungs-Dezernenten zu suchen.[13] Bereits 1924 hatte Hartmann als der zuständige Dezernent in der Provinz Hannover und zugleich auch als einer der Wortführer des AFET die Forderung nach dem Arbeitshaus als Abschiebe-Möglichkeit für Fürsorgezöglinge erhoben.[14] Was 1924 jedoch noch weitgehend ungehört verhallte, schien sich im Augenblick der Krise um so leichter durchzusetzen. War es nicht im Sinne einer als Disziplinarapparat verstandenen Fürsorgeerziehung unabdingbar, der Entlassung das Arbeitshaus als »grösseres Uebel« zur Seite zu stellen, damit nicht in den Anstalten »als Preis für widerspenstiges Verhalten die Freiheit winkt«?[15] Dieser Handstreich der preußischen Fürsorgeerziehungs-Dezernenten und der Ministerialbürokratie brachte in nuce jene wohlfeile Verknüpfung von vordergründigem Sparzwang und darüber hinausgehender gewichtiger Veränderung der Institution zum Ausdruck. Erstaunlich groß aber war der sich sammelnde Widerstand gegen den jedwedes Erziehungsziel plump leugnenden Vorschlag einer Abschiebung widerspenstiger Zöglinge ins Arbeitshaus. Noch in der Aussprache über den Entwurf im Reichsinnenministerium im November 1931 wurde die »Überführung der wegen Renitenz unerziehbaren Minderjährigen aus der Erziehungsanstalt in das Arbeitshaus« beanstandet – »und zwar von fast allen Seiten«.[16] Gleichwohl fußte der Widerspruch der anwesenden Sachverständigen, die gewiß nicht zur Avantgarde der Reformer zählten, überwiegend auf rechtlichen, nicht auf fürsorgerischen und schon gar nicht auf pädagogischen Motiven.

Heftiger äußerte sich der Widerstand in einer breiteren, mit den Grundzügen des Notverordnungs-Entwurfs alsbald vertrauten Fachöffentlichkeit. Nicht von ungefähr waren die Kritiker einer Arbeitshaus-Lösung identisch mit jenen, die zuvor deutliche Kritik an den Unzulänglichkeiten der traditionalen Fürsorgeerziehung geübt hatten und um Reformvorschläge bemüht waren: Vertreter der Arbeiterwohlfahrt, die seit 1931 von Friedländer geleitete Deutsche Zentrale für freie Jugendwohlfahrt, der Arbeitskreis zur Reform der Fürsorgeerziehung der »Gilde Soziale Arbeit«, auch der Zentralblatt-Herausgeber Webler.[17] Sie alle erhoben scharfen Protest gegen einen Vorschlag, der selbst in den Tagen der alten Zwangserziehung nicht zur Durchführung gekommen war und der nun, so war Webler überzeugt, »Zustände heraufbeschwören würde, gegen die die bekannten Ausschreitungen in Scheuen und Rickling Bagatellen wären«.[18] Gleichwohl war der Vorschlag, renitente Zöglinge in die bis dahin als Stiefkinder der modernen Wohlfahrtspflege fast vergessenen Arbeitshäuser zu überweisen, nicht nur bornierte wohlfahrtspolitische Reaktion. Blumenthal, der in einer Reihe von Aufsätzen[19] seine außerordentliche Vertrautheit mit den Diskussionen vor und hinter den Kulissen zu erkennen gab, war gewiß, daß die Forderung nach dem Arbeitshaus vor allem »von einer Gruppe von Praktikern der FE und Leitern von FE-Behörden erhoben« werde, aber auch »von karitativer Seite« Unterstützung erfahre.[20]

Das Arbeitshaus blieb den ›renitenten‹ Zöglingen jedoch erspart. Nicht so sehr der Wirbel, den der Vorschlag in der Fachöffentlichkeit ausgelöst hatte, als vielmehr der Widerspruch einer Reihe von Ländern, darunter Sachsen, Preußen und Hamburg, veranlaßten offenbar das Reichsinnenministerium zur Aufgabe der Arbeitshaus-Pläne.[21] Aber wenn auch damit ein markanter Teil aus dem Notverordnungs-Entwurf herausgebrochen war, blieb der Zwang zum Sparen und der Wille zur darüber hinausgehenden Änderung des Reichsjugendwohlfahrtsgesetzes erhalten. Mit der Sparverordnung vom Dezember 1931 hatte Preußen den Druck auf die Fürsorgeerziehung erhöht. Doch eine rechtliche Handhabe, um den Sparzwang praktikabel zu machen, ließ auf sich warten. Denn auch der Runderlaß Hirtsiefers vom 26.3.1932, der die Fürsorgeerziehungsbehörden dazu ermunterte, von der Befugnis zur vorzeitigen Entlassung, die sich im Paragraph 72 des Reichsjugendwohlfahrtsgesetzes verbarg, »weitestgehend Gebrauch« zu machen,[22] war wenig hilfreich. Die Möglichkeit der vorzeitigen Entlassung scheiterte noch meistens »an der bekannten strengen Auslegung des Begriffs der ›anderweitigen Sicherstellung‹«.[23] Gleichwohl sank die Zahl der Zöglinge im Rechnungsjahr 1931 in Preußen beträchtlich: Die Landesstatistik zählte 46.638 Fürsorgezöglinge, während im Vorjahr noch 50.197 Minderjährige in Fürsorgeerziehung waren. Auch wurden 1931 nurmehr rund halb soviele Jugendliche der Fürsorgeerziehung überwiesen wie im Rekordjahr 1925. Vor allem aber nahm 1931 die Zahl der entlassenen Zöglinge zu: Ihr Anteil am Gesamtbestand betrug 22 % gegenüber 18,4 % im Vorjahr.[24] Die beiden ersten Veränderungen hingen auch mit einer ad hoc zur Ausnahme gemachten Überweisung der über Achtzehnjährigen und einer verschärften Prüfung der Erfolgsaussicht durch die Aufnahmeheime zusammen.[25] Doch war zu vermuten, daß manche Fürsorgeerziehungsbehörde der »Versuchung illegaler Entscheidungen«, von der der AFET im Frühjahr 1932 zu sprechen begann,[26] offenbar erlegen war.

Aber auch wenn die Diskussion um den im Reichsinnenministerium vorgelegten Entwurf einer Notverordnung nach den Scharmützeln um das Arbeitshaus zunächst abgeklungen war, hing die »Wolke der Notverordnung« noch immer »drohend über der Fürsorgeerziehung«.[27] Notprogramme zur Reduzierung *und* Sicherung der Fürsorgeerziehung wie auch der gesamten Jugendfürsorge erschienen in schneller Folge.[28] Auch der AFET legte im Frühjahr 1932 ein solches, von Hartmann entworfenes

Programm vor. Es ließ erkennen, daß der Notverordnungsentwurf beim AFET zwar auf Verständnis stieß, dennoch aber Differenzen zwischen der Ministerialbürokratie im Reich und in Preußen und der im AFET vertretenen Bürokratie der Provinzen und Länder übrigblieben. Von einem homogenen Fürsorgeerziehungs-Apparat, einer geschlossenen bürokratischen Phalanx, konnte mitnichten die Rede sein. Zwar setzte auch das AFET-Notprogramm auf eine »Herabsetzung der Zahl der Betreuten«.[29] Aber im Gegensatz zu den Vorschlägen der Ministerialbürokratie, die auf eine starre Senkung der Altersobergrenzen hinausliefen, wollte der AFET sein Ziel einer Herabsetzung der Zöglingszahl mit einer Reihe flexibler Eingriffe erreichen. Außer Frage stand dabei, daß für die »Unerziehbaren« »der Weg des Verzichts auf Fürsorge- und Erziehungsmaßnahmen allein übrig bleiben« konnte.[30] Einer solchen Position entsprach die Forderung nach einer »Wiederherstellung der vorbeugenden FE«, nach einer frühen »Erfassung der Erziehungsnotstände ... bei den objektiv gefährdeten Kindern«.[31] Unter der Hand verschoben derlei Forderungen die der Fürsorgeerziehung gestellte Aufgabe. Nicht mehr mit der Beseitigung der Verwahrlosung, sondern mit ihrer Verhütung schien das möglich zu werden, was der AFET seit langem wünschte: eine endlich konfliktfreie und ›erfolgreiche‹ Fürsorgeerziehung.[32] Als sinnvoll erschien Hartmann überdies der Vorschlag, den der Frankfurter Vormundschaftsrichter Rothschild im April 1932 im Zentralblatt veröffentlicht hatte. Rothschild schlug vor, daß die Fürsorgeerziehungsbehörden unter den eigentlich zu überweisenden Minderjährigen eine Auswahl »nach der Aussicht auf den besten Erfolg hin« treffen sollten.[33] Liefen schon die Vorschläge des AFET auf eine gravierende Bedeutungsveränderung der Fürsorgeerziehung – weg von den Verwahrlosten hin zu den »objektiv Gefährdeten« – hinaus, so drehte Rothschild auf fast dreist zu nennende Weise den Ausgangspunkt der Fürsorgeerziehung um: Nicht mehr die Verwahrlosung oder Gefährdung eines Minderjährigen sollte ursächlich für die Überweisung zur Fürsorgeerziehung sein, sondern der voraussichtliche Erfolg einer Erziehung.

Doch es nahm im weiteren Verlauf des Jahres 1932 den Anschein, als ob eine reichsgesetzliche Änderung der Fürsorgeerziehung das Schicksal nahezu aller jugendpolitischer Vorhaben im Gefolge des Reichsjugendwohlfahrtsgesetzes zu teilen hätte: nach Vorlage und heftiger Diskussion im Beratungsgang zu entschwinden.[34] Als die »Verordnung des Reichspräsidenten über Jugendwohlfahrt« schließlich am 7.11.1932 im Reichsgesetzblatt veröffentlicht wurde,[35] kam sie infolgedessen für die meisten Beobachter überraschend. Nur die wenigsten unter ihnen hatten noch mit einer Notverordnung gerechnet.[36] Der Inhalt der Notverordnung freilich war nicht überraschend. Wenn auch von der Überweisung in ein Arbeitshaus keine Rede mehr sein sollte, sah die Notverordnung dem ein Jahr zuvor im Reichsinnenministerium zur Diskussion gestellten Entwurf doch zum Verwechseln ähnlich.

Eine Korrektur erfuhren vor allem die im Reichsjugendwohlfahrtsgesetz vorgesehenen Altersobergrenzen. Während das vollendete 18. Lebensjahr als reguläre Altersobergrenze erhalten blieb, war eine darüber hinausgehende Anordnung der Fürsorgeerziehung bei Aussicht auf Erfolg nun vor der Vollendung des 19. Lebensjahres (bislang: des 20. Lebensjahres) möglich. Nicht mehr wie bisher mit der Volljährigkeit, sondern mit dem vollendeten 19. Lebensjahr endete die Fürsorgeerziehung eines Minderjährigen. Nur in Ausnahmefällen war eine Fortsetzung der Fürsorgeerziehung über das vollendete 19. Lebensjahr möglich. Aber abseits solcher ›schematischer‹ Regelungen schuf die Notverordnung auch die Möglichkeit, Jugendliche nach der Vollendung des 18. Lebensjahres und unter der Voraussetzung eines mindestens einjährigen Aufenthaltes in der Fürsorgeerziehung »wegen Unausführbarkeit der Fürsorgeerziehung aus Gründen, die in der Person des Minderjährigen liegen«[37] zu entlassen, ohne daß eine anderweitige Bewahrung zu erfolgen hatte. Doch damit nicht genug: Bei »erheblichen geistigen oder seelischen Regelwidrigkeiten« konnten Jugendliche auch vor Vollendung des 18. Lebensjahres und ohne einjährigen Aufenthalt in der Fürsorgeerziehung entlassen werden.[38]

Solchen, auf den Hinauswurf der »Unerziehbaren« abzielenden Veränderungen standen Eingriffe in das Reichsjugendwohlfahrtsgesetz zur Seite, die den Zugang zur Fürsorgeerziehung neu regelten. Sie durfte nun nicht mehr angeordnet werden, »wenn sie offenbar keine Aussicht auf Erfolg bietet«.[39] Unzulässig war die Überweisung in Fürsorgeerziehung auch »zur Verhütung lediglich körperlicher Verwahrlosung«.[40] Vor allem aber wurde der Paragraph 63 des Reichsjugendwohlfahrtsgesetzes dergestalt neugefaßt, daß nunmehr durch Beschluß des Vormundschaftsgerichts zur Fürsorgeerziehung zu überweisen war, wenn »zur Verhütung der Verwahrlosung des Minderjährigen die anderweitige Unterbringung erforderlich ist, eine nach dem Ermessen des Vormundschaftsgerichts geeignete Unterbringung aber ohne Inanspruchnahme öffentlicher Mittel nicht erfolgen kann«.[41] Der damit hergestellte Automatismus zwischen der Inanspruchnahme öffentlicher Mittel und der Zulässigkeit der Fürsorgeerziehung sollte endlich die vorbeugende Fürsorgeerziehung sicherstellen. Sie war durch die alte Fassung des Paragraphen 63 und die Rechtsprechung des Reichsgerichts und des preußischen Kammergerichts mit Hinweis auf die Unzulässigkeit der Fürsorgeerziehung, wenn »keine besonderen Aufwendungen zum Zweck der Verhütung erforderlich werden«,[42] bislang unterlaufen worden.

So deutlich jedoch der Inhalt allen Beteiligten erschien, so unklar war die Praktikabilität der Notverordnung. Verwirrung entstand, weil das Datum des Inkrafttretens offengelassen worden war und Übergangsregelungen oder landesrechtliche Ergänzungsbestimmungen fehlten. Unklar war vor allem das Schicksal der über neunzehnjährigen Fürsorgezöglinge. »Die herrschende Meinung ging davon aus«, so berichtete der Nachrichtendienst des Deutschen Vereins,[43] daß die Notverordnung gemäß dem Gesetz über die Verkündung von Rechtsverordnungen aus dem Jahre 1923 am Tag nach Verkündigung wirksam geworden sei. Abrupt wären somit ab dem 8.11.1932 alle über 19 Jahre alten Fürsorgezöglinge aus der Fürsorgeerziehung ausgeschieden. Auch wenn nach den Informationen des AFET »abgesehen von wenigen Ausnahmen, überstürzte Entlassungen größeren Umfanges ... nicht vorgekommen waren«,[44] löste dieser Teil der Notverordnungen angesichts der großen Zahl an älteren Zöglingen doch leises Erschrecken unter den Verantwortlichen aus. Mit Blick auf die durch den Winter verschärfte Arbeitsmarktsituation und die Unmöglichkeit, viele der Entlassenen zu ihren Eltern zurückzuschicken, entwarf der Düsseldorfer Landesrat Hecker ein düsteres Bild der entlassenen Zöglinge:

»Das bei allen unbequemen Sparmassnahmen auftauchende Schlagwort von der Kostenverlagerung erlangt hier eine unheimliche Bewahrheitung. Der Kreislauf der Entlassenen: FE – Landstrasse – Obdachlosen-Asyl – Gefängnis und Arbeitshaus für die Jungen u. FE – Obdachlosigkeit – Prostitution – Fürsorgeheim – Geschlechtskranken- oder Entbindungsanstalt und Gefängnis für die Mädchen liegt nach den Erfahrungen der Großstadtfürsorge zu klar am Tage, um mit dem gewöhnlichen Vorwurf der Uebertreibung abgetan zu werden.«[45]

Der AFET-Vorstand sorgte sich vor allem um die Rechtsgrundlage der Entlassungen und richtete in einer Sitzung, an der sich auch Vertreter des Reichsinnenministeriums und des Preußischen Volkswohlfahrtsministeriums beteiligten, eine Eingabe an das Reichsinnenministerium, in der eine »Ergänzungsverordnung« zur Notverordnung verlangt wurde.[46] Tatsächlich erschien im Reichsgesetzblatt vom 1.12.1932 eine »Verordnung des Reichspräsidenten zur Fürsorgeerziehung«, die vom 28.11.1932 datierte, deren Inkrafttreten aber auf den 8.11.1932 zurückdatiert wurde.[47] Diese zweite Notverordnung innerhalb eines Monats, die sich mit der Regelung der Fürsorgeerziehung beschäftigte, beseitigte die wesentlichen Unklarheiten und Mißverständnisse. Nicht abrupt, sondern erst am 31.3.1933 sollte die Fürsorgeerziehung für den Kreis von Zöglingen an ein Ende gelangen, der vor dem 1.4.1933 das 19. Lebensjahr vollendete. Bis dahin war es den Fürsorgeerziehungsbehörden möglich, Anträge auf Verlängerung der Fürsorgeerziehung über das vollendete 19. Lebensjahr hinaus aus besonderem Grund zu stellen. Den Behörden blieb es zugleich aber auch freigestellt, Jugendliche, die das 19. Lebensjahr vollendet hatten, noch vor dem 1.4.1933 zu entlassen – die Möglichkeit, die »Unerziehbaren«, oder schlicht:

Tabelle 16: Die Zahl der preußischen Fürsorgezöglinge im Rechnungsjahr 1932

Zahl der Zöglinge am	männlich	weiblich	zusammen
31. März 1932	26.149 (100 %)	20.489 (100 %)	46.638 (100 %)
30. September 1932	23.464 (89,7 %)	18.661 (91,1 %)	42.125 (90,3 %)
31. Dezember 1932	20.607 (78,8 %)	16.438 (80,2 %)	37.045 (79,4 %)
31 März 1933	17.895 (68,4 %)	14.093 (68,8 %)	31.988 (68,6 %)

Quelle: Statistik 1932, S. 2.

Tabelle 17: Die Zahl der Fürsorgezöglinge in Preußen, Berlin und Ostpreußen im Rechnungsjahr 1932

	(Bestand am 31.3.1932 = 100 %)		
	30.9.1932	31.12.1932	31.3.1933
Preußen	90,3 %	79,4 %	68,6 %
Berlin	89,3 %	73,1 %	59,7 %
Ostpreußen	96,5 %	94,2 %	76,4 %

Quelle: Statistik 1932, S. 2.

die »Uneinfügbaren«[48] aus der Fürsorgeerziehung auch mit Aplomb hinauszuwerfen, wurde nicht beschränkt.

Der ›Erfolg‹ der Notverordnungen war durchschlagend. Zählten die preußischen Statistiker am 31.3.1932 noch 46.638 Zöglinge, so waren ein Jahr später nurmehr 31.988 Jugendliche in Fürsorgeerziehung. Allein im Zeitraum zwischen den 30.9.1932 und dem 31.3.1933, der Zeit, in der die Notverordnungen zur Auswirkung kamen, sank die Zahl der Zöglinge um 10.137.[49] (Vgl. Tabelle 16.)

Ein unterschiedliches Bild der Entwicklung der Zöglingszahl ergab sich je nach der Alterszusammensetzung in den einzelnen Provinzen und Kommunalverbänden. Berlin mit einem extrem hohen Anteil an über Achtzehnjährigen reduzierte seine Zöglingszahl um mehr als 40 %, während Ostpreußen mit einer geringeren Zahl an über Achtzehnjährigen nur um 23,6 % reduzierte und in der Entlassung auch zögerlicher vorging. (Vgl. Tabelle 17.)

Noch drastischer als in der Gesamtzahl der Zöglinge, die auch Neuüberweisungen einschloß, zeigte sich der Abbau der Fürsorgeerziehung in den Entlassungszahlen. Im Rechnungsjahr 1932 schieden in Preußen 19.396 Zöglinge aus der Fürsorgeerziehung aus – 43,4 % des Gesamtbestandes –, während in den Jahren seit dem Inkrafttreten des Reichsjugendwohlfahrtsgesetzes dieser Prozentanteil zwischen 16,3 % (1926) und 22,3 % (1931) geschwankt hatte.[50] Die Zahl der Neuüberweisungen sank mit 4921 Minderjährigen auf den Tiefststand seit Inkrafttreten des Reichsjugendwohlfahrtsgesetzes. Das Gros der Entlassungen, 13.589 von 19.396, ging auf das Erreichen der herabgesetzten Altersgrenze zurück.[51] »Wider Erwarten«[52] blieben die Fälle vorzeitigen Ausscheidens wegen Unausführbarkeit der Fürsorgeerziehung gering. Nur 19 Zöglinge wurden nach Vollendung des 18. Lebensjahres wegen Unerziehbarkeit entlassen. 192 Zöglinge schieden »mit erheblichen geistigen oder seelischen Regelwidrigkeiten« aus der Fürsorgeerziehung aus.[53] Die Berichte der Fürsorgeerziehungsbehörden wiesen daraufhin, »daß von der Entlassungsmöglichkeit der Unerziehbaren zunächst nur mit größter Vorsicht Gebrauch gemacht worden ist, besonders weil das Fehlen eines Bewahrungsgesetzes es häufig mit Rücksicht auf den Schutz der Allgemeinheit nicht verantworten ließ, ausgesprochen asozial veranlagte Jugendliche zu entlassen.[54] Verbarg sich im Festhalten der »Unerziehbaren« eine Faustpfand-Strategie, mit der die Dringlichkeit des ersehnten Bewahrungsgesetzes deutlich werden sollte? An ein Bewahrungsgesetz aber war angesichts der knappen Finanzmittel nach wie vor nicht zu denken. Doch mit der Entlassung der Zöglinge nach Vollendung des 19. Lebensjahres hatten sich die Anstalten jener Altersgruppe, in der die meisten »Unerziehbaren« vermutet wurden, ohnehin entledigt.

Die vorteilhafte Verbindung von Sparzwang und ganz bestimmten Veränderungen in der Fürsorgeerziehung stellte die preußischen Fürsorgerziehungsbehörden zufrieden. Decouvrierend hierfür war der Bericht der Fürsorgeerziehungsbehörde der Rheinprovinz über das Rechnungsjahr 1932, der keinen Hehl daraus machte, wie sehr die Änderung des Reichsjugendwohlfahrtsgesetzes der Behörde zupaß kam:

»Die Fiktion, daß die FE auch die Aufgabe der Bewahrung Minderjähriger mit übernehmen könne, infolgedessen also eine gesetzliche Bewahrung für Minderjährige überflüssig sei, ist durch die NotVO glücklich beseitigt. Diese Fiktion, in den Kriegsjahren aus der Not der Verhältnisse heraus geboren, dann aber in den Zeiten des unbegrenzten FE-Optimismus der Nachkriegszeit auch von maßgebenden Fachleuten der FE aufgenommen, war die eigentliche Ursache ihrer quantitativen Aufblähung und qualitativen Entartung. Denn sie bedeutete die klare Abkehr vom reinen Erziehungsprinzip, das dem Gesetzgeber von 1900 noch deutlich vorgeschwebt hatte, und die allmählich immer stärker werdende Verlagerung des Schwergewichts der FE auf die Verwahrlosten- und Schwerverwahrlostenerziehung. Das war die Ursache zu manchem erziehlichen Versagen der letzten Jahre, zur Revoltenstimmung in verschiedenen Anstalten für Schulentlassene und zur schließlichen öffentlichen Vertrauenskrise gegenüber der ganzen FE, die ihren ursprünglich edlen Namen zu einem entehrenden und gefürchteten Makel hatte werden lassen. Dank darum dem Gesetzgeber, daß er das Steuer herumgeworfen hat kurz vor einer Katastrophe, zu einer Zeit, wo angeblich sachverständige Kritiker der FE keine besseren Reformvorschläge zu machen wußten, als indem sie von normalen Durchschnittsmenschen in der Anstaltserziehung Wunderkuren für Schwerverwahrloste forderten; und das ohne Rücksicht darauf, ob der Zögling bereit war, sich solcher Kur zu unterziehen, was man sonst keinem noch so berühmten Nervenarzt zuzumuten wagt.«[55]

Auf fast gehässig zu nennende Weise hatte die Fürsorgeerziehungsbehörde der Rheinprovinz in ihrem Bericht zusammengefaßt, was die Traditionalisten umtrieb und ihre Politik bestimmte: Die Verklärung der obrigkeitlichen Fürsorgeerziehung, die Absage an den ›Geist‹ des Reichsjugendwohlfahrtsgesetzes und das lästige Recht auf Erziehung für *jedes* Kind, schließlich die Schuldzuweisung für die Krise der Fürsorgeerziehung an die Zöglinge, die den »edlen Namen« der Fürsorgeerziehung zunichte gemacht hatten. Allemal ging es dem überwiegenden Teil der Fürsorgeerziehungs-Bürokratie darum, den Primat ihrer Institution vor dem der Klientel sicherzustellen.

Aber so geradlinig und deutlich in dieser Hinsicht der Abbau der Fürsorgeerziehung vonstatten zu gehen schien und sich dabei als Umbau verstand, so sehr entstand doch auch Unruhe. Mit jedweder Veränderung im Gefüge der Jugendfürsorge drohte die prekäre Balance zwischen öffentlicher und privater Fürsorge aus dem Gleichgewicht zu geraten. Auch deshalb war ein aufmerksamer Beobachter wie Blumenthal lange Zeit skeptisch geblieben, ob eine Abänderung des Reichsjugendwohlfahrtsgesetzes, bei der »alle die bei Verabschiedung des RJWG schwer umkämpften Fragen wieder angeschnitten werden würden«,[56] überhaupt noch möglich sei. Die Reibereien und Scharmützel zwischen öffentlicher und privater Fürsorge in den Jugendamtskollegien,[57] ebenso wie der heftige Streit zwischen Arbeiterwohlfahrt und Innerer Mission im Vorstand des AFET[58] waren kein Zeichen für den Machtverlust der traditionalen Kräfte in der Wohlfahrtspflege, sondern ein Zeichen ihrer erfolgreichen Beharrung. Doch so selbstverständlich wie einst war diese Position nicht mehr. Stärker als je zuvor waren die traditionalen Kräfte der Wohlfahrtspflege dem Wettbewerb und der Reflektion ausgesetzt. Unter der Hand drängte sich den Nachdenklichen im Apparat der konfessionellen Wohlfahrtsverbände der Eindruck auf, als ob eine konfessionell bestimmte Wohlfahrtspflege mehr und mehr ins Abseits gerate. Der bevorstehende – oder längst in

Gang befindliche – Abbau der Jugendfürsorge und der Fürsorgeerziehung bot den konfessionellen Wohlfahrtsverbänden bei allen auch von ihnen begrüßten Veränderungen somit auch Anlaß zur Sorge. Konnte es gelingen, im Abbau die eigenen Position zu halten, vielleicht noch zu stärken? Oder drohte der Abbau die zuvor bereits bemerkte »Säkularisation der Liebestätigkeit«[59] noch zu beschleunigen?

Alarmzeichen dafür, daß vor allem im Bereich der Fürsorgeerziehung zunächst eher letzteres der Fall zu sein schien, gab es zuhauf. Daß die Zahl der Zöglinge sank, im Vollzug der Sparmaßnahmen weiter sinken mußte, war für die bloße Existenz der Anstalten bedeutsam. Im März 1932 forderte der preußische Volkswohlfahrtsminister dazu auf, nurmehr die »guten Heime« mit der geringer werdenden Zahl an Fürsorgezöglingen zu belegen.[60] Einige der Anstalten mußten in den frühen dreißiger Jahren ihre Pforten wegen Unterbelegung und/oder wirtschaftlicher Krise schließen. Rund 10 bis 15 % der Anstalten, die die katholischen Wohlfahrtsvereine und der Evangelische Reichserziehungsverband zur Mitte der zwanziger Jahre noch besessen hatten, waren bis zum Herbst 1932 »eingegangen«.[61] Vor allem die kleinen, oft sehr alten und abgelegenen Anstalten, die stark in lokalen, aber Stück um Stück erodierenden Traditionen von Wohltätigkeit verwurzelt waren, sahen sich Schließungen ausgesetzt. Die weiter bestehenden Anstalten waren mit 30 bis 50 % der herkömmlichen Belegungszahl »durchweg schwer unterbelegt«.[62] Die konfessionellen Wohlfahrtsverbände reagierten auf diese Gefährdung ihrer Machtpositionen auf zweierlei Art. Zum einen nahm ihr ›Kampf‹ gegen staatliche und kommunale Anstalten an Heftigkeit zu. In außerordentlich aggressivem Ton wurde auf die im Vergleich zu staatlichen und kommunalen Anstalten geringere Höhe der Pflegekosten verwiesen.[63] Daß bewußt niedriggehaltene Pflegesätze unweigerlich schlechte Qualität der Anstaltserziehung zur Folge hatte, wurde freilich verschwiegen. Der Zusammenhang jedoch lag auf der Hand. ›Billig‹ arbeitende Anstalten bedeuteten Zwang zur Pseudo-Autarkie, zu Gartenbau, Landwirtschaft und Handwerkseinrichtungen für den Eigenbedarf. Entsprechend unzureichende Ausbildungsmöglichkeiten standen zur Verfügung. Darüber hinaus konnten sich solche Anstalten nur schlecht bezahlte und damit zumeist unausgebildete ›Erzieher‹ leisten.[64] Aber in der Verteidigung der von Staat und Kommunen geleisteten Anstaltsfürsorge wies niemand auf solche Zusammenhänge hin. Zu groß war offenbar die Verunsicherung, zu stark der Eindruck, in die Defensive geraten zu sein.[65]

Noch mehr Erfolg versprach aber der zweite Weg, den die konfessionellen Wohlfahrtsverbände einschlugen: Die Mitarbeit an einer solchen ›Lösung‹ der Krise der Fürsorgeerziehung, die nicht nur dem Sparzwang nachkam, sondern zugleich auch geeignet erscheinen mußte, den Makel von der Fürsorgeerziehung zu nehmen und die Anstalten mit jüngeren,

›leichterziehbaren‹ Minderjährigen zu füllen. Im Wunsch nach einer ›neuen‹, vor allem vorbeugenden Fürsorgeerziehung – der mit den Notverordnungen der Tendenz nach auch in Erfüllung gehen sollte – verschmolzen die Intentionen der um Besitzstandswahrung bemühten konfessionellen Wohlfahrtsverbände und der auf eine Rettung der traditionalen Fürsorgeerziehung bedachten Fürsorgeerziehungsbehörden. Wie heftig auch immer die Auseinandersetzungen in den Jugendamtskollegien und Verbandsgremien gewesen sein mögen, im Primat der Fürsorgeerziehungsbehörde war alle Gegnerschaft ›aufgehoben‹, oder: Im Primat des Apparates über die Klientel war eine Besitzstandswahrung der Wohlfahrtsverbände inbegriffen.

Die Notverordnungen – wie auch der Abbau der Jugendfürsorge in der Depressionszeit insgesamt – besaßen jedoch Eigensinn und Dynamik, die zwar mit der Krise der Fürsorgeerziehung und der Krise der Finanzen im Wechselspiel standen, darin aber beileibe nicht restlos aufgingen. Für nicht wenige der Fürsorgeerziehungs-Praktiker war es irritierend, daß die mit einem »entehrenden und gefürchteten Makel«[66] behaftete Fürsorgeerziehung im Laufe der Depression dergestalt an Attraktivität zu gewinnen schien, »daß so mancher Jugendlicher, der aus dem Heim entlassen werden sollte, dringend bat, im Heim weiter bleiben zu dürfen, und Jugendliche, die zu den Eltern entlassen waren, dringend um Rückführung in Heimerziehung vorstellig wurden«.[67] Wurde die mißliebige Fürsorgeerziehung nun unter dem Eindruck einer rapiden Verschlechterung der allgemeinen Lebensbedingungen zu einem – »abgesehen von mancherlei unangenehmen Seiten, die sie natürlich auch noch habe« – »Platz, wo man sich im Sturm der Zeit wohlgeborgen fühlen dürfe«?[68] Stand die Fürsorgeerziehung davor, zu einer Heimstatt für die große Zahl derer zu werden, deren Verwahrlosung in Erwerbslosigkeit und Verelendung bestand?

Für nicht wenige der Verantwortlichen mußte es den Anschein nehmen, als ob ihnen diese Aufgabe tatsächlich zugewiesen wurde. »Man kann sich des Eindrucks nicht erwehren«, so hieß es im Jahresbericht der Provinzialverwaltung Niederschlesiens über die Fürsorgeerziehung im Rechnungsjahr 1930, »daß manche Jugendämter ganz entgegen dem Erziehungscharakter des Gesetzes die Überweisung zur Fürsorgeerziehung in zunehmendem Maße als Mittel benützen, sich arbeitsloser Jugendlicher, bei denen abgesehen von der Art und dem Grade der Verwahrlosung schon des fortgeschrittenen Alters wegen mit Erziehung doch nichts zu erreichen ist, zu entledigen.«[69] Ein solches Abschieben – nicht nur der Jugendlichen und ihrer Probleme, sondern auch der mit ihnen entstehenden Kosten – mag für die Jugendämter zuweilen bequem gewesen sein. Dem notwendigen prozyklischen Charakter der Jugendfürsorge widersprach aber eine Fürsorgeerziehung, die bei all ihrer Misere doch Obdach und regelmäßige Nahrung versprechen konnte. Manches an ›Attraktivität‹ konnte durch die Senkung des Standards in den Anstalten, durch die »sogenannten kleinen Sparmaßnahmen«[70] erreicht werden. In der Rheinprovinz wurde den männlichen Fürsorgezöglingen im Sommer der Mantel gestrichen und der Koffer durch die Pappschachtel ersetzt. Auch wurde der Beköstigungsetat »um mehr als 30 % gesenkt«.[71]

Aber weder Obdach noch regelmäßige Nahrung konnten genommen werden. Folgerichtig mußte die Senkung des Standards mit einer Senkung der Aufnahmebereitschaft bestimmten Gruppen Jugendlicher gegenüber verbunden werden. Wenn Blumenthal im Dezember 1931 forderte, Fürsorgeerziehung »im Rahmen einer allgemeinen Jugendfürsorge für eine möglichst große Zahl von Minderjährigen nutzbar zu machen, die durch die Nöte der Zeit, insbesondere durch die Arbeitslosigkeit der Verwahrlosung preisgegeben sind«,[72] umriß er damit exakt das, was Fürsorgeerziehung *nicht* sein durfte: materielle Fürsorge für die wachsende Zahl erwerbsloser und verelendeter Jugendlicher und eine das »Recht auf Erziehung« und das damit verbundene Postulat der Erziehungsfähigkeit *aller* in letzter Instanz gewährleistende Institution. Den Charakter der prozyklischen Fürsorgeerziehung traf Pastor Kleßmann 1932 präziser, als er forderte, die Jugendlichen in den Anstalten nicht besserzustellen »als ihre Alters- und Standesgenossen im öffentlichen Leben. Die Gefahr, daß sich ein Geist ›staatlichen Pensionärswesens‹ in den Heimen ausbreitet, ist schon jetzt nicht von der Hand zu weisen.«[73] Wenn Fürsorgeerziehung nach wie vor auch eine abschreckende, allein durch ihre Existenz auf Unterschichtjugendliche disziplinierend wirkende Institution sein sollte, dann mußte jedwede ›Attraktivität‹ vermieden werden. War dies durch Senkung des Standards nicht gänzlich erreichbar, so mußte vor allem den ›nur‹ erwerbslosen Jugendlichen der Zugang zur Fürsorgeerziehung als wärmendem und speisendem Aufenthaltsort verwehrt werden. Die klare Bestimmung in der Notverordnung vom 4.11.1932, daß allein »körperliche Verwahrlosung« zur Überweisung in Fürsorgeerziehung nicht ausreiche, diente dabei als Sperriegel gegen die durch die Massenerwerbslosigkeit verelendeten Jugendlichen. Überdies versagte sich die Fürsorgeerziehung durch die Herabsetzung der regulären Altersobergrenze auf das vollendete 18. Lebensjahr gerade der von der Erwerbslosigkeit am stärksten betroffenen Altersgruppe der Jugendlichen zwischen 18 und 21 Jahren. Der prozyklisch bedingte Abbau und die durch die Krise der Fürsorgeerziehung – und das Lösungsmodell der »Reinigung« – bedingte Neuregelung liefen auf diese Weise ineinander. *Daß* Fürsorgeerziehung abgebaut wurde, lag in der Logik der Wirtschafts- und Finanzkrise begründet. *Wie* Fürsorgeerziehung *abgebaut* wurde, war nicht zuletzt durch den prozyklischen Charakter der Fürsorge und dem Wunsch nach Fernhalten der nur erwerbslosen Jugendlichen von der Fürsorgeerziehung bestimmt. *Wie* Fürsorgeerziehung im Abbau zugleich aber auch *umgebaut* wurde, lag schließlich vor allem in der Reaktion der Verantwortlichen auf die Krise der Fürsorgeerziehung begründet.

Die Zurücknahme wohlfahrtspolitischer Leistungen trat aber nicht nur im Abbau der Fürsorgeerziehung, sondern auch in der Destruktion des Arbeitsmarktes und dem sukzessiven Ausschluß Jugendlicher aus der Arbeitslosenversicherung zutage.[74] Der Herauswurf der Jugendlichen aus der Arbeitslosenversicherung vollzog sich in der Regierungszeit Brünings durch eine Kette von Notverordnungen. Die Einbindung der Minderjährigen in die Arbeitslosenversicherung war aufgrund der erst noch zu erwerbenden Anwartschaft und der tendenziellen Versicherungsfreiheit des Lehrverhältnisses[75] ohnehin nur vage erfolgt. Die Notverordnung vom 26.7.1930 legte zudem eine erste große Bresche in die Sicherung erwerbsloser Jugendlicher. Während das AVAVG für den Anspruch auf Leistungen aus der Arbeitslosenversicherung keine Altersgrenzen vorsah, erhielten nun all jene, die das 17. Lebensjahr noch nicht vollendet hatten, Anspruch auf Arbeitslosenunterstützung nurmehr für den Fall eines fehlenden familienrechtlichen Unterhaltsanspruches.[76] Überdies waren »geringfügige Beschäftigungen« fortan versicherungsfrei, »wenn sie auf nicht mehr als 30 Arbeitsstunden in einer Kalenderwoche« beschränkt waren oder »für sie kein höheres wöchentliches Arbeitsentgelt als 10 RM oder kein höheres monatliches Arbeitsentgelt als 45 RM vereinbart oder ortsüblich« war[77] – 1929 hatten die entsprechenden Richtwerte noch bei 24 Stunden oder 8 bzw. 35 RM gelegen. Die Notverordnung vom 1.12.1930 ließ diese Benachteiligung vor allem der nicht vollbeschäftigten Ungelernten bestehen. Doch sie senkte die Altersgrenze, bis zu der Arbeitslosenunterstützung nur bei fehlendem familienrechtlichem Unterhaltsanspruch gewährt wurde, vom vollendeten 17. auf das vollendete 16. Lebensjahr ab: ein Altersjahrgang wurde wieder in die Arbeitslosenversicherung eingefügt.[78] Aber der Trend zum Hinauswurf der Jugendlichen aus der Arbeitslosenversicherung war damit nicht gebrochen, sondern nur kurzfristig unterbrochen. Nicht die Einsicht der Reichsregierung oder der Ministerialbürokratie veranlaßte diese Korrektur vorangegangener Entscheidungen. Vielmehr war es der SPD-Reichstagsfraktion am Beginn ihrer Tolerierung der Regierung Brüning gelungen, dem Reichskanzler Zugeständnisse und Milderungen der ersten großen Notverordnung vom Juli 1930 abzuringen.[79]

Wie wenig Bestand dieses Zugeständnis in der raschen Beschleunigung der Krise jedoch haben sollte, zeigte sich rund ein halbes Jahr später, als mit der Notverordnung vom 5.6.1931 der denkbar schwerste Eingriff in die Arbeitslosenversicherung Jugendlicher vorgenommen wurde. Bei Vorhandensein eines familienrechtlichen Unterhaltsanspruches setzte der Anspruch auf Arbeitslosenunterstützung nunmehr »dem Grundsatz nach die Vollendung des 21. Lebensjahres voraus«.[80] Als Folge dieser endgültigen »Durchbrechung des Versicherungsprinzips« für Jugendliche rechneten Experten mit einer jährlichen Ersparnis zwischen 50 und 75 Millionen Reichsmark zugunsten der Reichsanstalt, verursacht durch das Ausscheiden der Hälfte der bislang unterstützten Jugendlichen aus der Unterstützung.[81] Was immer an tatsächlicher Ersparnis damit verbunden gewesen sein mag – von einer Sanierung ihrer Finanzen war die Reichsanstalt nach der Notverordnung ähnlich weit entfernt wie zuvor. Aber die Schätzung, daß die Notverordnung rund die Hälfte der jugendlichen Hauptunterstützungsempfänger mit einem Schlag außer Reichweite der Arbeitslosenunterstützung bringen würde, sah sich bestätigt: Während die Zahl der Hauptunterstützungsempfänger im Alter bis zu 21 Jahren am 30.4.1931 noch 298.068 betrug, reduzierte sie sich bis zum 31.7. des Jahres auf 152.976.[82]

Aber die Geschichte einer beständigen Verschlechterung der Lebenssituation (erwerbsloser) Jugendlicher durch Destruktion des Arbeitsmarktes *und* staatliche Politik ist mit dem Hinweis auf das Jonglieren der Notverordnungen mit den Altersobergrenzen nicht erschöpfend behandelt. Dynamik und Universalität der Krise sowie der prozyklische Charakter der Fürsorge ließen keine stabilen Rückzugsregionen mehr offen. Wie in einer Abwärtsspirale wurden mit der Destruktion des Arbeitsmarktes und der Arbeitslosenversicherung auch die beiden anderen Bereiche, auf die sich die Jugendlichen zurückgeworfen sahen – Familie und Fürsorge – erheblich in ihrer Funktion und Leistungsfähigkeit beeinträchtigt. Die Hoffnung, daß erwerbslose Jugendliche nach dem Ausscheiden aus der Arbeitslosenversicherung durch Fürsorge oder die Solidargemeinschaft der Familie Sicherheit – wenn auch auf niedrigem materiellen Niveau – finden würden, war vor diesem Hintergrund nicht nur trügerisch, sondern von Anbeginn an grundlos gewesen. Rasch avancierte vor allem die Familie zum problematischsten Glied in der Kette. Die Verweigerung der Arbeitslosenunterstützung beim Vorliegen eines formalen familienrechtlichen Unterhaltsanspruches war kaum mehr als ein Taschenspielertrick. Was bedeutete das Vorhandensein eines familienrechtlichen Unterhaltsanspruches in einer Familie, in der nicht nur ein oder mehrere Minderjährige, sondern auch Mutter und/oder Vater erwerbslos waren?[83] Von der Unterschichtfamilie als Solidargemeinschaft konnte nicht die Rede sein. Längst hatte sich die »familiäre Lebensgemeinschaft« hin zu »einer oberflächlichen Wohn-, Schlaf- und Essensgemeinschaft, ... zu einer ›erzwungenen Logiergemeinschaft‹, wie es ein Erwerbsloser ausdrückte«, verschoben.[84]

Bereits nach dem ersten Ausschluß der noch nicht Siebzehnjährigen aus der Arbeitslosenversicherung in der Notverordnung vom 26.7.1930 hatte unter den Jugendfürsorgern eine lebhafte Debatte darüber begonnen, ob »das formelle Bestehen eines Unterhaltsanspruchs oder die Möglichkeit der Verwirklichung desselben«[85] den Grund für die Verweigerung der Arbeitslosenunterstützung abgeben könne. War die Reichsanstalt selbst in ihren Vollzugsanweisungen davon ausgegangen, daß das *formelle* Bestehen eines Unterhaltsanspruches ausreichend sei,[86] so entschied der Spruchsenat für Arbeitslosenversicherung im Dezember 1930 gegenteilig. Nicht ein dem Jugendlichen de jure zustehender familienrechtlicher Unterhalt könne den Ausschlag für den Entzug der Arbeitslosenunterstützung geben, so der Spruchsenat, sondern einzig die tatsächliche Durchsetzbarkeit dieses Unterhaltsanspruches. War die Durchsetzbarkeit nicht gegeben, weil die Mittel der Eltern zur Bestreitung des »gemeinsamen notdürftigen Unterhalts« nicht ausreichten, mußte der Unterhalt durch die öffentliche Fürsorge gewährleistet werden.[87]

Gleichwohl waren mit dieser Grenzziehung zwischen Leistungsgewährung und -verweigerung längst nicht alle Unklarheiten beseitigt. Zwar präzisierte die Notverordnung vom 6.10.1931 die Handhabe zur Verweigerung der Arbeitslosenunterstützung für Erwerbslose, die das 21. Lebensjahr noch nicht vollendet hatten, im Sinne der Spruchsenatsentscheidung dahingehend, daß der »erforderliche Lebensunterhalt« durch den familienrechtlichen Unterhaltsanspruch gesichert sein müsse. Waren die Unterhaltsverpflichteten nicht in der Lage, diesen erforderlichen Unterhalt zu gewähren, so erkannte die Oktober-Notverordnung einen Unterstützungsanspruch – und sei es auch nur in der Form einer Teilunterstützung – an. Jedoch bemerkte der Deutsche Verein zu Recht, daß mit der Konstruktion eines »erforderlichen Lebensunterhaltes« die Beantwortung der Frage »wann anzunehmen ist, daß der erforderliche Lebensunterhalt ganz oder teilweise gewährt wird, ... nach wie vor praktische Schwierigkeiten« bereite.[88] Der Erlaß des Präsidenten der Reichsanstalt vom 22.6.1931, nach dem »zur gleichmäßigen Beurteilung der Frage, wann ein familienrechtlicher Unterhaltsanspruch verwirklicht werden kann, bis auf weiteres unbedenklich die Grundsätze anzuwenden seien, die für die Bedürftigkeitsprüfung in der Kru gelten«,[89] war bei den Fürsorgeexperten auf Ablehnung gestoßen. Die Bedürftigkeit nach dem Krisenfürsorgerecht ging von rein rechnerisch zu ermittelnden Grundlagen aus, wobei sich die Gewährung von Leistungen aus der Zugehörigkeit zu bestimmten Lohnklassen heraus ergab. Die versprochene Gleichmäßigkeit lief nach Ansicht der Fürsorgeexperten auf einen Schematismus hinaus, der mit dem in der Fürsorge üblichen Grundsatz der Individualisierung, der Orientierung an der »Eigenart der Notlage im Einzelfall« kollidieren mußte.[90] Zudem sicherte nach der Einschätzung des Deutschen Vereins das Lohnklassensystem der Krisenfürsorge – und die Bedürftigkeitsprüfung des Jugendlichen bemaß sich nach dem Einkommen des Unterhaltsverpflichteten – in den unteren Lohnklassen nicht einmal mehr das Existenzminimum.

Freilich sollte der Wunsch der Fürsorgeexperten nach einer Abkehr von den Vorschriften des Krisenfürsorgerechts und dem Übergang zu einer Individualisierung der Leistungen im Sinne der Reichsfürsorgepflichtverordnung alsbald in Erfüllung gehen. Mit der Krisenfürsorgeverordnung vom 23.10.1931 und der in ihr enthaltenen Verschärfung der Bedürftigkeitsprüfung wurde die in der Notverordnung vom 6.10.1931 »zu Gunsten der Jugendlichen eingeführte Abhängigmachung des Anspruchs auf Arbeitslosenunterstützung von einem realisierbaren familienrechtlichen Unterhaltsanspruch ... in ihrer Wirkung stark verringert«.[91] Ein im Verfolg der Notverordnung vom 14.6.1932 ergangener Erlaß des Reichsarbeitsministers schaffte den Bedürftigkeitsbegriff im Krisenfürsorgerecht schließlich ab und band den Bezug von Krisenunterstützung an die Voraussetzung der Hilfsbedürftigkeit im Sinne der Reichsgrundsätze über Voraussetzung, Art und Maß der öffentlichen Fürsorge. Da aber nach wie vor die Bedürftigkeit in der Krisenunterstützung als Maßstab für den familienrechtlichen Unterhalt galt, war dieser nun endgültig den Kategorien der Fürsorge anheimgestellt worden. Allerdings geschah dies auf eine Art und Weise, die die Fürsorger kaum zufriedenstellen konnte. In den ersten 36 Tagen nach Eintreten der Erwerbslosigkeit war nicht die Gemeinde – wie fürsorgeüblich – sondern das Arbeitsamt für die Feststellung der Bedürftigkeit zuständig. Nach Ablauf der 36 Tage ging die Prüfung der Bedürftigkeit an die Gemeinden über. Doch blieb es dem Arbeitsamt vorbehalten, seine Leistungen unterhalb der von der Gemeinde festgesetzten Höhe zu gewähren oder sie gänzlich zu versagen. Wie auch immer: Mit der Zweiteilung des Verfahrens, das offenbar übersah, daß »die wirtschaftlichen Verhältnisse eines Minderjährigen sich in einem Zeitraum von knapp sechs Wochen kaum verändern dürften«,[92] war die Unübersichtlichkeit annähernd komplett. Aber hinter dem Durcheinander an beständig der Revision unterliegenden Verordnungen und Erlasse verbarg sich wenig mehr als eine beständige Verschlechterung des Lebensunterhalts erwerbsloser Jugendlicher.

Was war geschehen? Nichts weniger als das, was in der staatlichen Politik gegenüber dem Gros der erwerbslosen Erwachsenen nicht vollständig hatte gelingen können: Das Ineinssetzen von Arbeitslosenversicherung und Fürsorge, das Herabdrücken der Erwerbslosen auf das schmale Leistungsangebot der Fürsorge. Der Aufbau der Sozialversicherung seit den 1880er Jahren, der mit dem AVAVG von 1927 einen vorläufigen Abschluß gefunden hatte, war auch mit der Absicht geschehen, individuell unverschuldeten Notlagen nicht mehr mit den notwendig geringen Mitteln und den oftmals diskriminierenden Begleitumständen der Fürsorge bzw. der alten Armenpflege begegnen zu müssen. Diese ›privilegierte‹ Form der sozialen Sicherung brach in den frühen dreißiger Jahren dort völlig zusammen, wo die größte Belastung bestand: in der Arbeitslosenversicherung – und dort, wo überdies der geringste Widerstand zu erwarten war: unter den Jugendlichen (die zudem als Beitragzahler für die Reichsanstalt noch kaum relevant geworden waren). Gleichwohl geschah dies damit zu einem Zeitpunkt, als die Fürsorge diese nunmehr wieder ihr obliegende Last kaum mehr tragen konnte. Auch aus diesem Grund war die Zahl der erwerbslosen und durch reguläre staatliche oder kommunale Leistungen unterstützten Jugendlichen spätestens seit 1932 deutlich geringer als die Zahl der erwerbslosen Jugendlichen ohne reguläre Unterstützung.[93]

Aber nicht nur die Massenerwerbslosigkeit und der Ausschluß der allermeisten Jugendlichen aus der Arbeitslosenversicherung verringerte die Chancen auf Arbeit, Berufsausbildung und sicheren Lebensunterhalt. Auch die notverordnete Reduktion der Waisenrenten und Kinderzuschüsse bzw. -zulagen in der Sozialversicherung und der Kriegerwaisenversorgung trug zur steten Herausbildung einer nicht oder nur minder qualifizierten Unterschichtjugend bei. Mit dem Inkrafttreten der Notverordnung vom 8.12.1931 wurden ab dem 1.1.1932 Waisenrenten und Kinderzuschüsse in der Sozialversicherung über das 15. Lebensjahr eines Minderjährigen hinaus nicht mehr gewährt und die Absicherung einer Berufsausbildung damit infragegestellt. Zugleich wurden die Möglichkeiten der Fürsorgeverbände, bei Hilfsbedürftigkeit ausgleichend einspringen zu können, eingeschränkt. Die Neufassung der amtlichen Erläuterungen zu den Reichsgrundsätzen machte die Erwerbsbefähigung über ungelernte Arbeit hinaus nicht mehr wie bislang in geeigneten Fällen, sondern nur noch in Ausnahmefällen zur Aufgabe der öffentlichen Fürsorge.[94] Rund ein halbes Jahr später, mit der Notverordnung vom 14.6.1932, wurden auch die Leistungen der Reichsversorgung für Kriegerwaisen und Kinder von Kriegsbeschädigten – Waisenrenten und Kinderzulagen – beschnitten. Nicht mehr bis zur Vollendung des 18. Lebensjahres, sondern auch hier nur noch bis zur Vollendung des 15. Lebensjahres konnten Zahlungen in Anspruch genommen werden. Zwar sah die Notverordnung vor, daß Leistungen weitergewährt werden sollten, wenn die Berufsausbildung bei Vollendung des 15. Lebensjahres noch nicht abgeschlossen sei.[95] Aber der Deutsche Verein wies mit Recht darauf hin, »daß jetzt alle die Jugendlichen von dem Genuß der Waisenrente und Kinderzulage ausgeschlossen werden, denen es erst nach Vollendung des 15. Lebensjahres möglich ist, in die Berufsausbildung einzutreten (z.B. weil sie keine Lehrstelle finden konnten)«.[96]

Tatsächlich waren nach einer Berechnung der Deutschen Liga der freien Wohlfahrtspflege vom Ausfall der Renten, Kinderzuschüsse und -zulagen 1932 rund 467.000 Kinder betroffen: 50.000 Kriegerwaisen, 150.000

Kinder von Kriegsbeschädigten, 186.000 Waisen von Versicherten auf Grund der Invalidenversicherung, 40.400 Kinder von Invalidenrentnern, 15.200 Waisen von Versicherten auf Grund der Angestelltenversicherung, 7700 Kinder von Ruhegeldempfängern aus der Angestelltenversicherung, 13.000 Waisen von Versicherten auf Grund der Unfallversicherung und 4700 Kinder von Unfallrentenempfängern.[97] Allein diese hohe Zahl ließ die »unverständliche Härte« der Notverordnungen deutlich werden, die jenen Familien, »die von Invalidität und Tod des Ernährers betroffen und daher wirtschaftlich meist geschwächt sind«,[98] zu allen anderen Widrigkeiten hinzu nun eine bislang sichere Unterstützung entzog. Die Durchführungsbestimmungen des Reichsarbeitsministeriums zu den Änderungen der Reichsversorgung suchten diese Härte abzumildern. Zahlungen sollten auch noch erfolgen, »wenn das Kind erst nach der Vollendung des 15. Lebensjahres, aber innerhalb von sechs Monaten nach Beendigung der Schulausbildung in die Berufsausbildung eintritt«.[99] Dabei war es Teil der mitunter verwirrenden Notverordnungspolitik der Regierung Brüning, daß die Verordnung, die die Leistungen aus der Reichsversorgung zusammengestrichen hatte, zugleich den Ausfall von Waisenrenten und Kinderzuschüssen in der Sozialversicherung wieder abzumildern suchte. Der Reichsarbeitsminister wurde ermächtigt, der Selbstverwaltung in der Rentenversicherung anheimzustellen, Regelleistungen durch Mehrleistungen zu ergänzen. Zu den Mehrleistungen zählten auch Waisenrenten und Kinderzuschüsse, die nun, auch nach einer Präzisierung in der Notverordnung vom 19.10.1932, de facto im früheren Umfange gewährt werden durften. Freilich sollte die Gewährung von Mehrleistungen nur erfolgen, wenn die Deckung der Regelleistung nicht gefährdet war. Aber diese Gefährdung der Deckung bestand mit Ausnahme der Angestelltenversicherung in allen Zweigen der Sozialversicherung. Das »Mißverhältnis zwischen Rentenbestand und Beitragseinnahmen« ließ die als Milderung gedachte Regelung umgehend zur Farce werden.[100] Nurmehr paradox mußte überdies den Zeitgenossen jene Regelung in der Notverordnung vom 8.12.1931 erschienen sein, die festhielt, »daß der Aufenthalt des Berechtigten in einer Besserungsanstalt für sich nicht das Ruhen einer Rente begründet«.[101] Jahrelang hatten die Jugendfürsorger dem Reichsversicherungsamt widersprochen, das sich in ständiger Rechtsprechung für das Ruhen einer Rente entschied, solange ein Minderjähriger zur Fürsorgeerziehung überwiesen war. Nun war Klarheit im Sinne der Jugendfürsorger geschaffen – aber zu einem Zeitpunkt, an dem durch den Wegfall der Renten für die über 15jährigen der Erfolg dieser Klarstellung, wie es im Nachrichtendienst des Deutschen Vereins unterkühlt hieß, »praktisch sehr eingeschränkt« war.[102]

Die beständige Verkleinerung der Zahl unterstützungsberechtigter Jugendlicher zog weitere Folgen nach sich, die einen fürsorgerischen oder auch nur jugendpflegerischen Umgang mit erwerbslosen Jugendlichen erschwerten. In der alten Erwerbslosenfürsorge wie auch im AVAVG war die Gewährung von Unterstützungsleistungen an Jugendliche abhängig gemacht worden von der Teilnahme an Fortbildungs- und Umschulungsmaßnahmen oder einer Pflichtarbeit.[103] Diese Möglichkeiten des Zugriffs auf erwerbslose Jugendliche brachen mit deren sukzessivem Ausschluß aus der Arbeitslosenversicherung zusammen. Um die Rechtsgrundlage für jugendpflegerische Angebote des Arbeitsamtes in Zusammenarbeit mit den Jugend- und Wohlfahrtsämtern, die »in Ansehung Jugendlicher als Pflichtarbeit«[104] galten, war es schlecht bestellt. Zwar kam der Verwaltungsrat der Reichsanstalt überein, daß »Schulentlassenen, die die Anwartschaftszeit noch nicht erfüllen oder Arbeitslose, deren Wartezeit noch nicht abgelaufen ist, den Empfängern von Arbeitslosenunterstützung«[105] in der Frage der Teilnahme an entsprechenden Veranstaltungen gleichzustellen seien. Dabei wurde betont, daß eine Beteiligung Jugendlicher an jugendpflegerischen oder arbeitsfördernden Maßnahmen aus freien Stücken allemal einer erzwungenen Teilnahme vorzuziehen sei und bessere Förderungserfolge erzielen könne. Doch stand zugleich außer Frage, daß sich die Koppelung von Unterstützungsleistungen und Veranstaltungsteilnahme »als ein nicht zu entbehrendes Mittel« für die »Erfassung der in Betracht kommenden Jugendlichen«[106] erwiesen hatte.

Die unmittelbare Folge der prekären Ausgangslage in der Betreuung erwerbsloser Jugendlicher bestand jedoch nicht so sehr in einer Reduktion des Veranstaltungsangebotes als vielmehr in einer enormen Zersplitterung desselben. Arbeitsämter, Jugendämter, Wohlfahrtsämter, Jugendvereine, Wohlfahrtsorganisationen, Gewerkschaften: Sie alle versuchten sich in den frühen dreißiger Jahren an der Betreuung erwerbsloser Jugendlicher und bestritten ihre Hilfsangebote aus Eigenmitteln oder den sporadisch zur Verfügung gestellten Finanzmitteln des Reichs, der Länder oder der Kommunen. Das Spektrum der dabei durchgeführten – kurzfristig Not lindernden oder mit Modell-Anspruch auftretenden – Maßnahmen war schier ausufernd, läßt sich aber auf drei Muster der Betreuung zurückführen: Neben der am Beruf des Erwerbslosen orientierten Arbeitsfürsorge auf der einen und den auf Lenkung in andere Berufe oder Tätigkeitsbereiche bedachten Angeboten auf der anderen Seite, gab es das weite Feld der jugendpflegerischen Betreuung. Deren Ziel bestand einzig im Wegholen der Jugendlichen ›von der Straße‹ und einer sinnvollen, aber nicht berufsorientierten Beschäftigung. Bastel-, Näh-, Lese- und Spielstuben, Holz- und Metallwerkstätten in Tagesheimen, Unterrichts- oder Sportveranstaltungen waren die üblichen Formen eines solchen Umgangs mit erwerbslosen Jugendlichen.

Der Versuch, Jugendliche auf neue Tätigkeitsbereiche umzuschulen, reduzierte sich oft auf die Verschickung in den landwirtschaftlichen Arbeitseinsatz. Die wachsende Unsicherheit darüber, welche industriebezogenen Berufe oder Tätigkeiten überhaupt noch krisenfest oder zukunftsgewandt waren, ließ die qualifizierte (und teure) Berufsumschulung rasch marginal werden. In den Maßnahmen jedoch, die im strengen Sinne arbeits- oder berufsfürsorgend ausgerichtet waren, stand die erlernte berufliche Qualifikation und ihre Erhaltung im Vordergrund. Durch die Errichtung von Werkstätten, oft in leerstehenden Fabrikgebäuden, wurden nicht nur – mitunter händeringend und unter Verwendung von Altmaterial – Arbeitsgelegenheiten geschaffen, sondern zugleich auch den Jugendlichen die Chance gegeben, eine noch nicht abgeschlossene Lehre zu vollenden (»Auslernwerkstätten«) oder Werkstücke für die Gesellenprüfung anzufertigen.[107]

Unter Jugendfürsorgern und Sozialpolitikern herrschte Unbehagen über die Zersplitterung ihrer Bemühungen. Der Wunsch nach dem großen Wurf einer konzentrierten Antwort auf die Erwerbslosigkeit Jugendlicher lag nahe. Aber das Unbehagen der Jugendfürsorger hatte noch andere Ursachen. Die Erwerbslosigkeit stellte allen möglichen Erfolg der Jugendfürsorge in Frage. Ein solcher Erfolg konnte sich nur in einer geglückten Einbindung in Lohnarbeit manifestieren – was nun so schwer war wie kaum je zuvor. Die Krise der Fürsorgeerziehung war vor dem Einbruch der Depression nur insoweit eine Krise der Jugendfürsorge, als Fürsorgeerziehung deren Kern ausmachte. Mit dem Fortgang der Depression aber wuchs sie sich zu einer tatsächlichen Krise der Jugendfürsorge aus. Die Parallelität der Destruktion des Arbeitsmarktes und des Abbaus wohlfahrtspolitischer Leistungen verweist auf eine tiefere Logik: Der eingestandene oder uneingestandene Fluchtpunkt aller dem Ideal der »Wirtschaftlichkeit« folgenden Wohlfahrtspolitik war der stabile, sprich: mit ausreichender Absorptionskraft versehene Arbeitsmarkt. War ein solcher Arbeitsmarkt wie in der Depressionszeit auf lange Zeit außer Sicht, so verlor das Konstrukt der »Wirtschaftlichkeit« seinen notwendigen Bezugsrahmen der ›Wirtschaftlichkeit – Wofür?‹. Es mußte ihn erst recht verlieren, als die Depression ein Ausmaß angenommen hatte, das darüber im Unklaren ließ, ob die Wirtschaftsordnung nach dem Ende der Depression dieselbe sein mochte wie zuvor oder ob sie nicht vielmehr als gänzlich neue – deindustrialisierte?, planwirtschaftliche? – Ordnung daherkommen würde.

Die Jugendfürsorge stand nicht nur mit diskreditierten Instrumenten da, sondern sah sich in der Beantwortung der Frage, *welche* Jugendlichen noch mit *welchen* Zielen zu Objekten der Fürsorge zu machen seien, erheblicher Verunsicherung ausgesetzt. Ein Paradoxon unterstrich diese Verunsicherung noch: In der Betreuung der erwerbslosen Jugendlichen verlor die im

Reichsjugendwohlfahrtsgesetz gezogene Grenze zwischen der Jugendpflege – für die ›gesunden‹ – und der Jugendfürsorge – für die ›minderwertigen‹ Jugendlichen – allmählich an Bedeutung. Zugleich aber feierte die scharfe Dichotomisierung zwischen ›gesund‹ und ›minderwertig‹ mit der Durchsetzung der rassenhygienischen Denkfigur in der Jugendfürsorge erste Triumphe. Die Vermutung der Düsseldorfer Regierungsrätin Gudula Kall, daß die Jugendwohlfahrtspflege »mit den übrigen Zweigen der Wohlfahrtspflege in Schicksalsgemeinschaft« stehe, und ihr im November 1931 ausgesprochener Appell: »Bricht also irgendwo der Feind ein, so muß der Gefahr von überall her begegnet werden« waren vergeblich: Der »Feind« in Gestalt der Rassenhygiene, den Kall auch zu beschreiben wußte,[108] war längst »eingebrochen« und hatte sich über die bevorstehende ›Lösung‹ der Krise der Fürsorgeerziehung Eingang in die Jugendfürsorge verschafft. Der »Kampf um die Aufrechterhaltung der Jugendwohlfahrtspflege«[109] war verloren, noch ehe er recht begonnen hatte.

Der Abbau der Fürsorgeerziehung ebenso wie der Ausschluß der allermeisten Jugendlichen aus der Arbeitslosenversicherung waren dabei Eingriffe, die bei allen Unterschieden auch Gemeinsamkeiten aufwiesen. Beides waren reichsweit und -einheitlich vollzogene Maßnahmen einer ›großen Politik‹, der unweigerlich auch ein entsprechend hohes Maß an Publizität zukommen mußte. Im Vergleich hierzu vollzog sich der Abbau der Jugendfürsorge – verstanden als Pflicht- oder freiwillige Aufgabe der Jugendämter – lokal und unschematisch, im Schatten der ›großen‹ Eingriffe regelrecht unspektakulär. Das Bild vom »Bröckeln im stolzen Gebäude des Reichsjugendwohlfahrtsgesetzes«, das Ehrhardt im Oktober 1932 beschrieb,[110] entstand ohne Zweifel mit Blick auf die gesamte Jugendfürsorge. Doch war es vor allem der Abbau der Jugendamts-Jugendfürsorge als eine lokal unterschiedliche Reduktion – mitunter auch Verschiebung – von Hilfeleistungen, der dem Bild des »Bröckelns« zu entsprechen schien. Gleichwohl bestimmte hierbei nicht allein das rassenhygienische Denkmodell den Abbau der von den Jugendämtern betriebenen Jugendfürsorge. »Mit der Empfindlichkeit eines Seismographen«, so schrieb im August 1931 Eberhard Giese, der Direktor des Jugendamtes Görlitz, »zeigen die verschiedenen Sparten des Jugendamtes die Erschütterungen der Wirtschaft an«.[111] Und – so ließe sich Gieses Einschätzung fortführen – je mehr die Wirtschaft nicht vorübergehenden Erschütterungen, sondern einer beispiellosen Depression ausgesetzt war, um so mehr mußte die Arbeit des Jugendamtes auch solche über die Tagesnöte hinausgehende Unsicherheit spüren. Manche Auswirkung der wirtschaftlichen Krisenzeit auf die Arbeit des Jugendamtes war den Fürsorgern dabei nur allzugut bekannt. Wie auch in anderen Krisenzeiten zuvor, stieg die Zahl der Adoptionswilligen und der angebotenen Pflegestellen. Wie zuvor waren die Fürsorger gewiß, daß für diese Zunahme »das wirtschaftliche Moment die treibende Kraft ist«,[112] die Anbieter auf die Zahlungen der Fürsorge begierig waren und die Qualität der angebotenen Pflege- und Adoptionsstellen somit »schlecht« sein mußte.[113] Neu hingegen war in der Depression, daß sich – gleichfalls aus einem »Verdienstinteresse« heraus – »nicht nur Angehörige der Arbeiter- und Kleinbürgerschicht, besser gesagt Kleinstbürgerschicht melden, sondern auch Angehörige gehobener Schichten, selbständige Kaufleute, mittlere Beamte u.s.f.«.[114]

Aber der scheele Blick auf das Geld, das »wirtschaftliche Moment« als »treibende Kraft« war auch den Jugendämtern nicht fremd. Einer der Gründe dafür, daß die Amtsvormundschaft »im Vergleich mit anderen Fürsorgezweigen den Ansturm des Abbaus verhältnismäßig gut überstanden« hatte,[115] lag auch darin, daß sie der einzige Zweig der Fürsorge war, der unmittelbare Einnahmen – die Unterhaltsbeiträge der Väter unehelicher Kinder – bescherte. Doch nicht nur das pekuniäre Motiv half der Amtsvormundschaft, den »Ansturm des Abbaus« zu überstehen. Im Vergleich zu vielen anderen Maßnahmen der Jugendfürsorge war die Amtsvormundschaft ein Fürsorgezweig, »vor dem es für den Träger zunächst einmal unter dem Zwang des Gesetzes kein Ausweichen«[116] gab: Mit der Geburt eines unehelichen Kindes trat die Amtsvormundschaft des Jugendamtes automatisch ein. Freiwillige Leistungen der Jugendämter und Pflichtaufgaben, vor denen »ausgewichen« werden konnte, fielen jedoch um so schneller dem Abbau zum Opfer: »Mütter- und Säuglingsschutz werden eingeschränkt, Fürsorgerinnen entlassen, Beratungsstellen aufgehoben, Speisungen vermindert, Gemeindepflegestationen eingezogen, Heilfürsorge aufgegeben, Kindergärten, Horte, Tagesheime geschlossen, Mittel für Jugendpflege und Sport gestrichen. Der offenen Jugendfürsorge wird durch die Verringerung der Sozialarbeiter die Möglichkeit pflegerischer und erziehlicher Wirkung genommen; sie wird zum Leerlauf bürokratischer Verwaltungsmaßnahmen verurteilt.«[117]

Doch nicht nur der Abbau als solcher wirkte sich verheerend auf die Fürsorgearbeit aus. Auch die Abruptheit, mit der sich Eingriffe vollzogen, und der Umstand, daß in vielen Jugendämtern ohnehin schon mit eingeschränkter Kraft gearbeitet wurde, erschütterten die Grundlagen der kommunalen Jugendfürsorge. »Die schlagartige Einschränkung der Ausgaben für Jugendwohlfahrt nach dem Bankenkrach im Juli 1931«, schrieb Wilhelm Hertz, der Direktor des Hamburger Landesjugendamtes rückblickend, »war nicht nur durch ihre Plötzlichkeit so schlimm – wir mußten mitten im Geschäftsjahr unternommene Aufgaben schleunigst abbrechen, Personal auf kurze Frist abbauen, grundsätzliche Beschlüsse über laufende Sachaufgaben von größter Tragweite fassen –, sondern fast mehr noch, weil die Sparaktion schon längst begonnen war, irgendein ›Luxus‹ schon längst nicht mehr vorhanden war, so daß fast jeder Schnitt ›ins Leben‹ zu gehen drohte.«[118] Was blieb in solcher Lage von der Jugendfürsorge? Kalls Hinweis auf die »seelische Arbeit, die ein Großteil der Jugendwohlfahrtspflege ist« und »fast unbegrenzte Möglichkeiten bei relativ geringen Kosten«[119] habe, war im Jahr 1932 nurmehr Ausdruck eines matten Idealismus. Ungleich realistischer dachte Ehrhardt, als er davon schrieb, daß nicht nur die »Form«, sondern auch der »Geist« der Jugendfürsorge »ganz allmählich ein anderer zu werden beginnt«. »Unter dem Druck der Verhältnisse, der allgemeinen Not weitester Volkskreise, wird die Luft kälter, die das Jahrhundert des Kindes bisher belebte.«[120] Und: »Wenn ein Jugendlicher dem Fürsorger auf Heller und Pfennig nachweisen kann, daß er mit dem Richtsatz seiner Unterstützung nicht auskommt und daraus folgert, daß er sich die restliche Summe durch Betteln, Diebstahl oder Prostitution erwerben müsse, nützt auch die beste Haltung des Sozialarbeiters nicht mehr viel.«[121] Nicht mehr unbegrenzte Möglichkeiten »seelischer Arbeit« sah Ehrhardt, sondern »eine fast tödliche Resignation in weiten Kreisen der Sozialarbeiterschaft«.[122]

Aber wenn auch Scheitern und Abbau der Jugendfürsorge in den letzten Jahren der Weimarer Republik im Vordergrund standen, zeichneten sich zugleich schemenhaft Umrisse und Tendenzen einer neuen, von der alten Jugendfürsorge unterschiedenen Jugendpolitik ab. Gleichwohl scheint es, als ob solches Nachdenken über einen umfassenden und autoritären Zugriff auf Jugendliche – Arbeitsdienst, Wehrertüchtigung, Staatsjugend – nur der Erkenntnis folgte, daß der Einfluß des Staates auf seine minderjährigen Bürger immer geringer wurde. Nie waren vor allem die Unterschichtjugendlichen im mehrfachen Sinn des Wortes so ›aufsichtslos‹ wie in den letzten Jahren der Weimarer Republik. War der im Diskurs über Jugend und Jugendpolitik alsbald erkennbare Durchbruch zu neuen, autoritäreren Varianten der alten Jugendfürsorge nicht auch ein Reflex auf diese immer größer gewordene Diskrepanz zwischen den Zielen der Jugendfürsorge und ihrer tatsächlichen Reichweite und Wirkungskraft?

2. Unterschichtjugend in der Depression

Für die ohnehin labile Existenz der Unterschichtjugendlichen bedeutete die Depression mit all ihren Folgen in den Jahren nach 1929 eine Verschlechterung der Lebensumstände in bis dahin unbekanntem Ausmaß. Das hohe Maß an Erwerbslosigkeit, das Jugendlichen in diesen Jahren bevorstehen sollte, war auch für sie nicht die einzige, ohne Zweifel aber die gravierendste Ausdrucksform der »Universalität der Krise«. So singulär sich aber auch das hohe Maß der Erwerbslosigkeit Jugendlicher in der Depression ausnehmen mochte, so wenig erschien es als ein abrupt eintretendes, plötzliches Phänomen. Während Jugenderwerbslosigkeit im Kaiserreich noch annähernd unbekannt gewesen war, hatten die Krisen der unmittelbaren Nachkriegszeit, aber auch die Wirtschaftskrise 1925/26 einen hohen Sockel an Jugenderwerbslosigkeit geschaffen, der selbst in den sich anschließenden Jahren relativer Stabilität nicht völlig verschwand. Tatsächlich war die Zahl jugendlicher Hauptunterstützungsempfänger noch bis zum Einbruch der Wintermonate 1930/31 geringer gewesen als am 31.1.1929 – mit Ausnahme freilich der Wintermonate 1929/30, als sie die Zahl vom Januar 1929 leicht übertraf. (Vgl. Tabelle 18.)

Tabelle 18: Der Anteil der Jugendlichen unter 21 Jahren an der Gesamtzahl der Hauptunterstützungsempfänger in der Arbeitslosenversicherung

Stichtage	Hauptunterstützungsempfänger in der Arbeitslosenvers. insges.	Davon Jugendliche bis zu 21 Jahren	Verhältniszahl
31.10.1927	339.982	32.384	9,5
31.12.1927	1.188.274	136.270	11,5
31.1.1928	1.333.115	178.753	13,4
30.4.1928	729.329	98.316	13,5
31.7.1928	564.064	84.091	14,9
31.10.1928	670.997	98.343	14,5
31.1.1929	2.287.872	270.288	11,8
30.4.1929	1.126.078	160.878	14,3
31.7.1929	710.987	100.004	14,1
31.10.1929	889.492	127.366	14,3
31.1.1930	2.232.619	313.032	14,0
30.4.1930	1.763.107	252.204	14,3
31.7.1930	1.497.522	227.500	15,2
31.10.1930	1.561.961	244.928	15,7
31.1.1931	2.554.202	395.361	15,5
30.4 1931	1.887.293	298.068	15,8
31.7.1931	1.204.880	152.976	12,7
30.11.1931	1.365.532	170.816	12,5
31.1 1932	1.885.353	247.693	13,2

Quelle: Lebensraum der Jugend, S. 107.

Gleichwohl darf der Eindruck eines mehr stetigen denn abrupten Anwachsens der Jugenderwerbslosigkeit nicht über das alsbald erreichte dramatische Ausmaß hinwegtäuschen, zumal mit den Hauptunterstützungsempfängern ohnehin nicht alle erwerbslosen Jugendlichen erfaßt wurden. Überdies gab die Statistik der Hauptunterstützungsempfänger spätestens seit der Notverordnung vom 5.6.1931 eher Auskunft über die Destruktion des Leistungsangebotes der Arbeitslosenversicherung denn über das tatsächliche Ausmaß der Jugenderwerbslosigkeit. (Vgl. Tabelle 19.)

Lange noch blieben die Sozialpolitiker und Jugendfürsorger auf Schätzungen über die tatsächliche Zahl der erwerbslosen Jugendlichen in der Depressionszeit angewiesen. Erst zum Stichtag 30.7.1932 erhob die

Tabelle 19: Die Zahl der minderjährigen und jungerwachsenen Hauptunterstützungsempfänger in der Arbeitslosenversicherung und in der Krisenfürsorge

Stichtage und Altersgruppen	Arbeitslosenversicherung			Krisenfürsorge		
	männlich	weiblich	insges.	männlich	weiblich	insges.
15.1.1931						
bis 18 Jahre	59.191	26.174	85.338	–	–	–
über 18 bis 21 Jahre	232.400	75.597	307.997	–	–	–
über 21 bis 25 Jahre	310.067	99.540	409.607	112.574	20.443	133.017
15.7.1931						
bis 18 Jahre	25.102	13.256	38.358	–	–	–
über 18 bis 21 Jahre	88.929	38.534	127.463	–	–	–
über 21 bis 25 Jahre	159.286	66.003	225.289	146.488	26.420	172.908
15.1.1932						
bis 18 Jahre	36.438	21.811	58.249	–	–	–
über 18 bis 21 Jahre	125.232	63.129	188.361	–	–	–
über 21 bis 25 Jahre	217.085	97.182	314.267	221.006	47.544	268.550
15.1.1933						
bis 18 Jahre	13.099	7158	20.257	–	–	–
über 18 bis 21 Jahre	55.206	29.084	84.290	–	–	–
über 21 bis 25 Jahre	89.298	42.281	131.579	161.859	49.350	211.209

Quelle: Für 1931: Beilage zum Reichs-Arbeitsmarktanzeiger Nr. 3 vom 9.2.1932, S. 6; für 1932 u. 1933: Statistisches Jahrbuch für das Deutsche Reich Bd. 52, 1933, S. 304.

Reichsanstalt für Arbeitsvermittlung und Arbeitslosenversicherung genaue Zahlen zum Stand der Jugenderwerbslosigkeit. Demnach waren im Alter bis unter 21 Jahre 419.160 männliche und 213.064 weibliche Jugendliche ohne Erwerb. Zählte man die Altersgruppe der Jungerwachsenen im Alter zwischen 21 und 25 Jahren noch hinzu, betrug die Zahl der männlichen und weiblichen Erwerbslosen im Alter bis zu 25 Jahren am 30.7.1932 insgesamt 1.456.854 – rund jeder Vierte, der zu dieser Zeit erfaßten Erwerbslosen in Deutschland war ein Jugendlicher oder Jungerwachsener.[123]

Freilich wies die Reichsanstalt darauf hin, daß die von ihr ermittelten Zahlen noch immer nicht alle erwerbslosen Jugendlichen umfaßten. »Um den tatsächlichen Ziffern der wirklich arbeitslosen Jugendlichen nahezukommen«, schlug Friedrich Syrup, der Präsident der Reichsanstalt, vor, zur Zahl von 1,46 Millionen noch einen »Zuschlag« von 10 % hinzuzuaddieren. Dies entspräche ungefähr der Summe der »unsichtbaren« erwerbslosen Jugendlichen, die den Kontakt zum Arbeitsamt bereits abgebrochen hatten.[124] Tatsächlich kann die Zahl der erwerbslosen Jugendlichen (im Alter bis zu 25 Jahren) im letzten Jahr der Weimarer Republik auf rund 1,5 bis 1,7 Millionen hochgerechnet werden.[125]

Was verbarg sich aber nun hinter dieser enorm großen Zahl an erwerbslosen Jugendlichen oder Jungerwachsenen? Gab es erkennbare Trends in der Erwerbslosigkeit der Jugendlichen? Worin unterschied sich dies von der Erwerbslosigkeit der Erwachsenen? Vieles spricht dafür, daß die Beobachtung Rudolf Eisners über die Entwicklung des Arbeitsmarktes Jugendlicher im Krisenhalbjahr 1925/26 auch für die Zeit der großen Krise nach 1929 zutraf. Eisner hatte seinerzeit eine Art ›nachholende‹ Erwerbslosigkeit der Jugendlichen im Vergleich zur Erwerbslosigkeit Erwachsener feststellen können:

»Für die Entwicklung des Arbeitsmarktes der Jugendlichen scheinen also nicht unbedingt die gleichen Momente von entscheidendem Einfluß zu sein, wie für den der erwachsenen Arbeiter. Vielmehr scheint sich jede beginnende Wirtschaftskrise zunächst in einer stärkeren Heranziehung der Jugendlichen zur Arbeit anzukündigen zu einer Zeit, da die Arbeitslosigkeit der Erwachsenen schon über dem Normalen steht, erst auf dem Höhepunkt der Krise werden auch die Jugendlichen stärker betroffen, bei Besserung der Lage aber greift man zuerst wieder zur Einstellung der Erwachsenen, der Arbeitsmarkt für sie ist schon gut, wenn er für die Jugendlichen noch lange flau ist.«[126]

Wenn auch Eisner das präzise statistische Material fehlte, um eine phasenverschobene Jugenderwerbslosigkeit belegen zu können, gab es doch eine Reihe von Beobachtungen, die die Plausibilität der Eisnerschen Einschätzung auch für die Depressionszeit unterstreichen. Eisner hatte in seiner

Erläuterung des verspäteten Beginns der Erwerbslosigkeit Jugendlicher auf das bekannte Phänomen der Ausnutzung billiger jugendlicher Arbeitskraft, vor allem während der Lehrzeit, hingewiesen.

Tatsächlich sank in der Depressionszeit die Nachfrage nach Lehrlingen nicht.[127] Die Vorstellung einer krisenfesten Lehrzeit aber war zu dieser Zeit längst dahin. Nicht nur bestanden »in vielen Fällen, infolge der geringen Beschäftigung Schwierigkeiten für die Lehrmeister, ihrer Ausbildungspflicht zu genügen«, auch begann für die Lehrlinge »in der Regel ... mit dem Auslernen die Arbeitslosigkeit«.[128] Eine 1932 vom Deutschen Verein organisierte und veröffentlichte Untersuchung über das »Berufsschicksal von Handwerkslehrlingen nach Beendigung der Lehre« ließ daran keinen Zweifel aufkommen. Ein Drittel der in der Umfrage erfaßten 314 jungen Handwerker der Entlassungsjahrgänge 1925 bis 1931 war innerhalb eines Monats nach Beendigung der Lehrzeit bereits aus der Arbeit beim Lehrherrn wieder ausgeschieden. Bei den Entlassungsjahrgängen 1930 und 1931 sah das Umfrageergebnis noch deutlicher aus: 42 bzw. 48 % der Lehrlinge dieser Jahrgänge waren mit dem Ende der Lehrzeit entlassen worden. Insgesamt waren ganze 51 % der Lehrlinge im Anschluß an die Lehrzeit über ein Jahr in ihrem Beruf tätig, bis eine erste Unterbrechung durch Erwerbslosigkeit oder Wanderschaft eintrat. Rund 31 % der Lehrlinge waren über zwei Jahre ununterbrochen in ihrem Beruf tätig gewesen. Freilich ließ die Berufsstetigkeit mit Beginn der Depression stark nach. Hatte der Anteil der über ein Jahr in Arbeit gebliebenen Jugendlichen 1925 und 1926 68 und 73 % betragen, so sank er auf 32 % beim Entlassungsjahrgang 1930.[129] Zum Zeitpunkt der Erhebung (Ende Februar bis Ende April 1932) arbeiteten gerade noch 90 (29 %) der befragten Handwerker im erlernten Beruf. 18 Junghandwerker gingen einer anderen Beschäftigung nach, und das Gros (206 Personen, 65 %) war arbeitslos. Der Prozentsatz der durchschnittlichen Gesamtarbeitszeit der einzelnen Jahrgänge, der durch Arbeitslosigkeit, Wanderschaft oder Arbeit in fremden Berufen verlorenging, stieg Jahr um Jahr an: Verzeichnete der Entlassungsjahrgang 1925 einen ›Verlust‹ von 15 %, so stieg der Prozentsatz im Folgejahrgang auf 23 %, 1927 auf 29 % und 1928 auf 35 %. 1929 betrug die Verlustquote bereits 46 %, um in den beiden folgenden Jahrgängen mit 50 und 52 % den größten Anteil einzunehmen. Allein der Verlust durch Arbeitslosigkeit war von 10 % im Jahrgang 1925 auf 50 % im Jahrgang 1931 angestiegen. Das erschütternde Bild eines für Jugendliche weitgehend verschlossenen Arbeitsmarktes erhielt seine Kontur noch durch den Umstand, daß die Durchführung der Umfrage dem Generalsekretariat der katholischen Gesellenvereine oblag. Die Teilnehmer der Umfrage waren allesamt Mitglieder der Gesellenvereine. Die für Mitglieder solcher Vereine postulierte Bindung an den Beruf und das vielfältige, auch Arbeit vermittelnde Beziehungsgeflecht der Vereine führten den Deutschen Verein zu der Einschätzung, »daß das Untersuchungsmaterial u.E. eine positive Auslese aus der Zahl der jüngeren Handwerker darstellt«. War dies der Fall und das Ergebnis der Studie »also zu günstig«[130] – um wieviel trostloser sah es für die nicht in ein Vereinsnetz eingebundenen, stärker auch auf industrielle Arbeit orientierten Jugendlichen mit erlerntem Beruf aus?

Keinesfalls besser aber erging es den ungelernten Jugendlichen. Ihr Berufsschicksal konnte im Gegensatz zu dem der jungen Handwerker kaum als ›Abstieg‹ empfunden werden – weil eine wie auch immer als ›Aufstieg‹ empfundene Ausbildung zuvor nicht stattgefunden hatte. Doch die Vorstellung, daß die Ungelernten gerade deshalb zu den ›Krisengewinnlern‹ zählten, weil ihr minderer Ausbildungsstandard sie ›flexibel‹ machte und für die ad-hoc-Angebote eines starken Schwankungen unterliegenden Arbeitsmarktes zu prädestinieren schien, entbehrt der Grundlage. Zwar blieb es der Wunsch vieler Arbeitgeber, »nur äußerst billige und möglichst berufsschulfreie jugendliche Arbeitskräfte«[131] einzustellen. Dennoch erschien der Arbeitsmarkt für ungelernte Jugendliche über die Jahre der Depression hinweg – wenigstens nach den Berichten der großstädtischen Arbeitsämter – ähnlich leergefegt wie die anderen Teilarbeitsmärkte für Jugendliche.[132] Gleichwohl galt diese Beobachtung der Arbeitsämter nur für den ›gehobenen‹ Bereich ungelernter Tätigkeiten, die noch über die Arbeitsämter vermittelt wurden. Auf dem davon getrennten, weiten Feld selbstorganisierter Beschäftigung mögen Ungelernte tatsächlich ›flexibler‹ gewesen sein als ihre gelernten Altersgenossen. Deren Ausbildung erwies sich bei einer Vermittlung in einen anderen Beruf oder Tätigkeit oft als ›sperrig‹. Überdies brachte für sie ein Wechsel in eine mindere Stellung immer den Beigeschmack des beruflichen Abstiegs mit sich. Noch am ehesten wird man die ungelernten Jugendlichen im Vergleich als eine Gruppe beschreiben können, die »häufiger arbeitslos« wird, zugleich »aber leichter wieder Arbeit« findet.[133] Doch war eine solche ›Arbeit‹ von Stetigkeit so weit entfernt, daß von fließenden Übergängen zur Erwerbslosigkeit gesprochen werden konnte.[134]

Eisners Einschätzung, daß bei einer Besserung der Lage zunächst wieder auf Erwachsene und erst später auf Jugendliche zurückgegriffen wird, traf für die Depressionszeit nur in Maßen zu. Ohne Zweifel war die Tendenz zu beobachten, bei Entlassungen oder Neueinstellungen Erwachsene, vor allem Familienväter, eher in Lohn und Brot zu halten oder zu bringen als Jugendliche zu beschäftigen.[135] Doch der Trend lief nicht auf eine, wenn auch verspätete Hereinnahme der vom Arbeitsmarkt suspendierten Jugendlichen, sondern auf ihre dauerhafte Verdrängung hinaus. Feststellbar war dieser Trend schon seit der Mitte der zwanziger Jahre, und er war um so erstaunlicher, als von einer geringer werdenden Zahl der auf den Arbeitsmarkt strömenden Jugendlichen kaum gesprochen werden konnte. Dennoch sank der Anteil der Jugendlichen an der Zahl der Gesamtbeschäftigten in einigen Bereichen – wie etwa der Reichsbahn – markant ab. Zwischen dem 31.12.1925 und dem 31.12.1930 fiel der Anteil der Jugendlichen im Alter zwischen 18 und 24 Jahren unter den Reichsbahnarbeitern von 9,62 % auf 6,27 %. Die nachfolgende Altersgruppe der 25 bis 30jährigen, die 1925 noch einen Anteil von 22,15 % der Arbeiter-Beschäftigten einnahm, hielt fünf Jahre später nurmehr einen Anteil von 14,8 % der Beschäftigten. Der Anteil der 31 bis 35jährigen halbierte sich im selben Zeitraum von 20,45 % auf 10,03 %. ›Gewinner‹ dieser Verschiebungen waren die Altersgruppen der 36 bis 60jährigen. Da sich die Zahl der Reichsbahnarbeiter im Jahrfünft zwischen 1925 und 1930 ohnehin von 415.920 auf 355.787 reduzierte,[136] bedeutete der gesunkene Anteil der Jungarbeiter nichts anderes als einen massiven Ausschluß der Jugendlichen.

Für den einzelnen Jugendlichen aus der Unterschicht, der auch vor dem Einbruch der Depression vom Arbeitsleben abgeschnitten schien und staatliche ›Unterstützung‹ allenfalls in Gestalt der verhaßten Fürsorgeerziehung erfahren konnte, mögen die Jahre nach 1929 nur graduelle Veränderungen seiner Lebenssituation mit sich gebracht haben. Aber die Zahl der Jugendlichen, die das Schicksal der Inferiorität zu teilen hatten, wuchs enorm an. Überdies verschwand mit der anhaltenden Massenerwerbslosigkeit die Möglichkeit des industriellen Aufstiegs von der Unterschicht zur Arbeiterjugend als einer tatsächlich arbeitenden Jugend. Statt dessen trat der Abstieg der ausgelernten jugendlichen Facharbeiter oder der ständig beschäftigten Angelernten zur auf Dauer erwerbslosen und verelendenden Unterschicht nun umso öfter ein. Was als ›Unterschichtjugend‹ bislang eher eine oszillierende, von der ›Arbeiterjugend‹ mehr im Habitus als in der Exaktheit der Statistik unterschiedene Schicht Jugendlicher war, wuchs nunmehr nicht nur an, sondern verfestigte sich auch. Nicht zuletzt über eine Reihe irritierender Phänomene und »Alarmnachrichten«[137] wurden diese Jugendlichen auch von einer breiten Öffentlichkeit erneut als eine bei aller Diffusion doch kohärente Schicht wahrgenommen.

Die wachsende Zahl jugendlicher Wanderer war eines dieser Phänomene. Der Begriff des ›Wanderers‹ war dabei wenig mehr als ein nackter Euphemismus – denn nicht der jugendbewegte, der Natur verbundene Wanderer war damit gemeint und auch nicht mehr der Handwerksbursche auf der Suche nach Erfahrung. Vielmehr diente der Begriff zur Kennzeichnung Erwerbsloser, »die bewußt oder durch die Not gezwungen aus der sozialen Ordnung ausgeschieden sind und ohne ein festes Ziel und ohne die Absicht oder auch ohne die Möglichkeit an einem Orte zu bleiben, obdach- und mittellos, meist bettelnd im Lande umherziehen, um angeblich oder auch wirklich Arbeit zu suchen«.[138] Wieviele jugendliche Wanderer in den

Depressionsjahren über die deutschen Landstraßen zogen, verriet keine Statistik. Die Schätzungen aber, die veröffentlicht wurden, ließen keinen Zweifel an der Massenhaftigkeit dieses Schicksals am Rande der Vagabondage aufkommen. Für Sommer und Herbst 1932 schwankten die Zahlen zwischen 60.000 und 200.000 jugendlichen Wanderern.[139] Der Bonner Jugendrichter Ludwig Clostermann hielt für Anfang 1933 sogar eine Zahl von 250.000 Wanderern zwischen 14 und 21 Jahren für wahrscheinlich, unter denen die 18 bis 21jährigen den größten Anteil (rund 90–95 %) innehatten.[140]

Eine solch hohe Zahl an vagierenden Jugendlichen wäre ohne Depression und Massenerwerbslosigkeit kaum denkbar gewesen. Allmählich hatte sich die traditionelle, mit der Absicht der Qualifizierung vollzogene Wanderung der Handwerksgesellen zur atavistisch anmutenden Elendswanderung Erwerbsloser transformiert. Daß Erwerbslosigkeit das unumstrittene Hauptmotiv für zehntausende jugendliche Wanderer in den frühen dreißiger Jahren war, überraschte nicht. Aber eine große Zahl der aufgegriffenen und befragten Jugendlichen gab auch die häuslichen Verhältnisse als Motiv des Wanderns an. Groß war in den hin und wieder veröffentlichten Daten einzelner Sichtungsstellen und Jugendbleiben die Zahl der Jugendlichen, die aus unvollständigen Familien kamen. Freilich verbargen sich hinter den Vordergründigkeiten einer Flucht der Jugendlichen aus unzulänglichen Familienverhältnissen wie »Streitigkeiten mit den Eltern oder Stiefeltern«[141] oft nur die Erwerbslosigkeit des Vaters und eine damit einhergehende Auflösung der Familie als Solidargemeinschaft. Jedoch scheiterte der Versuch, Arbeit durch Wanderung zu finden, in den meisten Fällen. Mit dem Einbruch der Depression war eine Arbeitsstelle auch bei hoher Mobilität kaum noch zu bekommen. Vor allem aber kam die komplex gewordene Industriegesellschaft mit einer solchen Form der Arbeitssuche nicht mehr zurecht. Weder Industrie noch Arbeitsverwaltung waren bereit, ein der Vagabondage ähnelndes ›Wandern‹ als Arbeitssuche anzuerkennen. Folgerichtig ging mit der Wandlung der Gesellenwanderung zur Erwerbslosenwanderung eine Umdeutung des Wanderns vom individuellen zum gesellschaftlichen und regulierungsbedürftigen Problem einher. Jedoch blieb der Versuch, das Problem mittels eines Wandererfürsorgegesetzes überschaubar zu machen, in den letzten Jahren der Weimarer Republik ohne Chance.[142]

Wiederum blieb die Fürsorge sich selbst, ihren geringen Mitteln und eigener Innovationskraft überlassen. Die Tendenz, der sie dabei folgte, vollzog im kleinen Maßstab nach, was seit dem Aufstieg der Jugendfürsorge seit dem ausgehenden 19. Jahrhundert noch alle ihre Teilbereiche geprägt hatte: Der Eindruck einer Besonderung der Jugendlichen in einem allgemeinen Problembereich, der Versuch, Jugendliche zu separieren und

»einer ihrer Eigenart angepaßten Behandlung« zuzuführen, schließlich das Bemühen, in dieser »Behandlung« vom Strafrecht zur Fürsorge und »Erziehung« überzugehen.[143] Freilich wäre es dabei selbst für eine ihre Wirkungsmacht überschätzende Jugendfürsorge Donquichotterie gewesen, als Ziel der Jungwandererfürsorge die Verhinderung des Wanderns anzustreben. »Nicht Unterdrückung des Wandertriebes kann das Ziel unserer Bemühungen sein«, schrieb Gustav Lesemann als Leiter eines Jugendheims in Hannover 1930, »sondern ein Hineinleiten des Wandertriebes in geordnete Bahnen«.[144] Doch blieben der Wandererfürsorge in aller Regel nur eine Reihe vorläufiger Maßnahmen übrig, um die von der Polizei und den Fürsorgern herbeigeschleppten oder sich freiwillig meldenden Jungwanderer zu versorgen. Mit der Gewährung von Verpflegung und Übernachtung für kurze Zeit, mit ärztlicher Betreuung und Ausgabe von Kleidungsstücken, vor allem aber mit der Benachrichtigung der Eltern und des Heimat-Jugendamtes waren die Möglichkeiten der Wandererfürsorge meist erschöpft. Nur ein kleiner Teil derer, die eingehender betreut wurden, konnte in Arbeit – überwiegend in der Landwirtschaft – vermittelt werden. Noch geringer war die Zahl der Jungwanderer, die zur Fürsorgeerziehung überwiesen oder unter Schutzaufsicht gestellt wurden. Für das Gros der aufgegriffenen Jugendlichen endete die Fürsorge mit der Heimbeförderung.[145]

Wie sehr eine solche Unterschichtjugend nicht mehr nur das bisherige marginalisierte Potential erfaßte, sondern unter dem Einfluß der Massenerwerbslosigkeit auch bislang durch stete Lohnarbeit gebundene Jugendliche aufsog, zeigte sich im Beruf der aufgegriffenen und befragten Jungwanderer. Nicht klassische Vagabunden fielen den Fürsorgern in die Hände, auch nicht überwiegend Ungelernte, deren Weg von der Gelegenheitsarbeit auf die Landstraße nicht allzuweit schien. Vielmehr waren es, je länger die Depression anhielt, um so mehr Facharbeiter und Gesellen, die zu Wanderern wurden: Die »Not der Gelernten«[146] trieb sie auf die Landstraßen.

Doch eine noch größere Rolle in der öffentlichen Wahrnehmung spielten die ›Wilden Cliquen‹ – Jugendbanden, die vor allem in Berlin und anderen Großstädten von sich reden machten. Sie waren, wenn nicht die Spitze der Wandererbewegung, so doch unzweideutig die markanteste Erscheinung der sich während der Depressionszeit in großem Umfang vollziehenden Freisetzung Jugendlicher. Außer Zweifel muß daher stehen, daß die Cliquen – bei allen Vorläufern, die während des Krieges und der unmittelbaren Nachkriegszeit beobachtet wurden[147] – als ein typisches Phänomen der Depressionszeit daherkamen. Freilich verbargen sich hinter dem schillernden, nach Sensation klingenden Begriff der ›Wilden Cliquen‹ sehr unterschiedliche Vergemeinschaftungsformen überwiegend männlicher Jugendlicher. Das Spektrum reichte von eindeutig kriminellen Banden wie der berühmt-berüchtigten »Baudiag« (der »Berliner Automobildiebstahls-AG«)[148] über die eigentlichen, mit phantasievollen Namen wie Zigeunerblut und Waldpiraten, Santa Fé und Schnapsdrossel[149] gekennzeichneten Cliquen bis hinüber zu eher informellen Gruppen gleichaltriger Jugendlicher. Letztere wurden im Gegensatz zu früheren Zeiten nun allein durch den mit der Erwerbslosigkeit verbundenen Zugewinn an freier Zeit zu einer auf weite Strecken des Tages zusammengeschweißten Gemeinschaft. Aber bei aller Verschiedenheit – zudem zwischen dem ›Moloch‹ Berlin und kleineren Städten – war den Cliquen doch eines gemeinsam: die Absage an Muster der konformen Freizeitgestaltung, wie sie etwa von der Jugendpflege propagiert wurden. Eher noch schufen sich die Cliquen eine eigene Welt und Ordnung, deren Formen mitunter Ritualen ähnelten und archaisch anmuteten. Nicht allein in der »abenteuerliche[n] Kluft« und »eine[r] eher ins Phantastische gehende[n] Kopfbedeckung«[150] nahm eine auch als Weltabgewandtheit auftretende Archaik Gestalt an. Vielmehr noch boten der Charakter der Abgeschlossenheit vieler Cliquen, die aggressive Hierarchie innerhalb der Clique – vom »Cliquenbullen« bis zu den meist nur als »Geschlechtswesen«[151] benutzten weiblichen Cliquenmitgliedern –, vor allem aber die mitunter sexuell-exzessiven Aufnahme- und Strafrituale zeitgenössischen Beobachtern Gelegenheit zu fürwahr ethnologischen Feldforschungen. Der Eindruck einer Regression war dabei vorherrschend. Christine Fournier veröffentlichte 1931 in der »Weltbühne« ihre Recherchen zu den Cliquen und berichtete über den Koitus oder die Masturbation, die den »Lehrlingen« bei der »Tauffeier« ebenso abverlangt wurde wie das Aufessen des »Cliquentauffrasses«. Sie vermutete, daß hier »jene Triebentfaltung der ersten Kindheit, die beim sogenannten normalen Jugendlichen längst in Vergessenheit begraben, in andere Formen der Erotik umgesetzt ist«, bei den Verwahrlosten »infolge ihrer psychischen Defekte« wieder auflebe.[152] »Vielleicht«, so hielt sie später fest, »imitieren sie primitive Riten. Aber ich glaube, es handelt sich vielmehr um einen spontanen Rückzug in die Barbarei. Die Zivilisation ist schließlich nur ein sehr dünner, neuer und witterungsanfälliger, firnisartig-übertünchender Anstrich...«[153]

Wie sehr im Auftreten der Cliquen auch das Scheitern der Jugendfürsorge zum Ausdruck kam, zeigte sich alsbald. Die Cliquen und ihr Ort im unbeobachteten Halbdunkel der großen Städte und ihres Umlandes waren beliebte Fluchtpunkte entlaufener, aber auch regulär entlassener Fürsorgezöglinge. Vor allem die kriminellen Cliquen bestanden zu einem nicht geringen Teil aus ehemaligen Fürsorgezöglingen. Für sie, die aus der Fürsorgeerziehung nicht mit der Aussicht auf eine gesicherte berufliche Existenz, sondern mit einem belastenden Stigma herausgekommen waren, bot sich in den Cliquen auch eine Möglichkeit zum Untertauchen: »Diese jungen Leute entziehen sich in ihren Verstecken in Laubengeländen, Hauskellern und Böden allen polizeilichen Verfolgungen, sie organisieren sich auch nach Indianerart, haben ihre Wachen und Streifen und stehen mit Kreisen erwachsener Verbrecher, mit den sog. Ringvereinen oft in Verbindung.«[154] Wie auch andere Jugendliche, die gefährdet, verwahrlost oder kriminell waren, ohne daß sich der Apparat der Jugendfürsorge noch um sie kümmerte, fanden ehemalige Fürsorgezöglinge in den Cliquen zugleich die Möglichkeit eines »separaten Ehrsystems«[155] vor. Was abseits der selbstgeschaffenen Welt und Ordnung der Cliquen als belastendes Stigma galt, konnte innerhalb der Clique und ihrer strengen Hierarchie ins schiere Gegenteil umgedeutet werden. Durchlaufene Karrieren in der Fürsorgeerziehung oder dem Jugendgefängnis prädestinierten für Führungsfunktionen.[156] Der Zusammenhang zwischen den Cliquen und Fürsorgeerziehungsanstalten oder Jugendgefängnissen war damit aber noch nicht vollständig. Vielmehr sahen sich Anstalten und Gefängnisse in den frühen dreißiger Jahren fast schon im Zustand einer ›Belagerung‹. Ursächlich hierfür waren nicht die gelegentlichen Aufmärsche des Kommunistischen Jugendverbandes vor den Toren zumeist Berliner Fürsorgeerziehungsanstalten.[157] Hervorgerufen wurde das Belagerungs-Gefühl vor allem durch die aufgrund der hohen Zöglingsfluktuation unlösbaren Verbindungen zwischen der Bandenbildung in den Anstalten und ihrer Fortsetzung außerhalb der Anstalten.[158] Der Einfluß der Cliquen sei, so berichtete Ehrhardt schon 1930, »bis in die geschlossenen Anstalten des Jugendstrafvollzuges ... zu spüren«: »Ohne Verbindung mit seiner Clique entwickelt sich dort der Jugendliche während seiner Strafverbüßung bei ›hausordnungsgemäßer Führung‹ zu einem ›anständigen Menschen‹, am Entlassungstag oder wenige Tage vorher aber kippt er um, er spürt durch die Mauern hindurch wieder den Geist einer Kameradschaft, die ihn trägt und die er deshalb bejaht. Alle fürsorgerischen Maßnahmen zum Schutze der Großstadtjugend haben hier ihr Ende.«[159]

Vor allem die Zusammensetzung der Cliquen nicht nur aus erwerbslosen, desorientierten und Abenteuern zugeneigten Schulabgängern, sondern auch aus älteren ›Karrieristen‹ war zugleich auch der Grund, warum die bürgerliche Öffentlichkeit in den Cliquen nicht nur gruselige Archaik, sondern zuerst Brutstätten der Kriminalität zu erkennen glaubte. Eine solche Vermutung war im Lichte dessen, was aus der Innenwelt der Cliquen nach außen drang, nicht abwegig. Kleinkriminalität, etwa in der Beschaffung von Nahrungsmitteln, lag für die Cliquen – deren Zahl für Berlin 1930 auf rund 600 geschätzt wurde[160] – auf der Hand. Aber nach der Schätzung von kundigen Beobachtern waren nur rund 10 Prozent der Cliquen im eigentlichen Sinn als kriminelle Banden zu bezeichnen. Tatsächlich stieg das Maß der Jugendkriminalität – soweit dieses Maß an den unvollständigen und ohnehin nur die ermittelte Kriminalität abbildenden Statistiken ablesbar war[161] – in den Depressionsjahren im allgemeinen nur gering an, wenn auch die Zahl der schweren Straftaten deutlich zunahm.[162] Doch die Spezialisten der Deutschen Vereinigung für Jugendgerichtshilfe, die sich in ihren Untersuchungen in der Regel nur auf Material über die Kriminalität der 14 bis 18jährigen stützen konnten, hegten die Vermutung, daß die Kriminalität der 18 bis 21jährigen stärker angestiegen sei. Die Überlegung lag nahe, daß die Jugendlichen in den Cliquen zwar nicht a priori kriminell sein mußten, aber alle Aussicht hatten, es zu werden. Das Bild der ›abschüssigen Bahn‹, daß in der Beschreibung der großstädtischen Lebenswelt der Unterschichtjugendlichen gern verwandt wurde, war so falsch nicht. Läßt man die Larmoyanz außer Acht, mit der die Zeitgenossen mit diesem Bild das Scheitern ihrer eigenen Intervention zu kaschieren pflegten, so läßt sich das Bild auch dahingehend interpretieren, daß nicht der Jugendliche, sondern allein die ›Bahn‹ jene abschüssige Tendenz aufweist und ihr Betreten überdies dem freien Willen vieler Jugendlicher entzogen war. Wen konnte es erstaunen, daß 1928 noch jeder 15., 1930 aber bereits jeder 8. jugendliche Wanderer mit dem Gesetz in Konflikt gekommen und bestraft worden war?[163]

Die vermeintliche oder tatsächliche Kriminalität der Cliquen bewegte die Öffentlichkeit mehr als Archaik und Atavismus. Doch waren Kriminalität und Archaik nicht ohne Zusammenhang. Beide sind als Verhaltensäußerung der Unterschichtjugendlichen nur im Kontrast zur Großstadt-Moderne zu verstehen. Denn die Archaik der Cliquen wie auch andere Erscheinungsformen derer, die ihre Unterschichtherkunft nicht verbergen konnten – etwa die von einem subtilen Beobachter ausgemachte »fadenscheinige Eleganz« vieler »Fabrikmädchen«[164] – waren vor allem eines: ein Ausdruck von Mangel, von ohnmächtiger Subjektivität im Angesicht der Verheißungen, die die Großstadt-Moderne auch versprach. In einer »Ueber die Auswirkungen der Arbeitslosigkeit auf Jugendliche« überschriebenen Studie, in der Maria Tippelmann 1931 Ermittlungsergebnisse von Sozialbeamtinnen und Selbstzeugnisse erwerbsloser Jugendlicher zusammenstellte, hieß es über letztere als »Zaungäste des Lebens«:

Am nächsten aber rückt man dem flutenden Leben, wenn man sich einfach mittenhinein stellt. Man geht durch die Warenhäuser und tut wie die Kaufenden, obwohl man keinen Pfennig dafür zur Verfügung hat. Man besieht sich all die tausend Dinge auf den Tischen, in den Fenstern, die auch vielleicht für sie da wären, wenn, ja wenn sie Arbeit hätten ... Und außerdem das Bummeln in den Straßen. Man hat ja Zeit, viel Zeit auf dem Rückweg vom Stempeln ... Man sieht die Welt vor sich abrollen wie auf einem laufenden Band. Nur wieder, daß man nicht dazugehört.«[165]

Den Kontrast zwischen Bedürfniserweckung und einem Scheitern der Bedürfnisbefriedigung hatte Bernfeld im Auge, als er auf der Suche nach dem »sozialen Ort«, »der den mannigfaltigsten psychischen Strukturen größte Chance gibt, ›asoziale‹ Taten zu begehen«,[166] die »Tantalus-Situation« fand. Er gab damit eine ebenso einleuchtende wie einfühlsame Deutung der Spannung, denen Unterschichtjugendliche in der Großstadt beständig unterworfen waren. »Es ist nicht an jedem sozialen Ort gleich ›leicht‹«, schrieb Bernfeld 1931, »Taten zu vermeiden, die die ›herrschende Moral‹ als gesamtheitsschädlich verbietet.«

»Die gleiche Entbehrung kann je nach den äußeren und inneren Bedingungen sehr verschieden hart und psychisch wirksam sein. Besonders schwierig für das Erleben und, wie mir scheint, besonders nachhaltig auf die ganze psychische Struktur wirkend, ist jene grausamste Erschwerung, die arg beleidigte Götter dem unglücklichen Tantalus auferlegt haben: mitten in der erregendsten Fülle machtlos entbehren zu müssen.«[167]

Nicht allein die »Stärke der Triebregung« gab dabei nach Ansicht Bernfelds den Ausschlag für das in der Tantalus-Situation auszuhaltende Maß an Entbehrung. Ausschlaggebend waren auch und nicht zuletzt die »erreichbaren Befriedigungsmittel«.[168] Als »erreichbar« in der modernen Massengesellschaft, zumal in der Glitzerwelt der Großstädte galt aber nicht das, was für Unterschichtjugendliche tatsächlich – nach Status oder Einkommen – erreichbar war. Ereichbar mußte vielmehr das sein, was zugleich als »allgemein« erstrebenswert erschien. Der »demokratische Charakter, nicht allein der politischen, sondern auch vor allem der wirtschaftlichen Institution – und wäre es auch bloß ›Fassadendemokratie‹«, wirke dahin, schrieb Bernfeld, »jedem Menschen den Standard der Bourgeoisie als auch für ihn erreichbar erscheinen zu lassen«.[169] Zwar widersprächen die Lebenserfahrungen der Menschen diesem Bild beständig, aber dies führe nicht zur Korrektur des von »ideologischen Mächten« geprägten und tradierten Gesellschaftsbildes, sondern erhöhe nur die als Tantalus-Situation umschriebene Spannung. »Gerade weil die heutige Gesellschaftsordnung keine Herrenschicht besitzt, die ihren Lebensstandard als von Gott und Natur ihr allein reservierten, den anderen unerreichbar hinzustellen vermag«, fuhr Bernfeld fort, »wirken die ökonomisch und sozial bedingten Entbehrungen im Proletariat und Kleinbürgertum als ›ungerecht‹ oder selbstverschuldet.«[170] In einer Zeit, in der die »Realangst« vor den Folgen einer Bestrafung nachläßt, weil »rechtschaffen zu sein, real nicht lohnt«, mußte es, war Bernfeld überzeugt, wahrscheinlich werden, »daß ein Über-Ich [d.h. Gewissensangst] von normaler Stärke allein, ohne die Realangsthemmungen, nicht ausreicht, um das Verhalten des Individuums am sozialen Ort der Tantalus-Situation in die Grenzen zu bannen, die am sozialen Ort des Gesetzgebers und Richters als sozial beurteilt werden«.[171]

Der soziale Ort von Verwahrlosung und Kriminalität, oder doch zumindest von »Handlungen, ... die als kriminelle oder asoziale bewertet werden«[172] konnten, war auf diese Weise präzise vermessen worden. Auch die depressionstypischen Verhaltensweisen der Unterschichtjugendlichen – vom Wandern bis zur Bandenbildung – erscheinen hier in klarem Licht. Kann aber nun davon gesprochen werden, daß im Stil der Cliquen »symbolisch eine spezifische solidarische Form von Lebensbewältigung in der Gruppe gleichaltriger und gleichbetroffener Jugendlicher« zum Ausdruck kam?[173] Muß mit »authentischen Versuchen der von Deklassierung bedrohten Jugendlichen« gerechnet werden, »ihre Identität zu bewahren«?[174] Oder sind derlei Einschätzungen nur Ausfluß einer romantisch-heroisierenden Geschichtsbetrachtung?

Tatsächlich war mit Blick auf die Tantalussituation vor allem in den verfestigten Cliquen – dort also, wo Eigensinn und Authentizität noch am ehesten zu vermuten wären – wenig zu finden, was sich als Kampf gegen die fortdauernde Tendenz einer Marginalisierung der Unterschichtjugendlichen beschreiben ließe. Zwar erscheint der Stil der Cliquen auf den ersten Blick als äußerst geräuschvoller, heftiger und auch phantasievoller ›Kampf‹ gegen die Gesellschaft. Nicht zuletzt deshalb waren jene Jugendlichen auch begehrte Objekte politischer Vereinnahmung, Ziel der Werbearbeit, vor allem des Kommunistischen Jugendverbandes, in geringerem Umfang auch der Hitler-Jugend – freilich ohne daß es dabei zu dauerhaften und nennenswerten Mobilisierungserfolgen kam.[175] Aber war die im Stil der Cliquen zum Ausdruck kommende Frontstellung, der Kampf gegen die Gesellschaft zugleich auch ein Kampf gegen das, was *in* der Gesellschaft zur Marginalisierung der Unterschichtjugendlichen führte und ein Kampf für das *in* der Gesellschaft, was der Marginalisierung vorbeugen konnte? War es eine Suche nach Stabilität der eigenen Existenz nicht für einen sentimentalen Lagerfeuer-Augenblick, sondern auf lange Sicht? Letztlich war es wenig davon. Mag auch das Erlebnis der Cliquengemeinschaft und des »separaten Ehrsystems« dem einzelnen Jugendlichen Momente geglückten Lebens verschafft haben – die Cliquen also solche waren kaum mehr als eine Reproduktion der Marginalität und Flüchtigkeit der Unterschichtjugend. Wenn auch die Cliquen ein Stück »Gegenkultur«[176] darstellten, so blieben sie, ohne darauf Einfluß zu haben, noch in ihrer Negation der ›Kultur‹ ein Teil derselben und folgerichtig ein Teil dessen, was die ›Kultur‹ für Unterschichtjugendliche noch übrig gelassen hatte: Ein von aller Sicherheit förmlich abgehängtes Dasein. Galt dies auch über die Cliquenmitglieder hinaus, so bestand ihre »spezifische solidarische Form der Lebensbewältigung« nur in einer vielleicht farbenprächtigen und abenteuerlichen Kostümierung ihrer Marginalität. Kann in einer solchen Vergemeinschaftung des Elends »Lebensbewältigung« – noch dazu in solidarischer Form – stattfinden? Von einer Wahrung der Identität wird jedenfalls nur in fast zynisch zu nennender Weise die Rede sein können. Welche Identität galt es zu wahren, wenn nicht die Unterschichtidentität der Inferiorität und der beständigen Abschiebung?

3. »Jugendfürsorge im Chaos«

Kann eine Geschichte der Jugendfürsorge in der Weimarer Republik enden allein im Blick auf gescheiterte Institutionen und eine dissoziale – dissozial gemachte – Unterschichtjugend? Reicht es hin, ein nahezu völliges Auseinandertreten von Fürsorge und Klientel, eine den Zielen der alten Jugendfürsorgebewegung und der Absicht des Reichsjugendwohlfahrtsgesetzes hohnsprechende Geringfügigkeit der Jugendwohlfahrt abzubilden? Tatsächlich war die Jugendfürsorge in weiten Teilen ihrer Arbeit diskreditiert und wirkungslos, in ihrer Gesamtheit verunsichert. Die Denkfigur der Rassenhygiene half in der interessengeleiteten ›Erklärung‹ der Krise der Fürsorgeerziehung. Doch die mit Blick vor allem auf die Klientel der Fürsorgeerziehung erfolgte Umdeutung der Verwahrlosung in Krankheit und erbliche Belastung, die Feststellung der »Unerziehbarkeit« und die naheliegende Assoziation der ›Unheilbarkeit‹ verhinderten nicht nur eine gründliche Reform, sondern entzogen der klassischen Jugendfürsorge die Grundlage. Wenig blieb ihr noch zu tun, nachdem die rassenhygienische Überwältigung der alten Fürsorge-Sentiments eine Herstellung von ›Tüchtigkeit‹ durch Erziehung in all den Fällen unmöglich erscheinen ließ, in denen die Erziehbarkeit in Frage stand.

Doch gab es unter den Jugendfürsorgern der frühen dreißiger Jahre eine Gruppe, die bei flüchtigem Hinsehen dem Lager der Reformer zuzuordnen war, sich bei näherem Hinsehen aber als heterogen, unorganisiert und nur lose zusammenhängend erwies. Ihre Position schwankte eigentümlich zwischen den beiden Hauptbewegungen Reform und Abbau, war selten eindeutig und oft kryptisch. Diese Gruppe, als deren wichtigster Repräsentant neben dem Klumker-Schüler Hans Achinger und dem Leiter der Lübecker Jugendfürsorge, Gottlieb Friedrich Storck, vor allem Webler gelten mag, hatte keinen Zweifel daran gelassen, daß die Fürsorgeerziehung in hohem Maße veränderungsbedürftig war. In der Schärfe ihrer Kritik – Webler rief bereits 1929 zur »Schließung oder Boykottierung ungeeigneter Anstalten«[177] auf – standen sie anderen Kritikern kaum nach. Aber dort, wo die auf politisches Handeln angewiesenen Reformer mit dem Verfall der Weimarer Republik in die Defensive gerieten, war die Gruppe um Webler auf eine dem nietzscheanischen Gestus der ›Konservativen Revolution‹ ähnelnden Weise agil, ja optimistisch.[178] Den Reformern der

Arbeiterwohlfahrt ebenso wie den allermeisten Reformpädagogen erschien der Erhalt der verfassungsmäßigen Ordnung als eine Voraussetzung wirksamer Reformen. Ein demokratischer Fortschritt in der obrigkeitlichen Fürsorgeerziehung galt ihnen implizit auch als Stabilisierung der Weimarer Demokratie. Die Gruppe um Webler sah hingegen den allmählichen Zusammenbruch der Jugendfürsorge im zusammenbrechenden Staat von Weimar mit einer Mischung aus Grauen und Hoffnung. In seinem »Jugendfürsorge im Chaos« überschriebenen Leitartikel für den 24. Jahrgang (1932/33) des Zentralblattes formulierte Webler zwar eindrücklich die Not der Jugendfürsorge in einer Zeit des Verfalls »ihrer zugehörigen Gesellschaftsordnung«.[179] Bei der Ubiquität klassischer Bildung unter den Akademikern der Weimarer Jahre stand aber zu vermuten, daß Webler den Begriff »Chaos« mit Bedacht und nicht im vordergründig umgangssprachlichen Sinne gewählt hatte. So wie das »Chaos« in der griechischen Mythologie den Zustand der Welt *vor* der Schöpfung bezeichnete, bekam der Begriff »Chaos« auch in Weblers Artikel eine oszillierende Färbung. Nicht nur Unordnung verband sich mit diesem Begriff, sondern auch Aussicht, Hoffnung und Zukunftserwartung. Folgerichtig riet Webler dazu, »in diesem Chaos nicht zu verzweifeln, nicht zu kapitulieren, nicht Kopf und Sinn zu verlieren, sondern auszuharren und noch das wenige zu tun, was die bestehende Ordnung zuläßt, bis die Politik eine *neue Ordnung* geschaffen hat. Daneben bleibt immer die wichtige Aufgabe, *neue Wege der Fürsorge*, die durch *neue Gesellschaftsbildungen* gegebenenfalls ermöglicht werden, zu erkunden«.[180]

Aber einerlei, ob Webler damit die »neuen Wege der Fürsorge« künftiger »Gesellschaftsbildung« subsumierte oder ob er in der »Erkundung« neuer Wege zugleich auch eine Antizipation der neuen »Gesellschaftsbildung« erblicken wollte: Das Neue kam nicht von alleine und mußte Widerstände überwinden. »Wir müssen unserer Jugend«, so schrieb Webler, »ihren Lebensraum erkämpfen gegen die stumpfe Renitenz und den bequemen Anspruch einer eigennützigen, überalterten und müden Generation«.[181] Mit solcher Beschwörung des Neuen ließ Webler aber nicht nur die in die Defensive geratenen Reformer hinter sich, sondern ebenso auch die Protagonisten des Abbaus, die überwiegend eigennützig mit der Sicherung ihrer Besitzstände beschäftigt waren. Webler eröffnete der Jugendfürsorge eine Zukunftsoffenheit eigener Art: Die Suche nach neuen Instrumenten zur Regulierung der Unterschichtjugendlichen fand bei ihm beredte Begründungen. Daß die Suche nach neuen Instrumenten der Jugendpolitik nach der allgemeinen Enttäuschung über die bestehenden Einrichtungen über das naheliegende fürsorgerische Instrumentarium hinausging, lag auf der Hand. Doch daß die Suche nach neuen Instrumenten zugleich auch die Suche nach einer – wohl neuen – »Volksordnung«, wie Wilhelm Flitner es

1933 formulierte, mit sich zog, ergab sich aus der Dynamik des Verfalls der Weimarer Republik. War Jugendpolitik bislang ausschließlich als Jugendwohlfahrtspflege in Erscheinung getreten, so zeichnete sich in der ab 1931/32 schemenhaft erkennbaren Politik des Staates gegenüber seinen minderjährigen Bürgern eine Jugendpolitik eigener Prägung ab.[182] In der hektischen jugendpolitischen Betriebsamkeit der letzten Jahre, ja Monate der Weimarer Republik traten Jugendpolitik und Jugendfürsorge auseinander. Vieles von dem, was als Maßnahme oder Programm Gestalt annahm – der Freiwillige Arbeitsdienst (FAD), das Jugendnotwerk, das »Reichskuratorium für Jugendertüchtigung« – war auch Jugendfürsorge im Sinne einer »Einordnung«, von der Webler gesprochen hatte.[183] Doch unterschied sich die neue Jugendpolitik von der klassischen Jugendfürsorge auf mehrfache Weise. Die Initiatoren der neuen Jugendpolitik kamen nicht aus dem Apparat der Jugendfürsorge, und das Institutionengefüge der Jugendfürsorge gab nicht oder nur beiläufig den Rahmen für die Maßnahmen der neuen Jugendpolitik ab. Darüber hinaus aber unterschied sich die neue Jugendpolitik von der klassischen Jugendfürsorge dadurch, daß nun erstere sich dem Anspruch nach – am deutlichsten im Arbeitsdienst-Gedanken – an alle Jugendlichen wandte, während die einst als zentral gedachte Jugendfürsorge in einer Spirale fortwährenden Einflußverlustes zu einer residualen Einrichtung wurde.

Nirgends zeigte sich dieser Prozeß des Auseinandertretens von Jugendfürsorge und neuer Jugendpolitik deutlicher als im Umgang mit der Massenerscheinung der Jugenderwerbslosigkeit. Von Anbeginn an sahen sich die Jugendämter hier in einer inferioren Position.[184] Ursächlich dafür war nicht allein die enorme Zersplitterung im Hilfsangebot für erwerbslose Jugendliche, sondern vor allem der Umstand, daß die »Amtskonstruktion Jugend-Not aus Erwerbslosigkeit nicht kennt«.[185] Gleichwohl erhoben die Vertreter der öffentlichen Jugendfürsorge wie selbstverständlich den Anspruch auf eine führende Rolle im Kampf gegen die Jugenderwerbslosigkeit und ihre Folgen. Noch im Frühjahr 1932 legte Hertz auf einer Konferenz des Deutschen Vereins den großangelegten Plan eines »Hilfswerks für jugendliche Arbeitslose« vor. Das Ziel dieses Hilfswerks bestand in einer Bündelung aller Formen der Ersatzarbeit – von der Notstandsarbeit bis hin zum FAD – und der Maßnahmen örtlicher Einrichtungen zur Betreuung der erwerbslosen Jugendlichen.[186] Als verantwortlich für die »lebendige Zusammenarbeit« empfahl Hertz die Jugendämter, denen zugleich die Geschäftsführung des Hilfswerks obliegen sollte.[187] Aber ein solches Hilfswerk unter dem Dach der Jugendämter kam nicht zustande. Zwar rief ein Erlaß des Reichsarbeitsministers vom 24.12.1932 das »Notwerk der deutschen Jugend« ins Leben.[188] Doch verbarg sich im »Notwerk« – für das aus Haushaltsmitteln des Jahres 1932 neun Millionen

Reichsmark zur Verfügung gestellt wurden[189] – nicht ein Versuch, Vorhandenes zu bündeln. Vielmehr wurde damit eine weitere Betreuungseinrichtung für erwerbslose Jugendliche geschaffen: Örtliche Arbeitsgemeinschaften aller Verantwortlichen, »die nach ihrem Aufgabenkreise Hilfe für die arbeitslose Jugend leisten«,[190] aber auch freiwillige »Kameradschaften« junger Erwerbsloser (bis zum Alter von 25 Jahren) konnten Reichsmittel in Anspruch nehmen, sofern sie täglich mindestens vier Stunden »sinnvolle Beschäftigung« – verteilt auf berufliche Bildungsarbeit, Leibesübungen und Beschäftigungen, »die der geistig-sittlichen Ertüchtigung« dienten[191] – nachweisen konnten. Neben dem erkennbaren Verzicht auf eine Bündelung der bestehenden Angebote zugunsten der Schaffung einer neuen Einrichtung aber unterschied sich das »Notwerk« noch in einem anderen Punkt von Hertzens Vorschlag eines »Hilfswerks«: Nicht den Jugendämtern oblag die Federführung, sondern den Arbeitsämtern, deren Direktoren allein über die finanziellen Beihilfen für die Maßnahmen des »Notwerks« entschieden.[192]

Aber nicht die Pläne für ein Hilfswerk, auch nicht das in den Wintermonaten 1932/33 mit rund 250.000 bis 300.000 Jugendlichen[193] durchgeführte »Notwerk« standen im Mittelpunkt der Suche nach der einen, großen Lösung im Umgang mit der hohen Zahl erwerbsloser Jugendlicher. Ein ungleich größeres Maß an Aufmerksamkeit galt der – mit einer langen Vorgeschichte versehenen[194] – Idee eines Arbeitsdienstes. Doch was sich auch immer während der langen Inkubationsphase an ideologischen Konstrukten und volkserzieherischer Attitüde mit dem Gedanken des Arbeitsdienstes verbunden haben mochte: Aktuell, zukunftsträchtig und durchsetzbar wurde der Arbeitsdienst nur vor dem Hintergrund der Massenerwerbslosigkeit. Nicht weil der Arbeitsdienst »jenseits arbeitsmarktlicher Bedingtheiten« stand,[195] erschien er arbeitsmarktpolitisch attraktiv, sondern weil er dem destruierten Arbeitsmarkt einen künstlichen und temporären ›Arbeitsmarkt‹ an die Seite zu stellen schien. Die Nutzbarkeit des FAD – in dieser Form nahm der Arbeitsdienst mit der Notverordnung vom 5.6.1931 Gestalt an – als künstlich stabilisierter Ersatzarbeitsmarkt mußte ihn auch für die Jugendfürsorge, vor allem für die Fürsorgeerziehung interessant machen. Schien sich im FAD nicht eine Möglichkeit zu bieten, den Fall in ein schwarzes Loch drohender oder tatsächlicher Erwerbslosigkeit nach der Entlassung aus Fürsorgemaßnahmen zu vermeiden?[196] Aber auch abseits dieser dem FAD zugedachten Auffang-Funktion gab es eine ganze Reihe von Affinitäten zwischen Arbeitsdienst und Fürsorgeerziehung. War die Einschätzung der Zöglinge als ›Treibhauspflanzen‹ ebensowenig falsch wie die Schlußfolgerung, daß ein dauerhafter Erfolg der Fürsorgeerziehung eigentlich nur bei einer Fortsetzung der Treibhausatmosphäre zu gewärtigen sei, so lag es nahe, im Arbeitsdienst eine solche

Fortsetzung zu erblicken. Mit Recht urteilte Kleßmann, daß »wer die Lebens- und Arbeitsweise der sogenannten Normalheime kennt ... immer wieder [wird] feststellen können, daß zwischen einem Normalerziehungsheim und einem der bis jetzt in Erscheinung getretenen Arbeitsdienstlager sehr große Unterschiede nicht bestehen«.[197]

Gemessen an solcher Einschätzung erscheint es jedoch erklärungsbedürftig, warum die »Entwicklung des Freiwilligen Arbeitsdienstes ... teils an der Jugendfürsorge vorbei, teils über sie hinausgegangen« war,[198] warum Jugendfürsorge und Fürsorgeerziehung trotz aller deutlich zutageliegenden Kompatibilität nicht bereits zu einem frühen Zeitpunkt den Arbeitsdienst in ihre Arbeit miteinbezogen hatten. Gewiß gab es, vor allem in der Frühphase des FAD, eine Reihe von Kostenfragen, die einen unmittelbaren Übergang von der Fürsorgeerziehung in den FAD oder gar einen FAD im Rahmen der Fürsorgeerziehung nahezu unmöglich machten. Einen Anspruch auf einen Zuschuß durch das Arbeitsamt zu den Kosten der Unterbringung im FAD konnten nach dem Wortlaut der Verordnung vom 23.7.1931 nur jene Jugendlichen erheben, die Arbeitslosen- oder Krisenunterstützung bezogen.[199] Entlassene Zöglinge gehörten jedoch nicht zum Kreis der Unterstützungsbezieher, weil ihre Beschäftigungsverhältnisse in aller Regel nicht als Anwartschaftszeit auf Leistungen aus der Arbeitslosenversicherung galten. Aber neben der Unsicherheit in Fragen der Finanzierung gab es unter den Jugendfürsorgern auch ein gehöriges Maß an Skepsis gegenüber dem FAD. Fritz kritisierte auf der Mitgliederversammlung der Deutschen Zentrale für freie Jugendwohlfahrt im Oktober 1932 die bestehende Praxis des FAD, vielmehr aber noch die Phantasien seiner in der Jugendfürsorge tätigen Kollegen, als er den FAD spöttisch zum »Verschiebebahnhof« erklärte, der für alles verwandt werde, »was man sonst nicht unterbringen könne«.[200]

Freilich verbarg sich auch hinter einer solchen Argumentation nicht von vorneherein eine Ablehnung des FAD. Im Gegenteil: Fritz war voll des Lobes über den FAD, der »für die Jugend eine neues Verhältnis zur Arbeit schaffen [will], in welchem nicht der Gedanke des Lohnes, sondern der Tätigkeit für die Allgemeinheit und der Erweckung einer neuen Volksgemeinschaft sowie der Vorbereitung der Siedlung auf dem Lande maßgeblich sei«.[201] In seiner Argumentation zeigte sich eine verblüffende Parallele zu den Debatten, die ein rundes Jahrzehnt zuvor über die Aufgaben des Jugendamtes geführt worden waren. Schien es damals bedenkenswert, ob das ›freundliche‹ Jugendamt mit der ›unfreundlichen‹ Fürsorgeerziehung zu belasten sei, stellte Fritz nun die Frage, ob nicht die »wahllose Hineinnahme von Gefährdeten ... den FAD völlig verändern und seine Grundlage zerstören« würde.[202] Freilich wurde die Probe aufs Exempel nicht gemacht: Es blieb bis zum Ende der Weimarer Republik beim beziehungslosen Nebeneinander von FAD und Jugendfürsorge, das nur hier und da durch einzelne Experimente durchbrochen wurde.[203] Den Befürwortern eines FAD unter dem Primat der Jugendfürsorge blieb nur das Fazit übrig, »als hätten Fürsorge und Pädagogik hier eine Politik der verpaßten Gelegenheit betrieben«.[204]

Die Ursache für diese Politik der »verpaßten Gelegenheit« lag vor allem darin, daß von einer ›Politik‹ der Fürsorge im eigentlichen Sinn gar nicht die Rede sein konnte. An einer wohlwollenden Einstellung zu den Arbeitsdienstplänen wird es dem Gros der Jugendfürsorger nicht gemangelt haben – das soziale Ideal, das weite Bereiche der Jugendfürsorge immer noch bestimmte, war nicht allzuweit vom Ideal derer entfernt, die den Arbeitsdienst propagierten. Jedoch war die Jugendfürsorge zu Beginn der dreißiger Jahre bereits so geschwächt, daß sie für Jugendpolitiker alles andere als unumgehbar war. Der Aufstieg des FAD als erstes Versatzstück einer neuen, autoritären Politik des Staates gegenüber seinen minderjährigen Bürgern war auch ein weiteres Zeichen für das Scheitern der klassischen Jugendfürsorge und den Vertrauensverlust, der diesem Scheitern auf den Fuß folgte. Die zu Beginn der zwanziger Jahre debattierte Frage, ob die Fürsorgeerziehung ein Teil der Jugendamtsarbeit werden solle oder nicht, war eine Frage, die innerhalb der Jugendfürsorge diskutiert und entschieden werden konnte. Doch die Fragen nach einer Zusammenarbeit zwischen FAD und Jugendfürsorge, geschweige denn nach einem Arbeitsdienst unter dem Dach der Jugendfürsorge, wurden außerhalb der Jugendfürsorge nicht einmal gestellt. Es ist deshalb aber nicht falsch, im FAD zugleich auch Jugendfürsorge zu erkennen[205] – doch sie fand nun ohne das statt, was bis dahin als Jugendfürsorge in Erscheinung getreten war.

Aber im FAD – an dem sich im Schnitt des Jahres 1932 122.368 Erwerbslose beteiligten[206] – kam mehr noch zum Ausdruck als nur die allmähliche Subsumtion der klassischen Jugendfürsorge unter eine neue Jugendpolitik. In den Ideen zu einem »Reichskuratorium für Jugendertüchtigung« ebenso wie in den vagen Überlegungen zur Schaffung einer Staatsjugendorganisation – die nicht von ungefähr im Reichswehrministerium entstanden waren[207] – fand sich das fürsorgerische Konstrukt der ›Tüchtigkeit‹ in einer Verengung, die es allein unter dem Primat ihrer militärpolitischen Bedeutsamkeit sehen wollte. In der Idee der ›Ertüchtigung‹, mehr aber noch in der Praxis des Arbeitsdienstes und des »Notwerks« verbarg sich ein Ideal, das einer neuen regulativen Idee auch der Jugendfürsorge gleichkommen mochte. So wie der Aufstieg der neuen Jugendpolitik nicht denkbar war ohne das Scheitern und den Einflußverlust der klassischen Jugendfürsorge, so begann der Aufstieg des schemenhaften neuen Erziehungsideals noch mit einem weiteren Einflußverlust. Sukzessive verloren innerhalb der Arbeitsverwaltung jene an Gewicht, für die in der Betreuung erwerbsloser Jugendlicher Berufsbildung und Qualifizierung für den Arbeitsmarkt an erster Stelle zu stehen hatten. Der Berufsgedanke und die Absicht der Qualifizierung für den baldmöglichen Wiedereinstieg in reguläre Lohnarbeit geriet mit der Durchsetzung des Arbeitsdienstes vollends unter die Räder.[208] Die erkennbare Absage an den Beruf war aber nicht nur ein Reflex auf die Berufsverunsicherung in der Depressionszeit. Längst hatte ein neues Arbeiter-Ideal von den Verantwortlichen der Arbeitsverwaltung Besitz ergriffen. Nicht mehr der gelernte Facharbeiter war das Ziel einer Arbeitserziehung – soweit man diese durch staatliche Politik lenken konnte –, sondern der, wie es in einer vom Deutschen Verein 1938 herausgegebenen Schrift über die »Berufslenkung der deutschen Jugend« heißen sollte, »deutsche Qualitätsarbeiter«:

Er erhält sein Gepräge durch ein neues Erziehungs- und Auslesesystem, das ihm drei wesentliche Züge gibt: eine bestimmte charakterliche Gesinnung (Arbeitsethos), eine robuste, kräftige und soldatische Haltung (Gesundheit), eine gewisse technische Grundeinstellung (eine allgemein höhere Geschicklichkeitsstufe) ... Im Zentrum der industriellen Arbeit steht nicht der ›Facharbeiter‹, der ›Gelernte‹, sondern der neue deutsche Qualitätsarbeiter, ... der auswechselbar, in allen Zweigen der Wirtschaft brauchbar und dort als kräftiger, wendiger und auch geschickter Mann ansatzfähig ist«.[209]

Die Vermittlung dieser »arbeitssozialisatorischen Tugenden«[210] bildete die eigentliche Aufgabe des FAD, dessen tatsächliche Produktivität demgegenüber hintangestellt wurde. Mußte nun aber nicht der Schwenk von der Berufsausbildung hin zur bloßen Vermittlung von ›Tugenden‹ die Praxis der Berufsausbildung in der Fürsorgeerziehung in neuem Licht erscheinen lassen? Tatsächlich war es kein geringerer als Herrmann, der aus den Zweifeln der Depressionsjahre, »ob es überhaupt noch länger zu verantworten wäre, Fürsorgezöglingen mit einem hohen Aufwand an öffentlichen Mitteln eine Fachausbildung zu ermöglichen, die anderen Jugendlichen in der Freiheit kaum noch erreichbar war«,[211] nicht unwesentliche Konsequenzen zog. Ohne über die tatsächliche Qualität der »Fachausbildung« in der Fürsorgeerziehung ein Wort zu verlieren, empfahl er den Heimen eine »Selbstbescheidung«: Nicht mehr die Ausbildung zu einem Beruf, sondern eine »Vorerziehung« eine bloße »Erziehung zur allgemeinen Arbeitswilligkeit«[212] sollte zur Aufgabe der Anstalten werden.

Aber Herrmanns Aufruf zum Verzicht auf eine Berufsausbildung in den Anstalten war schon kein Beitrag mehr zur Gestaltung der Weimarer Jugendfürsorge. Seine Vorschläge zur »Einordnung der Heimerziehung« veröffentlichte das Zentralblatt zu Beginn des Jahres 1934. Die von Herrmann favorisierte »Erziehung zur Arbeitswilligkeit«, die davon ausging,

»daß der junge Mensch heutzutage aus wirtschaftlichen und sozialen Gründen tatsächlich zu jeglicher Arbeit bereit sein muß«,[213] schien das Ideal des wendigen »Qualitätsarbeiters« zu antizipieren. Doch Herrmann beschrieb nur das, was in der Fürsorgeerziehung von jeher Praxis war – und auch von den jugendbewegten Reformpädagogen im Grunde nie in Frage gestellt wurde. Die Krise der Fürsorgeerziehung in der Weimarer Republik hatte offenkundig werden lassen, wie sehr der Anspruch der Berufsausbildung in der Fürsorgeerziehung nur Firnis gewesen war. Im Nationalsozialismus aber erfuhr die Fürsorgeerziehung eine Bestätigung ihrer Praxis, vor allem aber eine Befreiung von Ansprüchen und Rechtfertigungszwängen. Männliche Zöglinge arbeiteten wie selbstverständlich in der Landwirtschaft und weibliche Zöglinge in der Hauswirtschaft, begleitet von Wehrsport, körperlicher Ertüchtigung und »nationalpolitischem Unterricht«.[214] Die neue Selbstverständlichkeit der Anstalten als »bodenständige Umschulungsstätten für das Landleben«[215] beschränkte sich aber nicht nur auf den Bereich der Berufsausbildung. Auch die leidige Frage nach der Ausbildung der Erzieher verlor ihre Dringlichkeit. »Wir brauchen also nicht so sehr den beruflichen, als vielmehr den berufenen Erzieher«, schrieb Friedrich Leibetseder 1938, »der in der Arbeit seinen Blick auf das Volksganze und Kulturganze richtet«.[216]

Nicht erstaunen durfte, daß auch eine tatsächliche Restauration dort voran getrieben wurde, wo zu Zeiten der Weimarer Republik eine – wenn auch nicht weitgehende – Veränderung erreicht worden war. Zwar blieb man unter den Fürsorgeerziehern stolz darauf, »daß die Heime der Fürsorgeerziehung die deutsche Form stärker festgehalten haben, als die Schulen«.[217] Doch die in den preußischen Reformerlassen erreichte rechtliche Sicherung der Zöglinge und die Absage an körperliche Züchtigung schien der »deutschen Form« wesensfremd zu sein und bedurfte der Korrektur. In einer Denkschrift des AFET aus dem Jahr 1933 hieß es:

»Aus der veränderten geistigen Grundhaltung des Staates folgt künftig für die grundsätzliche Einstellung der Fürsorgeerziehung gegenüber einer in den letzten Jahren einseitig hervorgetretenen Überbetonung der Zöglingsrechte eine stärkere Betonung ihrer Pflichten und eine Vertiefung der an sie zu stellenden sittlichen Anforderungen.«[218]

Ein Runderlaß des Reichs- und preußischen Innenministers vom 4.7.1935 folgte den Intentionen des AFET. Körperliche Züchtigung »zur Aufrechterhaltung der Zucht und Ordnung« war nun ohne weiteres erlaubt und das Beschwerderecht der Zöglinge wurde, »da sich ein Fürsorgezögling auch ohne eine solche Regelung an seinen Anstaltsleiter (sic) wenden kann«,[219] außer Kraft gesetzt.

Aber setzten sich im nationalsozialistischen Staat damit nicht jene Bedingungen auf verschärfte Weise fort, die in der Weimarer Republik zur Krise der Fürsorgeerziehung geführt hatten? Tatsächlich fehlte es nicht an Hinweisen auf nach wie vor bestehende Schwierigkeiten, Jugendliche aus Groß- und Industriestädten dauerhaft an die Landwirtschaft zu binden,[220] auch wenn die anhaltende städtische Erwerbslosigkeit und die nationalsozialistische Propaganda landwirtschaftliche Arbeit als ebenso sicher wie wertvoll erscheinen ließen. Daß gleichwohl von einer Krise der Fürsorgeerziehung während der nationalsozialistischen Herrschaft nicht gesprochen werden kann, lag aber nicht nur an der Ausschaltung der kritischen Öffentlichkeit. Die Notverordnungen vom November 1932 waren nicht ohne Auswirkung auf die Zusammensetzung des Zöglingsbestandes geblieben. Wenngleich auch die schulentlassenen Zöglinge in der Fürsorgeerziehung nach wie vor in der Mehrzahl waren, nahm doch, bei insgesamt steigender Zöglingszahl, der Anteil der noch nicht schulpflichtigen Minderjährigen unter den Zöglingen zu.[221] Nicht zu Unrecht spekulierte Franz Zengerling schon 1933 auf eine Ersparnis, die sich daraus ergeben werde, »daß das starke Absinken der älteren Jahrgänge eine verhältnismäßig größere Verringerung des Erzieherpersonals, die Beseitigung teurer, der Erziehung und Berufsausbildung dienender Einrichtungen (Werkstätten u.dgl.) und eine leichte Erfassung und Führung des einzelnen Zöglings ... möglich machen« werde.[222] Darüber hinaus aber boten die Schaffung eines künstlichen Arbeitsmarktes und nicht zuletzt auch die 1935 wieder eingeführte Wehrpflicht ausreichend Möglichkeiten, das Arbeitskräftepersonal der für den normalen Arbeitsmarkt nicht hinreichend ausgebildeten Zöglinge aufzufangen und vorerst abzuschieben. Hermann Althaus, Amtsleiter im Hauptamt für Volkswohlfahrt der NSDAP, benannte weitere Umstände: »Arbeitsdienst, Landhilfe, Landjahr, Umschulungsmaßnahmen für arbeitslose Jugendliche, hauswirtschaftliche Schulung für weibliche Jugend haben die Fürsorge, vor allem auch die Jugendwohlfahrtspflege stark entlastet.«[223]

Solche ›Entlastung‹ der Jugendfürsorge – die mit der fortschreitenden Erfassung der Jugendlichen durch die HJ und der damit möglichen frühzeitigen Wahrnehmung und Ahndung auffälligen Verhaltens noch verstärkt wurde – ließ deutlich werden, daß sich Jugendfürsorge im Nationalsozialismus beileibe nicht nur auf die bloße Restauration alter Praxis beschränkte. Vielmehr nahm in den ›entlastenden‹ Maßnahmen die Tendenz deutliche Gestalt an, die bereits in den letzten Jahren der Weimarer Republik schemenhaft erkennbar gewesen war: Die Überformung und Prägung der alten Jugendfürsorge durch eine neue staatliche Jugendpolitik, deren Kern im gelenkten Arbeitseinsatz und militärischer ›Ertüchtigung‹ der Jugendlichen und Jungerwachsenen bestand. Doch auch innerhalb der Jugendfürsorge gab es Veränderungen. Zwar blieben die gesetzlichen Grundlagen – das Reichsjugendwohlfahrtsgesetz mit den beiden Notverordnungen – bestehen. Die von vielen Jugendfürsorgern nach der Machtübernahme der Nationalsozialisten erneut erhobene Forderung nach einem Bewahrungsgesetz blieb unerhört.[224] Gleichwohl aber kam es in der seit der Jahrhundertwende entstandenen Konstruktion der Jugendwohlfahrt zu relevanten Verschiebungen. Das einst als zentral gedachte Jugendamt wurde nun endgültig zu einer marginalen Behörde.[225] Vor allem aber der Aufstieg der NSV zu einem mächtigen, mit den verbleibenden konfessionellen Verbänden und der öffentlichen Wohlfahrtspflege heftig rivalisierenden Wohlfahrtsverband blieb – vor allem in der Fürsorgeerziehung – nicht ohne Folgen. Zunehmend ging die NSV dazu über, mit »Jugendheimstätten« eigene Fürsorgeerziehungsanstalten aufzubauen. Die »Jugendheimstätten« waren offene Anstalten, deren Zöglinge außerhalb in eine Lehre oder zur Arbeit gehen konnten, überdies auch – im Gegensatz zu anderen Fürsorgezöglingen – der HJ angehören durften. Mit der Einrichtung der »Jugendheimstätten« verband sich für die NSV zugleich auch der Anspruch darauf, die Herkunftsfamilien der Zöglinge »so zu sanieren, daß das Kind nach dem erzielten Erziehungserfolg in die eigene Familie zurückkehren kann«.[226]

Aber die Privilegierung ›erbgesunder‹ Fürsorgezöglinge in den »Jugendheimstätten« – deren Zahl bis 1943 auf 130 (mit 8000 Plätzen) angestiegen war[227] – ging unter dem Leitmotiv einer »ausmerzenden Erbpflege«[228] einher mit einer negativen Privilegierung der ›erbkranken‹ Fürsorgezöglinge – der ›nichtarischen‹ ohnehin –, auch jener, wie zynisch formuliert wurde, »deren Eigenschaft als Träger von Erbkrankheiten nicht feststeht, deren asoziales Verhalten dies aber vermuten läßt«.[229] So sehr die herkömmliche Fürsorgeerziehung ihrem sozialen Ideal unwidersprochen folgen durfte, so sehr fiel eine nicht geringe Zahl an Fürsorgezöglingen nationalsozialistischer Anti-Fürsorge zum Opfer. Eine nach Tausenden zählende Gruppe von Zöglingen wurde nach dem »Gesetz zur Verhütung erbkranken Nachwuchses« zwangssterilisiert.[230] Ab dem Jahr 1940 wurden Jugendliche, bei denen Fürsorgeerziehung ohne ›Erfolg‹ geblieben war oder von vornherein aussichtslos erschien, aber auch politisch renitente, der ›Volksgemeinschaft‹ unangepaßte Jugendliche in die vom Reichskriminalpolizeiamt und vom Reichssicherheitshauptamt verantworteten »Jugendschutzlager« Moringen für männliche und Uckermark für weibliche Jugendliche überwiesen. Nicht wenige der Insassen dieser Lager überführte man bei Volljährigkeit in Konzentrationslager.[231] Jüdische Fürsorgezöglinge wurden aus ihren Anstalten heraus in die Gaskammern geschickt.[232] Und für nicht wenige der Zöglinge, die in Heil- oder Pflegeanstalten untergebracht waren, endete Fürsorgeerziehung in der Euthanasie.[233]

Ohne Zweifel war ein solcher Durchbruch der Anti-Fürsorge eine Folge der rassenhygienischen Überwältigung der Jugendfürsorge. Die nationalsozialistische Polykratie, die um die Jugend und die Jugendfürsorge konkurrierenden und rivalisierenden Institutionen und Organisationen – die unselbständige, der NSDAP nur angeschlossene NSV, die HJ, das eigentlich zuständige Reichsinnenministerium, Reichskriminalpolizeiamt und Reichssicherheitshauptamt – radikalisierten und dynamisierten die Segregation und Selektion der Fürsorgezöglinge. Aus dem Kampf gegen die Verwahrlosung wurde ein Kampf gegen Verwahrloste, ›Nichtarier‹, ›Erbkranke‹, ›Asoziale‹.[234] Aber erschöpfte sich die nationalsozialistische Jugendfürsorge allein im Wechselspiel aus der Restauration alter Praxis einerseits und einer, auch Ermordung umfassenden Radikalisierung andererseits? Lassen sich mit Blick auf die Zeit der nationalsozialistischen Herrschaft Modernisierungen in der Jugendfürsorge feststellen?

Tatsächlich erwiesen sich die Hoffnungen der Gruppe um Webler – die in den ersten Monaten der ›nationalen Revolution‹ publizistisch höchst präsent war[235] – als Selbsttäuschung. Die Hoffnungen auf ein erneuertes Reichsjugendwohlfahrtsgesetz und ein einheitliches Jugendrecht blieben unerfüllt. Auch die in der Praxis der nationalsozialistischen Jugendfürsorge hier und da erkennbaren Spuren an Modernität – etwa in den dem Charakter offener Anstalten angenäherten NSV-«Jugendheimstätten» – blieben hinter dem zurück, was in der Weimarer Republik bereits im Ansatz erkennbar gewesen war. Nicht nur im Angesicht der Verbrechen an Jugendlichen im Rahmen der nationalsozialistischen Anti-Fürsorge, sondern auch mit Blick auf die unverhohlene Kontinuität in der Fürsorgeerziehung erscheinen solche Spuren von Modernität als nicht bedeutsam.[236]

V. Schluß: Der blockierte Wohlfahrtsstaat. Der Niedergang der Jugendfürsorge und der Verfall der Weimarer Republik

Die Krise der Jugendfürsorge erscheint dem Betrachter vor dem Hintergrund des Verfalls der Weimarer Republik zuvörderst als ein Scheitern, als das unwiderrufliche Ende der mit der Jahrhundertwende einsetzenden Bewegung für eine allzuständige Jugendfürsorge. Welche Denkfigur der Jugendfürsorge man auch immer zugrundelegen will – Herstellung der ›Tüchtigkeit‹, Kompensation, Disziplinierung – ihre Nichterfüllung in der Praxis war offenkundig. Aber die Fürsorgeerziehung scheiterte nicht, weil systemisch perfekte und an sich disziplinierende Institutionen mit den undisziplinierten Lebensentwürfen der Unterschichtjugendlichen kollidierten. Sie scheiterte vielmehr, weil sie zur industriellen Lohnarbeit als der wichtigsten disziplinierenden Instanz der modernen Gesellschaft ein gebrochenes Verhältnis hatte. Wenn etwas von Anbeginn der Jugendfürsorge inhärent war, dann ein soziales Ideal, daß die industrielle Welt nur als Herd der Verwahrlosung wahrnahm. Der Fürsorgeerziehung erwuchs aus solchem Ideal eine an vorindustriellen Leitbildern orientierte Erziehung, die geflissentlich übersah, daß sich die Erziehung der Zöglinge schließlich aber unter den Bedingungen der industriellen Lebenswelt zu bewähren hatte. Die vorindustrielle Praxis der Fürsorgeerziehung mag im 19. Jahrhundert dem Erfahrungsraum der Zöglinge noch nicht völlig fremd gewesen sein. Doch sie wuchs sich im Verlauf der ersten Jahrzehnte des 20. Jahrhunderts zu einer veritablen Ungleichzeitigkeit aus.

Aber auch die Verwahrlosung ließ sich – dort wo man um eine über Merkmalsbeschreibungen hinausgehende Deutung bemüht war – als Ungleichzeitigkeit fassen, als »Regression«, als »Folge ... eines Zurückgeblieben- oder Zurückgeworfenworden-Seins«,[1] die folglich von einer gleichzeitigen, aber fortgeschritteneren Position aus wahrgenommen wurde. Es mag fast als Tragik erscheinen, daß die Institution, die sich der Aufhebung der Verwahrlosung verschrieben hatte, sich in eigener, selbstgewählter Ungleichzeitigkeit verfing. Eine solche Verschränkung von Ungleichzeitigkeiten aber läßt die Fürsorgeerziehung und mit ihr die um sie herum eingerichtete Jugendfürsorge als paradigmatisch für ein Grundproblem der Weimarer Republik erscheinen: Ungleichzeitigkeiten in Modernisierungsprozessen, das Fortdauern institutioneller wie ideologischer Artefakte aus dem Kaiserreich und vorindustrieller Zeit kennzeichneten die Struktur der Weimarer Republik auf weite Strecken. Auch die Fürsorgeerziehung blieb starr und unbeweglich in ihrer überkommenen Form und war nicht fähig, sich auf Veränderungen in Alter, Herkunft, Lebens- und Arbeitswelt der ihr anvertrauten Zöglinge einzustellen. Aber wenn die übliche Beschreibung von Ungleichzeitigkeiten fast stets nur auf das bloße *Nebeneinander* von Ungleichzeitigkeiten verweisen kann, war die Krise der Fürsorgeerziehung das Ergebnis einer höchst spannungsvollen *Interaktion* von Ungleichzeitigkeiten.[2] Darin liegt die Bedeutung der Krise der Fürsorgeerziehung als Metapher für das Grundproblem und Scheitern der Weimarer Republik. Freilich: Die Weimarer Republik scheiterte nicht *an* der Fürsorgeerziehung. Doch ist nicht *in* der Krise der Fürsorgeerziehung *ein* Scheitern der Weimarer Republik zu beobachten? Ein Wissen um Ungleichzeitigkeiten und ihre Interaktion bewahrt überdies davor, Deutungen zu folgen, die die krisenhafte Entwicklung der Jugendfürsorge mit all ihren Folgen als Ausdruck einer ›Krise der Moderne‹ ansehen. Zwar sind ohne Zweifel Teile der Jugendfürsorge als ›modern‹ zu betrachten. Jedoch gerieten nicht die fortgeschrittenen Teile der Jugendfürsorge in die Krise, sondern ihr rückständiger Kern.[3]

In dem Augenblick aber, in dem aus der Krise der Fürsorgeerziehung auch eine Krise der Jugendfürsorge geworden war, wurde deutlich, daß es sich bei alledem nicht nur um den Verfall von Institutionen, sondern auch um die Krise der Ideologie handelte, die die Jugendfürsorge seit der Jahrhundertwende vorangetrieben hatte. In der schnellen Preisgabe der »Unerziehbaren«, in der Durchsetzung der rassenhygienischen Denkfigur, schließlich in der Subsumtion der Jugendfürsorge unter eine neue, autoritäre Jugendpolitik trat eine allmähliche Auflösung der mit der klassischen Jugendfürsorge untrennbar verknüpften imperialistischen Denkfigur zutage. Ihr Wesen hatte sich stets als ›Balance‹ beschreiben lassen, als Wunsch nach einem ›gerechten‹ Verhältnis zwischen investierter fürsorgerischer Leistung und sichtbarem Erfolg in der Erziehung ›tüchtiger‹ Jugendlicher. Im vielbeschworenen »Recht des Kindes auf Erziehung« verbarg sich zugleich auch das Recht des Staates auf erzogenen Nachwuchs. Doch in den »Jugendkatastrophen« der späten Weimarer Republik, in den Fürsorgeerziehungs-Skandalen ebenso wie in den spektakulären Morden und Selbstmorden unter Jugendlichen (die vor allem durch den berühmten Krantz-Prozeß das Interesse einer breiten Öffentlichkeit erregten[4]) zerbrach diese ›Balance‹. Die unerträgliche Kluft zwischen Hoffnung und Alltag, die Nohl auf der Suche nach Ursachen für eine Reihe vordergründig unerklärbarer Selbstmorde Jugendlicher schließlich fand,[5] mag dabei auch als Chiffre für die Auflösung der alten imperialistischen Denkfigur gelten.

Freilich: Alle diese Skandale, Revolten, Morde und Selbstmorde gewannen an Kontur im Sinne gesellschaftlicher »Jugendkatastrophen« nur vor dem Hintergrund eines Jugendmythos, der »geradezu abergläubigen Hoffnungen ... auf die Jugend«.[6] Dieser Mythos war dem wilhelminischen Kaiserreich ebenso zu eigen wie der Weimarer Republik. Wie vielfältig auch seine Entstehungsgründe gewesen sein mögen: An der Umdeutung der ›Jugend‹ von einer – vielleicht problematischen – Übergangsphase in der individuellen Entwicklung hin zu einer ideologisch überhöhten Mission war auch die Jugendfürsorgebewegung nicht unbeteiligt gewesen. Erst ihr Mitwirken am Mythos, ihr Verweis auf die Bedeutsamkeit der Fürsorge für die Bildung einer in ihrer Gesamtheit ›tüchtigen‹ Generation gab der Jugendfürsorgebewegung und ihren Zielen den nötigen Schub. Doch die Teilhabe der imperialistischen Denkfigur der Jugendfürsorge am Jugendmythos rächte sich am Ende der Weimarer Republik. Für all jene, denen Jugend als Garant der Zukunft – nicht im bloßen Sinn einer Abfolge der Generationen, sondern als Antizipation des imperialen Machtstaates – erscheinen wollte, mußte die offenbare Unzulänglichkeit der Institutionen, mehr aber noch die dem Idealbild nicht entsprechende Jugend nur grenzenlose Ent-Täuschung bereiten.

Mit der Auflösung der imperialistischen Denkfigur der Jugendfürsorge war aber noch etwas anderes verbunden, dessen Bedeutung über die Jugendfürsorge hinausreichte: Der Verfall der bürgerlichen Sozialreform, in dem sich zugleich auch die Abkehr des Bürgertums von der Weimarer Republik spiegelte. Ohne Zweifel war die Schaffung der Jugendfürsorge eine Leistung der Sozialreformer aus dem Bildungsbürgertum gewesen. Untrennbar verband sich die Durchsetzung der zentralen Einrichtungen – von der erweiterten Zwangserziehung über die Berufsvormundschaft bis hin zu Jugendgerichten und Jugendämtern – mit der Arbeit der Sozialreformer im Deutschen Verein, den vielen Jugendfürsorgevereinen, der Bewegung für Jugendgerichte, der Organisation für Berufsvormünder, verband sich mit Namen wie Ohly, Petersen, Polligkeit, Schmidt und – vor allem – Klumker. Reichsjugendwohlfahrtsgesetz und Jugendgerichtsgesetz waren Abschluß und veritabler Höhepunkt ihrer Bemühungen. Doch war die Konstruktion des Reichsjugendwohlfahrtsgesetzes vom ersten Entwurf der Reichsregierung bis hin zur verabschiedeten Fassung unter den Spezialisten nicht unumstritten gewesen. Aber neben aller Detailkritik war in der Folgezeit im Handeln jener Generation bürgerlicher Sozialreformer, die die Jugendfürsorgebewegung seit der Jahrhundertwende vorangetrieben hatte, eine regelrechte Abkehr vom Reichsjugendwohlfahrtsgesetz zu verspüren. Mehr noch: Nicht wenige der Sozialreformer gingen am Ende der Weimarer Republik zu einem offenen Kampf gegen das Netz der Jugendfürsorge über.

Diese paradox anmutende neue ›Bewegung‹, die sich allmählich zu einer Preisgabe fürsorgerischer Gesinnung auswuchs, fand in keinem geringeren als in Klumker ihren Repräsentanten. Obgleich alle Entwürfe des Reichsjugendwohlfahrtsgesetzes vom Prinzip des Jugendamts-Gesetzes einschließlich der mit beruflichen Kräften durchgeführten Vormundschaft nicht abwichen, hatte sich Klumker bereits im Sommer 1920 berufen gefühlt, einen Gegenentwurf vorzulegen. Dieser schlug jedoch nur Vereinfachungen vor und hielt sich ansonsten »im Rahmen der Gedanken der Reichsregierung«.[7] Dennoch gab Klumker der Umstand, daß das Reichsjugendwohlfahrtsgesetz in der Schlußfassung die Übertragung der Amtsvormundschaft auf beamtete Mitarbeiter des Jugendamtes nicht mehr bindend vorschrieb, Anlaß dazu, sich »vor der entscheidenden Abstimmung ... öffentlich gegen eine Annahme des Gesetzes auszusprechen«.[8] Doch niemand hörte auf seine Empfehlung. Allzusehr wohl erschien Klumkers Attacke als Ausfluß eines penetranten Rigorismus. Zum Zeitpunkt der Verabschiedung im Reichstag war das Reichsjugendwohlfahrtsgesetz – wie unentschieden einzelne Abschnitte und Sätze auch erscheinen mochten – immerhin noch unbeschädigt. Der Einfluß der Jugendfürsorgebewegung war im Gesetz unübersehbar. Aber Klumker fand auch in der Folge keinen rechten Gefallen am Reichsjugendwohlfahrtsgesetz. Kaum einer seiner zahlreichen Artikel und Aufsätze aus der zweiten Hälfte der zwanziger Jahre, der nicht auf das »RJWG mit seinen Seltsamheiten«[9] verwies und es als »eine Sammlung von Gesetzen aus verschiedenartigen Entwürfen« heftig kritisierte, »die zu viel umspannte und zu wenig Einheit schuf«.[10] Freilich war solche Kritik mitunter hellsichtig. Früh schon erschien Klumker die Einfügung der Fürsorgeerziehung in das Reichsjugendwohlfahrtsgesetz als »eine nachträgliche, ziellose Flickarbeit, die das Gesetz arg belastet und doch das Wesentliche vergessen hat«.[11] Doch Klumkers Hellsicht blieb – wie auch seine übrige Kritik – ohne Konsequenz. Er kritisierte, jedoch offenbar ohne Änderungsabsicht, ohne Reformvorschlag, ohne Ziel. Was ihm in der Einbindung in das Reichsjugendwohlfahrtsgesetz als »das Wesentliche« galt – die Ausführung der Fürsorgeerziehung durch die Jugendämter[12] – erschien ihm im Augenblick, als es Arbeiterwohlfahrt und Sozialdemokraten zur Reformforderung erhoben, unmöglich zu sein. Mit dem Hinweis auf den Torsocharakter der Jugendämter, der einer Ausführung der Fürsorgeerziehung entgegenstehe,[13] verfing sich Klumker jedoch in einem Zirkelschluß: War nicht die Durchführung der Fürsorgeerziehung durch separate Fürsorgeerziehungsbehörden einer der wesentlichen Ursachen für die Unvollkommenheit der Jugendämter?

Im Angesicht der Krisen von Fürsorgeerziehung und Jugendfürsorge aber überschritt Klumker die Grenzen zwischen Kritik und Häme. Seine Vermutung, »Lorenzo der Prächtige« sei »das Vorbild der ›leitenden‹ Stellen unserer Jugendfürsorge«[14] war mit Blick auf die tatsächliche Lage vor allem der Anstalten zwischen Skandalen, Revolten und den Auswirkungen der Depression nur unverschämt. Aber noch schärfer als den ›Luxus‹ attackierte Klumker in den frühen dreißiger Jahren den »Götzen« der Organisation. Nicht ohne Hoffnung schrieb er 1930 über den »babylonische[n] Bau von Organisation«: »er muß einmal abgetragen werden, vielleicht fällt er von selbst zusammen«.[15] Und als die Notverordnung vom November 1932 tatsächlich einen Teil des Baues zum Einsturz brachte, wußte Klumker – dem im Zentralblatt das Recht der ersten Kommentierung eingeräumt worden war – dies zu würdigen. Den Umstand, daß mit dem Ausschluß der Unerziehbaren das universale Prinzip der Erziehbarkeit, auf dem alle Jugendfürsorge ruhte, durchbrochen worden war, würdigte der Nestor der deutschen Jugendfürsorge mit keiner Zeile. Zwar zweifelte er an der Möglichkeit der Ersparnis, aber »manchen Nutzen« konnte er in der »Notlage« allemal erkennen. Nicht ohne Schadenfreude kommentierte er den »Gang der Fürsorge«, die ihr Schwergewicht »von der Behörde zur Vereinsarbeit und von da auf Gebilde, die bisher zu wenig beachtet wurden«, verlagere. Der »Aberglaube an die Leistungs- und Erziehungsfähigkeit von Behörden, Beamten und Bürokratien« schien an sein Ende gelangt.[16]

An ein Ende gelangt aber war mit den Notverordnungen vom November 1932 zuvörderst die Jugendfürsorge, wie sie seit der Jahrhundertwende erdacht, erprobt und durchgeführt worden war. Dieses Ende traf nicht auf den Widerstand derer, die – wie Klumker – die moderne Jugendfürsorge mitgeschaffen hatten. Daß der Abbau von Jugendfürsorge und Bürokratie bei all jenen auf Beifall stieß, die die moderne Jugendfürsorge mit nichts anderem bauen wollten als Berufsvormundschaft, Jugendamt und Jugendgericht – also mit nichts anderem als leistungsfähigen Bürokratien! – ließ den Verfall der bürgerlichen Sozialreform deutlich zutagetreten. Aber die Ursachen für diese – im Falle Klumkers geradezu spektakuläre – Abkehr vom Weg der Jugendfürsorgebewegung, die durch Eduard Sprangers 1930 veröffentlichte Gegenüberstellung von »Wohlfahrts- und Opferethik« zudem noch mit den Weihen der geisteswissenschaftlichen Pädagogik versehen wurde,[17] liegen nicht allein in der schmerzlich wahrgenommenen Kluft zwischen Jugendmythos und Jugendkatastrophen begründet. Die Ursachen für den Niedergang der bürgerlichen Sozialreform, der zugleich auch Raum freigab für die Denkfiguren jener ganz anderen ›Sozialreform‹ der Rassenhygiene, liegen vielmehr dort, wo bürgerlicher Sozialreform die Grundlagen entzogen wurden; liegen dort, wo Jugendwohlfahrt und

Sozialpolitik in anderem Licht erschienen, als der bürgerlichen Sozialreform recht sein mochte.

Dabei darf zuallererst nicht außer Acht gelassen werden, daß bürgerliche Sozialreform in der Jugendfürsorge immer auch mit unmittelbarer Wohlfahrtspflege einherging. Die Verbindungen zwischen ›praktischer‹ und ›theoretischer‹ Wohlfahrt waren eng geknüpft. In vielem einzigartig war das Frankfurter Netzwerk der Mertonschen Wohlfahrtsunternehmungen. Klumker und Polligkeit hatten hier ihre ›Lehrzeit‹ absolviert. Vieles von dem, was hernach reichsweit diskutiert und in Gesetzesform gegossen wurde, hatte seinen Ursprung, wenn auch nicht immer in Frankfurt, so doch zumeist in kommunaler Innovation. Und wer als bürgerlicher Sozialreformer ›große‹ Wohlfahrtspolitik in Behörden, Fachverbänden und Universitäten betrieb, ließ es sich zumeist nicht nehmen, vor Ort auch praktisch in den Vereinen der Wohlfahrtspflege tätig zu sein.[18] Aber das lokale und überlokale Geflecht der privaten Fürsorge, das in den letzten Jahrzehnten des Kaiserreiches seine Blütezeit erlebt und sich zur Unübersichtlichkeit ausgewachsen hatte, war mit Krieg und Inflation in erhebliche Bedrängnis geraten:

»Zunächst«, so schrieb Else Wex in ihrer 1929 veröffentlichten Studie über »Wandlungen in der sozialen Fürsorge«, »verlor die private Fürsorge ihre ausgiebigsten Einkommensquellen durch Entwertung aller Stiftungsgelder, sowie dadurch, daß die Besitzenden zum großen Teil durch Verlust ihres Vermögens aus den Reihen der bisherigen Gönner ausgeschieden waren. Sie verlor ferner auch ihre Mitarbeiter; hier ging die Umwälzung zum Teil soweit, daß diese aus Subjekten der Fürsorge nunmehr zu Objekten der sozialen Fürsorge geworden waren. Aus den Berufslosen mit kleinem Vermögen hatten sich viele der freiwilligen Arbeiter der privaten Fürsorge rekrutiert. Sie wurden nunmehr gezwungen, vom Besitz zum Erwerb überzugehen, oder noch schlimmer, selbst soziale Fürsorge in Anspruch zu nehmen. In dem großen Nivellierungs- und Umschichtungsprozeß waren sie selbst in die Armutsschicht geraten und mußten sich mit Recht als die ›Deklassierten‹ fühlen.«[19]

Freilich war es der konfessionellen Wohlfahrtspflege, gestützt auf die Macht ihrer Institutionen und die Vielzahl hauptamtlicher Mitarbeiter nicht nur gelungen, alle Schwierigkeiten zu überwinden: Sie hatte ihre Machtposition darüber hinaus noch ausbauen können.[20] Die »bürgerlich-interkonfessionelle Fürsorge« sah sich jedoch »in starker Zersetzung begriffen«: »Wir können die Beobachtung machen, daß in fast allen Orten, in denen solche bürgerlich-interkonfessionellen Vereine private Wohlfahrtspflege ausgeübt haben, diese Vereine sich auflösen und aus Mangel an Mitteln und Initiative zugrunde gehen«.[21] Im Verlauf der Inflation war die Möglichkeit der klaren Unterscheidung zwischen Reich und Arm, ›Oben‹ und ›Unten‹, die stets die Grundlage der privaten Fürsorgearbeit gewesen war, verlorengegangen. Die »Villenproletarier«, deren Lebensgefühl Thomas Mann in seiner Erzählung »Unordnung und frühes Leid« so prägnant beschrieben hatte,[22] wären als bürgerliche Wohltäter – zuvörderst in ihren eigenen Augen – nurmehr Karikaturen gewesen.

Doch das Schwinden bürgerlicher Sekurität war nicht der einzige Verlust, der die Arbeit der privaten Fürsorge beeinträchtigte und das Nachdenken der bürgerlichen Sozialreform über ihr Ziel beeinflußte. Mit der Revolution von 1918/19 und der Errichtung der Weimarer Republik entfiel die für die bürgerliche Sozialreform selbstverständliche Orientierung auf den imperialen Staat. Als Heinz Marr, der Leiter des »Sozialen Museums« in Frankfurt, 1923 in der »Sozialen Praxis« über die »Krise in der Sozialpolitik« schrieb und darauf verwies, daß »die zwei entscheidenden tatsächlichen Voraussetzungen unserer bisherigen Sozialpolitik: ein starker Staat und eine aufsteigende Wirtschaft ... dahin« seien,[23] umriß er zugleich auch den Verlust zweier der wesentlichen Voraussetzungen bürgerlicher Sozialreform. Zum Janusgesicht aus vollendeter Beharrung und unvollkommener Innovation, das die Jugendfürsorge der Weimarer Jahre prägen sollte, trat in der Wahrnehmung der Zeitgenossen eine umfassendere Dichotomie von Machtstaat und Mangelgesellschaft hinzu. Das Netz der Jugendwohlfahrt, erdacht nach der Jahrhundertwende unter den Auspizien des »inneren Imperialismus«, stand in den Augen der Sozialreformer in einem untrennbaren Zusammenhang mit dem Machtstaat der Vorkriegszeit. Es sollte seiner Stärke dienen, ja durch umfassende und fördernde Betreuung der Jugend die Voraussetzungen zum Machtstaat überhaupt erst mitschaffen. Zur Verblüffung darüber, daß nicht das Kaiserreich, sondern erst die – nicht von allen geliebte – Republik der Jugendfürsorgebewegung mit dem Reichsjugendwohlfahrtsgesetz zum Durchbruch verholfen hatte, trat ein weiteres Paradoxon hinzu: Nicht der Machtstaat, sondern die Mangelgesellschaft der Nachkriegszeit sollte das Reichsjugendwohlfahrtsgesetz möglich machen. Wie eingeschränkt dies auch geschehen sein mag – die Zäsur war deutlich spürbar: »Kann eine auf Machtpolitik abgestellte, mit Flotten- und Kolonialpolitik verschwisterte Sozialpolitik, wie sie das alte Reich zu seinem Vorteil zu betreiben im Zuge war, überhaupt mit Maßstäben gemessen werden«, so fragte Adolf Günther 1924 in der »Sozialen Praxis«, »die für die Sozialpolitik eines im Krieg unterlegenen, dem Feinde ausgelieferten und verschuldeteten, demokratisch umgebildeten Volkes entscheiden?«[24] Allmählich verschwand unter den Jugendfürsorgern in der Mangelgesellschaft der optimistische Konsens, Verwahrlosung machtstaatlich-wohlfahrtspolitisch steuern zu können. Unsicherheit und Enttäuschung traten an seine Stelle. Das alte Bedrohungsgefühl, die Furcht vor einer jugendlichen classe dangereuse, machte sich, vollends unter dem Eindruck der Revolution, als deren Protagonisten auch Jugendliche wahrgenommen wurden, wieder bemerkbar.[25]

Aber mehr noch: Bürgerliche Sozialreform war nicht nur ein Versuch gewesen, den imperialen Staat zu stärken. Sie verstand sich zugleich auch als Bemühung, die Revolution zu verhindern. Die Sozialreformer, so resümierte Salomon im Oktober 1919 »taten ihre Arbeit aus der Überzeugung heraus, daß eine Veränderung der gesellschaftlichen Zustände auf friedlichem Wege, durch die Einsicht und durch das Bemühen der bevorrechtigten Klassen herbeizuführen sei«. Doch dies war nicht gelungen. »Die Geschichte«, so fuhr Salomon fort, »hat gegen die Sozialreformer entschieden«:

»Für alle, die in der sozialen Arbeit bisher ihre Lebensarbeit gefunden haben, die versucht haben, soziale Gesinnung zu wecken und zu verbreiten, für alle, die die soziale Not zugleich als Schuld empfanden, bleibt es eine tiefe Tragik, daß die Revolution kommen mußte ... Es bleibt für sie ein Gefühl traurigen Versagens der eigenen Kraft und der Bewegung, der sie dienten, daß durch sie nicht weitere Kreise mit einem neuen Sinne für soziale Gerechtigkeit erfüllt wurden ... Vielleicht, ja wahrscheinlich, sind wir zu lau gewesen, hat uns zu schwach das Herz geflammt. Wir müssen eingestehen, daß wir viel zu wenig auf das öffentliche Gewissen gewirkt haben und daß wir viel zu wenig gegen eine Gesellschaftsordnung protestiert haben, deren Schäden wir besser und unbefangener als viele andere erkennen konnten. Wir können diese Schuld nicht mehr gut machen, ihre verheerenden Folgen nicht aus der Leidensgeschichte unseres Volkes tilgen.«[26]

Was blieb in einem Augenblick, in dem die materiellen ebenso wie die ideellen Grundlagen der bürgerlichen Sozialreform ins Wanken gerieten, noch zu tun? Salomons Appell, nun »die sittliche und seelische Neuorientierung herbeizuführen, ohne die keine äußere soziale Neugestaltung vollendet oder gesichert werden kann«,[27] konnte nur flüchtig über die Verunsicherung der bürgerlichen Sozialreformer hinwegtrösten, die den Hintergrund für die unter ihnen diskutierte »Krise der Sozialpolitik«[28] abgab. Darüber hinaus aber schien sich das Wesen der Sozialpolitik im Lauf der Zeit noch weiter von den Absichten der bürgerlichen Sozialreformer zu entfernen. Für Aufsehen sorgte der Sozialdemokrat Eduard Heimann, der in seiner 1928 erschienenen »Sozialen Theorie des Kapitalismus« der Sozialpolitik eine Schrittmacherfunktion auf dem Weg hin zu einer sozialistischen Gesellschaft zuwies.[29] »Naturgemäß«, so hielt ihm der bürgerliche Sozialpolitiker Goetz Briefs im Jahr darauf entgegen, »erhält in diesem Lichte die Ausdehnung der Sozialpolitik höchst kritische Beleuchtung in den Augen derer, die dieses neue Ziel grundsätzlich und mit guten Gründen ablehnen, und die ihre sozialpolitische Neigung nicht zu solchen Zwecken mißbraucht wissen wollen.«[30]

Doch bürgerliche Machtpositionen waren nicht allein durch die materielle Erschwernis privater Fürsorge und die sozialpolitische Ideenbildung gefährdet. Die Arbeiterbewegung, allen voran die Arbeiterwohlfahrt, erhob mit ihrer Forderung nach einer »Demokratisierung der Wohlfahrtspflege«[31] ihren Anspruch auf Teilhabe an der beruflichen sozialen Arbeit. Das Eindringen der Sozialdemokratie in die öffentliche Verwaltung, die vermehrte Zulassung von Arbeiterinnen und Volksschulabgängern zu den Wohlfahrtsschulen, die Errichtung einer eigenen Wohlfahrtsschule der Arbeiterwohlfahrt – alles das rüttelte an dem bis in die frühen Jahre der Weimarer Republik hinein vorhandenen faktischen Monopol des Bürgertums in der sozialen Berufsarbeit.[32] Aber wenn auch die ›Klassenkämpfe‹ vor allem um den Ausbildungssektor der sozialen Arbeit noch den Eindruck einer Auseinandersetzung mit unklarer Kräfteverteilung und offenem Ausgang erweckten, nahm es im Gesamtbild der Wohlfahrtspolitik mehr und mehr den Anschein, als ob bürgerliche Sozialreform obsolet geworden sei.

»An die Stelle des bürgerlichen Individualisten mit dem ›sozialen Herzen‹«, schrieb der Sozialdemokrat Fritz Croner 1930, »ist die proletarische Klassenorganisation selbst getreten, die den ausreichenden Schutz gegen die Elendssituation zum Rechtsanspruch des Proletariats erhebt, dabei ihre Forderungen bewußt nicht auf den Schutz ›des‹ Proletariers, sondern der proletarischen *Klasse* abstellt und – letzter Schritt – das Proletariat Objekt *und* Subjekt, Gegenstand und Träger der Sozialpolitik werden läßt. Diese Entwicklung läßt den anachronistischen Charakter der Sozialreformvereine in unserer Zeit deutlich werden. Sie führen neben der proletarischen Kollektivorganisation nur mehr ein Schattendasein«.[33]

Fast erscheint es als folgerichtig, daß die bürgerlichen Sozialreformer auf diesen Vorgang mit einer Kritik an der Bürokratisierung reagierten. In den Augen Klumkers waren es die Bürokratien, die »die Selbsttätigkeit der Gesellschaft und gesellschaftlicher Gruppen« nachrangig werden und »persönliches Leben« aus der Fürsorge verschwinden lasse.[34] Aber in der Kampfstellung gegen die verhaßte Tendenz der Bürokratisierung, die den »charismatischen Charakter der sozialen Arbeit«[35] zunichte machen mußte und »den von seinem Charisma getriebenen Pionier in den Funktionär einer öffentlichen Behörde« verwandelte,[36] wußten die bürgerlichen Sozialreformer nicht mehr aufzubieten als die Beschwörung einer »Fürsorge als persönliche Hilfe«.[37] Doch der Versuch einer Rekonstruktion des alten Armenpfleger-Bildes – und nichts anderes verbarg sich im Konstrukt der »persönlichen Hilfe« – war nicht einmal mehr ein Fluchtweg: Der richtig beschriebene Trend hin zum »Funktionär« ließ eine Verwirklichung der »persönlichen Hilfe« nurmehr höchst privat zu, nicht aber als Leitbild einer – wie auch immer – organisierten Wohlfahrtspflege.

Wenn somit in der Kritik an der Bürokratisierung bürgerliche Verbitterung über die verlorene Bedeutung der charismatisierten ›Pioniere‹ spürbar wurde, verbarg sich in der mit der Kritik an der Bürokratisierung meist einhergehenden Klage über die »Politisierung«[38] der Jugendfürsorge noch etwas anderes. Ein Unbehagen an der Pluralität kam in solcher Klage zum Ausdruck. Es speiste sich nicht allein aus dem Eindruck gefährdeten bürgerlichen Einflusses, sondern rekurrierte mehr noch auf den Verlust der Verbindlichkeit der Erziehungsziele. Die Pluralität aus »widerstreitenden Mächten«,[39] die das Reichsjugendwohlfahrtsgesetz ebenso wie die allermeiste Jugendfürsorge der Weimarer Republik prägte, legte einen verklärten Blick nahe auf eine Zeit, in der solche Pluralität noch kein Problem gewesen war. Mehr aber noch mußte die Unzufriedenheit mit der Pluralität ein Nachdenken darüber forcieren, wie sie zu beseitigen sei. Hans Muthesius, Stadtrat im Berliner Bezirk Schöneberg und Mitglied der DDP bzw. DStP beschrieb 1930 in der »Siebener-Kommission« des Deutschen Vereins das Jugendamt als »eine statisch zu betrachtende Institution«, weil es nur über ein »formales« Erziehungsziel verfüge und »alle sachlichen Inhalte zulasse«. Er stellte diesem Zustand das Ideal eines Jugendamtes gegenüber, das »dynamisch« werde, sofern man ihm ein »inhaltlich bestimmtes Erziehungsziel« gewähre.[40] Darin fand der Wunsch nach einer Ablösung der Pluralität durch eine neue Verbindlichkeit beredten Ausdruck. In all der Kritik und all dem offenbaren Scheitern, dem sich die Jugendfürsorger in den letzten Jahren der Weimarer Republik ausgesetzt sahen, brach allmählich eine fast schon als Sehnsucht erscheinende Stimmung durch, die endlich etwas »Ganzes und Sicheres«, erreichen wollte, wie Klumker im April 1933 formulierte.[41] Doch unabhängig davon, wie weit die Praxis des Nationalsozialismus diesem Wunschbild in den Augen der Jugendfürsorger zu genügen schien: Außer Frage stand für sie rückblickend, daß die Weimarer Republik an der Verweigerung solcher Verbindlichkeit zugrundegegangen war.

»Der Staat der Weimarer Verfassung ist zusammengebrochen«, so schrieb Storck im April 1933 unter der Überschrift »Jugendwohlfahrt im neuen Staat« nicht ohne Häme, »weil ihm eine das Volk zusammenfassende Staatsidee und ein einheitlicher politischer Wille fehlten. Er war pluralistisch, nicht nur in dem Sinn, daß die Staatsgewalt unter eine Mehrzahl von Gewalten aufgeteilt war; der Pluralismus beherrschte – von der Wehrmacht abgesehen – alle Gebiete staatlicher Verwaltung, in dem die staatlichen Funktionen, ungeachtet ihrer sachlichen Zusammengehörigkeit, mehreren staatlichen Stellen überantwortet und damit nicht mehr als Einheit verantwortet wurden. Auf keinem Gebiete staatlicher Betätigung mußte sich dieser Verzicht auf einheitliche Führung und Verantwortung mehr rächen, als auf dem der Jugenderziehung. Denn ein Staat, der die Erziehung seines Nachwuchses nicht kraftvoll und zielsicher durchführt, spricht sich selbst das Todesurteil.«[42]

Aber verbarg sich in diesen Klagen über »Politisierung« und Pluralität wie auch in der Sehnsucht nach vorgegebenen Erziehungszielen nicht ein Wissen um die Ursachen der Krisen der Jugendfürsorge, ein Wissen darum,

225

daß die Sicherheit des alten sozialen Ideals längst abhanden gekommen war? Es gehört zur Tragik der bürgerlichen Sozialreform – des Bürgertums überhaupt –, daß solches Wissen sich nicht in der Absicht einer Reform offenbarte, sich nicht im Willen niederschlug, eine Gleichzeitigkeit zwischen Institutionen und den Bedürfnissen der Klientel herzustellen, sondern daß es zur Abkehr von der Republik führte und zur Hinwendung zu jenem »neuen Staat« der vorgab, verbindliche Normen wieder schaffen zu wollen.

Doch der Verfall der bürgerlichen Sozialreform war mit Blick auf die Krise der Jugendfürsorge nicht die einzige Bewegung, die sich als Abkehr von der Republik deuten läßt. Mit dem Abbau von Sozialpolitik und Wohlfahrtspflege, mit der Zurücknahme staatlicher Intervention in die Gesellschaft verlor der Weimarer Staat an Legitimation. Die durch die Depression, den Bedeutungsverlust der Erwerbsarbeit und durch staatliche Politik desintegrierte Gesellschaft blieb, so mußte es den Zeitgenossen erscheinen, weitgehend sich selbst überlassen. Das hohe Maß an Publizität, das Fürsorgezöglingen, erwerbslosen Jugendlichen, den Cliquen etc. in den letzten Jahren der Weimarer Republik in der Öffentlichkeit zukam, mag auch als ein Indiz dafür gelten, daß eine vieler Bindungen verlustig gegangene Gesellschaft in der traditionell aller Bindungen entledigten Unterschichtjugend eine Metapher für ihre eigene Existenz zu erblicken glaubte. Nicht von ungefähr erregte zudem in den frühen dreißiger Jahren das Schicksal der russischen Besprisornys – der Heerscharen von Minderjährigen, die durch Bürgerkrieg und Hungersnöte verwaist und verwahrlost waren – das Interesse der Öffentlichkeit.[43] Vordergründig handelte es sich dabei um eine Reaktion auf die Veröffentlichungen einer Vielzahl von Augenzeugenberichten oder Selbstdarstellungen der Sowjetregierung. Aber je deutlicher die Krise der deutschen Jugendfürsorge zutagetrat, um so näher mußte es liegen, Parallelen zu erkennen. Mit einer bitteren Anlehnung an Goethes »Faust«: »Und wie wirs dann zuletzt so herrlich weit gebracht!« verwies Simon 1931 in einem Aufsatz über »Kindertragödie und Kinderaufstieg in Rußland« zugleich auf die »Obdachlosigkeit Jugendlicher in deutschen Großstädten und die jüngsten Begebenheiten in Fürsorgeerziehungsanstalten«.[44] Und ein gemeinhin als gelassen geltender Beobachter wie Harry Graf Kessler sah in den Berliner Jugendbanden deutsche »Besprisornys«.[45] Die Übernahme des russischen Kinderelends als Deutungsmuster mag schon viel aussagen über das Offenbarwerden der Lebensumstände der Unterschichtjugendlichen. Aber noch mehr sagt es aus über die Sicht der Eliten auf den Zustand der Republik. Mußte nicht in einer solchen Situation die Zurücknahme der Fürsorgeerziehung, die Entlassung gerade der älteren und als »unerziehbar« apostrophierten Zöglinge in der über den Kreis der Sozialreformer hinausreichenden bürgerlichen Öffentlichkeit den Eindruck erwecken, als ob der Staat vor den Schwierigkeiten ihrer Erziehung kapituliere? Behielt Webler nicht recht, der mit Hinweis auf die Sowjetunion und den »Troß« der Besprisornys, »der selbst in einem so in jeder Hinsicht genügsamen Volk zu einer ernsten Gefahr zu werden drohte«, schrieb, daß »keine wie auch immer geartete Gesellschaft ihre Asozialen einfach laufen lassen«[46] kann? Dabei war die Legitimationsproblematik den Verantwortlichen durchaus geläufig. Hertz hielt sich zugute, bei vorzeitigen Entlassungen aus der Fürsorgeerziehung stets darauf geachtet zu haben, »daß die Aufhebung der FE nicht zu einer offensichtlichen Schädigung der Autorität des Staates werden darf«.[47] Doch wie immer die Mühe aussah, die Hertz sich dabei im Einzelfall gegeben haben mochte: Weite Teile der Öffentlichkeit waren es gewohnt, in den Fürsorgeerziehungsanstalten nur »Verbrecherschulen« zu sehen. Die Fürsorgeerziehung schützte nicht vor Verwahrlosung und Verbrechen, sondern sie schien sie zu produzieren. Der Staat mußte in dem Augenblick an Legitimation verlieren, in dem er den Versuch einer Erziehung aufgab und darüberhinaus mit den älteren und »unerziehbaren« Zöglingen die ›Elite‹ der in den Anstalten herangewachsenen ›Verbrecher‹ in die Freiheit entließ, ohne für nachgehende Aufsicht und Bewahrung zu sorgen.

Aber verlor die Republik durch den Abbau wohlfahrtspolitischer Leistungen an Legitimation nur in den Augen derer, die von ihr ein strenges Regiment im Umgang mit verwahrlosten Jugendlichen erwarteten? Verlor die Republik an Legitimation nicht auch in den Augen der Unterschichtjugendlichen, die im Gefolge des Abbaus nahezu alle Unterstützung verloren, die Staat und Kommunen bislang gewährt hatten? In der Beantwortung dieser Frage muß unterschieden werden. Ohne Zweifel trug die im Laufe der Depression geringer werdende Chance vieler Jugendlicher auf »Wirtschaftlichkeit« durch eigene Erwerbstätigkeit, der Hinauswurf der allermeisten aus der Arbeitslosenversicherung und die Zurücknahme vieler Einzelleistungen der Jugendämter dazu bei, daß Jugendliche »ihren Vertrag mit der Gesellschaft« kündigten, »weil er von der Gesellschaft nicht gehalten worden war«.[48] Aber zerbrach dieser Kontrakt erst in der Depression? Delegitimierte sich die Republik in den Augen der Unterschichtjugendlichen durch den *Abbau* der Fürsorgeerziehung? Ein Blick auf den Anspruch, der staatlicher Politik gegenüber Jugendlichen unterschoben wurde, stimmt nachdenklich. Bäumer sprach zur Mitte der zwanziger Jahre in einem Vortrag über den »Staat als Erzieher« davon, daß der Staat es verstehen müsse,

»über die Zeit hinweg, in der der Jugendliche aus seiner Obhut heraustretend, sich selbst und den außerstaatlichen Bildungsmächten gehört, eine Brücke des Vertrauens zu schlagen, auf der er als reifer Mensch zurückkehren kann. Die Brücke des Vertrauens wird nicht durch einen politischen Kampf um die Jugend und auch nicht durch unendliche Bemühungen um staatsbürgerliche Aufklärung geschlagen, sondern durch die Art, wie er sich selbst im Leben des Jugendlichen mit seinen Einrichtungen manifestiert. Der Jugendliche, der den Staat als Schützer, als Halt, als Hort der Gerechtigkeit erlebt hat, dem der Staat in seinen mannigfachen Zellen und Organen, der Gemeinde, der gesetzlichen Berufsvertretung, der Sozialversicherung, dem Jugendamt beispielsweise, als lebendige, schaffende, volkstümliche Wirklichkeit entgegengetreten ist, der wird sich hineingezogen fühlen in dies Schaffen, in diese Kette von helfendem und ordnendem Tun.«[49]

Gemessen hieran delegitimierte sich die Republik kaum durch den Abbau der Fürsorgeerziehung, vielmehr durch ihr Bestehen. Keine Institution der Fürsorge trat den Unterschichtjugendlichen so massiv entgegen wie die Fürsorgeerziehung und keine Institution war ihnen so verhaßt wie diese.[50] Sollte es jene »Tendenz« der Erziehung gegeben haben, die Bernfeld einem »klugen und klassenbewußten Bürger Machiavell« mit den Worten: »die Kinder müssen die bürgerliche Klasse lieben lernen«[51] in den Mund legte, so wäre dies für die ›Kinder‹ der Jugendfürsorge, vor allem der Fürsorgeerziehung, nur als Gegenstand eines Spottverses tauglich gewesen. Der auf den ersten Blick merkwürdig anmutende Vorzug, den viele Jugendliche dem Jugendgefängnis vor der Fürsorgeerziehung gaben, ließ deutlich werden, daß der Staat als »Hort der Gerechtigkeit« im Erleben der Unterschichtjugendlichen kaum eine Rolle spielte. Das mit Blick auf die Gesamtheit der Jugendfürsorge zutagetretende Paradoxon eines Legitimationsverlustes durch Bestehen *und* Abbau mag die extreme Krisenhaftigkeit der Jugendfürsorge der Weimarer Republik noch einmal unterstreichen.

Kann im Blick auf die Jugendfürsorge von der Weimarer Republik als einem »überforderten Wohlfahrtsstaat«[52] gesprochen werden? Gewiß nicht in dem Sinne, daß die finanziellen Leistungen von Staat, Ländern und Kommunen – für die Jugendfürsorge ebenso wie für die Sozialpolitik – die Grenzen des Zumutbaren überschritten hätten. Allzusehr schließt sich eine solche Interpretation der – auch unter den Zeitgenossen der Weimarer Republik virulenten – Sichtweise an, die in aller Wohlfahrtspolitik stets nur einen Appendix der Wirtschaft, somit eine Belastung der ›kranken‹ Wirtschaft sehen wollte. Doch war Wohlfahrtspolitik längst mehr geworden als philanthropische Geste und politisches Zugeständnis. Im Gegensatz zum vorangegangenen Kaiserreich legitimierte sich die Weimarer Republik unter ihren Bürgern auch über die Gewährung sozialer Sicherheit. Als Muthesius 1931 davon schrieb, daß »der Staat ... nicht nur von funktionierenden Ämtern«, sondern auch davon lebe, »daß die Lebenshaltung der Massen nicht unter ein bestimmtes Maß herabsinkt«,[53] umriß er treffend nicht nur den ›Geist‹ der Reichsverfassung, sondern zugleich auch den Anspruch der allermeisten Bürger.[54] Überdies war es nicht falsch, wenn viele Jugendfürsorger immer wieder darauf hinwiesen, daß die Fürsorge an sich bereits eine

Sparmaßnahme sei, die einen späteren Kostenaufwand – Erwerbslosigkeit, Gefängnis, Krankenhaus – und sonstige ›Schäden‹ vermeidbar mache. Über eine solche Sicht der Fürsorge hinaus aber nahm in den zwanziger Jahren ein wohlfahrtspolitisches Denken Gestalt an, daß »sich eine bewußte Abkehr von dem manchesterlichen Standpunkte« zum Ziel setzte. Für Hans Maier, Frieda Wunderlich, Hermann Luppe, Ludwig Preller und einige andere waren Sozialpolitik und Wohlfahrtspflege keine Anhängsel, vielmehr Voraussetzungen einer leistungsfähigen Wirtschaft. Maier sprach 1925 davon, daß eine »vorbeugende und durchgreifende Wohlfahrtspflege ... eine produktionspolitische Notwendigkeit« darstelle.[55] Und allzuleicht noch werde übersehen, schrieb Wunderlich 1930, daß Wohlfahrtspolitik »der Entfaltung, der Entwicklung und dem Wachstum der Arbeitskraft dient, daß Wirtschafts-, Gesundheits- und Jugendfürsorge Kraftsteigerung und -erneuerung bezwecken – Leistungen, die der private Betrieb auf die Gesamtheit abschiebt, und die er mittelbar durch Steuern wieder bezahlt«.[56]

Wenn von einer solchen integralen Sicht der Wohlfahrtspolitik aus nicht von einem »überforderten Wohlfahrtsstaat« im Sinne einer Belastung gesprochen werden kann – zumal es überwiegend die einkommensschwächeren Gruppen in der Gesellschaft waren, die die erhöhten Ausgaben für die soziale Sicherheit trugen[57] – ist es dann mit Blick auf die Jugendfürsorge nicht dennoch sinnvoll, von einer ›Überforderung‹ des Wohlfahrtsstaates zu sprechen? Gewiß war der Jugendfürsorge-Wohlfahrtsstaat der zwanziger und frühen dreißiger Jahre mit der Aufgabe einer »Erziehung zur Wirtschaftlichkeit«[58] seiner Klientel heillos überfordert. Zu einem Teil resultierte diese Überforderung in Umständen, die von außerhalb über die Jugendfürsorge hereinbrachen: die Folgen des Krieges, die fast beständige Finanznot, die Auswirkungen der Inflation, schließlich die jedweden Versuch der »Wirtschaftlichkeit« zunichte machende Massenerwerbslosigkeit der Depressionsjahre. Dennoch aber bleibt eine Deutung der krisenhaften Entwicklung der Weimarer Jugendfürsorge als bloße Folge einer ›Überforderung‹ unpräzise und unvollkommen. Allzusehr mag eine solche Kennzeichnung den Anschein erwecken, als ob eine an sich funktionstüchtige Institution an äußeren Widrigkeiten scheiterte, als ob das Handeln der Verantwortlichen fremdbestimmtem Zwang folgte. Tatsächlich aber erweckt die bewußte Verteidigung der Ungleichzeitigkeit eher den Eindruck einer Blockade. Ein solches Festhalten an einer ungleichzeitigen Fürsorgeerziehung als Kern der Jugendfürsorge aber blockierte zugleich auch die Herausbildung eines wohlfahrtsstaatlichen Habitus' unter der Klientel. Die Herkunft der Fürsorgeerziehung aus dem Strafrecht, vor allem aber das Wissen um den geringen Nutzen einer Anstaltserziehung ließen sie für das Gros der Unterschichtjugendlichen wie auch ihrer Eltern nicht als Hilfe, sondern als Bedrohung erscheinen. Eine regelrechte Nachfrage nach *dieser* Maßnahme des Wohlfahrtsstaates fand nie statt. Nur selten wohl wurde Fürsorgeerziehung als Möglichkeit einer – im Vergleich zur problembeladenen Unterschichtfamilie – *besseren* Erziehung, als Möglichkeit einer Stabilisierung der gefährdeten Unterschichtfamilie durch temporäre öffentliche Erziehungsleistungen von der Klientel akzeptiert.[59]

Freilich: So sehr solche Blockaden durch das Handeln der Verantwortlichen beständig reproduziert wurden, so sehr lagen ihre Ursachen zugleich doch auch weit zurück. Die umfängliche Tradition der konfessionellen Jugendfürsorge – vor allem in der Anstaltserziehung – half bei der Durchsetzung der modernen Jugendfürsorge. Aber nach deren Etablierung verlor diese Tradition nicht an Bedeutung. Weder der nach der Jahrhundertwende einsetzenden Jugendfürsorgebewegung noch dem Reichsjugendwohlfahrtsgesetz gelang es, die Fürsorgeerziehung als Herzstück der Jugendfürsorge dem konfessionellen Einfluß zu entreißen. Will man die Jugendfürsorgebewegung und das Reichsjugendwohlfahrtsgesetz als Versuch werten, eine ›öffentliche‹ – staatliche, kommunale – Dominanz in der Jugendfürsorge zu erreichen, so offenbarte die Trennung von Jugendamt und Fürsorgeerziehung das Scheitern dieses Versuchs, dem der Verfall der bürgerlichen Sozialreform als Nachspiel sich anfügte. Folgerichtig blockierte die in vielem mißlungene und ungleichzeitige Konstruktion der Jugendfürsorge nicht nur ihre wohlfahrtsstaatliche Funktion und eine mögliche Reform, sondern nahezu alle jugendpolitischen – im weitesten Sinne jugendfürsorgerischen – Vorhaben aus der Zeit zwischen dem Inkrafttreten des Reichsjugendwohlfahrtsgesetzes und der Regierungsübernahme durch Brüning, so unterschiedlich die Gründe im Einzelfall dafür auch gewesen sein mögen. Auch die ambitionierte Begründung aller Wohlfahrtspflege unter dem Primat einer ›Produktionspolitik‹ sah sich mit dem Umstand konfrontiert, daß die moderne Jugendfürsorge auf eine zu lange und nur mäßig erfolgreiche Geschichte zurückblicken mußte, die den Gedanken der »Produktivität« beständig dementierte.[60] Mit Blick auf die Fürsorgeerziehung, die Jugendfürsorge und das wohlfahrtsstaatliche Ziel einer »Erziehung zur Wirtschaftlichkeit« erscheint die Weimarer Republik somit als ein blockierter Wohlfahrtsstaat. Das Blockieren einer nüchternen, auf die industrielle Lebens- und Arbeitswelt ausgerichteten Wohlfahrtspflege – die Schumacher einst spöttisch als ›Barbarei‹ einer überhöht begründeten Wohlfahrtspflege entgegengestellt hatte[61] – aber trug nicht wenig dazu bei, daß in der Jugendfürsorge jene tatsächliche Barbarei Gestalt annahm, deren Wesenszug Roland Freisler mit dem Diktum: »Der Gedanke der Gnade ist nicht jugendgemäß«[62] umreißen sollte.

Abkürzungen

AAFET	Archiv des Allgemeinen Fürsorgeerziehungstages
ADV	Archiv des Deutschen Vereins für öffentliche und private Fürsorge
ADW	Archiv des Diakonischen Werkes
AE	Anstaltserziehung
AFET	Allgemeiner Fürsorgeerziehungstag
AfS	Archiv für Sozialgeschichte
ASP	Alte Sozialdemokratische Partei
ASS	Archiv für Sozialwissenschaft und Sozialpolitik
AVAVG	Gesetz über Arbeitsvermittlung und Arbeitslosenversicherung
AW	Arbeiterwohlfahrt
BA	Bundesarchiv
BGB	Bürgerliches Gesetzbuch
BW	Blätter für Wohlfahrtspflege
DA	Die Arbeit
DDP	Deutsche Demokratische Partei
DE	Die Erziehung
DJ	Deutsche Jugendhilfe
DNVP	Deutschnationale Volkspartei
DStP	Deutsche Staatspartei
DT	Das Tagebuch
DVP	Deutsche Volkspartei
DW	Die Weltbühne
DZW	Deutsche Zeitschrift für Wohlfahrtspflege
EJH	Evangelische Jugendhilfe
EREV	Evangelischer Reichs-Erziehungsverband
FAD	Freiwilliger Arbeitsdienst
FE	Fürsorgeerziehung
FEG	Fürsorgeerziehungsgesetz
FW	Freie Wohlfahrtspflege
FWB	Frankfurter Wohlfahrtsblätter
GG	Geschichte und Gesellschaft
GStA	Geheimes Staatsarchiv
HJ	Hitler-Jugend
HZ	Historische Zeitschrift
JB	Jugend und Beruf
JGG	Jugendgerichtsgesetz
JW	Jugendwohl
KPD	Kommunistische Partei Deutschlands
Kru	Krisenunterstützung
MdR	Mitglied des Reichstages
MGM	Militärgeschichtliche Mitteilungen
MKS	Monatsschrift für Kriminalpsychologie und Strafrechtsreform

MSPD	Mehrheitssozialdemokratische Partei Deutschlands
ND	Nachrichtendienst des Deutschen Vereins für öffentliche und private Fürsorge
NotVO	Notverordnung
NP	Neue Praxis
NSV	Nationalsozialistische Volkswohlfahrt
NV	Nationalversammlung
NZ	Die Neue Zeit
PLT	Preußischer Landtag
PLV	Verfassunggebende Preußische Landesversammlung
RAB	Reichsarbeitsblatt
RJWG	Reichsjugendwohlfahrtsgesetz
RT	Reichstag
SP	Soziale Praxis
SPD	Sozialdemokratische Partei Deutschlands
StA	Staatsarchiv
USPD	Unabhängige Sozialdemokratische Partei Deutschlands
VKH	Verhandlungen der Zweiten Kammer der Landstände des Großherzogtums Hessen
VSWG	Vierteljahrschrift für Sozial- und Wirtschaftsgeschichte
VW	Volkswohlfahrt
WP	Wahlperiode
ZB	Zentralblatt für Vormundschaftswesen, Jugendgerichte und Fürsorgeerziehung (seit 1924 unter dem Titel: Zentralblatt für Jugendrecht und Jugendwohlfahrt.)
ZBF	Zeitschrift für Berufs- und Fachschulwesen
ZdA	Zeitschrift für das Armenwesen
ZfJ	Zeitschrift für Jugendwohlfahrt
ZfSW	Zeitschrift für die gesamte Strafrechtswissenschaft

Anmerkungen

Einleitung

1 *Rosenberg*, Weimarer Republik, S. 201.
2 Vgl. zum Verhältnis von Struktur und Ereignis *Kocka*, Sozialgeschichte, S. 73–77 sowie *Koselleck*, S. 149: »Strukturen [sind] nur greifbar im Medium von Ereignissen, in denen sich Strukturen artikulieren, die durch sie hindurchscheinen«. Vgl. vor allem aber auch *Oevermann*, Kultur, der einen Gegensatz von Struktur und Ereignis nicht sieht: »Ein strukturloses Ereignis ist von vornherein eine absurde Vorstellung.« (Ebd., S. 10.)
3 *Klötzel*, Willkür. Vgl. auch *ders.*, Fürsorgeanstalten sowie *ders.*, Reformiert die Fürsorge!
4 *Hirtsiefer,* in: PLT, Sitzungsberichte 3. WP, Bd. 3, 26.2.1929, Sp. 4062–4085, Sp. 4085.
5 *Klötzel,* Fürsorgeanstalten.
6 *Peukert*, Grenzen, S. 309 u. 19.
7 Ebd., S. 307.
8 Vgl. zu einer ähnlich Kritik an Peukert auch *Linton*, S. 15. Eine treffende Kritik an Darstellungen, die von Sozialdisziplinierung handeln, aber nicht auf einer Beobachtung der Praxis beruhen, sondern dem Disziplinierungswillen normativer Vorgaben aufsitzen, hat *Dinges* vorgelegt. Auch wenn Peukert nicht so sehr einen Erfolg der Sozialdisziplinierung betont als vielmehr ihre Grenzen, so geschieht dies nicht unter Rückgriff auf die Praxis, sondern auf die einer normativen Vorgabe gleichkommende »Ausgangskonstellation«.
9 *Peukert*, Grenzen, S. 15.
10 Ebd., S. 309.
11 Ebd., S. 307.
12 Das tritt in den Arbeiten, die sich seither Peukerts Deutung angeschlossen haben, noch deutlicher zutage. Vgl. *Kuhlmann* sowie *Dörner*. In Maßen gilt es auch für die resümierenden Passagen über Jugendfürsorge bei *Sachße* u. *Tennstedt*, Armenfürsorge, Bd. 2 u. 3.
13 Zur Unterscheidung zwischen Subsumtionslogik und Rekonstruktion vgl. *Oevermann*, Zur Sache, S. 236.
14 Ebd., S. 270f.
15 *Peukert*, Grenzen, S. 23.
16 Aus ähnlichen Motiven heraus wird in der Darstellung zwischen Wohlfahrtspflege (bzw. Fürsorge) und Sozialpolitik unterschieden. Die Unterscheidung zwischen einer Sozialpolitik, deren Interesse der Lohnarbeiterexistenz gilt und einer Wohlfahrtspflege, die sich denen zuwendet, die aus solcher Lohnarbeiterexistenz gänzlich herausfallen oder eine solche Existenz erst gar nicht erreichen, war den Zeitgenossen der Weimarer Republik geläufig. Dort, wo im folgenden ein Sozialpolitik wie Wohlfahrtspflege umfassender Begriff vonnöten ist, wird in Anlehnung an *Wunderlich*, S. 347ff., von Wohlfahrtspolitik die Rede sein. Vgl. zu Begrifflichkeiten und Defiziten der Forschung über die Wohlfahrtsstaatlichkeit moderner Gesellschaften auch *Puhle* sowie *Ritter*, S. 10–28.
17 *Kolb*, S. 527.

I. Der Aufstieg der modernen Jugendfürsorge

1 *Bäumer*, Voraussetzungen, S. 11.
2 *Simon*, Jugendrecht, S. 227.
3 *Eberty*, Koreferat-Stenographischer Bericht, S. 29.
4 *Tenfelde*, Großstadtjugend, S. 185. Als zeitgenössische Stellungnahme vgl. vor allem *Dix*, S. 6: »Die Altersklasse um das zwanzigste Jahr herum ist in manchen Großstädten und Industriezentren mehr als doppelt so stark in der Gesamtbevölkerung vertreten, wie es im Durchschnitt des Staates der Fall ist ... Inzwischen hat sich der Unterschied noch offensichtlich vermehrt und noch sehr viel größer ist er in den rein industriellen Gegenden.«
5 Vgl. *Polligkeit*, Fürsorge.
6 Die Zahlenangaben für 1896 finden sich in: Statistisches Jahrbuch, Bd. 21, 1900, S. 39; die Angaben für 1909 in: Statistisches Jahrbuch, Bd. 32, 1911, S. 70. Die sonstigen und weiteren Zahlen in: *Peukert*, Grenzen, S. 59f. Vgl. auch die ausführliche statistische Betrachtung bei *Stratmann*, S. 160–172 u. 399–418.
7 *Voigt*, Referat, S. 329. Zu den Trends vgl. ders., Schulentlassene Jugend, S. 13 u. 17.
8 Vgl. *Reith*, S. 11 sowie *Kocka*, Arbeitsverhältnisse, S. 337ff.
9 Vgl. *Syrup*, Altersaufbau, S. 38 u. 48.
10 Vgl. zur Wahrnehmung der jugendlichen Arbeiter als ›Ungelernte‹: *Floessel*, S. 66f. Zahlenangaben zur Altersgliederung der Arbeiter nach Berufsgruppen und zu ihrer Qualifikation (gelernt – ungelernt) nach den Ergebnissen der Berufszählung von 1907 in: *Ritter* u. *Tenfelde*, S. 441f.
11 *Nohl*, Energien, S. 2.
12 Vgl. *Mitterauer*.
13 *Peukert*, Grenzen, S. 54.
14 *Floessel*, S. 41.
15 Vgl. *Schomerus*, S. 146f.
16 Vgl. *Adelmann*, S. 20; *Behr*, S. 45f. sowie *Ritter* u. *Tenfelde*, S. 445.
17 *Harney*, S. 37. Vgl. auch *Schomerus*, S. 163 sowie *Kocka*, Unternehmensverwaltung, S. 65 u. 274.
18 *Harney* u. *Tenorth*, S. 92.
19 Vgl. *Harney*, S. 38.
20 Vgl. *Ritter* u. *Tenfelde*, S. 445.
21 *Behr*, S. 17f., übersieht dies, wenn sie die Entstehung betrieblicher Ausbildung allein aus der Binnensituation der Betriebe heraus verstehen will und sie nur von »Qualifikationsproblemen« abhängig macht, die »aus einer quantitativen und qualitativen Lücke zwischen den Qualifikationen verfügbarer Arbeitskräfte und dem betrieblichen Bedarf an Qualifikationen« resultierten.
22 *Georges*, S. 195.
23 *Winkler*, Mittelstand, S. 44.
24 *Blankertz*, S. 127. Vgl. auch *Seubert*, S. 7 (Manuskript vom Autor freundlich zur Verfügung gestellt).
25 *Blankertz*, S. 127. Freilich bleibt gegen Blankertz festzuhalten, daß die »Entwicklung industrietypischer Ausbildungsformen« nur erschwert, nicht aber gänzlich »unmöglich« war. (Vgl. *Harney* u. *Tenorth*, S. 102.)
26 *Floessel*, S. 41f.

27 Zur Rolle des Bildungsbürgertums im Aufstieg der modernen Jugendfürsorge vgl. *Linton*, S. 5.
28 Auf die Wirtschaftskrise und ihre umfassenden Folgen hat erstmals *Rosenberg*, Große Depression, aufmerksam gemacht. Zum Stand der Diskussion hierüber vgl. *Gall*, Europa, S. 70f.
29 *Metz*, S. 37.
30 Vgl. hierzu die Hinweise bei *Gall*, Liberalismus, S. 184.
31 *Hemprich*, S. 9.
32 *Dix*, S. 3.
33 Als frühes Beispiel für die Konnotation zwischen ›Jugendlichen‹ und Verbrechen vgl. *Riecke*. Zwei Jahre zuvor war das berühmte preußische »Regulativ über die Beschäftigung jugendlicher Arbeiter in Fabriken« erschienen. Vgl. auch die Hinweise bei *Roth*, S. 101 u. 107.
34 In der klassischen Darstellung der traditionalen Jugendfürsorge bei *Scherpner* kommt dieser Bruch zwischen Tradition und Moderne nicht recht vor, die geistesgeschichtliche Orientierung auf den »Gesichtspunkt der Erziehung« (so das Vorwort von Neises, S. 6), seine Fort- und Rückschritte, verhindert eine solche Betrachtung. Auch bei *Peukert*, Grenzen, S. 37–49, kommt dieser Bruch als solcher nicht in Sicht. Unter dem Primat der Sozialdisziplinierung gerinnt die traditionale Jugendfürsorge hier zur bloßen »Vorgeschichte«. (Ebd., S. 39.)
35 Vgl. *Peukert*, Grenzen, S. 68–72. Die Unterbringung in der Zwangserziehung sollte mit der Vollendung des 16. Lebensjahres aufgehoben werden und lediglich in Ausnahmefällen bis zum vollendeten 18. Lebensjahr ihre Fortsetzung finden. Mit einer 1884 in Kraft getretenen Novelle zum preußischen Gesetz wurde die Vollendung des 18. Lebensjahres zum eigentlichen Schlußpunkt der Zwangserziehung, sofern der Zweck nicht schon vorher erreicht worden war. (Vgl. *Reinbach*, S. 3.)
36 Zit. nach *Peukert*, Grenzen, S. 119.
37 Antrag der Abgeordneten Schroeder und Böhm auf Erlaß eines Gesetzes, die Unterbringung verwahrloster Kinder betreffend, in: VKH 1882/85, Beilagen, Bd. 2, Beilage Nr. 129.
38 Der Text der Interpellation findet sich in: VKH 1885/88, Beilagen, Bd. 1, Beilage Nr. 11, der Text des Entwurfes findet sich in: VKH 1885/88, Beilagen, Bd. 2, Beilage Nr. 159.
39 Ebd., S. 2.
40 *Ohly*, S. 18.
41 Und womöglich deshalb von der historischen Forschung bislang wenig beachtet wurde. (Vgl. etwa die kurze Skizze bei *Bruch*, S. 94f.) Der Deutschen Verein siedelte 1919 nach Frankfurt am Main über und nannte sich seither ›Deutscher Verein für öffentliche und private Fürsorge‹. Ausführlich: *Tennstedt*, sowie *Sachße* u. *Tennstedt*, Armenfürsorge, Bd. 2, S. 24f. Mit den üblichen Risiken einer Selbstdarstellung behaftet ist: *Orthbandt*.
42 *Eberty*, Koreferat-Jahresversammlung, S. 5.
43 *Ders.*, Koreferat-Stenographischer Bericht, S. 29.
44 Vgl. *ders.*, Koreferat-Jahresversammlung, S. 16f. Zur Debatte zwischen Ohly und Eberty vgl. auch *Peukert*, Grenzen, S. 119–125.
45 Bericht des Zweiten Ausschusses über die Vorlage, erstattet durch den Abgeordneten Ohly, in: VKH 1885/88, Beilagen, Bd. 3, Beilage 245, S. 43. Ohly sorgte auch für die Errichtung einer eigenen Darmstädter Erziehungsanstalt in Gräfenhausen, die nach seinem Tod nach ihm benannt wurde. (Vgl. *Diehl*, S. 32f.)
46 Der Wortlaut des wichtigen Verwahrlosungsabschnittes hatte sich im Vergleich zum hier zitierten Entwurfstext nur unwesentlich verändert. Die Anordnung der Maßnahme war

bis zum 16., die Durchführung bis zum 18. Lebensjahr möglich. Vgl. Großherzogliches Regierungsblatt Nr. 17, Darmstadt, 22.6.1887, S. 88–93.

47 Wie schon in den Debatten zwischen dem Nationalliberalen Ohly und seinem Gegenspieler Eberty auf den Tagungen des Deutschen Vereins zeigen sich hier sehr schön jene »vielfach verschlungenen Linien der ›Fortschrittlichkeit‹ in Deutschland« (*Langewiesche*, S. 199). Will man die Durchsetzung des Interventionsstaates auf dem Gebiet der Jugendfürsorge – und damit den Beginn staatlicher Zwangserziehung – als ›Fortschritt‹ werten, so waren es auf den Konferenzen der Armenpfleger ebenso wie in den Landtagen Konservative und Nationalliberale, die diesem ›Fortschritt‹ zum Durchbruch verhalfen. Mag es auch naheliegen, hierin eine »Verkehrung der Fronten« zu sehen (*Peukert*, Grenzen, S. 124), so klärt ein Blick in die Landtagsdebatten doch auf: Nicht die staatliche Jugendfürsorge als solche stieß auf den Widerstand der für den ›Fortschritt‹ doch eigentlich zuständigen politischen Linken, sondern eine Obrigkeit, die sich mit der Zwangserziehung ein zusätzliches, Paternalismus und Repression verbindendes Instrument der Intervention schuf. Wie sehr nicht die Sache selbst, sondern der Rahmen, in dem sie sich vollzog, auf politischen Widerstand stieß, sollte sich zu Zeiten der Weimarer Republik in der Kritik der politischen Rechten am neuen, nun demokratischen Rahmen der Jugendfürsorge zeigen: Das Instrument als solches blieb auch hier von der Kritik ausgenommen.

48 Vgl. *Schwall-Düren*, S. 197–213.

49 *Polligkeit*, Reichsgesetz, S. 438. Vgl. auch den Wortlaut des Artikels 135 im Einführungsgesetz zum Bürgerlichen Gesetzbuch, in: Reichsgesetzblatt 1896, S. 604–650, S. 634. Zum Auftreten der hessischen und badischen Bundesratsbevollmächtigten vgl. *Heinze*, S. 647.

50 *Wittig*, S. 14f.

51 Vgl. den Überblick bei *Polligkeit*, Reichsgesetz, S. 438f.

52 Ein Überblick über die Gründungsjahre der Anstalten bei *Krohne*, S. XLII-XLVII

53 Vgl. *Kettenhofen*, S. 22 sowie *Reinbach*, S. 16. Zur Transformation der alten Rettungshäuser nach dem Eintritt des Staates in die Jugendfürsorge vgl. auch *Rhoden*, S. 861. Daß das »alte Wichernsche Rettungshaus für 12 bis 15 Kinder« verschwand und einem Rettungshaus mit neuen Schlafsälen und verdoppelter Belegungszahl Platz machte, mag außer Frage stehen. Jedoch war es falsche Melancholie, zu glauben, »daß von der alten Einrichtung nicht viel mehr übrig blieb als der ruhmvolle Name«. (Ebd.)

54 Vgl. *Tönnies*, S. 478ff. sowie *Heller*, S. 24. Die Zahlen der Reichskriminalstatistik zur Kriminalität der Jugendlichen im Alter zwischen 12 und 18 Jahren hat *Ruscheweyh*, S. 13–16, handlich zusammengestellt.

55 Vgl. ebd., S. 14 sowie *Voigt*, Schulentlassene Jugend, S. 49f.

56 *Baernreither*, S. X.

57 Herausgeber-Einführung, S. 1.

58 *Ohly*, S. 12f.

59 *Appelius*, S. 148 (»Erziehungsämter«) und S. 201–222 (»Entwurf eines Reichsgesetzes betreffend die Behandlung und Bestrafung jugendlicher Verbrecher und verwahrloster jugendlicher Personen«). Eine ausführliche Betrachtung der Arbeit Appelius' findet sich bei *Peukert*, Grenzen, S. 72–84.

60 *Baernreither*, S. VI.

61 *Agahd*, S. 54f.

62 *Klumker*, Vom Werden. Zu Klumker vgl. auch die Einleitung von *Neises*, in: *ders.*, S. 1–28.

63 Zur »Centrale«, die Teil des um das »Institut für Gemeinwohl« gescharten Wohltätig-

Anmerkungen zu S. 29–32

keits-›Konzerns‹ des Frankfurter Unternehmers Wilhelm Merton war, vgl. *Achinger*, Zentrale und *Sachße*, S. 84–95.

64 Zur Gründung und Geschichte des Archivs Deutscher Berufsvormünder vgl. Zur Frage der Berufsvormundschaft sowie die Selbstdarstellung: Das Archiv Deutscher Berufsvormünder e.V.

65 *Spann*, Sozialpolitik, S. 509.

66 Vgl. etwa *Klumker* u. *Spann*; *Spann*, Untersuchungen; *ders.*, Verpflegungsverhältnisse sowie *Klumker* u. *Petersen*.

67 *Dudek*, Jugend als Objekt, nimmt dies in seiner ansonsten gründlichen Studie ebensowenig wahr wie die Zusammenhänge zwischen der bürgerlichen Sozialreform, ihren wohlfahrtspolitischen Projekten und der beginnenden Jugendforschung.

68 *Klumker* u. *Spann*, S. 26.

69 *Spann*, Sozialpolitik, S. 517.

70 *Ders.*, Untersuchungen, S. 55–58.

71 Ebd., S. 103.

72 *Klumker* u. *Spann*, S. 31.

73 *Spann*, Sozialpolitik, S. 545 u. 558.

74 Ebd., S. 559.

75 Zu den Debatten über das Verhältnis zwischen Armenpflege und Jugendfürsorge vgl. *Hasenclever*, S. 28ff.

76 *Spann*, Sozialpolitik, S. 509.

77 Ebd., S. 560.

78 Ebd.

79 *Schmidt*, Gemeindewaisenpflege, S. 113.

80 *Ders.*, Jugendfürsorge.

81 Ebd., S. 170.

82 Ebd., S. 169.

83 Ebd., S. 116. Vgl. auch den Wortlaut der »Ortssatzung über die Errichtung einer städtischen Zentrale für Jugendfürsorge in Mainz« in ebd., S. 221–226 sowie *G. Schmidt*, Eine städtische Zentrale für Jugendfürsorge, in: ZB, Jg. 1, 1909/10, S. 193–197.

84 *Ders.*, Jugendfürsorge, S. 118f.

85 Der Wortlaut des Gesetzes und weitere Materialien hierzu finden sich bei *Schmidt*, Jugendfürsorge, S. 227–266.

86 *J. Petersen*, Die Organisation der öffentlichen Jugendfürsorge in Hamburg auf Grund des am 1. März 1910 in Kraft getretenen Gesetzes, in: ZB, Jg. 2, 1910/11, S. 1–7, S. 7.

87 Vgl. Ein Städtisches Jugendamt in Halle a. S., in: ZB, Jg. 5, 1913/14, S. 211; Aus dem ersten Jahresbericht des Jugendamts zu Bremen, in: ZB, Jg. 6, 1914/15, S. 117f. sowie: Ein städtisches Jugendamt in Frankfurt a. M., in: ebd., S. 133. Zur Entwicklung der verschiedenen Einrichtungen vgl. auch *Hasenclever*, S. 29–33.

88 Die Bemühungen um Zentralisation und Professionalisierung beschränkten sich freilich nicht auf die Jugendfürsorge. Auch der Übergang vom Elberfelder zum Straßburger System in der Armenpflege folgte diesem Trend. (Vgl. *Sachße*, S. 36–48 sowie *ders.* u. *Tennstedt*, Armenfürsorge, Bd. 2, S. 23–41.)

89 Vgl. die Charakterisierung der Jugendgerichtsbewegung bei *Polligkeit*, Jugendgerichtshilfe, S. 36.

90 Vgl. *Allmenröder*, Tätigkeit, S. 1 sowie *Peukert*, Grenzen, S. 88.

91 Vgl. Das erste deutsche Jugendgefängnis, in: ZB, Jg. 4, 1912/13, S. 261f.

92 Vgl. *Polligkeit*, Jugendgerichtshilfe, S. 36.

93 *Schmidt*, Jugendfürsorge, S. 5 u.7.
94 Der AFET war aus einer 1889 erstmals zusammengetretenen, noch lose organisierten Konferenz der Anstaltsdirektoren heraus entstanden. 1906 erfolgte die Konstituierung als Allgemeiner Fürsorgerziehungstag. (Vgl. *Krause*, Entstehung. Zur Geschichte des AFET vgl. auch *Scherpner* u. *Schrapper*.)
95 Grabowsky blieb jedoch nur bis zum Jahrgang 18, 1926/27, Herausgeber bzw. Mitherausgeber. Mit dem Jahrgang 16, 1924/25, hatte die Zeitschrift ihren Namen geändert. Sie hieß nun: »Zentralblatt für Jugendrecht und Jugendwohlfahrt«.
96 Herausgeber-Einführung, S. 1.
97 *Rühle*, S. 315. Zum Wechsel von der ›Angst‹ hin zu einer realistischen Einschätzung der Jugendlichen vgl. auch *Reulecke*, Sozialreformer, S. 323.
98 Über den Bereich der Fürsorge hinaus reichte vor allem die Jugendbewegung. Aber auch sie war ohne die neue Bedeutung, die der ›Jugend‹ um die Jahrhundertwende zukam, nicht denkbar. Doch verlief ihr Weg getrennt von der Entwicklung der Jugendfürsorge. (Anstatt vieler Belege zur Geschichte der deutschen Jugendbewegung vgl. *Nipperdey*, Jugend; *Laqueur* sowie *Koebner* u.a.) Anders verhielt es sich mit der Jugendpflege, die in der Jugendamtskonstruktion des Reichsjugendwohlfahrtsgesetzes der Jugendfürsorge geschwisterlich zur Seite gestellt werden sollte. Die Motive, die zur Entstehung der konfessionellen, kommunalen und staatlichen Jugendpflege führten, waren den Beweggründen nicht unähnlich, die die Jugendfürsorge vorangetrieben hatten. Doch während sich die Jugendfürsorge an eine auffällig gewordene Unterschichtjugend wandte, galt das Interesse der Jugendpflege der Arbeiterjugend, tendenziell aber aller Jugend, deren freie Zeit ›pflegebedürftig‹ erschien. (Zur Jugendpflege vgl. *Saul*, Kampf; *ders.*, Jugend sowie die außerordentlich gelungene Gesamtdarstellung von *Linton*.) – Im folgenden wird auf Jugendbewegung wie auch auf Jugendpflege nur insoweit zurückzukommen sein, wie es zum Verständnis der Jugendfürsorge von Nutzen ist.
99 *Simon*, Jugendrecht, S. 281.
100 Vgl. *Fürth*, S. 102: »Wir begegnen einer bedenklichen Einschränkung der Geburtenziffer in allen Schichten der Besitzenden«.
101 *G. Ipsen*, Bevölkerung, in: Handwörterbuch des Grenz- und Auslanddeutschtums, Bd. 1, Breslau 1933, hier zit. nach *Köllmann*, S. 42.
102 *Simon*, Jugendrecht, S. 228.
103 Ebd.
104 *Spindler*, S. 67.
105 *Petersen*, Fürsorge für die hilfsbedürftige Jugend, S. 36 u. 38.
106 *Foerster*, Strafe und Erziehung, S. 41.
107 *Duensing*, S. 56.
108 Zum Sozialimperialismus prägnant: *Wehler*, Bismarck, S. 112–126.
109 *A. Grabowsky*, Der Imperialismus als Weltanschauung (1912), hier zit. nach *Mende*, S. 101.
110 *Grabowsky*. Zu seiner Rolle als Herausgeber des Zentralblattes vgl. *H. Webler*, Von den Aufgaben des Zentralblattes, in: ZB, Jg. 19, 1927/28, S. 1ff.
111 Zur »inneren Verwandtschaft« Grabowskys mit Naumann vgl. *Mende*, S. 95.
112 *Duensing*, S. 57.
113 *Polligkeit*, Recht.
114 Vgl. *Petersen*, Fürsorge für die hilfsbedürftige Jugend, S. 65.
115 *Polligkeit*, Strafrechtsreform, S. 8.
116 Die Zahl der Überweisungen in Fürsorgeerziehung betrug in Preußen im Rechnungsjahr 1901, im ersten Jahr des neuen Fürsorgeerziehungsgesetzes, 7787, und fiel im

Anmerkungen zu S. 36–40

darauffolgenden Rechnungsjahr auf 6196, um von da ab jedoch stetig anzusteigen. 1913 wurde mit 10.358 Überweisungen der Höchststand vor dem Krieg erreicht. (Die Zahlen für 1901 in: Statistik 1921 bis 1923, S. XL. Für 1902: *Peukert*, Grenzen, S. 327 [mit nicht verifizierbarer Quellenangabe]. Für 1913: Statistik 1919, S. 4.) Eine tabellarische Übersicht zu den Fürsorgeerziehungsanstalten im Reich findet sich bei *Reicher*, S. 175.

117 Der Wortlaut der Fürsorgeerziehungs- bzw. Zwangserziehungsgesetze der deutschen Länder findet sich bei *Schmitz*, S. 465–579.

118 *Rühle*, S. 330.

119 Ebd., vgl. auch die Ausführungsbestimmungen bei *Wittig*, S. 28ff.

120 So der bitter-spöttische Begriff des preußischen Landtagsabgeordneten *Leid* (USPD), in: PLV, Sitzungsberichte, Bd. 4, 23.9.1919, Sp. 4197–4206, Sp. 4205.

121 *Tönnies*, S. 471 u. 484. Zum defensiven Aspekt des Fernhaltens von den Industriezentren vgl. auch *Wittig*, S. 28. Die (groß-)städtischen Jugendfürsorger waren im Laufe der Jahre zusehends darauf bedacht gewesen, sich auf möglichst enge Bindungen zu ganz bestimmten Regionen im weiteren ländlichen Umland einzulassen. So berichtete *Petersen* auf dem Allgemeinen Fürsorgeerziehungstag 1908 über die Verschickung Hamburger Fürsorgezöglinge in mecklenburgische Pflegefamilien (Vorbericht, S. 49): »In einzelnen Teilen des genannten Gebietes ist die Aufnahme hamburgischer Kinder traditionell, ja in einzelnen Dörfern hat sich die Gewohnheit herausgebildet, bei Neubauten eine sogenannte ›Hamburger Stube‹ anzulegen, um ein Pflegekind unterbringen zu können.«

122 *Lucke*, S. 196.

123 Ebd., S. 197.

124 Rundschreiben des Landesdirektors an die Erziehungsanstalten der Provinz vom 20.6.1901, in: Verfassung, S. 90–96, S. 94.

125 *Agahd*, S. 5. »Amerikanisches Geld« bedeutete für Agahd die ausreichende Finanzierung der privaten oder halböffentlichen Fürsorge, wie sie für die USA zu jener Zeit durch große private Stiftungskapitalien gegeben schien. (Vgl. ebd., S. 3.)

126 Sozialpolitik, S. 5.

127 Ebd., S. 10.

128 Ebd., S. 5.

129 Vgl. *Heyde*, S. 52 und *Preller*, S. 85.

130 Sozialpolitik, S. 10f.

131 *Zimmermann*, S. 11.

132 Vgl. RT, Bd. 306, 4.8.1914, S. 9 sowie *Klumker*, Vom Werden, S. 66–70. Vgl. auch ders., Kriegsunterstützung und uneheliche Kinder, in: ZdA, Jg. 15, 1914, S. 287–296 sowie: Zur Kriegsunterstützung der unehelichen Kinder, in: ZB, Jg. 6, 1914/15, S. 110. Der Wortlaut des Gesetzestextes in: Reichsgesetzblatt 1914, S. 332f.

133 Die Abänderung des Preußischen Fürsorgeerziehungsgesetzes, in: ZB, Jg.7, 1915/16, S. 80f., S. 80 (dort auch der Wortlaut der neuen Fassung).

134 Ebd., S. 81. Vgl. auch *Aschrott*, S. 327.

135 *J. F. Landsberg*, Krieg als Ursache und als Heilung von Verwahrlosung, in: ZB, Jg. 6, 1914/15, S. 137ff.

136 *Felisch*, Aufgaben, S. 17 u. 32.

137 *Daniel*, S. 162.

138 *Liepmann*, Krieg, S. 87f. Zur Situation der Schulen im Krieg vgl. auch *Jacobsen*, S. 24 sowie *Saul*, Schatten, S. 111–118.

139 Vgl. *Meseritz*, Sp. 232. Die Vorstellung einer ›hohen‹ Entlohnung jugendlicher Arbeiter differenziert *Linton*, S. 202.

140 *Liepmann*, Krieg, S. 98.
141 Vgl. Zahlen über die Jugendlichenkriminalität, in: ZB, Jg. 9, 1917/18, S. 246f., S. 246.
142 Vgl. Vorbericht, in: Statistik 1920, S. 13.
143 *P. Koehler*, Aus der Jugendfürsorge einer deutschen Großstadt in der Kriegszeit, in: ZdA, Jg. 20, 1919, S. 229–245, S. 239.
144 Vgl. *Minde*, Sp. 502 sowie *Böhme*, S. 31: »Im Bezirk der Handwerkskammer Berlin (einschließlich des Regierungsbezirkes Potsdam) sank die Zahl der Lehrlinge von rund 25 500 vor Kriegsausbruch auf rund 7800 im Jahre 1916.«
145 *Burghart*, Sp. 203. Zur ›Lehrlingsflucht‹ im Krieg vgl. auch *Daniel*, S. 97 u. 100ff.
146 *Liepmann*, Krieg, S. 85.
147 *Daniel*, S. 311.
148 *Bender*, S. 45.
149 *H. Böhme*, Zur Entwicklung des gewerblichen Lehrlingswesens in Preußen nach dem Kriege, in: RAB, Jg. 4, 1924, S. 567–571, S. 567.
150 *Liepmann*, Krieg, S. 84. Zum Einsatz von Fürsorgezöglingen im Rahmen des ›Vaterländischen Hilfsdienstes‹ vgl. den Bericht über die auf der Zeche »Viktor« zu Rauxel und »Graf Schwerin« zu Castrop arbeitenden Zöglinge, in: GSTA Merseburg, Rep. 191, Tit. 2295, Bl. 3–7. Vgl. auch *E. Liermann*, Die Einwirkung des Krieges auf die Waisenhäuser und Erziehungsanstalten in Preußen, in: ZdA, Jg. 20, 1919, S. 20–30 sowie: Beschäftigung von Fürsorgezöglingen in der Kriegsindustrie, in: ZB, Jg. 10, 1918/19, S. 40ff.
151 Der Erlaß hier zit. nach *Burghart*, Sp. 203 (dort auch der Begriff der »maskierten« jugendlichen Arbeiter).
152 Vgl. *Böhme*, S. 56 sowie *Liepmann*, Krieg, S. 96.
153 Vgl. den Bericht des Landeshauptmanns der Rheinprovinz, in: Statistik 1919, S. 46–51, S. 47.
154 *Klumker*, Bevölkerungspolitik, S. 3.
155 *Ders.*, Die nächsten Aufgaben der Berufsvormundschaft, in: ZB, Jg. 9, 1917/18, S. 97f., S. 97.
156 Vgl. Entwurf eines Jugendfürsorgegesetzes, in: ZB, Jg.10, 1918/19, S. 99–102. (Das nachfolgende Heft des Jahrgangs beschäftigte sich in mehreren Beiträgen ausführlich mit dem Gesetzentwurf.)
157 Ebd., S. 100 (Paragraph 3).
158 Als Veranstalter traten in Erscheinung: der Deutsche Verein, das Archiv deutscher Berufsvormünder, die Deutsche Zentrale für Jugendfürsorge, die Zentralstelle für Volkswohlfahrt, der AFET und der Deutsche Kinderschutzbund. (Vgl. Jugendämter, S. IV.)
159 *Blaum*, Reichsgesetz, S. 59f.
160 Ebd., S. 59.
161 *H. Schulz* (MdR-SPD), Aussprachebeitrag, in: Jugendämter, S. 47ff., S. 48.
162 *Krug*, S. 53.
163 Entwurf eines Gesetzes, betreffend Jugendämter und Berufsvormundschaften, S. 2, in: GStA Merseburg, Rep 151, Tit. 11737.
164 Entwurf eines Reichsjugendwohlfahrtsgesetzes, S. 1237.
165 *Backhausen*, Neueste Entwicklung, S. 118.
166 *Klumker*, Reichsverfassung, S. 218.
167 Die Jugendfürsorge im neuen Deutschland, in: ZB, Jg. 10, 1918/19, S. 251. Im Reichstagsprotokoll war allerdings nicht von einer »planmäßigen Verbesserung« die Rede, sondern vom »Aufbau«. (Vgl. NV, Bd. 326, 13.2.1919, S. 45.)

Anmerkungen zu S. 44–47

168 Vgl. *Klumker*, Reichsverfassung, S. 217ff. sowie *Polligkeit*, Reichsjugendwohlfahrtsgesetz, S. 599. Vgl. auch Artikel 7, Absatz 7, in: Die Verfassung des Deutschen Reiches. Vom 11. August 1919, in: Reichsgesetzblatt 1919, S. 1383–1418, S. 1384.
169 Ebd., S. 1406 (Artikel 119–122).
170 *Blaum*, Jugendfürsorgereform. Zur »Jugendfürsorgereform« in Württemberg zählte Blaum außerdem noch das Berufsvormundschaftsgesetz, eine angekündigte Novelle zum württembergischen Fürsorgeerziehungsgesetz und ein geplantes Jugendpolizeigesetz.
171 Zu Blaum vgl. den biographischen Abriß bei *Rehm*, S. 65–121. Zu Blaums und seiner Straßburger Mitstreiter Absicht vgl. auch *Blaum*, Jugendwohlfahrt, und *ders.*, Sozialreformgedanken.
172 Vgl. *ders.*, Jugendfürsorgereform, S. 169–176.
173 Ebd., S. 176. Blaum wies später den Vorwurf des Partikularismus zurück. (Vgl. *ders.*, Jugendwohlfahrt, S. 89.)
174 Die Württembergische Jugendfürsorgereform, in: ZB, Jg. 11, 1919/20, S. 129f., S. 129.
175 Vgl. *Polligkeit*, Reichsgesetz, S. 38.
176 E. *Friedeberg*, Zur Jugendrechtsreform, in: ZB, Jg. 12, 1920/21, S. 193ff., S.193.
177 Vgl. die beiden entscheidenden Lesungen des RJWG in: RT, Bd. 355, 13. u. 14.6.1922, S. 7786–7795 u. 7799–7822. Einen Überblick über Verlauf und Höhepunkte der Debatte verschafft: Gekürzter Bericht aus den Reichstagsverhandlungen vom 13. und 14. Juni 1922 über die zweite und dritte Lesung des Reichsgesetzes für Jugendwohlfahrt, in: ZB, Jg. 14, 1922/23, S. 101–111. Zum zeitlichen Ablauf vgl. auch *Hasenclever*, S. 52–58.
178 Vgl. Paragraph 1, in: *Polligkeit*, Reichsgesetz, S. 1.
179 Vgl. *Polligkeit*, Recht sowie *ders.*, Reichsjugendwohlfahrtsgesetz, S. 598 (dort der Hinweis auf Petersen).
180 Ebd., S. 600.
181 Vgl. Paragraph 1, in: *Polligkeit*, Reichsgesetz, S. 1.
182 Vgl. Paragraph 2, in: ebd., S. 1.
183 Vgl. Paragraph 3, in: ebd., S. 2.
184 Vgl. Paragraph 49, in: ebd., S. 13f.
185 Vgl. Paragraph 4, in: ebd., S. 2f.
186 Vgl. Paragraph 35, in: ebd., S. 10.
187 Vgl. die Paragraphen 56–61, in: ebd., S. 16ff.
188 *Simon*, Jugendrecht, S. 228.
189 Vgl. Paragraph 7, in: Jugendgerichtsgesetz, S 24.
190 *Müller*, S. 363.
191 Vgl. Paragraph 16 in: Jugendgerichtsgesetz, S. 39.
192 Der semantischen Spielerei – ›Erziehung‹ durch ›Strafe‹, ›Strafe‹ durch ›Erziehung‹ – war damit zum Schaden präziser Begrifflichkeit Tür und Tor geöffnet.
193 Mit dem Inkrafttreten des Jugendgerichtsgesetzes am 1.7.1923 ging der Zusammenhang zwischen Jugendfürsorge, Jugendstrafrecht und Jugendstrafvollzug nicht völlig verloren. Aber die Unmittelbarkeit der Zeit vor der Trennung in zwei Gesetze – Jugendgerichtsgesetz und Reichsjugendwohlfahrtsgesetz – war nicht mehr gegeben. – Im folgenden werden Belange des Jugendstrafrechts und des Jugendstrafvollzugs nur insoweit zum Gegenstand der Betrachtung, wie es zum Verständnis der Jugendfürsorge von Bedeutung ist. Zur Entwicklung von Jugendstrafrecht und Jugendstrafvollzug in der Weimarer Republik nach dem Inkrafttreten des JGG vgl. *Dörner*, S. 73–156 sowie *Harvey*, Youth and the Welfare State, S. 186–225.

194 Mit der Kritik an Details ließen sich im übrigen vorteilhaft die Gesetzeskommentare schreiben, mit denen prominente Jugendfürsorger nun beschäftigt waren. Vgl. neben *Polligkeit*, Reichsgesetz vor allem *Fichtl*; *Blaum* u.a. sowie *Bäumer* u.a.
195 *Polligkeit*, Reichsgesetz, S. 29.
196 Vgl. *Skjerbäk*, S. 119; *Rackham*, S. 158f. sowie *Goldbaum*, S. 78f.
197 Vgl. hierzu den Überblick bei *Ruscheweyh*, S. 132–139; *Köhne* sowie *Liepmann*, Kriminalität, S. 37–41.
198 *Neundörfer*, S. 49.
199 Vgl. *Sheehan*, Liberalism.
200 *Wehler*, Bürgerlich?, S. 262.
201 Zur Politik der SPD gegenüber Jugendfürsorge und FE vor 1914 vgl. *Monat*, S. 22–29.
202 *Wehler*, Bürgerlich?, S. 244.
203 Im Vergleich mit der an die Jugendgerichtshöfe angebundenen Jugendfürsorge in den USA zeigte die deutsche Konstruktion eines zentralen Jugendamtes als Behörde der Kommunalverwaltung überdeutlich Herkunft und Bindung der deutschen Jugendfürsorge an eine effiziente und expansive kommunale Bürokratie – die es wiederum in den USA der Jahrhundertwende nicht gab. Zur Rezeption und Einschätzung der amerikanischen Jugendfürsorge vgl. neben der Darstellung von *Baernreither* vor allem *F. Duensing*, »Amerika voran!«, in: ZfJ, Jg. 1, 1909, S. 528 und die Wertungen bei *Foerster*, Schuld und Sühne, S. 146f. Mit *Lindsey* lag zur selben Zeit auch eine Schrift des populärsten amerikanischen Jugendrichters in deutscher Sprache vor.
204 *Blaum*, Was muß ein Reichsgesetz enthalten?, S. 31.
205 Eine der beliebtesten Stereotypen im Ausfindigmachen einer ›politisch‹ begründbaren Verwahrlosung war dabei die Figur des seine Vaterpflichten vernachlässigenden Versammlungsbesuchers: »Er besucht seine Versammlungen, er arbeitet an den großen Weltverbesserungsideen ... und sein ›Glück im Winkel‹, sein Familienleben geht dabei verloren. Wie sieht sein Kind so bleich aus! Was geht es den Vater an? Er hat Wichtigeres zu tun.« (*Schultz*, S. 10.) Galt der Eingriff der Jugendfürsorge tatsächlich einmal dem politischen Verhalten eines Jugendlichen, wie 1917, als eine »fanatisch einseitige Parteinahme für die radikalsten Ideen Liebknechtscher Richtung« die Anordnung der Fürsorgeerziehung nach sich zog, so erregte dies enormes Aufsehen. Das preußische Kammergericht stellte gleichwohl in der Berufung fest, daß »die Gefahr einer sittlichen Verwahrlosung ... ohne weiteres gegeben [ist], wenn es sich herausstellt, daß der Minderjährige bei dem gegenwärtigen Stande seiner Erziehung dem Vaterlande entfremdet ist oder gar feindlich gegenübersteht«. (Rechtsprechung, in: ZB, Jg. 9, 1917/18, S. 63f., S. 64. Zum Echo auf das Urteil vgl. auch FE und Politik, in: ebd., S. 153f.) Freilich war das Wegsperren junger Sozialdemokraten nicht die raison d'etre der Jugendfürsorge – bei aller Möglichkeit zur politischen Repression, die sie auch hatte.
206 Vgl. etwa *Schultz*, passim. Zu Schultz vgl. auch *Peukert*, Grenzen, S. 63–66.
207 Vgl. *Reulecke*, Arbeiterjugend, S. 323f. Als Beispiel für ein gemeinsames Wirken von bürgerlicher Sozialreform und revisionistischer Sozialdemokratie mag Max Quarcks Zusammenarbeit mit Klumker in den Bemühungen um eine Kriegsversorgung der unehelichen Minderjährigen gelten. (Vgl. *Klumker*, Vom Werden, S. 66ff.)
208 *Allmenröder*, Straf- und Erziehungsmittel, S. 73 u. 75.
209 Zur Debatte über die Modernität des Kaiserreiches vgl. neben dem bereits erwähnten Aufsatz von *Wehler* (Bürgerlich?) und einem dazugehörigen Kommentar von *Blackbourn* vor allem *Wehler*, Kaiserreich; *Blackbourn* u. *Eley* sowie *Nipperdey*, Untertanen-Gesellschaft.

Allzuoft freilich, so hat es den Anschein, wird ein Ergebnis in dieser Debatte nur im ›entweder-oder‹ mit Blick auf eine Gesamteinschätzung des Kaiserreiches gesucht, so daß Sheehans Spott zutrifft, es ergehe den an der Debatte Beteiligten »wie den sprichwörtlichen Blinden, deren Beschreibung eines Elefanten davon abhing, welchen Teil des Tiers sie gepackt hatten«. (*Sheehan*, Bürgerlich?, S. 39.) Erscheint es hingegen nicht sinnvoller, die erkennbare Fragilität der Moderne am Fallbeispiel – wie hier der Jugendfürsorge – rekonstruktiv offenzulegen?
  210 *Klumker*, Reichsverfassung, S. 217.
  211 Vgl. *Bruch*, S. 83.
  212 Zum Verhältnis von Liberalismus und ›unpolitischer‹ Kommunalpolitik vgl. *Sheehan*, Liberalism, vor allem S. 135. Er sieht freilich nur den Rückzug der Liberalen in die Städte, nicht aber die Modernisierungsleistungen, die sich in der Folge daraus ergaben. (Vgl. hierzu *Langewiesche*, S. 200–211.)
  213 *Düring* u. *Stern*, Bd. 2, S. 7.
  214 *Neundörfer*, S. 47.

II. Am Ziel? Jugendfürsorge in der Weimarer Republik

  1 Vgl. etwa Jugendamt, S. 36f.; Jugendnot in Berlin, in: ZB, Jg. 15, 1923/24, S. 192f. sowie *Eschbach*.
  2 Vgl. *Polligkeit*, Reichsgesetz, S. 38.
  3 Vgl. Der Kampf um das RJWG; Stellungnahme des Deutschen Städtetages zum RJWG, in: ZB, Jg. 15, 1923/24, S. 171f. Zu den Widerständen der Reichs- und Länderfinanzminister vgl. das Material in: GStA Merseburg, Rep. 151, Tit. 11737 und 11738. In der Schlußphase der Inflation, im Sommer 1923, brach offene Panik unter den Länderfinanzministern aus. So führte der badische Finanzminister Köhler »bitter Klage« über das Reichsjugendwohlfahrtsgesetz »und erklärte, die Badische Regierung ›mache solche Scherze nicht mit‹. Er habe eine Bestimmung im Gesetz herausgefunden, die es ermöglicht habe, daß die Badische Regierung beschlossen habe, dieses Gesetz überhaupt nicht durchzuführen«. (Vermerk, Berlin, August 1923, in: ebd., Tit. 11738). Noch am 3.11.1923 schlug der preußische Finanzminister dem Reichsfinanzminister nicht nur eine Sistierung des Reichsjugendwohlfahrtsgesetzes vor, sondern teilte »vertraulich« seine Absicht mit, dem preußischen Staatsministerium den Abbau des gesamten Ministeriums für Volkswohlfahrt vorzuschlagen. (Der Preußische Minister der Finanzen an den Reichsminster der Finanzen, 3.11.1923, in: ebd.)
  4 Der Kampf um das RJWG, S. 141.
  5 Schreiben des Reichsministers des Innern an Herrn Staatssekretär in der Reichskanzlei. Betr. Kabinettsvorlage für das Reichsgesetz für Jugendwohlfahrt, 2.2.1924, in: GStA Merseburg, Rep. 191, Tit. 2379, Bl. 265. Vgl. auch das Protokoll der Kabinettssitzung vom 6.2.1924, in: Akten der Reichskanzlei, S. 326ff., mit dem Hinweis auf den Staatssekretär des Reichsinnenministeriums, Schulz, als Fürsprecher, der auf die »innen- und außenpolitische Bedeutung des Gesetzes« verwies.
  6 Vgl. die Hinweise in: GStA Merseburg, Rep. 151, Tit. 11735 sowie *H. Webler*, Ein Kompromiß zum Reichsjugendwohlfahrtsgesetz, in: ZB, Jg. 15, 1923/24, S. 161ff.
  7 Vgl. *Polligkeit*, Reichsgesetz, S. 27f. Die Verordnung erging auf der Grundlage des Ermächtigungsgesetzes vom 8.12.1923.
  8 Vgl. Artikel 1 der Verordnung über das Inkrafttreten, in: *Polligkeit*, Reichsgesetz, S. 27f.

Anmerkungen zu S. 53–58

9 Die Zahlenangaben bei *Peukert*, Grenzen, S. 394.
10 Vgl. den enttäuschten Kommentar von *Polligkeit*, Reichsgesetz, S. 43. Der zitierte Passus des RJWG findet sich im Paragraph 9. (Vgl. ebd., S. 3.)
11 Vgl. Ausführungsanweisung, S. 164–167.
12 Vgl. Paragraph 1 der Verordnung über Fürsorgepflicht vom 13.2.1924, in: Reichsgesetzblatt 1924, S. 100–107, S. 100.
13 *Grotjahn*, S. 237f. Vgl. auch Paragraph 10 des Reichsjugendwohlfahrtsgesetzes, der das Nebeneinander von Jugend- und Gesundheitsämtern regelte, in: *Polligkeit*, Reichsgesetz, S. 4.
14 Vgl. Artikel 1, in: ebd., S. 27.
15 Ausführungsanweisung, S. 163.
16 Vgl. die Ausführungen von Blaum in der Aufzeichnung über das Ergebnis der am 6.2.1920 im Reichsministerium des Innern abgehaltenen Beratungen der Vertreter der Länder über den Entwurf eines Reichsjugendwohlfahrtsgesetzes, S. 5, in: GStA Merseburg, Rep. 151, Tit. 11737: »So beständen bei den Sachverständigen erhebliche Befürchtungen wegen der ›Richtlinien‹, die vom Reichsjugendamt erlassen werden können. Diese würden häufig der Auffassung und der Erfahrung der berufenen Sachverständigen nicht entsprechen.«
17 *Klumker*, Jugendamt und hilfsbedürftige Minderjährige, S. 67.
18 *Felisch*, Erdrosselung, S. 263.
19 Bericht des Landeshauptmanns der Provinz Westfalen, in: Statistik 1921–1923, S. 67–71, S. 68.
20 Ebd., S. 69.
21 Ebd. Zur Situation der Anstalten in der Inflationszeit vgl. auch *Backhausen*, Lage.
22 Bericht des Landeshauptmanns der Provinz Westfalen, in: Statistik 1921–1923, S. 67–71, S. 68.
23 Bericht des Landeshauptmanns der Provinz Ostpreußen, in: Statistik 1919, S. 12ff., S. 13.
24 *Rühle*, S. 202
25 *W. Bloch*, FE in Brandenburg 1918, in: ZB, Jg. 11, 1919/20, S. 52f., S. 52.
26 Vgl. Bericht des Landeshauptmanns des Bezirksverbandes des Regierungsbezirks Cassel, in: Statistik 1919, S. 42ff., S. 43f.; Arbeiter- und Soldatenräte und FE, S. 231 sowie: Die amtliche Statistik über die FE Minderjähriger in Preußen für das Rechnungsjahr 1918, in: ZB, Jg. 12, 1920/21, S. 207ff., S. 207f. Die Eingriffe der Arbeiterräte geschahen oft auch auf Drängen der Angehörigen der Zöglinge.
27 Vgl. Vorbericht, in: Statistik 1919, S. 3–11, S. 9. Im Bericht des Berliner Magistrats hieß es zu den sinkenden Überweisungszahlen: »Der Grund dafür ist in der Hauptsache in dem Nachlassen des Eifers der Ermittlungsstellen zu suchen. Polizei und Gemeindewaisenräte scheuten teilweise die Unannehmlichkeiten und Gefahren, die ihnen von den Eltern der gefährdeten und verwahrlosten Minderjährigen drohten.« (Ebd., S. 22–26, S. 22.)
28 Arbeiter- und Soldatenräte und FE, S. 231f. Zu den Eingriffen der Arbeiterräte vgl. auch das Material in: GStA Merseburg, Rep. 191, Tit. 2296.
29 Vgl. Bericht des Landeshauptmanns der Provinz Ostpreußen, in: Statistik 1919, S. 12ff., S. 14.; *Wagner-Roemnitz*, Fürsorgeerziehung und Arbeiterschaft, in: SP, Jg. 28, 1918/19, Sp. 953ff. sowie *Knaut*, Fürsorgeerziehung, S. 149.
30 So lautete die fürsorgerische Maxime bei *Heimerich*, Zusammenarbeit, S. 79.
31 *Kähler*, in: NV, Bd. 328, 17.7.1919, S. 1624f.
32 Das Schreiben in: AAFET, Akte 1, Mappe 1, 1.1.
33 Vgl. *Backhausen*, Verhandlungen, S. 103.
34 Leitsätze-Vorschläge, hier zit. nach *Scherpner* u. *Schrapper*, S. 36.

35 Ebd.
36 Vgl. *W. Backhausen*, Die Zukunft der konfessionellen Anstaltserziehung, in: ZB, Jg. 11, 1919/20, S. 137–141 (Der Hinweis auf Pastor Disselhoff: S. 138) sowie *ders.*, Neueste Entwicklung, S. 115. Vgl. auch die Beiträge in: Niederschrift.
37 Leitsätze-Vorschläge, hier zit. nach *Scherpner* u. *Schrapper*, S. 37.
38 *Backhausen*, Neueste Entwicklung, S. 116.
39 *Schlegtendal*, S. 61.
40 Vgl. *Pape-Balling*, S. 231f.
41 Der Begriff bei *Sturm*. Zur Reformpädagogik vgl. auch *Herrmann*, Bewegung.
42 So das Urteil von Elisabeth Rotten, hier zit. nach *Feidel-Mertz* u. *Pape-Balling*, S. 8.
43 *Wilker*, Fürsorgeerziehung als Lebensschulung.
44 Ebd., S. 16.
45 *Knaut*, Die Vorgänge in dem Erziehungsheim der Stadt Berlin »Lindenhof« in Lichtenberg, in: ZB, Jg. 12,, 1920/21, S. 198–202, S. 200.
46 Ebd., S. 200f.
47 Ebd., S. 200.
48 *Peukert*, Grenzen, S. 202.
49 *Backhausen*, Wilkers Ideen, Sp. 1063.
50 *Wilker*, Fürsorgeerziehung als Lebensschulung, S. 19.
51 *Backhausen*, Wilkers Ideen, Sp. 1063.
52 Ebd., Sp. 1064.
53 *Ders.*, Dr. Karl Wilker und die FE, in: ZB, Jg. 12, 1920/21, S. 173ff., S. 174f.
54 *Ders.*, Neueste Entwicklung, S. 116.
55 So Herrmann, stellvertretend für die Mitarbeiter im Lindenhof, in einer Reaktion auf den erzwungenen Weggang Wilkers, in: *Wilker*, Lindenhof, S. 100f.
56 Die Stellungnahme des Berliner Magistrats findet sich ebd., S. 168.
57 *Bondy*, Jugendbewegung, S. 128.
58 *Herrmann*, Hahnöfersand, S. 34f.
59 Vgl. ebd. sowie *Bondy*, Pädagogische Probleme.
60 Vgl. *A. Verleger*, Jugendpflege und Jugendbewegung im Westendheim, in: FWB, Jg. 7, 1925/26, S. 67f.
61 *Ders.*, Das Westendheim. Jugendherberge des Erziehungsvereins, in: FWB, Jg. 3, 1921/22, S. 113ff., S. 113.
62 Vgl. ebd., S. 115; Bericht des Landeshauptmanns des Bezirksverbandes Wiesbaden, in: Statistik 1920, S. 77f., S. 77f. sowie *Verleger* u. *Gerngroß*. Das Westendheim lieferte auch einen Hintergrund für *Glasers* berühmten Zöglingsroman »Schluckebier«. Vgl. hierzu auch *ders.*, Geheimnis und Gewalt, S. 35–38 (»Billigheim, das kleine Weimar«).
63 *Peukert*, Grenzen, S. 202.
64 *Flug*, S. 189.
65 Zur Gilde Soziale Arbeit vgl. *Herrmann*, Bewegung, S. 23; *Buchhierl* sowie *Dudek*, Leitbild.
66 Vgl. die entsprechenden Positionen der beiden Anstaltsdirektoren Osbahr und Schlosser auf einer Tagung der Gilde: *G. Krolzig*, Praktische Fragen der Fürsorgeerziehung. Schulungswoche der Gildenschaft »Soziale Arbeit«, in: SP, Jg. 37, 1928, Sp. 568ff.
67 *Backhausen*, Wilkers Ideen, Sp. 1064.
68 Unter den 776 Fürsorgeerziehungsanstalten, die 1926 im Reich gezählt wurden, waren nur 97 in öffentlicher Hand. 679 Anstalten galten als private, überwiegend im Besitz konfessioneller Wohlfahrtsverbände befindliche Einrichtungen. Die konfessionelle Ausrich-

tung der Anstalten war in 420 Fällen evangelisch, in 240 Fällen katholisch und in acht Fällen jüdisch. 108 Anstalten waren interkonfessionell. (Vgl. W. *Friedländer*, Fürsorgeerziehungsanstalten, in: AW, Jg. 2, 1927, S, 48f., S. 48 sowie *Ohland*.)

69 *Schlegtendal*, S. 61.

70 O. *Köbner*, Entstehung und Leitgedanken des Entwurfes eines Reichs-Jugendwohlfahrtsgesetzes, in: ZB, Jg. 11, 1919/20, S. 236–240, S. 238.

71 Vgl. das Schreiben von Backhausen an Schlegtendal vom 27.2.1920, in: AAFET, Akte Nr. 1, Mappe 2, 2.2.

72 Lediglich ein Satz im Paragraph 70, der die Unterbringung Minderjähriger, »die an geistigen Regelwidrigkeiten ... oder an schweren ansteckenden Erkrankungen« leiden, regelte, wurde aufgehoben. (Vgl. *Polligkeit*, Reichsgesetz, S. 21 u. 28.)

73 Vgl. *Bloch*, S. 75ff.

74 Vgl. Paragraph 3 des Reichsjugendwohlfahrtsgesetzes in: *Polligkeit*, Reichsgesetz, S. 2.

75 *Klumker*, Einordnung der Fürsorgeerziehung, S. 318.

76 Nach dem preußischen Fürsorgeerziehungsgesetz von 1900 oblag der Polizei die Unterbringung der Minderjährigen bei »Gefahr im Verzuge« und die Überführung der Zöglinge in die Anstalt. (Vgl. *Wittig*, S. 42 u. 51 [Paragraphen 5 u. 9].)

77 Ein Überblick zur Regelung der Altersgrenzen findet sich bei *Polligkeit*, Reichsgesetz, S. 439.

78 Vgl. Paragraph 63, in: ebd., S. 18.

79 Einen umfassenden Überblick über den Text der in den einzelnen Ländern erlassenen Ausführungsgesetze und -verordnungen bieten *Polligkeit*, Landesrechtliche Ausführungsbestimmungen sowie *Klumker*, Kinder- und Jugendfürsorge.

80 Ausführungsanweisung, S. 168. Bereits im März 1921 hatte das Preußische Volkswohlfahrtsministerium auf eine Anfrage von Backhausen nach »bemerkenswerten Verfügungen« und »einschneidenden Reformen« in der Fürsorgeerziehung aufgrund von Krieg, Revolution und »dem Einfluß moderner pädagogischer Reformversuche« geantwortet, daß »in staatlichen Anstalten ... in den gedachten Richtungen weder Aenderungen noch Reformen erfolgt« seien. (Schreiben von Backhausen an den preußischen Volkswohlfahrtsminister vom 12.3.1921 und das Antwortschreiben vom 30.3.1921, in: GStA Merseburg, Rep 191, Tit. 2192, Bl. 82f.)

81 Ausführungsanweisung, S. 169.

82 Ebd., S. 173.

83 Die Provinz Niederschlesien verfuhr in ihrem Arbeitshaus in Schweidnitz entsprechend, vgl. Bericht des Landeshauptmanns zu Breslau, in: Statistik 1924 und 1925, S. 56–62, S. 60.

84 Bericht des Magistrats Berlin, in: Statistik 1921–1923, S. 28–38, S. 31.

85 Vgl. *Bräucker* in: PLT, Sitzungsberichte 1. WP, Bd. 16, 16.7.1924, Sp. 23330–23333, Sp. 23333.

86 *Baum*, Private Fürsorge, S. 7.

87 *Caspari*, S. 572.

88 Vgl. NV, Bd. 328, 17.7.1919, S. 1624–1629 sowie den Antrag *Agnes* u. Genossen, in: NV, Drucksache Nr. 473, 4.7.1919.

89 Vgl. *Wissel* sowie *Harvey*, Youth Welfare and Social Democracy, S. 24f.

90 *Rosenberg*, Weimarer Republik, S. 29. Vgl. auch *Winkler*, Revolution, S. 89–96. – Es sei hier dahingestellt, ob womöglich auch ein marxistisch geschulter Blick auf das ›Lumpenproletariat‹ die Sozialdemokraten zu dieser Zeit davon abhielt, sich allzusehr um Unterschichtjugend und Jugendfürsorge zu kümmern.

91 Freilich gehörte es zur geschickten Taktik Backhausens, kleine Veränderungen in die

Wege zu leiten – und mancher Sozialdemokrat ließ sich allein davon schon beeindrucken. So berichtet *Heimerich* in seinen Erinnerungen, S. 44, von dem Versuch, während seiner Zeit als Stadtrat in Nürnberg (1919–1924) in einer Anstalt »zu erreichen, daß anstelle eines Ochsenziemers ein Rohrstock für die körperlichen Züchtigungen verwandt wurde ... Meine Bemühungen um bessere Erziehungsmethoden wären aussichtslos gewesen, wenn mir nicht ein sehr verständiger Geistlicher, der Vorsitzende des Allgemeinen Fürsorgeerziehungstages, Pastor Wilhelm Backhausen, zu Hilfe gekommen wäre.« Es spricht nicht für Heimerich, daß ihm der Wechsel vom Ochsenziemer zum Rohrstock als »bessere Erziehungsmethode« vorkam. Aber es spricht für Backhausens Cleverness, wenn er sich mit Engagement für winzige Veränderungen einsetzte, um damit bei Sozialdemokraten den Eindruck eines »verständigen Geistlichen« zu erwecken.
  92 *Peukert*, Jugend, S. 31.
  93 Ebd., S. 35.
  94 Ebd., S. 38.
  95 *Liepmann*, Krieg, S. 4.
  96 *Heimerich*, Zusammenarbeit, S. 73.
  97 *Schnell*, S. 26. Vgl. aber auch *Teleky*, der aus einem Vergleich von Körpergröße und Körpergewicht Berliner Kinder aus Gemeindeschulen einerseits, höheren Schulen andererseits (1923) und Stuttgarter Kindern aus Volks-, Bürger- und höheren Schulen (1925/26) ganz allgemein zu der Feststellung gelangte, »daß die Kinder der höheren sozialen Klassen den Kindern der großen Masse der Bevölkerung in der körperlichen Entwicklung um 1 – 2 Jahre voraus sind«. (Ebd., S. 20.)
  98 *Schnell*, S. 26.
  99 Vgl. *Strunden*, Geburtenausfall, S. 716 sowie, mit Hinweisen auf weitere Literatur, *Mewes*, Bevölkerungsentwicklung.
  100 *Peukert*, Jugend, S. 31.
  101 Vgl. die Zahlen ebd., S. 48f. u. 52f.
  102 Ebd., S. 13. Vgl. auch *Adler*, S. 16.
  103 Vgl. Fabrik- und Handwerkslehrlinge, S. 195.
  104 Vgl. *W. Maschke*, Zur Reform der Berufsausbildung des Arbeiternachwuchses, in: DA, Jg. 6, 1929, S. 782–789, S. 782.
  105 Im Reich betrug die Zahl der erwerbstätigen Jugendlichen im Alter bis zu 18 Jahren rund 3,7 Millionen. (Vgl. *Schleiter*, S. 2.)
  106 Die Zahlen bei *H. Wild*, Berufsausbildung und Berufsnachwuchs. Neue Wege in der Lehrlingsstatistik, in: DA, Jg. 6, 1929, S. 630–643.
  107 Vgl. die Zahlen bei *Mewes*, Jugend, S. 40f.
  108 *Schleiter*, S. 4.
  109 *Krause*, Berufsgliederung, S. 120.
  110 *Giese*, Berufsausbildung, S. 83.
  111 *Hermes*, S. 3.
  112 *Hetzer*, S. 75.
  113 *Bogen*, S. 95.
  114 Vgl. *Lembke*, S. 69–87.
  115 Vgl. *Dehn*, S. 85.
  116 Ebd., S. 88.
  117 *Bues*, S. 269f. u. 287f.
  118 *R. Brandsch*, Arbeits- und Berufsfragen bei den nichtgelernten Jugendlichen, in: ZBF, Jg. 46, 1931, S. 329–332, hier zit. nach *Kipp* u. *Biermann*, S. 130–138, S. 132.

119 Ebd., S. 136.
120 *Netzeband*, »Ungelernte« Arbeit ist »Berufs«-Arbeit, in: ZBF, Jg. 47, 1932, S. 81–84, hier zit. nach *Kipp* u. *Biermann*, S. 139–142, S. 139. Zur allmählichen Auflösung der Berufsstetigkeit im Wechsel der Arbeitsstellen vgl. auch *Staewen-Ordemann*, S. 52f.
121 *Dehn*, S. 42.
122 *Franzen-Hellersberg*, Arbeiterin, S. 69.
123 *Dehn*, S. 89.
124 Ebd., S. 90.
125 Ebd.
126 Ebd.
127 *Lazarsfeld*, S. 169.
128 Vgl.*Kocka*, Arbeitsverhältnisse, S. 5ff. sowie *Wehler*, Gesellschaftsgeschichte, S. 198f.
129 Vgl. *T. Geiger*, Klassenlage, Klassenbewußtsein und öffentliche Schule, in: DA, Jg. 7, 1930, S. 260–266 u. 331–340. S. 263.
130 *Lazarsfeld*, S. 19.
131 *Bernfeld*, Sisyphos, S. 117.
132 *Hetzer*, S. 18.
133 *Kanitz*, S. 6.
134 *Franzen-Hellersberg*, Arbeiterin, S. 47.
135 Vgl. *Kanitz*, S. 29.
136 Zur Kinderarbeit vgl. vor allem *Simon*, Landwirtschaftliche Kinderarbeit sowie *E. Oske*, Die gewerbliche Kinderarbeit in Deutschland und die Washingtoner Beschlüsse, in: SP, Jg. 29, 1919/20, Sp. 1011ff. Einen unmittelbaren Einblick in das Elend arbeitender Kinder in der fränkischen und thüringischen Heimindustrie vermittelt *Stenbock-Fermor*, S. 13 u. 92f.
137 *Teleky*, S. 19 u. 22f.
138 *Lazarsfeld*, S. 54.
139 Vgl. *Dehn*, S. 83 sowie *Dinse*, S. 124.
140 Vgl. *Kanitz*, S. 39.
141 Vgl. *O. Wehn*, Die Verwahrlosung, in: FWB, Jg. 7, 1925/26, S. 157f. Wehn wies überdies daraufhin, daß sich in manchem Beschluß der Vormundschaftsgerichte »Gründe« fanden – »die 13jährige Elise brennt sich schon die Haare« –, die die relative Schlüssigkeit der üblichen Merkmalsbeschreibungen (Schuleschwänzen, Diebstähle, Vagabundieren) noch verzerrend unterlaufen konnten. (Ebd., S. 157.)
142 *Mönkemöller*, Das Pubertätsalter des Kindes (1927), hier zit. nach *Schweizer*, S. 9.
143 *Runge* u. *Rehm*, S. 2.
144 Vgl.*Schönberger*, S. 5 sowie: Bericht über die staatlichen Erziehungsanstalten während des Rechnungsjahres 1919, in: Statistik 1919, S. 53–56, S. 54.
145 *Hopmann*, Berufsprobleme-Bericht, S. 166.
146 *Argelander* u. *Weitsch*, S. 118. Vgl. auch die im Sinne einer solchen Deutung außerordentlich prägnante Begriffsschöpfung »sinnlich arbeitsscheu« für das Verhalten verwahrloster Mädchen (*Gregor*, Verwahrlosung, S. 831.)
147 *Kleßmann*, Zur Psychologie der verwahrlosten männlichen Jugend, in: EJH, Jg. 5, 1929, S. 248–259 u. 270–279, S. 249. Freilich war der Zusammenhang zwischen Nicht-Arbeit und Verwahrlosung in der Praxis oft vermittelter, als es in solch einfachen Beschreibungen zum Ausdruck kam. Die bereits von Lazarsfeld in ihrer Bedeutung beschriebene frühe Einfügung in Lohnarbeit, noch bevor Körper und Geist dafür reif waren, konnte ebenfalls zu – aus steter Lohnarbeit wieder herausführenden – Verwahrlosungserscheinungen führen. »In einem Alter«, so beobachtete *Herrmann* (Gemeinschaftsleben, S. 28), »das für das Mädchen

aus sozial höheren Schichten das Stadium der eigentlichen Schwärmerei, der Idealbildung und der innerlichsten, lebhaftesten und oft phantastischsten Erlebnisse bedeutet, sind diese Mädchen gezwungen, bereits mit den Realitäten des wirtschaftlichen Lebens fertig zu werden ... Man kann aber bei ihnen immer wieder beobachten, daß die beiseitegedrängten Pubertätstriebkräfte, wenn auch in oft merkwürdig verbogener Form, neben dem Realismus ihr Recht fordern. Sehr vielen Verwahrlosungserscheinungen liegen solche verdrängten Entwicklungskräfte wie Erlebnishunger, Phantasterei, Gefühlsüberschwang zugrunde.«

148 *Klumker*, Fürsorgewesen-Einführung, S. 73 u. 93.
149 *Ruttmann*, Sp. 4736 u. 4738.
150 *Beeking*, Grundriss, S. 7.
151 Vgl. in diesem Zusammenhang auch *Simmel*, S. 551: »Der Arme als soziologische Kategorie entsteht nicht durch ein bestimmtes Maß von Mangel und Entbehrung, sondern dadurch, daß er Unterstützung erhält oder sie nach sozialen Normen erhalten sollte.«
152 Vgl. zur allmählichen Auflösung der Einheit ›Arbeiterklasse‹ und ihren politischen Folgen auch *Horkheimer*, S. 373-378.
153 Entwurf eines Reichsjugendwohlfahrtsgesetzes, S. 1239.
154 Vgl. *Friedländer*, Jugendamt, S. 338f. (die konziseste Darstellung der Jugendamts-Problematik!) sowie *Blaum*, Jugendämter.
155 *Olk* u. *Heinze*, S. 260.
156 *Beeking*, Caritas, S. 109.
157 Vgl. Denkschrift, S. 9f. Für die evangelische Wohlfahrtspflege vgl. *Kaiser*, S. 12, 71 u. 447.
158 Kritik des preußischen Jugendfürsorgegesetzentwurfs, in: ZB, Jg. 11, 1919/20, S. 51.
159 So die Formulierung von Neuhaus. (Vgl. Deutsche Zentrale für Jugendfürsorge, in: ZB, Jg. 11, 1919/20, S. 181f., S. 182.)
160 *Felisch*, Erdrosselung, S. 266.
161 Vgl. etwa die Andeutungen bei *Friedländer*, Reichsausführungsbestimmungen, S. 58-61.
162 Vgl. *K. Vossen*, Die Zuständigkeit der freien Organisationen in der praktischen Jugendfürsorge, in: JW, Jg. 15, 1926, S. 43-51.
163 Vgl. *Heimerich*, Jugendwohlfahrt, S. 2ff.
164 *Simon*, Aufgaben, S. 5.
165 *Baum*, Durchdringung, S. 46.
166 *Kreutz* u. *Beeking*, S. 1.
167 Zum Ausmaß der Jugenderwerbslosigkeit 1925/26 vgl. *Stachura*, S. 98ff.
168 Vgl. *Gaebel*, Berufsfürsorge, S. 50f.
169 Vgl. *Noppel*, Schutzaufsicht, S. 700.
170 Vgl. Fürsorgeerziehung und Jugendamt, S. 17.
171 Ebd., S. 16.
172 Vgl. Paragraph 4 des Reichsjugendwohlfahrtsgesetzes, in: *Polligkeit*, Reichsgesetz, S. 2.
173 *R.P. Frank*, Jugendberatungsstellen, in: ZB, Jg. 20, 1928/29, S. 16ff., S. 16.
174 *Abel*, Ratgeber, S. VII-XIV.
175 Richtlinien-Erziehung, S. 70. Vgl. auch Richtlinien-Verwaltung, S. 68f. Das Reichsarbeitsministerium schätzte die Zahl der Kriegerwaisen 1923 auf 1.192.000, 1926 erhielten 849.087 vaterlose Kinder und 62.070 Vollwaisen staatliche Renten. (Vgl. *Bessel*, S. 100 u. 102.)
176 *Polligkeit*, Reichsgesetz, S. 95.

177 Richtlinien-Erziehung, S. 70.
178 Vgl. Paragraph 3 des Reichsjugendwohlfahrtsgesetzes, in: *Polligkeit*, Reichsgesetz, S. 2.
179 Richtlinien-Verwaltung, S. 68.
180 Vgl. Hauptfürsorgestellen und Erziehungs- und Berufsfürsorge für Kriegerwaisen und Schwerbeschädigtenkinder, in: ND, Jg. 9, 1928, S. 104f.
181 Richtlinien-Erziehung, S. 70. Tatsächlich erhielten nicht selten auch Kinder, deren Väter un- oder angelernte Arbeiter gewesen waren, Beihilfen zum Besuch weiterführender Schulen. (Vgl. *Nau*, S. 35 u. 84ff.)
182 Vgl. Paragraph 6 der Reichsgrundsätze über Voraussetzung, Art und Maß der öffentlichen Fürsorge. Vom 4.12.1924, in: *Rutz*, S. 17.
183 Erläuterungen des Reichsarbeitsministers und des Reichsministers des Innern vom 13.12.1924 zu den Reichsgrundsätzen über Voraussetzung, Art und Maß der öffentlichen Fürsorge, in: ebd., S. 278–324, S. 293.
184 Ebd., S. 296.
185 Vgl. Paragraph 29, in: ebd., S. 22. Vgl. auch Richtlinien-Erziehung, S. 70.
186 Ebd.
187 *Ottenheimer*, S. 25.
188 H. *Hurwitz-Stranz*, Förderung der Berufsausbildung von Kriegerwaisen, in: JB, Jg. 4, 1929, S. 37–41, S. 37.
189 *Klumker*, Uneheliche, S. 816.
190 Vgl. den Antrag *Lüders* u. Gen., in: RT, Bd. 397, Drucksache 63, 6.1.1925 und die diskussionslose Ablehnung in: RT, Bd. 389, 18.3.1926, S. 6316 sowie den Antrag *Müller* (Franken) u. Gen., in: RT, Bd. 401, Drucksache 1005, 15.6.1925, der das gleiche Schicksal erfuhr. (RT, Bd. 388, 22.1.1926, S. 5100.)
191 *Strunden*, Geburtenausfall, S. 717.
192 W. *Stets*, Mittel und Wege zur Behebung des in den nächsten Jahren durch den Geburtenausfall zu erwartenden Facharbeitermangels, in: Der Arbeitgeber, Jg. 18, 1928, S. 284–288, S. 284.
193 *Berger*, Berufspolitik – Berufsökonomik – Berufsberatung, in: JB, Jg. 1, 1926, S. 169–176, S. 175.
194 Vgl. *Toussaint*, S. 228.
195 Vgl. *Schröder*, S. 161.
196 R. *Dieterich*, Berufsberatung – Bewährungskontrolle – und nachgehende Fürsorge, in: JB, Jg. 5, 1930, S. 139f., S. 140.

III. Revolution und Skandale. Die Fürsorgeerziehung in den letzten Jahren der Weimarer Republik

1 Vgl. Bericht des Landesdirektoriums der Provinz Hannover, in: Statistik 1924 u. 1925, S. 71–85, S. 79.
2 Vgl. Geschäftsanweisung, S. 47 sowie: Bericht des Landesdirektors der Provinz Brandenburg, in: Statistik 1926, S. 53ff., S. 54.
3 *Bleidt*, S. 344.
4 Verwahrlosung gab es – betrachtet als bloße Erziehungsschwierigkeit – freilich in allen Schichten. Aber die Verwahrlosung der Unterschichtjugend war in jeder Hinsicht ›öffentli-

cher‹ als die anderer Jugendlicher. Es war dies eine Folge der Lebensbedingungen ebenso wie der von vornherein gegebenen Orientierung der Jugendfürsorge auf die classe dangereuse. Vor allem aber ergab es sich aus der Aktualität der Lohnarbeit, die für die Jugendlichen des Bürgertums (aufgrund des Besuches weiterführender Schulen etc.) nicht gegeben war. Zudem gab es für die Verwahrlosten der Mittel- und Oberschicht stets andere, privat finanzierte Möglichkeiten der Unterbringung. (Vgl. etwa folgende Anzeige im ZB, Jg. 12, 1920/21, S. 212: »Jünglinge gebildeter Stände, welche infolge besonderer Veranlagung treulicher, fürsorgender Behandlung, erziehender Betätigung und freundlicher Schutzaufsicht bedürfen, finden dieses im Geiste Vater Bodelschwinghs auf dem Landsitz Schloß Todenwarth, Post Wernshausen, Thüringen. Engster Familienanschluß. Keine Anstalt.«)

5 Vgl. Die häuslichen Verhältnisse der in den Jahren 1927 und 1928 überwiesenen Fürsorgezöglinge, in: Statistik 1927 u. 1928, S. 56–61, S. 59f. Die Autoren der Statistik wiesen darauf hin, daß vor allem die Angaben über die häuslichen Verhältnisse »Werturteile« in sich schlössen,«die dem Ermessen der ermittelnden Stelle weiten Raum geben. Deshalb sind die Angaben dieses Teils der Statistik nur mit Vorsicht zu verwerten«. (Ebd., S. 56.) Gemessen an der Fülle anderer Informationen zu Zöglingen und Fürsorgeerziehung blieb die preußische Statistik eher wortkarg, was die soziale Herkunft der Zöglinge betraf. Womöglich verbarg sich darin die Tendenz, den – an sich unbestreitbaren – Klassencharakter der Fürsorgeerziehung nicht auch noch durch präzises Zahlenmaterial belegen zu wollen. Als weiteres Beispiel für eine außerordentlich auskunftsfreudige, in der Frage nach der Herkunft aber schweigsame Untersuchung vgl. E. *Voigtländer*, Familienverhältnisse und Alter der Fürsorgezöglinge, in: ZB, Jg. 15, 1923/24, S. 108–112.

6 *Patzig*, S. 178.

7 Ebd., S. 177f.

8 Unter den 1610 erfaßten Zöglingen waren 404 unehelich, 1206 ehelich geboren. (Ebd., S. 177.) Der Anteil der Unehelichen in der Fürsorgeerziehung war damit überproportional hoch: Im Jahr der Patzigschen Untersuchung (1929) kamen im Reichsdurchschnitt 121 nichteheliche Lebendgeborene auf 1000 Lebendgeborene (*Petzina* u.a., S. 33).

9 Vgl. Tagung des Vereins preußischer Anstaltslehrer, in: ZB, Jg. 18, 1926/27, S. 222f., S. 222. Vgl. auch *Keller*, S. 37 u. 129.

10 *Stelzner*, Weibliche Fürsorgezöglinge, S. 31

11 Zu diesen Vorgängen vgl. Hausordnung, S. 106.

12 Ebd.

13 Vgl. *Paschen*, S. 204f.

14 So verfügten die drei größten preußischen Provinzialerziehungsanstalten – Strausberg (Brandenburg), Euskirchen und Rheindahlen (Rheinprovinz) – im Jahr 1920 über 700, 320 bzw. 300 Plätze für Fürsorgezöglinge. (Vgl. Verzeichnis der Provinzial-Erziehungsanstalten, in: Statistik 1920, S. 86–93, S. 86 u. 92.)

15 Bericht des Landesdirektors der Provinz Brandenburg, in: Statistik 1924 u. 1925, S. 33–44, S. 34.

16 *Dietrich*, Die Hausordnung als Erziehungsmittel, in: EJH, Jg. 4, 1928, S. 195–202, S. 196.

17 *Klötzel*, Fürsorgeanstalten.

18 *Weber*, Praxis, S. 151.

19 Vgl. *Goeze*, S. 61, sowie: Bericht des Landesdirektors der Provinz Brandenburg, in: Statistik 1920, S. 41–49, S. 48.

20 *Lameyer*, S. 283.

21 *Behnke*, Erziehungsgrundsätze, S. 9f.

22 *Büchsel*, Anstaltsdisziplin, in: Bericht AFET Hildesheim, S. 55–68, S. 56, 58f., 61 u. 64 sowie J. *Wolff*, Tagung des Hauptausschusses des Allgemeinen Fürsorgeerziehungstages in Hildesheim am 23. und 24. September 1926, in: ZB, Jg. 18, 1926/27, S. 243ff., S. 243.
23 *Ders.*, Aussprachebeitrag, in: Bericht AFET Hildesheim 1926, S. 68.
24 *Ders.*, Aussprachebeitrag, in: ebd., S. 86.
25 Vgl. den Text der Entschließung in: ebd., S. 89.
26 E. *Weniger*, Die Gegensätze in der modernen Fürsorgeerziehung, in: DE, Jg. 2, 1927, S. 261–276 u. 342–353, S. 349.
27 *Behnke*, Erziehungsgrundsätze, S. 3.
28 Ebd., S. 11f.
29 Ebd.
30 Ebd.
31 *Klopfer*, S. 89.
32 Bericht über die Sportfahrt nach Egendorf, in: BW, Jg. 10, 1930, S. 328ff., S. 329.
33 *Behnke*, Erziehungsgrundsätze, S. 3.
34 Ebd., S. 53.
35 Vgl. aus evangelischer Sicht: *Backhausen*, Grundsätze, S. 95 sowie aus reformpädagogischer Sicht: *Behnke*, Erziehungsgrundsätze, S. 6.
36 J. *Voigt*, Die Heranbildung von Fürsorgeerziehern, in: EJH, Jg. 1, 1925, S. 9–18, S. 9.
37 *Herrmann*, Probleme, S. 174f.
38 Vgl. *Bernfeld*, Psychische Typen, S. 280.
39 Vgl. Hausordnung, S. 110f.
40 Vgl. *Redepenning*, S. 47f.
41 Vgl. zum Begriff des Stigmas als der Kennzeichnung einer »Situation des Individuums, das von vollständiger sozialer Akzeptierung ausgeschlossen ist«, *Goffman*, S. 7.
42 *Maier*, Fürsorgeerziehung?, S. 131f.
43 Vorbericht, in: Statistik 1919, S. 3–11, S. 10.
44 Bekanntmachung des Preußischen Staatsministeriums vom 18. Mai 1925 betr. neue Bezeichnung der staatlichen Erziehungsanstalten, in: VW, Jg. 6, 1925, S. 207.
45 Bericht Brandenburg, in: Statistik 1924 u. 1925, S. 33–44, S. 38.
46 Fortfall der Bezeichnung »Fürsorgezögling« im amtlichen Sprachgebrauch der Justizbehörden, in: VW, Jg. 5, 1924, S. 50f.
47 Ein preußischer Erlaß zum Schutz der Fürsorgezöglinge, in: SP, Jg. 39, 1930, Sp. 580. Ein ähnlicher Erlaß war 1928 in Sachsen ergangen (Fürsorgezöglinge, in: BW, Jg. 8, 1928, S. 285). Im Jahr darauf mußte das Arbeits- und Wohlfahrtsministerium in Dresden in einem zweiten Erlaß daran erinnern. Für die »Soziale Praxis« war dies ein Zeichen dafür, daß »eine so üble, tief eingewurzelte Gewohnheit nicht mit Verfügungen allein aus der Welt geschafft wird«.
48 Vgl. W. *Polligkeit*, Aussprachebeitrag, in: Bericht AFET Hildesheim 1926, S. 89–92, S. 91.
49 Vgl. O. *Wehn*, Fürsorgeerziehung und Jugendamt, in: ebd., S. 7–30, S. 24.
50 Vgl. C. *Bondy*, Zur Krise in der Fürsorgeerziehung, in: SP, Jg. 38, 1929, Sp. 369–374, Sp. 372 und H. *Francke*, Die Rechtsgarantien im Recht der Fürsorgeerziehung, in: ZB, Jg. 21, 1929/30, S. 1–4.
51 Vgl. D. *Burkhardt*, Versicherungspflicht der zur Fürsorgeerziehung überwiesenen Minderjährigen, in: AW, Jg. 6, 1931, S. 456–462 sowie E. *Herrnstadt*, Die sozialrechtliche Stellung des Fürsorgezöglings, in: SP, Jg. 41, 1932, Sp. 182–189.
52 Vgl. Waffengebrauch der Polizei gegen Kinder, in: ZB, Jg. 20, 1928/29, S. 159.

53 *Ehrhardt*, Kriminalität-Fürsorgezöglinge, S. 493–496.
54 Ebd., S. 491.
55 R. *Eitz*, Die Fürsorgeerziehung in ländlicher Schau, in: ZB, Jg. 23, 1931/32, S. 324–328, S. 324.
56 Vgl. E. *Behnke*, »Lieber ins Gefängnis als in die Erziehungsanstalt«, in: ZB, Jg. 15, 1923/24, S. 54–57; *Ehrhardt*, Kriminalität-Fürsorgezöglinge, S. 493 sowie B. *Michaelis*, Fürsorgeerziehung und Jugendgefängnis, in: FW, Jg. 6, 1931/32, S. 260–273. (Vgl. hier vor allem die Selbstzeugnisse der Zöglinge, S. 267ff.)
57 *Ehrhardt*, Kriminalität-Fürsorgezöglinge, S. 493.
58 Vgl. als Beispiel Vorbericht, in: Statistik 1919, S. 3–11, S. 10 sowie Vorbericht, in: Statistik 1924 u. 1925, S. 13–30, S. 29.
59 B. *Paulssen*, Aussprachebeitrag, in: Bericht AFET Hildesheim 1926, S. 86f., S. 86.
60 H. *Webler*, Der Allgemeine Fürsorgeerziehungstag in Hamburg, in: ZB, Jg. 19, 1927/28, S. 219f., S. 220.
61 *Ehrhardt*, Straffällige Fürsorgezöglinge, S. 143.
62 Vom »Fürsorgeerziehungstheater«, das zur Rebellion der Zöglinge aufhetze, sprach Landesrat Vossen aus der Rheinprovinz: »Man ›macht‹ schon hier und da in ›Anstaltsrevolten‹«. (Zit. nach *Peukert*, Grenzen, S. 240.)
63 *Hasenclever*, Jugendhilfe, S. 115. Vgl. zu Lampel auch die Charakterisierung bei *Noth*, S. 132ff.
64 *Peukert*, Grenzen, S. 240.
65 *Hirtsiefer*, in: PLT, Sitzungsberichte 3. WP, Bd. 3, 26.2.1929, Sp. 4062–4085, Sp. 4080.
66 Vossen, zit. nach *Peukert*, Grenzen, S. 240.
67 Die Rekonstruktion der Vorgänge folgt: *Knaut*, Scheuen; *Bondy*, Kritisches; ders., Scheuen; W. *Friedländer*, Wieder Revolte im Fürsorgeerziehungsheim, in: AW, Jg. 5, 1930, S. 179; *Wachenheim*, Scheuen; *Webler*, Scheuen; *Franzen*; *Frei* sowie *Frei* u.a.
68 *Lampel*, Jungen in Not, S. 200–207.
69 *Webler*, Scheuen, S. 207.
70 *Bondy*, Scheuen, S. 39.
71 *Wachenheim*, Scheuen, S. 483.
72 *Webler*, Scheuen, S. 206.
73 Ebd.
74 *Klötzel*, Willkür.
75 Vgl. *Christmann*. Zu den Vorgängen in Rickling vgl. auch das Material in: GStA Merseburg, Rep 191, Tit. 2242.
76 Aus einem Brief Hirtsiefers an Christmann, hier zit. nach *Christmann*, S. 680.
77 *Webler*, Rickling, S. 126.
78 *Christmann*, S. 680.
79 *Webler*, Rickling, S. 122. Auf dem zur Ricklinger Anstalt gehörenden Gut Kuhlau wurde im Juli 1933 ein KZ eingerichtet, daß ab Oktober des Jahres als Zwangsarbeitslager für Nichtseßhafte und Sicherungsverwahrte fortgeführt wurde. (Vgl. *Kaiser*, S. 322.) Ähnlich wie in Rickling verlief die ›Erziehung‹ in der gleichfalls von der Inneren Mission getragenen Anstalt Waldhof-Templin. Hierüber kam es im Juni 1932 zum Prozeß gegen sieben Erzieher, von denen sechs der NSDAP angehörten. Mißhandlungen und sexueller Mißbrauch der Zöglinge führten in sechs Fällen zur Verurteilung, zumeist zu Geldstrafen. (Vgl. E. *Behnke*, Der Waldhof-Prozeß in Templin, in: ZB, Jg. 24, 1932/33, S. 153–159 sowie *Friedländer*, Waldhof.)

80 Vgl. *Mühl*, S. 1f.
81 Vgl. *Webler*, Anstaltsprozesse; *Francke*, Scheuen; *Bondy*, Kritisches, S. 146f. sowie *Hein*. Einen umfänglichen Überblick über die Revolten und Skandale verschafft die Presseausschnittssammlung in: ADW, Bestand EREV, Nr. 76–86.
82 Vgl. Beispielloser Fürsorgeerziehungsskandal. Schweinerei im Erziehungshause, in: AW, Jg. 4, 1929, S. 720f.
83 Allgemeiner Fürsorgeerziehungstag. Auszug aus dem Geschäftsbericht für die Zeit vom 1. Oktober 1930 bis 31. März 1932, in: ZB, Jg. 24, 1932/33, S. 171–177, S. 174.
84 Runderlaß vom 5.5.1930, betr. Berichterstattung über Jugendkatastrophen, in: VW, Jg. 11, 1930, Sp. 463ff. Der Bund entschiedener Schulreformer hatte den Begriff bereits ein Jahr zuvor geprägt. (Vgl. »Jugendkatastrophen« und Öffentlichkeit, in: ZB, Jg. 20, 1928/29, S. 324.)
85 *Knaut*, Scheuen, S. 46.
86 Erklärung, S. 193.
87 Ebd.
88 Vgl. *L. Clostermann*, »Reinigung« der Fürsorgeerziehung, in: ZB, Jg. 23, 1931/32, S. 202–205; *Wachenheim*, Scheuen, S. 483 sowie die Ausführungen des Landesdirektors der Provinz Brandenburg, zit. in: *Francke*, Scheuen, Sp. 296.
89 *A. Ohland*, Statistik über die Durchführung der Fürsorgeerziehung in Deutschland nach dem Stande vom 31. März 1928, 1929, 1930, in: ZB, Jg. 23, 1931/32, S. 272–279, S. 273 (dort auch die folgende Zahlenangabe).
90 *Vogel*, S. 2.
91 Die Verteilung auf Anstalten und Familien fiel in den einzelnen preußischen Provinzen prozentual unterschiedlich aus – was sich im Laufe der zwanziger Jahre aber auch je Provinz oder Kommunalverband ändern konnte. Während Berlin im Inflationsjahr 1923 68 % seiner Zöglinge in Anstalten unterbrachte (vgl. Vorbericht, in: Statistik 1921, 1922 u. 1923, S. XXXIII-L, S. XXXVIII), so waren es 1928 nurmehr 38 % der Berliner Zöglinge, die in einer Anstalt unterkamen. (Vgl. Der Stand der Fürsorgeerziehung in den Rechnungsjahren 1927 u. 1928, in: Statistik 1927 u. 1928, S. 3–12, S. 10.) Auch für die Provinzen läßt sich keine Entwicklung feststellen, die etwa darauf hindeuten würde, daß die Zöglinge städtisch-industriell geprägter Provinzen in Anstalten, ihre Schicksalsgenossen aus ländlich geprägten Provinzen hingegen bevorzugt in Familien untergebracht wurden. Entscheidend für die Erfüllung des Wunsches, möglichst viele Zöglinge in Familienpflege unterzubringen, war die Zahl der zur Verfügung stehenden Pflegestellen. Entscheidend für das Aufkommen der Pflegestellen wiederum war der frühzeitige Aufbau eines tragfähigen Netzes an Pflegestellen, wie es etwa Hamburg in seinem weiteren Umland betrieb. (Vgl. hierzu *Petersen*, Vorbericht, S. 49.)
92 Vgl. die hiervon etwas abweichende Zahl in: Statistik 1932, S. 2, die der Tabelle 6 zugrundegelegt wurde.
93 Zur überwiegend städtischen Herkunft der Zöglinge vgl. auch *Goeze*, S. 61f.
94 Wie sehr die Zahl der Überweisungen von der Arbeit der fürsorgerischen Apparate abhing, zeigte sich in den Rechnungsjahren 1922 und 1923 im Kommunalverband Wiesbaden, der in seinem Jahresbericht den geringen Zugang an schulpflichtigen Zöglingen mit der »Aufhebung der Stellen der Schulpflegerinnen« begründete. (Vgl. Bericht des Landeshauptmanns des Bezirksverbandes Wiesbaden, in: Statistik 1921, 1922 u. 1923, S. 75–78, S. 76.)
95 *Klumker*, Einordnung der Fürsorgeerziehung, S. 318.
96 Vgl. *Ehrhardt*, Straffällige Fürsorgezöglinge, S. 143.
97 Vgl. zum Mißtrauen und zur geringen Bereitschaft mancher Jugendämter, Anträge auf

Fürsorgeerziehung zu stellen, ebd. sowie L. *Pelle*, Können die Jugendämter noch Anträge auf Fürsorgeerziehung stellen?, in: ZB, Jg. 23, 1931/32, S. 210–212. Nicht ohne Sinn für diese Tendenz ließ *Fallada* in seinem 1931 erschienenen Roman »Bauern, Bonzen und Bomben« den sozialdemokratischen Kleinstadtbürgermeister Gareis darauf hinweisen, »daß es in der Stadt Altholm keine Fürsorgeerziehung mehr gibt, daß wir jetzt die Kinder behalten und Menschen aus ihnen machen«. (Ebd., S. 388.) Tatsächlich hatte der sozialdemokratische Bürgermeister Lindemann, das (wahrscheinliche) Vorbild für Falladas Gareis, in der holsteinischen Stadt Neumünster ein Lehrlingsheim errichten lassen, mit dem ein Umgehen der FE oder eine Unterbringung entlassener Fürsorgezöglinge (bei Fortsetzung oder Neuaufnahme einer Berufsausbildung) möglich war. (Vgl. *M. Lange*, Ein modernes Lehrlingsheim, in: AW, Jg. 4, 1929, S. 532ff.)
  98 *Wolff*, S. 144.
  99 Erklärung, S. 193.
100 *Webler*, Scheuen, S. 206.
101 *Ders.*, Rickling, S. 126.
102 Vgl. *ders.*, Anstaltsprozesse, S. 58 sowie *Friedländer*, Waldhof, S. 427f.
103 *Knaut*, Scheuen, S. 50.
104 Protokoll der Sitzung des AFET-Ausschusses für Anstaltserziehung vom 10.11.1913, in: AAFET, Akte Nr. 1, Mappe 1, 1.9.
105 Bericht-Rundfrage, S. 55.
106 Ebd.
107 Ebd., S. 56.
108 Ebd.
109 Ebd., S. 54.
110 Bericht des Landesdirektors der Provinz Brandenburg, in: Statistik 1924 u. 1925, S. 33–44, S. 35f.
111 *Salomon*, Ausbildung-Enzyklopädie, S. 52.
112 Landesjugendamt-Fünf Jahre, S. 27.
113 *Klötzel*, Reformiert die Fürsorge!
114 *Salomon*, Ausbildung-Beruf, S. 163.
115 Bericht-Rundfrage, S. 56.
116 *Petto*, S. 61.
117 Vgl. Tagung des AFET in Dresden am 12. und 13. Oktober 1925, in: ZB, Jg. 17, 1925/26, S. 200–203.
118 *Pietzsch*, S. 52. Vgl. auch *Steinwachs* u.a., S. 57 sowie *Steigerthal*, S. 52. Im Affekt gegen Bücherwissen und Standardisierung verbarg sich natürlich auch die Ablehnung äußerer Einflüsse und der Arkanbereich der Anstalten.
119 *Bäumer*, Erzieherschaft, S. 218.
120 Vgl. hierzu *Rüschemeyer*. Zur Diskussion über ›Professionalisierung‹ und ›Verberuflichung‹ in der sozialen Arbeit vgl. *Lange-Appel*, S. 15–18.
121 Vgl. hierzu grundlegend *Sachße*.
122 *Goeschel* u. *Sachße*, S. 434. Zur Professionalisierung der sozialen Arbeit vgl. auch *Münchmeier*, S. 124–154. Freilich scheint es in der Forschung künftig notwendig zu sein, nicht mehr nach der Professionalisierung in der sozialen Arbeit schlechthin, sondern nach Unterschieden in der Professionalisierung einzelner sozialer Berufe zu fragen.
123 Vgl. Bericht-Rundfrage, S. 58–61.
124 *Bondy*, Krise, Sp. 373. Vgl. auch den Überblick über die Besoldungen in Berlin: Anstellungsgrundsätze für die Sozialbeamten der Stadt Berlin, in: ZB, Jg. 20, 1928/29,

Anmerkungen zu S. 116–120

S. 96–97 sowie C. *Mennicke,* Die Ausbildung von Jugendhelfern für die Erziehungsheime, in: AW, Jg. 2, 1927, S. 497–502, S. 497: »Die Besoldung der Anstaltserzieher ist bis zur Stunde ... so niedrig, daß sie ausdrücklich für nichtqualifizierte Kräfte gedacht erscheint«.

125 Vgl. Denkschrift über die Fürsorgeerziehung (Badischer Landtag, Sitzungsperiode 1927/28, Drucksache Nr. 40), S. 31 u. 38f., in: StA Darmstadt, G 21, Konv. 1880, Fasz. 3.

126 Vgl. Ausbildung von Kriegsbeschädigten zu Erziehern, in: ZB, Jg. 10, 1918/19, S. 80f.; *Knaut,* Reformvorschläge auf dem Gebiet der Fürsorge-Erziehung, in: ZB, Jg. 12, 1920/21, S. 1–4, S. 2 sowie das Protokoll der Sitzung des AFET-Ausschusses für Anstaltserziehung vom 24.10.1916 (Referat Backhausen), in: AAFET, Akte Nr. 1, Mappe 1, 1.9.

127 Vgl. Paragraph 9 des Reichsjugendwohlfahrtsgesetzes, in: *Polligkeit,* Reichsgesetz, S. 3f.

128 *Bäumer,* Jugendhelfer, S. 42. Von daher erscheint es auch wenig sinnvoll, allein in der wachsenden Zahl an Mitarbeitern in der Jugendfürsorge einen Gradmesser für Professionalisierung zu sehen, wie *Peukert,* Sozialpädagogik, S. 319, mutmaßt.

129 Vgl. *Reinicke.*

130 Vgl. C. *Mennicke* u. M. *Michel,* Die staatliche Anerkennung männlicher Wohlfahrtspfleger, in: ZB, Jg. 19, 1927/28, S. 57–61; H. *Wachenheim,* Der Erlaß über die staatliche Anerkennung der Wohlfahrtspfleger, in: AW, Jg. 2, 1927, S. 241–244 sowie P. *Schräder,* Die Ausbildungslage für den männlichen Sozialbeamten unter besonderer Berücksichtigung der Wohlfahrtsschulen, in: FW, Jg. 4, 1929/30, S. 395–406. Zahlenangaben zur Ausbildung von Männern in der Wohlfahrtspflege bei *Zeller,* S. 85–91.

131 Preußisches Ministerium, S. 66–70. Vgl. auch *Salomon,* Ausbildung-Enzyklopädie, S. 53.

132 In einer Reihe von Darstellungen (vgl. etwa *Sachße* u. *Tennstedt,* Bd. 3, S. 153) wird die Krise der Fürsorgeerziehung mit den skandalträchtigen Mißständen auf eine Weise in Zusammenhang gebracht, die eine Ausdrucksgestalt der Krise bereits für ihre Ursache hält.

133 Vgl. Das Urteil im Mielczyner Prozeß, in: ZB, Jg. 2, 1910/11, S. 222f.

134 *Wachenheim,* Scheuen, S. 481.

135 E. *Magnus,* Zur Krise der Fürsorgeerziehung, in: SP, Jg. 38, 1929, Sp. 818–822 u. 843–845, Sp. 821.

136 Einen anregenden Versuch, die Entwicklung des Strafvollzuges vor dem Hintergrund der Wandlungen des Arbeitsmarktes und des Lebensstandards der Unterschicht zu untersuchen, unternahm *Georg Rusche,* in den letzten Jahren der Weimarer Republik Mitarbeiter am Frankfurter Institut für Sozialforschung, in zwei Aufsätzen: Zuchthausrevolten, Arbeitsmarkt. Ihn interessierte darin aber primär die Quantität des Arbeitsmarktes in ihrer Bedeutung für den Strafvollzug, während für die vorliegende Arbeit zuvörderst die Qualität der Berufsausbildung in der Fürsorgeerziehung und Wandlungen im Arbeitsmarkt der Unterschichtjugendlichen von Bedeutung sind.

137 *Gregor,* Arbeitserziehung, S. 34.

138 Ebd.

139 Ausführungsanweisung, S. 171.

140 Zu einem vergleichbaren Vorgang im Strafvollzug vgl. *Rusche* u. *Kirchheimer,* S. 211.

141 *Weber,* Berufsprobleme-Vorbericht, S. 55.

142 Als ›gefährdend‹ galten Berufe wie Kellner und Kinovorführer. (Vgl. ebd., S. 35 u. 60.)

143 Vgl. ebd., S. 34 u. 55.

144 Vgl. ebd., S. 35.

145 Vgl. *Hopmann*, Berufsprobleme-Bericht, S. 168–173. Vgl. auch das Zahlenmaterial in: *dies.*, Berufsprobleme-Vorbericht, S. 76–107.
146 *Stelzner*, Uebergangsheime, S. 44.
147 *Isermeyer*, Aussprachebeitrag, in: Bericht AFET Hamburg 1927, S. 193f., S. 193.
148 Berufsprobleme der Fürsorgeerziehung, in: ND, Jg. 8, 1927, S. 259ff., S. 260.
149 Der Altonaer Jugendrichter *P. Blumenthal* sprach auf dem Allgemeinen Fürsorgeerziehungstag 1927 davon, »daß die Großstadt und die Industrie die Menschen mit magischer Gewalt wieder an sich ziehen«. (Aussprachebeitrag, in: Bericht AFET Hamburg 1927, S. 185ff., S. 186.)
150 Am 1.10.1909 besaßen 553 preußische Fürsorgeerziehungsanstalten Landbesitz im Umfang von insgesamt 9674,76 Hektar. 77 dieser Anstalten verfügten über Landbesitz im Umfang von je mehr als 25 Hektar. (Vgl. *Keller*, S. 11.)
151 Zur »Bodenfrage« als »Lebensfrage« der Anstalten vgl. ebd., S. 14. Zum Zusammenhang von Eigenwirtschaft und niedrigen Pflegesätzen vgl. *Bratu*, S. 71. Zur Gefährdung der Vermögenssubstanz der Anstalten während der Inflation vgl. *Backhausen*, Lage, S. 164.
152 Vgl. Bericht über die staatlichen Erziehungsanstalten während des Rechnungsjahres 1919, in: Statistik 1919, S. 53–56, S. 55.
153 *Webler*, Rickling, S. 125.
154 Vgl. ebd.; *Klötzel*, Willkür sowie *Brandt*, S. 7.
155 Vgl. Von Anstalten der Inneren Mission, in: ZB, Jg. 15, 1923/24, S. 119. Zur Verschuldung gerade der Ricklinger Anstalt vgl. GStA Merseburg, Rep. 191, Tit. 2242.
156 *Bratu*, S. 71.
157 *Schulz*, Deutschland, S. 97f. Vgl. zur Situation vor dem Krieg auch *Rusche*, Arbeitsmarkt, S. 75: »In Deutschland z.B. war eine wirksame Hilfe für die Fürsorge für Strafentlassene in der Vorkriegszeit die Leutenot der Landwirtschaft, die bereit war, alle Arbeitskräfte aufzunehmen, vorausgesetzt, daß sie sich mit hinreichend gedrückten Löhnen begnügten, und daher neben Ausländern auch Vagabunden und Verbrecher dringend anforderte.«
158 Vgl. *Weber*, Berufsprobleme-Bericht, S. 145.
159 *Borchardt* hat in seinem vielschichtigen und umstrittenen Aufsatz über ›Zwangslagen und Handlungsspielräume‹ u.a. auf die »kranke« Wirtschaft der Weimarer Republik der mittleren Jahre aufmerksam gemacht. Eine umfassende Kritik an Borchardts Revision versucht *Holtfrerich*, Alternativen sowie *ders.*, Hohe Löhne? Zu einer überzeugenden methodologischen Kritik an Borchardts fatalistisch anmutender »Zwangslagen«-Konstruktion vgl. *Maier*, S. 277f. u. 294.
160 Vgl. *Winkler*, Normalität, S. 109.
161 Vgl. *Reulecke*, Arbeitskräftepotential, S. 90–95.
162 Vgl. *R. Eisner*, Einschränkung der Lehrlingshaltung im Schuhmacherhandwerk, in: JB, Jg. 3, 1928, S. 115f.
163 Vgl. Runderlaß vom 26.3.1929, betr. Schuhmacherwerkstätten der Fürsorgeerziehungsheime, in: VW, Jg. 10, 1929, Sp. 303f.
164 Ebd., Sp. 304.
165 Vgl. Geschäftsanweisung, S. 93f., sowie Bericht des Landesdirektors der Provinz Brandenburg, in: Statistik 1927 u. 1928, S. 89–92, S. 92. Das schmale und unzureichende Berufsausbildungsangebot in den Anstalten machte es in den meisten Fällen auch unmöglich, eine außerhalb begonnene Lehre in der Anstalt fortzusetzen oder abzuschließen. (Vgl. *Haimer*, S. 285.)
166 Vgl. das Material in: GStA Merseburg, Rep. 191, Tit. 2416 sowie die Badische Denkschrift-StA Darmstadt, S. 29.

167 *Späth*, S. 11.
168 42 der 125 Personen waren nur bis zu einem Jahr in der Anstalt untergebracht. (Vgl. ebd., S. 13.)
169 *Ebd.*, S. 15–84. Mit Blick wohl auch auf die gern hervorgehobenen Erfolge der Fürsorgeerziehung machte Bernfeld bereits in den zwanziger Jahren mit Recht geltend, daß der Nachweis eines – wie auch immer bestimmten – Lebenserfolges noch nicht Aufschluß darüber gebe, ob nun ausgerechnet die Methode der Erziehung dafür ursächlich sei. (Vgl. *Bernfeld*, Sisyphos, S. 43.)
170 *Späth*, S. 13.
171 *H. Nohl*, Die pädagogische Idee in der öffentlichen Jugendhilfe, in: ZB, Jg. 20, 1928/29, S. 1–4, S. 3.
172 So *Peukert*, Grenzen, S. 239.
173 So *ders.*, Jugend, S. 167.
174 Mit Blick auf diese Disparität erscheint eine Funktionsbestimmung der Fürsorgeerziehung aus dem Verwertungsinteresse des Kapitals heraus (vgl. *Ahlheim* u.a., S. 59–65), allzu holzschnittartig und der Realität kaum angemessen. Worin lag im »agrarischen Charakter« der Fürsorgeerziehung und dem Mißverhältnis zwischen Berufsausbildung und dem späteren Arbeitsleben der Zöglinge das Verwertungsinteresse des Kapitals? Daß eine Ausbeutung der Arbeitskraft der Zöglinge in vielen Anstalten üblich war, steht außer Frage. Aber es waren in aller Regel ein »unzulänglicher Betrieb, eine unrentable Arbeitsform ..., unproduktive Arbeitszweige«, in denen Ausbeutung stattfand. (*A. Fritz*, Das Arbeitsverhältnis der in Fürsorgeerziehung befindlichen schulentlassenen Minderjährigen. [Vom pädagogischen Standpunkt mit Bezug auf die im Heim befindlichen schulentlassenen weiblichen Jugendlichen], in: Bericht AFET Weimar 1930, S. 31–43, S. 33.) Es bliebe beim Festhalten am Postulat eines Verwertungsinteresse des Kapitals nur der Hinweis auf eine mit dem Instrument der Fürsorgeerziehung beabsichtigte ›Produktion‹ der ›Reservearmee‹. Aber zu einem Teil der ›Reservearmee‹ wären jene Jugendlichen auch ohne Durchlaufen der Fürsorgeerziehung geworden!
175 *Wehn*, S. 109.
176 *Ebd.*, S. 104.
177 *W. Hoffmann*, Vorbeugende Fürsorgeerziehung, in: BW, Jg. 5, 1925, S. 299–304, S. 301.
178 *Stelzner*, Uebergangsheime, S. 44.
179 *Bernfeld*, Schulgemeinde, S. 102.
180 *Lampel*, Jungen in Not, S. 168.
181 Vgl. *E. Behnke*, Die Erziehungsanstalt aus der Schau eines Zöglings, in: ZB, Jg. 21, 1929/30, S. 377–386 sowie: Noch ein Zögling berichtet über die Anstalt, in: ZB, Jg. 22, 1930/31, S. 58–62, S. 61.
182 *H. Maier*, Wohlfahrtsrundschau, in: BW, Jg. 12, 1932, S. 155ff., S. 156f. Maier sah aber hier nur die Auswirkung der Depression, nicht aber den Zusammenhang einer miserablen und rückständigen Berufsausbildung in der Fürsorgeerziehung.
183 Vgl. zu diesem Versuch, die Krise der Fürsorgeerziehung zu deuten, *Gräser. Fenner*, S. 137–163, verweist gleichfalls auf die Erfolglosigkeit der landwirtschaftlichen und kleinhandwerklichen Berufsausbildung, ohne dies jedoch in einen Zusammenhang mit der Krise der Fürsorgeerziehung zu stellen. – Es steht zu vermuten, daß Disparitäten zwischen der Fürsorgeerziehung und dem Arbeitsmarkt der Unterschichtjugendlichen auch die in der Weltwirtschaftskrise zu beobachtenden Anstaltsrevolten in Frankreich, der Schweiz und den USA (vgl. *Francke*, Problematik, Sp. 676) zu einem großen Teil erklären können. Ebenso scheinen die beiden anderen großen Krisen öffentlicher Erziehung in Deutschland, der

›Waisenhausstreit‹ am Ende des 18. Jahrhunderts und die, wiederum durch Revolten und Skandale ausgelöste ›Heimkampagne‹ der frühen siebziger Jahre des 20. Jahrhunderts, in Anpassungschwierigkeiten starrer Institutionen an eine sich wandelnde Gesellschaft begründet gewesen zu sein. (Zum ›Waisenhausstreit‹ vgl. *Scherpner*, S. 91–95, zur ›Heimkampagne‹ vgl. den Rückblick von *Winkler*, Alternativen.)

184 Vgl. *A. Verleger*, Aussprachebeitrag, in: Bericht AFET Hamburg 1927, S. 184f., S. 184 sowie *I. Fischer*, Ausbildung und Unterbringung von Zöglingen aus Groß- und Industriestädten entsprechend ihrem Lebensmilieu, in: ZB, Jg. 22, 1930/31, S. 298–301 u. 334–339.

185 *W. Hertz*, Das Lehr- und Arbeitsverhältnis von Fürsorgezöglingen, in: ZB, Jg. 21, 1929/30, S. 169–172.

186 Industrielle Berufsausbildung von Fürsorgezöglingen, in: ND, Jg. 8, 1927, S. 261f., S. 261f. Zu Schildesche vgl. auch: Neue Wege zur Berufsausbildung der in Anstalten untergebrachten Fürsorgezöglinge, in: ZB, Jg. 19, 1927/28, S. 327f. sowie Bericht des Landeshauptmanns zu Münster, in: Statistik 1926, S. 73–76, S. 75.

187 Der Anstaltstyp Harthau war einzig in Deutschland. Allein in Gummersbach im Rheinland bestand noch eine Anstalt mit direktem Fabrikanschluß, wobei die Zöglinge aber die gesamte Belegschaft ausmachten. Vgl. zu beiden Anstalten *Morgenstern*, Ein Beitrag zur Verwirklichung des Freiheitsprinzips in den FE-Anstalten, in: ZB, Jg. 23, 1931/32, S. 17f.

188 Vgl. Auszug aus dem Jahresbericht über die Fürsorgeerziehung Minderjähriger in der Provinz Hannover für die Zeit vom 1.4.1931/1932, in: VW, Jg. 13, 1932, Sp. 941–945, Sp. 944.

189 Vgl. *Bade*, S. 161.

190 *Mewes*, Bevölkerungsentwicklung, S. 100. Zur Landverschickung arbeitsloser Jugendlicher vgl. *Bartz* u. *Mor*, S. 51.

191 *A. Fritz*, Arbeitslosigkeit und Heimerziehung im Blick auf gefährdete weibliche Jugendliche, in: FW, Jg. 7, 1932/33, S. 54–62, S. 56.

192 Ebd., S. 57.

193 *Kahn-Freundt*, S. 149f. (Dort auch der Begriff des »sozialen Ideals«.)

194 Geschäftsanweisung, S. 49f.

195 *Cornils*, Die Fürsorgeerziehung in ihren Beziehungen zur modernen Pädagogik, Psychologie und Soziologie unter besonderer Berücksichtigung schulentlassener Mädchen, in: Bericht AFET Hamburg 1927, S. 112–126, S. 126. Zur »Idee der proletarischen Kultur« vgl. auch *B. Paulssen*, Die Behandlung der weiblichen Fürsorgezöglinge in der Reifezeit, in: BW, Jg. 7, 1927, S. 224–228, S. 227f.

196 *Buschmann*, Aussprachebeitrag, in: Bericht AFET Hamburg 1927, S. 127–130, S.130.

197 *Engelmann*, S. 38.

198 Ebd., S. 16.

199 *Dietrich*, Aussprachebeitrag, in: Bericht AFET Hamburg 1927, S. 198f., S. 198.

200 Ebd.

201 Vgl. *A. Kronfeld*, Zur Lebens- und Berufsertüchtigung jugendlicher Psychopathen, in: JB, Jg. 1, 1926, S. 129–134. Die Aufgabe einer, dem Charakter der Fremdenlegion nachgebauten »Deutschen Pionier-Legion«, die sich auch aus Fürsorgezöglingen zusammensetzen sollte, sah Kronfeld nicht in militärischen Einsätzen, sondern im »Ersatz ausländischer Wanderarbeiter, Deicharbeiten etc«. (Ebd., S. 132.)

202 *Francke*, Problematik, Sp. 677.

203 Vgl. Bericht des Magistrats Berlin, in: Statistik 1926, S. 55–59, S. 56.

204 Zum Selbstbild der Arbeiterwohlfahrt als Fachverband mit dem Ziel eines sachlichen und personellen Einflusses auf Gesetzgebung und Verwaltung vgl. Jahrbuch 1931, S. 38. In

der allgemeinen Literatur zur Geschichte der Arbeiterbewegung wird hingegen immer noch der Eindruck erweckt, als ob die Arbeiterwohlfahrt nur ein Verein gewesen sei, der sozialdemokratischen Frauen auf örtlicher Ebene durch Nähstuben und Kinderspeisungen Gelegenheit zu sozialem Engagement gab. (Vgl. etwa *Winkler*, Normalität, S. 355ff.) Mindestens das hohe Niveau der meisten Beiträge in der Zeitschrift »Arbeiterwohlfahrt« sollte vor einem solchen Eindruck schützen. Zu einer ersten Korrektur an diesem Bild vgl. *Eifert*.

205 Zu Maier vgl. *Friedländer*, Maier.
206 Zu Simon vgl. *ders.*, Simon sowie *Klöhn*.
207 *Simon*, Aufgaben, S. 3f.
208 *Dies.*, Jugendrecht, S. 273.
209 *Maier*, Fürsorgeerziehung?, S. 130. Artikel ähnlichen Inhalts mit gleicher Überschrift finden sich in: FWB, Jg. 9, 1927/28, S. 140ff. sowie in: ZB, Jg. 20, 1928/29, S. 206–210.
210 *Ders.*, Fürsorgeerziehung?, S. 130.
211 Ebd., S. 131.
212 Richtlinien-Umgestaltung, S. 289.
213 Ebd., S. 289 u. 291.
214 Ebd., S. 292.
215 Ebd.
216 Ebd., S. 297.
217 Antrag *Breitscheid* u. Gen., in: RT, Bd. 455, Drucksache Nr. 171, 7.12.1932.
218 R. *Dieterich*, Rezension von: H.v. Berlepsch-Valendas, Erwerbslosenfreizeiten, Dresden 1927, in: ZB, Jg. 20, 1928/29, S. 111. Zur sächsischen Wohlfahrtspflege vgl. auch *Gerth* sowie den Vergleich der sächsischen mit der westfälischen Wohlfahrtspflege bei *Frie*.
219 Zu Maiers Bedeutung für das entstehende sächsische Wohlfahrtspflegegesetz vgl. *Schatter*, Die Neuordnung der Wohlfahrtspflege im Freistaat Sachsen, in: FWB, Jg. 7, 1925/26, S. 33f.
220 Vgl. 10 Jahre, S. 9–13.
221 Das Reichsinnenministerium bearbeitete den Bereich der Jugendwohlfahrtspflege, die klassische Sozialpolitik ressortierte im Reichsarbeitsministerium. In Preußen war das Volkswohlfahrtsministerium für Jugend-, Gesundheits-, Wohnungs- und Allgemeine Fürsorge zuständig, weitere sozialpolitische Fragen bearbeitete das Ministerium für Handel und Gewerbe. (Vgl. Hauptausschuß, S. 56 u. 73.)
222 10 Jahre, S. 195. Zum sächsischen Wohlfahrtspflegegesetz vgl. auch *H. Maier*, Die Ausführungsverordnung zum sächsischen Wohlfahrtspflegegesetz, in: DZW, Jg. 2, 1926/27, S. 62ff. sowie *D. Hertwig*, Zur Entstehungsgeschichte des sächsischen Wohlfahrtspflegegesetzes, in: BW, Jg. 5, 1925, S. 102–106.
223 10 Jahre, S. 195.
224 Vgl. die Paragraphen 6,8 u.26 des Sächsischen Wohlfahrtspflegegesetzes, in: *Weyl*, S. 135f. u. 141.
225 10 Jahre, S. 235.
226 Richtlinien-Fürsorgeerziehungsanstalten. (Nachdruck unter demselben Titel auch in: ZB, Jg. 20, 1928/29, S. 302ff. sowie in: ND, Jg. 10, 1929, S. 20–21.)
227 Vgl. *M. Heynacher*, Durchführung der Fürsorgeerziehung in sächsischen Anstalten, in: ZB, Jg. 20, 1928/29, S. 149–152, 183–186 u. 219f.
228 Richtlinien-Fürsorgeerziehungsanstalten, S. 304.
229 Ebd., S. 303f.
230 *M. Starrmann-Hunger*, Neuordnung der Fürsorgeerziehung in Sachsen, in: AW, Jg. 4, 1929, S. 40–43, S. 40.

231 Richtlinien-Fürsorgeerziehungsanstalten, S. 350.
232 Vgl. *Winkler*, Normalität, S. 330.
233 *H. Maier*, Wohlfahrtsrundschau, in: BW, Jg. 9, 1929, S. 265ff., S. 265. Vgl. auch *Frie*, der eine Voraussetzung der erfolgreichen sächsischen Sozialpolitik gerade in der Schwäche der ASP sieht, die darum in der Auseinandersetzung mit der Parteimehrheit stets habe »handfeste Ergebnisse ihres pragmatischen Kurses vorweisen« müssen. (Ebd. S. 195.) Ob Maier und die weiteren führenden Beamten in den Parteikonflikt involviert waren, muß offenbleiben. Außer Frage aber steht, daß sie – durch welche Konstellationen auch immer begünstigt – die treibenden Kräfte sächsischer Sozialpolitik waren. Elsner und die Handvoll an ASP-Abgeordneten dürfen hierbei nicht überschätzt werden.
234 Uranträge *Haas* (Köln) u. Gen., in: PLT, Drucksachen 3. WP, Nr. 1313 u. 1314, 1.2.1929. Vgl. auch *H. Wachenheim*, Sozialdemokratische Anträge zur Fürsorgeerziehung in Preußen, in: AW, Jg. 4, 1929, S. 140–142.
235 Bericht des Ausschusses für Bevölkerungspolitik, in: PLT, Drucksachen 3. WP, Nr. 3642, 20.1.1930. Zur ablehnenden Haltung der SPD vgl. *H. Wachenheim*, Fürsorgeerziehung, in: AW, Jg. 5, 1930, S. 76ff. und *W. Friedländer*, Abänderungsvorschläge zur Fürsorgeerziehung, in: ZB, Jg. 21, 1929/30, S. 386–389.
236 Vgl. *W. Polligkeit*, Aussprachebeiträge, in: Bericht AFET Würzburg, S. 88–91, S. 91 sowie in: Bericht AFET Wiesbaden, S. 40–43, S. 43.
237 *Blumenthal*, Fürsorgeerziehung, S. 237.
238 Vgl. *Hirtsiefer*, in: PLT, Sitzungsberichte 3. WP, Bd. 3, 26.2.1929, Sp. 4077–4085 sowie *ders.*, in: PLT, Sitzungsberichte 3. WP, Bd. 7, 30.1.1930, Sp. 10263–10266.
239 10 Jahre Preußisches Ministerium für Volkswohlfahrt 1919–1929, in: VW, Jg. 10, 1929, Sp. 897–944, Sp. 938.
240 Urantrag *Haas* (Köln), *Heß* (Ahrweiler), *Falk* u. Gen., in: PLT, Drucksachen 3. WP, Nr. 5688 (Korrektur = Nr. 5698), 18.12.1930.
241 Vgl. die angenommene Fassung des Antrags (Antrag des Hauptausschusses), in: PLT, Sitzungsberichte 3. WP, Bd. 15, 13.5.1931, Sp. 20979f. u. Sp. 21008.
242 Runderlaß vom 20.6.1931, betr. Fürsorgeerziehung, in: VW, Jg. 12, 1931, Sp. 620–624, Sp. 620.
243 Runderlaß vom 28.12.1931, betr. Zusammenarbeit zwischen Fürsorgeerziehungsbehörden und Jugendämtern, in: VW, Jg. 13, 1932, Sp. 43–48.
244 Der Leiter des Landerziehungsheims St. Josef in Landau-Queichheim, war – aus sicherer bayerischer Entfernung – voll des Spottes:»Denn es war doch wohl ein Witz der Weltgeschichte, als das preußische Staatsministerium, gedrängt und verängstigt, sich dazu herbeiließ, im Juni 1931 weltbewegende Vorschriften über die Haartracht der Fürsorgezöglinge herauszugeben«. (*Moll*, Eine kritische Abschätzung, S. 21f.)
245 Runderlaß 20.6.1931, Sp. 624.
246 Erklärung der Reichsregierung von Papen vom 4. 6. 1932, in: Schulthess' Europäischer Geschichtskalender, Jg. 73, 1932, S. 98f., S. 98.
247 Es erscheint fraglich, ob die Kommunisten als eine weitere relevante Gruppe der Reformer anzusehen sind. Zwar blieben die Forderungen, die die KPD ebenso wie manche der KPD-Nebenorganisationen (Internationale Arbeiterhilfe, Reichsverband für dissidentische Fürsorge) Jahr um Jahr vorlegten, nicht weniger eindrücklich und ›praktisch‹ als die Vorschläge, die sich in den Reformpapieren der Arbeiterwohlfahrt, der Reformpädagogen oder der sächsischen Bürokratie fanden. Die Absichten der KPD reichten von der alten Forderung nach Kommunalisierung der Anstalten über die Stärkung der materiellen Fürsorge für Minderjährige bis hin zur Einführung einer an sowjetischen Vorbildern orientierten »sozialen

Arbeitsschule«. (Vgl. etwa den Urantrag *Kasper* u. Gen., in: PLT, Drucksachen 3. WP, Nr. 8014, 8.12.1931 und den Antrag *Torgler* u. Gen., in: RT, Bd. 454, Drucksache 82, 30.8.1932.) Doch war in den Augen der KPD die Durchsetzung einer kommunistischen Gesellschaftsordnung die Voraussetzung solcher Veränderungen. Von der Absicht einer Reform in der real existierenden Republik war die KPD somit weit entfernt. Darum konnte ein kluger katholischer Beobachter der Wohlfahrtspolitik wie *Bopp* in seiner 1930 erschienenen Schrift über »Die Wohlfahrtspflege des modernen Sozialismus« mit Recht urteilen, daß dem status quo ein agiler Revisionismus weit gefährlicher werden könne als die Attacken der KPD. Folgerichtig verwendeten die auf Beharrung setzenden Kräfte in der Jugendfürsorge ihre Energien ausschließlich auf die Abwehr revisionistischer Bemühungen sozialdemokratisch oder reformpädagogisch orientierter Verbände und Bürokratien.

248 Rechtsschutzbestimmungen, S. 142.

249 Ebd. Ehrhardt, einer der Protagonisten der Gilde, hatte 1929 auch Zustimmung zu den Vorstellungen der Arbeiterwohlfahrt über einen Abbau der Fürsorgeerziehung als Sondermaßnahme erkennen lassen. (Vgl. Richtlinien-Umgestaltung, S. 297.)

250 Im Oktober 1928 war Schlosser – der hernach auch an den »Richtlinien« der Arbeiterwohlfahrt mitschrieb – mit dem Auftrag der »Umstellung der Anstaltserziehung im Sinne der [sächsischen] Richtlinien« zum Direktor in Bräunsdorf ernannt worden. (Auszug aus dem Geschäftsbericht der Landeserziehungsanstalt Bräunsdorf für das Geschäftsjahr 1928, in: BW, Jg. 9, 1929, S. 311f., S. 311.)

251 *L. Lemke*, Die Arbeiterwohlfahrt im Geschäftsjahr 1930, in: AW, Jg. 6, 1931, S. 145–149, S. 148.

252 Rechtsschutzbestimmungen, S. 148.

253 *Bernfeld*, Psychologische Grundlagen, S. 299.

254 *R. Schlosser*, Die Lohnfrage in der Fürsorgeerziehungsanstalt, in: AW, Jg. 5, 1930, S. 162–167, S. 162f.

255 *H. Eisfelder*, Die Lohnfrage auf dem Immenhof, in: AW, Jg. 5, 1930, S. 503ff., S. 504.

256 Ebd., S. 505. Zu Eisfelder vgl. *Otto*.

257 *H. Eisfelder*, Erziehungsfragen auf dem Immenhof, in: Jahrbuch 1930, S. 39–44, S. 40.

258 Ebd., S. 44. Vgl. auch *A. Kantzke*, Aus der Arbeit im neuen Wohnheim, in: Jahrbuch 1931, S. 52–56.

259 *K. Wilker*, Wie gestalten wir die Erziehung in den Fürsorgeerziehungsanstalten durch Selbstbetätigung der Zöglinge wirksam?, in: BW, Jg. 8, 1928, S. 296–305, S. 303. Zu einer regelrechten Berufsfeindschaft der Jugendbewegung vgl. etwa *Kurella*, S. 43: »Die Verquikkung des Berufes mit dem Erwerb, und zwar gerade mit der für die kapitalistische Produktionsform charakteristischen Form des Erwerbs, hat ein Zerrbild entstehen lassen, mit dem kein ordentlicher Mensch sich ernsthaft einlassen kann.«

260 *E. Behnke*, Die heutige Lage der Anstaltserziehung, in: DE, Jg. 5, 1930, S. 541–556, S. 556.

261 *H. Nohl*, Die Jugend und der Alltag. Ein Beitrag zur Lebenskunde der Jugendlichen, in: DE, Jg. 3, 1928, S. 213–225, S. 216.

262 *Schumacher*, S. 126 u. 128.

263 *Wolff*, S. 114.

264 *Voigt* (DVP), in: PLT, Sitzungsberichte 3. WP, Bd. 3, 27.2.1929, Sp. 4119ff., Sp. 4121. Vgl. auch *Kliesch* (DNVP), in: ebd., Sp. 4158–4168.

265 Große Anfrage *Winterfeldt*, *Faßbender*, *Stendel*, *Ladendorff*, *Christian* u. Gen., in: PLT, Drucksachen 3. WP, Nr. 578, 19.12.1928.

266 *Hirtsiefer*, in: PLT, Sitzungsberichte 3. WP, Bd. 3, 26.2.1929, Sp. 4062–4085, Sp. 4077.
267 *Schmitt*, in: ebd., Sp. 4010–4017, Sp. 4014.
268 Der Antrag der preußischen Regierungsparteien zur Fürsorgeerziehung, in: ND, Jg. 12, 1931, S. 45.
269 Der Preußische Landtag zur Fürsorgeerziehung, in: SP, Jg. 40, Sp. 346ff., Sp. 348.
270 Fürsorgeerziehung im Preußischen Landtag, in: AW, Jg. 6, 1931, S. 367–370, S. 368f.
271 *V. Thielemann*, Der Urantrag der Regierungsparteien des Preußischen Abgeordnetenhauses über die Fürsorgeerziehung, in: Caritas, Jg. 10 NF, 1931, S. 49–58, S. 52ff. Dabei war die Zentrumsfraktion des Preußischen Landtags intern davon überzeugt, daß der Antrag der Regierungsparteien »in keiner Form grundsätzliche Änderungen an dem heutigen Fürsorgeerziehungs-System« brachte. (Vgl. *Wollasch*, S. 165.)
272 Vgl. Gefahrdrohende Kürzung des preußischen Staatszuschusses für die Fürsorgeerziehung, in: ND, Jg. 13, 1932, S. 45 sowie *H. Wachenheim*, Die Fürsorgeerziehung in der preußischen Notverordnung, in: AW, Jg. 7, 1932, S. 39f. 1930 hatte der preußische Staat – der bis dahin zur Übernahme von zwei Drittel der Kosten verpflichtet war – noch 25,8 Millionen Reichsmark an Zuschüssen für die FE der Provinzen bezahlt.
273 *Webler*, Rickling, S. 127.
274 Vgl. die Niederschrift über die Verhandlungen der Fürsorgeerziehungs-Dezernenten der preußischen Provinzen zu Berlin am 17.2.1922, S. 7, in: GStA Merseburg, Rep. 191, Tit. 2196.
275 *Vossen*, Die über Achtzehnjährigen, S. 101.
276 Erklärung, S. 193.
277 *Hecker*, Die Auswirkungen der Reichs-Notverordnungen vom November 1932 auf die Praxis der Fürsorgeerziehung (undatiertes Manuskript), S. 8, in: AAFET, Akte Nr. 2, Mappe 3.
278 *Cimbal*, S. 69 u. 71.
279 *Krebs*, S. 99.
280 Ebd., S. 97.
281 *Cimbal*, S. 83.
282 Ebd., S. 84ff.
283 Ebd., S. 84.
284 Reichsgerichtsentscheidung über vorzeitige Entlassung aus der Fürsorgeerziehung wegen Unerziehbarkeit, in: ND, Jg. 12, 1931, S. 251ff., S. 251f.
285 Die preußische Sparverordnung, in: ZB, Jg. 23, 1931/32, S. 419.
286 Ebd.
287 Vgl. *Peukert*, Grenzen, S. 263–273.
288 Vgl. *Baron*, S. 148.
289 *Klumker*, Aussichten, hier zit. nach der Rezension des Aufsatzes durch *H. Wachenheim*, in: AW, Jg. 6, 1931, S. 56f., S. 56. Vgl. zur Klumker-Kritik auf der AFET-Tagung 1930 auch *W. Friedländer*, Ausprachebeitrag, in: Bericht AFET Weimar 1930, S. 72f.
290 Vgl. hierzu auch die Beobachtungen von *Rusche*, Arbeitsmarkt, passim, über den Zusammenhang zwischen Lebensstandard und Strafvollzug. Rusche wies überdies daraufhin, daß Fürsorgeerziehung »bei Jugendlichen in weitem Ausmaße an Stelle des normalen Strafvollzuges tritt«. (Ebd., S. 77.)
291 *Polligkeit*, Recht, S. 35.
292 *W. Horz*, Eine finanzielle Abschätzung, in: *Moll*, Krisis, S. 47–52, S. 51.
293 *Richter*, Jugend in Not, in: VW, Jg. 13, 1932, Sp. 121–125, Sp. 123.

294 W. *Hoffmann*, Probleme der Fürsorgeerziehung, in: DE, Jg. 7, 1932, S. 630–638, S. 631.

295 *Webler*, Chaos, S. 2.

296 Vgl. Abschnitt 8 der Verordnung des Reichspräsidenten über Jugendwohlfahrt vom 4.11.1932, in: Reichsgesetzblatt 1932, S. 522f., S. 523, vgl. auch den Nachdruck und Kommentar in *Polligkeit*, Kommentar, S. 1–4 u. 6–29.

297 So die Deutung von *Peukert*, Grenzen, S. 295. Peukert übernimmt das Konstrukt der Pädagogisierung von *Münchmeier*, S. 9, der die »Pädagogisierung« als eine »›Umdefinition‹ sozialer und sozial verursachter Probleme in solche individuell zu konstatierender Defizite von Moral, Lernen und Erziehung« beschreibt.

298 *Bäumer*, Voraussetzungen, S. 3. Es darf nicht außer Acht gelassen werden, daß es sich bei diesem Text nicht um eine bloße Beschreibung dessen handelt, was ist, sondern mehr noch um eine Beschwörung einer erst zu schaffenden Sozialpädagogik.

299 *Litt*, S. 6.

300 *Ehrhardt*, Gefahren, S. 227. Zu Ehrhardt, der in den frühen dreißiger Jahren zu den kundigsten Beobachtern der Unterschichtjugend zählte und nach dem Januar 1933 rasch die SA-Uniform überzog, vgl. die Charakterisierung bei *Jacoby*, Zuchthaus, S. 170.

301 *Wolff*, S. 143f.

302 *Cimbal*, S. 84.

303 Vgl. *Schopohl*, Die Eugenik im Dienste der Volkswohlfahrt (Eugenische Entschließungen des Preußischen Landesgesundheitsrates), in: VW, Jg. 13, 1932, Sp. 789–796, Sp. 792.

304 *Mönkemöller*, Die Verwahrung Asozialer, in: BW, Jg. 5, 1925, S. 81–88, S. 82.

305 Die Schulspeisung, für die sich Simon früh einsetzte, mag ihr selbst als gelungenes Beispiel der Kompensation vor Augen gewesen sein, als sie ihren Entwurf der Jugendfürsorge zu Papier brachte. (Vgl. *Simon*, Schulspeisung.)

306 *Schlosser*, Die Auswirkungen der Finanzkrise auf die Fürsorgeerziehung vom Standpunkt der Anstalten (Manuskript, Anlage 2 zur Niederschrift über die gemeinsamen Beratungen der Fachausschüsse 1–3 des AFET am 9.12.1932 in Berlin), S. 2f., in: AAFET, Akte Nr. 2, Mappe 3. Zur Praxis der Kompensation auf dem »Immenhof« vgl. *Harvey*, Youth Welfare and Social Democracy, S. 37.

307 *Paull*, S. 19.

308 Vgl. *Bock*, S. 31.

309 Eine klassische Formulierung der Kritik der Rassenhygieniker an der Sozialpolitik findet sich bei *Verschuer*, S. 24: »Die natürliche Auslese der erblich Schwachen und Minderwertigen wird gehemmt, die erblich Gesunden werden in ihren Lebensbedingungen und damit auch in ihrer Fortpflanzung beeinträchtigt. Eine Abnahme der guten und eine Zunahme der schlechten Erbanlagen des Volkes ist die unausbleibliche Folge.«

310 Vgl. *Schmuhl*, S. 90.

311 Vgl. *Gregor*, Rassenhygiene, S. 46. Mit Recht weist *Reyer* daraufhin, daß das Ziel der Rassenhygiene nicht so sehr in einer gänzlichen Abschaffung der Fürsorge lag, als vielmehr in einer Funktionalisierung (und Entwertung) derselben zum Zwecke der »Aufartung«. (Ebd., S. 49 u. 159f.)

312 Vgl. *Gregor* u. *Voigtländer*, Verwahrlosung sowie *dies*., Leitfaden, vor allem S. 12, 42 u. 73–76.

313 *Rein*, S. 57.

314 Vgl. *Gregor*, Sterilisierung, S. 175: »Die wissenschaftliche Bearbeitung dieses Gebietes [der Verwahrlosung] fordert im besonderen Maße zu rassenhygienischen Eingriffen heraus.«

315 *Rein*, S. 57.

316 Ebd.
317 A. *Gregor*, Erziehungswissenschaft und Anstaltserziehung, in: ZB, Jg. 17, 1925/26, S. 236f., S. 236.
318 Entwurf eines Reichsjugendwohlfahrtsgesetzes, S. 1239.
319 *Peukert*, Genesis der »Endlösung«, S. 104.
320 *Ders.*, Grenzen, S. 295.
321 *Schmuhl*, S. 359.
322 *Peukert*, Grenzen, S. 151.
323 Vgl. *Heinemann*. Er betont besonders die »Affinität zwischen juristischer und medizinischer, d.h. psychiatrisch-psychologisch orientierter Denkweise«: »Darüber hinaus boten gerade Ärzte in Veröffentlichungen ... Entscheidungshilfen an. Diese Untersuchungen hatten dann sogar noch den Vorteil, ihre Systematik für den Richter verständlich zu machen – jedenfalls waren sie verständlicher als die vagen theoretischen Interpretationen von Pädagogen und anderen.« (Ebd., S. 145.) Zur Diskussion über Anlage und Umwelt als Einfallstor der Rassenhygiene vgl. auch *Schmuhl*, S. 80.
324 *Villinger*, S. 137
325 Vgl. als Überblick *Leyen*, Psychopathenfürsorge, S. 571–577 (mit reichlich Literaturangaben).
326 Bericht-Rundfrage, S. 23.
327 *Grünbauer*, Aussprachebeitrag, in: Bericht AFET Hamburg 1927, S. 66f., S. 66.
328 *Beyer*, S. 505.
329 *Böhner*, S. 15.
330 *Harmsen*, S. 80.

IV. Der Niedergang der Jugendfürsorge

1 *Webler*, Anstaltsprozesse, S. 58. Dort auch Hinweise zu den Vorgängen in anderen Anstalten.
2 Vgl. außer den Arbeiten von *Lampel* und *Glaser*: *Richter*; *Ehrhardt*, Straßen; *Rantzau*; *Haffner* sowie *Tress*.
3 *W. Polligkeit*, Unsichtbare Not, in: ND, Jg. 13, 1932, S. 178ff.
4 *Homburg*, S. 251. (Dort auch der Begriff der »Universalität der Krise«.)
5 Zu den Anwendungsmöglichkeiten des Artikels 48 der Reichsverfassung auch über Maßnahmen gegen allein »polizeiwidrige Zustände« hinaus, vgl. *Anschütz*, S. 278f.
6 *Blumenthal*, Zur Notverordnung, S. 305.
7 *Hirtsiefer*, in: PLT, Protokoll der 176. Sitzung des Hauptausschusses, 15.1.1931, Sp. 26–33, Sp. 27, hier zit. nach: GStA Merseburg, Rep. 169 D, Xe Nr. 8, Bd. 3.
8 Ebd. Zur Rolle des preußischen Staatsministeriums vgl. auch das Schreiben von *Wolff* vom 28.11.1931 an die Mitglieder der AFET-Fachausschüsse, in: ADV. (Bei den ungeordneten Archivbeständen des Deutschen Vereins handelt es sich aller Wahrscheinlichkeit nach um einen Nachlaß Rudolf Prestels, des nachmaligen Frankfurter Sozialdezernenten, der von 1926 bis 1936 als Referent im Deutschen Verein wirkte. Zu seiner Person vgl. ND, Jg. 46, 1966, S. 253.)
9 Vgl. das Schreiben *Hirtsiefers* vom 18.9.1931 an das Reichsinnenministerium, in: ADW, Bestand EREV, Nr. 44 sowie *Blumenthal*, Zur Notverordnung, S. 305. Vgl. auch Geschäftsbe-

Anmerkungen zu S. 169–172

richt des Allgemeinen Fürsorgerziehungstages E.V. für die Zeit vom 1.10.1930 bis 31.3.1932, S. 8f., in: AAFET, Akte Nr. 13, Mappe 1 sowie *Peukert*, Grenzen, S. 255f.

10 Vgl. Geschäftsbericht 1930/32-AAFET, S. 8.

11 Aussprache im Reichsinnenministerium und Entwurf einer Notverordnung, in: StA Hamburg, Jugendbehörde 1, 232, Band 1, Bl. 136–140, Bl. 139.

12 Ebd., Bl. 140.

13 Vgl. Vorbericht für die Sitzung des Wohlfahrtsausschusses des Deutschen Städtetages am 13.11.1931 in Berlin, S. 7, in: ADV. Vgl. auch *Zengerling*, Arbeitshaus und Fürsorgeerziehung, in: DZW, Jg. 8, 1932/33, S. 78–82, S. 81f.

14 Vgl. Forderungen an die Landes-Ausführungsgesetze zum Reichs-Jugendwohlfahrtsgesetz, in: ND, Nr. 47, März 1924, S. 41f.

15 Abschrift eines Schreibens des Verbandes der preußischen Provinzen an den Reichsinnenminister vom 23.11.1931, S. 5, in: ADV, Mappe »Reform der FE«.

16 Aussprache und Entwurf-StA Hamburg, Bl. 138.

17 Vgl. W. *Friedländer*, Deutsche Zentrale für freie Jugendwohlfahrt, in: ZB, Jg. 23, 1931/32, S. 333; *ders.*, Arbeitshaus statt Fürsorgeerziehung, in: AW, Jg. 6, 1931, S. 716f.; *ders.*, Nochmals: Fürsorgeerziehung und Arbeitshaus, in: AW, Jg. 7, 1932, S. 270f. sowie H. *Webler*, Arbeitshaus statt Erziehung, in: ZB, Jg. 23, 1931/32, S. 328.

18 Ebd.

19 Vgl. P. *Blumenthal*, Abänderung der Bestimmungen des Reichsgesetzes für Jugendwohlfahrt über Fürsorgeerziehung durch Notverordnung, in: SP, Jg. 40, 1931, Sp. 1447–1452; *ders.*, Zur Notverordnung sowie *ders.*, Notverordnung zur Fürsorgeerziehung, in: ZB, Jg. 24, 1932/33, S. 312–320.

20 *Ders.*, Zur Notverordnung, S. 305. Tatsächlich waren es – neben den preußischen Fürsorgeerziehungsdezernenten – vor allem Vertreter der Inneren Mission, allen voran der AFET-Vorsitzende Wolff, die das Arbeitshaus für Fürsorgezöglinge befürworteten. (Vgl. den Auszug aus der persönlichen Stellungnahme *Wolffs* für das Reichsinnenministerium vom 13.10.1931 zur Frage der Abänderung des RJWG, Abschnitt VI durch Notverordnung, Anlage zum Schreiben vom 28.11.1931, in: ADV.)

21 Vgl. H. *Wachenheim*, Doch Notverordnung zur Fürsorgeerziehung?, in: AW, Jg. 7, 1932, S. 77–80, S. 77. Auch das Preußische Volkswohlfahrtministerium hatte sich im Februar 1932 gegen das Arbeitshaus ausgesprochen. (Vgl. den Vermerk über eine Besprechung des Notverordnungsentwurfs durch Vertreter preußischer Behörden am 1.2.1932, in: BA Koblenz, R 36, Bd. 2005.)

22 Vorschläge des preußischen Ministeriums für Volkswohlfahrt zur Anpassung der Fürsorgeerziehung an die Finanznot, in: ND, Jg. 13, 1932, S. 95.

23 Ebd.

24 Vgl. Statistik 1932, S. 2 u. 5.

25 Vgl. Auszug aus dem Bericht der Fürsorgeerziehungsbehörde der Rheinprovinz über die Verwaltung der Angelegenheiten der Fürsorgeerziehung für das Rechnungsjahr 1930, in: VW, Jg. 12, 1931, Sp. 1076–1079, Sp. 1077.

26 Zur Neuordnung des FE-Rechtes, in: ZB, Jg. 24, 1932/33, S. 59ff., S. 60.

27 *Francke*, Notverordnung, Sp. 1458.

28 Vgl. Reichsministerium sowie H. *Webler*, Notprogramme der Jugendfürsorge, in: ZB, Jg. 23, 1931/32, S. 385–391.

29 *Hartmann*, Das Notprogramm der Fürsorgeerziehung des Allgemeinen Fürsorgeerziehungstages, in: ZB, Jg. 24, 1932/33, S. 40–49, S. 41.

30 Ebd., S. 42.

31 Ebd., S. 43.
32 Hierbei gab es allerdings Differenzen: *Hartmann* sprach sich deutlicher als der AFET-Vorstand für den Primat der Beseitigung der Verwahrlosung aus. (Vgl. ebd., S. 43.)
33 Ebd., S. 49. Vgl. auch *Rothschild*, Abbau der Fürsorgeerziehung durch ein Veto der Fürsorgeerziehungsbehörde, in: ZB, Jg. 24, 1932/33, S. 23ff.
34 Vgl. auch das Schreiben von *Polligkeit* an Hartmann vom 13.10.1931, S. 2, in: ADV, Mappe »Reform der FE«: »Im Reichsministerium des Innern scheint man neuerdings keine große Eile mit der Aenderung der FE-Bestimmungen zu haben.« – In den BA in Koblenz und Potsdam ist entsprechendes Material aus Ablieferungen des Reichsinnenministeriums nicht vorhanden. Unergiebig für eine Rekonstruktion der Notverordnungen ist der dort vorhandene Bestand R 43 I (Reichskanzlei), 785. Auch die Ablieferungen des Verbandes der preußischen Provinzen im Landesarchiv Berlin (Rep. 142) sowie die an sich reichhaltigen Bestände im Archiv des Deutschen Caritasverbandes, Freiburg (Akten des Sozialdienstes Katholischer Frauen, vormals Katholischer Fürsorgeverein für Mädchen, Frauen und Kinder) enthalten kein in diesem Zusammenhang weiterführendes Material.
35 Vgl. *Polligkeit*, Kommentar, S. 1–4 u. 6–29.
36 Vgl. *Webler*, Notverordnung, S. 321
37 Vgl. Abschnitt 8 der Notverordnung, in: *Polligkeit*, Kommentar, S. 3.
38 Vgl. ebd.
39 Vgl. Abschnitt 3 der Notverordnung in: ebd., S. 1f., S. 2.
40 Vgl. ebd., S. 1.
41 Vgl. ebd.
42 Erweiterung der Voraussetzungen für die Anordnung der vorbeugenden Fürsorgeerziehung, in: ND, Jg. 13, 1932, S. 298f., S. 298.
43 Zur Frage der Uebergangsregelung bzw. der landesrechtlichen Ergänzungsbestimmungen beim Vollzug der neuen Vorschriften über FE, in: ND, Jg. 13, 1932, S. 297f., S. 297.
44 Geschäftsbericht des Allgemeinen Fürsorgeerziehungstages E.V. für die Zeit vom 1.4.1932 – 31.3.1933, S. 4, in: AAFET, Akte Nr. 13, Mappe 1.
45 *Hecker*, Wie hat sich die Finanzkrise bisher in der Fürsorgeerziehung ausgewirkt und welche Probleme stellt sie gegenwärtig unserer Arbeit? (Anlage 1 zur Niederschrift über die gemeinsamen Beratungen der Fachausschüsse 1–3 des AFET am 9.12.1932 in Berlin), S. 4, in: AAFET, Akte Nr. 2, Mappe 3.
46 Geschäftsbericht 1932/33-AAFET, S. 4f.
47 Verordnung des Reichspräsidenten über Fürsorgeerziehung vom 28.11.1932, in: Reichsgesetzblatt 1932, S. 531, vgl. auch den Nachdruck und Kommentar, in: *Polligkeit*, Kommentar, S. 4f. u. 29–33.
48 *Hecker*, Finanzkrise-AAFET, S. 4.
49 Der Umstand, daß die Zahl der Zöglinge auch zwischen dem 30.9.1932 und dem 31.12.1932 stark absank, mag dabei als Hinweis darauf dienen, daß eine ganze Reihe von Fürsorgeerziehungsbehörden bereits nach der ersten Notverordnung von der Möglichkeit sofortiger Entlassung Gebrauch machte. Vgl. auch die Bemerkung des Wiesbadener Landeserziehungsrates Stöffler in der Niederschrift des Deutschen Vereins über die Verhandlungen am 22.11.1932 zu Frankfurt a.M. über das Thema: Die Aenderungen des Reichsjugendwohlfahrtsgesetzes durch Verordnung vom 4.11.1932, S. 2, in: ADV: »Wir sind mit Entlassungen bereits sehr weit gegangen.« Anträge von SPD, KPD und Zentrum im Reichstag und im Preußischen Landtag forderten die Bereitstellung von Mitteln zur Betreuung der Entlassenen, blieben aber ohne Ergebnis. Vgl. für den Reichstag die Anträge *Breitscheid* u. Gen., in: RT, Bd. 455, Drucksache 171, 7.12.1932 und *Perlitius* u. in: ebd., Drucksache Nr. 194, 9.12.1932

sowie Antrag *Torgler* u. Gen., in: RT, Bd. 456, Drucksache 257, 17.12.1932; für den Preußischen Landtag die Uranträge *Winzer* u. Gen., in: PLT, Drucksachen 4. WP, Nr. 1257, 22.11.1932 sowie *Pieck* u. Gen., in: ebd., Nr. 1323.
50 Vgl. Statistik 1932, S. 4. (Vgl. auch die etwas abweichende Zahl in: ebd., S. 5.)
51 Vgl. ebd.
52 Ebd., S. 6.
53 Ebd.
54 Ebd.
55 Erfahrungen, S. 182
56 *Blumenthal*, Abänderung, Sp. 1447.
57 Vgl. W. *Hertz*, Freie und amtliche Jugendwohlfahrtspflege, in: ZB, Jg. 22, 1930/31, S. 129ff. sowie die Verhandlungen der Siebener-Kommission (Freie Vereinigung für Jugendwohlfahrt), 1. Sitzung (Potsdam, 3.6.1929), Protokollband (Bibliothek des Deutschen Vereins), S. 301–312, S. 304f. u. 306f. (Die Siebener-Kommission war eine vom Deutschen Verein am Ende der zwanziger Jahre in aller Stille zusammengerufene Expertengruppe, die sich ein Überdenken und Überarbeiten der bestehenden Jugendwohlfahrtspflege zur Aufgabe gesetzt hatte. Zu greifbaren Ergebnissen kam es jedoch nicht mehr. Der Kommission gehörten an: Wilhelm Polligkeit, Hilde Eiserhardt, Wilhelm Hertz, Martha Heynacher, Ernst Kantorowicz, Hans Muthesius und Gottlieb Friedrich Storck.)
58 Vgl. die Protokolle der AFET-Vorstandssitzungen vom 20.1.1930 (S. 2) u. 17.11.1932 (S. 9ff.), in: AAFET, Akte 2, Mappe 1, 1.4.
59 *Kreutz u. Beeking*, Geleit, S. 1.
60 Vorschläge des preußischen Ministeriums, S. 95.
61 *Schlosser*, Finanzkrise-AAFET, S. 1.
62 Ebd.
63 Vgl. Was erspart die freie Wohlfahrtspflege der öffentlichen Wirtschaft und was könnte sie ihr ersparen? Eine vorläufige Materialsammlung, in: FW, Jg. 5, 1930/31, S. 385–402; Was erspart die freie Wohlfahrtspflege der öffentlichen Wirtschaft – in Berlin?, in: ebd, S. 521–524 sowie *Sunder*, Amtliche Zahlen zur Frage: Was erspart die freie Wohlfahrtspflege dem Steuerzahler?, in: FW, Jg. 6, 1931/32, S. 572ff.
64 Vgl. *Bondy*, Scheuen, S. 17.
65 Vgl. *Zengerling*, Ersparnismöglichkeiten in der Fürsorgeerziehung, in: FW, Jg. 7, 1932/33, S. 37ff.
66 Erfahrungen, S. 182.
67 Auszug aus dem Jahresbericht über die Fürsorgeerziehung Minderjähriger in der Provinz Hannover für die Zeit vom 1.4.1931/1932, in: VW, Jg. 13, 1932, Sp. 941–945, Sp. 945.
68 *Kleßmann*, S. 51
69 Auszug aus dem Jahresbericht der provinziellen Verwaltung Niederschlesien über die Fürsorgeerziehung für die Zeit vom 1.4.1930 bis 31.3.1931, in: VW, Jg. 12, 1931, Sp. 1129f.
70 *Hecker*, Finanzkrise-AAFET, S. 6.
71 Ebd., S. 6 u. 9.
72 *Blumenthal*, Zur Notverordnung, S. 307.
73 *Kleßmann*, S. 53.
74 Die einfache Begründungslogik des Abbaus bestand nicht nur im Sachzwang der knappen Finanzmittel, sondern auch in einer vielfältig motivierten Ideologie, die die Krise nicht durch staatliche Intervention in Wirtschaft und Gesellschaft, sondern allein durch die

Setzung günstiger Rahmenbedingungen für die Produktion zu lösen gedachte. Vgl. *Borchardt*, Inflationsangst sowie *Schulz*, Inflationstrauma.

75 Die Versicherungsfreiheit erlosch sechs Monate vor dem regulären Ende des Lehrverhältnisses. (Vgl. Paragraph 74, in: Gesetz über Arbeitsvermittlung und Arbeitslosenversicherung, S. 195.) Damit hatte der Minderjährige mit dem regulären Austritt aus dem Lehrverhältnis die Anwartschaftszeit erfüllt. Das Risiko einer Erwerbslosigkeit durch vorzeitige Entlassung oder einem Abbruch der Lehre war damit aber nicht abgedeckt.

76 Vgl. Abschnitt 4 (Art. 1,4), in: Verordnung des Reichspräsidenten zur Behebung finanzieller, wirtschaftlicher und sozialer Notstände vom 26.7.1930, in: Reichsgesetzblatt 1930, S. 311–331, S. 319.

77 Vgl. Abschnitt 4, (Art. 1,2), in: ebd., S. 318.

78 Vgl. Kapitel 2 (Paragraph 1,1), in: Verordnung des Reichspräsidenten zur Sicherung von Wirtschaft und Finanzen vom 1.12.1930, in: Reichsgesetzblatt 1930, S. 517–604, S. 520.

79 Vgl. *Winkler*, Katastrophe, S. 345ff.

80 Vgl. Kapitel 1 (Art. 1,3), in: Zweite Verordnung des Reichspräsidenten zur Sicherung von Wirtschaft und Finanzen vom 5.6.1931, in: Reichsgesetzblatt 1931, S. 279–314, S. 293. Vgl. auch Der Anspruch der Jugendlichen auf Arbeitslosenunterstützung auf Grund der Notverordnung, in: ND, Jg. 12, 1931, S. 177f. (Das Zitat: S. 177.)

81 Ebd., S. 177.

82 Lebensraum der Jugend, S. 107.

83 *Lazarus*, S. 715, schätzte, daß die Eltern von 90 % der erwerbslosen Jugendlichen gleichfalls erwerbslos waren.

84 *Abel*, Gestalt, S. 91.

85 Der Anspruch der unter 17 Jahre alten Jugendlichen auf Arbeitslosenunterstützung, in: ND, Jg. 11, 1930, S. 332f.

86 Ebd.

87 Vgl. Der Anspruch der Jugendlichen auf Arbeitslosenunterstützung auf Grund der Notverordnung, in: ND, Jg. 12, 1931, S. 177f.

88 Anspruch der Jugendlichen-Rechtslage, S. 379.

89 Der Erlaß hier zit. nach: Zur erweiterten Einführung der Bedürftigkeitsprüfung des Krisenfürsorgerechts in der Arbeitslosenversicherung, in: ND, Jg. 12, 1931, S. 221ff., S. 221.

90 Ebd.

91 Anspruch der Jugendlichen-Rechtslage, S. 379.

92 Anspruch der Jugendlichen-Notverordnung, S. 170.

93 *Abel*, Gestalt, S. 68, schätzte, daß am 31.1.1932 von insgesamt 870.280 erwerbslosen Jugendlichen im Alter unter 21 Jahren rund 420.000 ohne Unterstützung waren: »Es dürfte der Wirklichkeit sehr nahe kommen, wenn man für das Jahr 1932 den jungen Unterstützten ein gleich großes oder noch überlegenes Kontingent Nichtunterstützter gegenüberstellt.«

94 Vgl. Kapitel 4 (Paragraph 1), in: Vierte Verordnung des Reichspräsidenten zur Sicherung von Wirtschaft und Finanzen und zum Schutze des inneren Friedens vom 8.12.1931, in: Reichsgesetzblatt 1931, S. 699–745, S. 722. Vgl. auch Auswirkung des Wegfalls von Waisenrenten und Kinderzuschüssen aus der Sozialversicherung, in: ND, Jg. 13, 1932, S. 13f., S. 13.

95 Vgl. Kapitel 3 (Art. 1), in: Verordnung des Reichspräsidenten über Maßnahmen zur Erhaltung der Arbeitslosenhilfe und der Sozialversicherung sowie zur Erleichterung der Wohlfahrtslasten der Gemeinden vom 14.6.1932, in: Reichsgesetzblatt 1932, S. 273–284, S. 276f.

96 Kürzung der Kinderzulagen, S. 158.

97 Familie und Notverordnung, S. 343

98 Ebd.
99 Kürzung der Kinderzulagen, S. 159.
100 Vgl. Erweiterte Gewährung von Waisenrenten und Kinderzuschüssen in der Sozialversicherung?, in: ND, Jg. 13, 1932, S. 273.
101 Einschränkung der Versicherungsleistungen für Kinder auf Grund der Vierten Notverordnung, in: ND, Jg. 12, 1931, S. 375f., S. 376.
102 Ebd.
103 Vgl. Paragraph 15 der Bekanntmachung der neuen Fassung der Verordnungen über Erwerbslosenfürsorge und über die Aufbringung der Mittel für die Erwerbslosenfürsorge vom 16.2.1924, in: Reichsgesetzblatt 1924, S. 127–134, S. 130 sowie Paragraph 91 des Gesetzes über Arbeitsvermittlung und Arbeitslosenversicherung, S. 197f.
104 Die Aenderungen des Reichsgesetzes über Arbeitsvermittlung und Arbeitslosenversicherung in bezug auf die Arbeits- und Lehrverhältnisse Jugendlicher, in: ND, Jg. 11, 1930, S. 273f., S. 274.
105 Ebd.
106 Ebd.
107 Vgl. Lebensraum der Jugend, S. 110.
108 *Kall*, S. 346 u. 341.
109 Ebd., S. 341.
110 *Ehrhardt*, Gefahren, S. 225.
111 *Giese*, Notjahr, S. 168.
112 *Fischer*, Lage, S. 81.
113 Vgl. ebd. und *Giese*, Notjahr, S. 168.
114 *Fischer*, Lage, S. 81.
115 *Webler*, Amtsvormundschaft, S. 278. Vgl. auch: Zur gegenwärtigen Lage der Jugendfürsorge, in: ND, Jg. 14, 1933, S. 268ff., S. 269.
116 *Webler*, Amtsvormundschaft, S. 278.
117 *R. Weiland*, Konferenz zur Erhaltung der Jugendwohlfahrtspflege am 7. Dezember 1931 zu Berlin, in: ZB, Jg. 23, 1931/32, S. 392–395, S. 394.
118 *W. Hertz*, Unsere Tagesnöte, in: ZB, Jg. 23, 131/32, S. 401–405, S. 401.
119 *Kall*, S. 346.
120 *Ehrhardt*, Gefahren, S. 225. Mit dem Hinweis auf das »Jahrhundert des Kindes« spielte Ehrhardt auf einen pädagogischen Klassiker der Jahrhundertwende an: *Key*.
121 *Ehrhardt*, Gefahren, S. 226.
122 Ebd.
123 Die Zahlen zit. nach *Peukert*, Jugend, S. 173.
124 *Syrup*, Arbeitsdienst, S. 381–390. Vgl. auch die Zahlen bei *Schütte*, S. 178–184.
125 Vgl. Die Betreuung arbeitsloser Jugend nach der Statistik der Reichsanstalt, in: ND, Jg. 14, 1933, S. 90f., S. 90. Der Reichsausschuß der deutschen Jugendverbände hatte die Gesamtzahl der jugendlichen Erwerbslosen 1932 auf zwei Millionen geschätzt. (Vgl. Familie und Notverordnung, S. 342.)
126 *R. Eisner*, Arbeitsmarkt der Jugendlichen, in: JB, Jg. 1, 1926, S. 14ff., S. 16.
127 Vgl. *Eggers*, S. 186.
128 *Maschke*, Jugend, S. 246 u. 250.
129 Der Entlassungsjahrgang 1931 blieb bei dieser Fragestellung außer Acht, weil er im Erhebungszeitraum eine solche Beschäftigungsdauer noch nicht erreicht haben konnte.
130 Vgl. *Eggers*, S. 186f. u. 239f.
131 *Liebenberg*, Arbeitsmarkt der Jugendlichen, in: JB, Jg. 7, 1932, S. 245ff., S. 247.

132 Vgl. etwa R. *Wiedwald*, Umschau. Arbeitsmarkt der Jugendlichen, in: JB, Jg. 6, 1931, S. 3–6, S. 5; *Liebenberg*, Umschau. Arbeitsmarkt der Jugendlichen, in: ebd., S. 269ff., S. 271 sowie *ders.*, Umschau. Arbeitsmarkt der Jugendlichen, in: JB, Jg. 7, 1932, S. 197f., S. 198.
133 *Abel*, Gestalt, S. 47.
134 Vgl. *Gaebel*, Arbeitslosigkeit. Gaebel betonte, daß der »Arbeitsmarkt der jugendlichen Ungelernten ... im Vergleich zu dem der älteren Ungelernten günstig« sei, weil vor allem die »geringe tarifliche Bezahlung ... den Jugendlichen begehrt macht«. Gleichwohl führte dies nach ihrer Beobachtung nur selten zu »Dauerstellungen«: »Für die Mehrzahl der ungelernten Jugendlichen pflegt das Arbeitsverhältnis kurzfristig zu sein.« (Ebd., S. 1123.)
135 Vgl. *F. Syrup*, Die Arbeitslosigkeit der Jugendlichen, in: Der Arbeitgeber, Jg. 22, 1932, S. 234–237, S. 235.
136 Vgl. *Maschke*, Jugend, S. 250.
137 *W. Leisten*, Maßnahmen für jugendliche Wanderer, in: BW, Jg. 12, 1932, S. 8–17, S. 8.
138 *Rolfes*, S. 21.
139 *Abel*, Gestalt, S. 115.
140 *Clostermann*, S. 8.
141 *Lesemann*, S. 27.
142 Vgl. als Überblick über die Diskussion: Der Stand der Vorarbeiten zu einem Wandererfürsorgegesetz, in: ND, Jg. 11, 1930, S. 37–41.
143 *W. Polligkeit*, Vorwort, in: *Lesemann*, S. 5f. S. 5.
144 *Lesemann*, S. 8.
145 Vgl. *Gramm*, Fürsorge, S. 86f. sowie *Hartmann*, Wanderer, S. 855.
146 *Gramm*, Fürsorge, S. 83. Vgl. auch Jugendarbeitslosigkeit und Wanderbewegung, in: ND, Jg. 13, 1932, S. 45ff., S. 46 (mit Zahlenangaben) sowie *Lesemann*, S. 31.
147 Zur Vorgeschichte der ›Wilden Cliquen‹ vgl. *Fournier*, S. 90.
148 *Ehrhardt*, Kriminalität 1932 und 1933, S. 685.
149 Ebd., S. 691.
150 *Peukert*, Jugend, S. 255 u. 252.
151 *Staewen-Ordemann*, S. 131.
152 *Fournier*, S. 90.
153 *Guérin*, S. 32.
154 *Friedländer*, Schutzaufsicht, Jugendgerichtshilfe, in: Niederschrift über die Besprechung eines Notprogramms für Kinder- und Jugendfürsorge am 29.1.1932 im Preußischen Volkswohlfahrtsministerium, S. 61–66, S. 65, in: ADV. Zur Rekrutierung der kriminellen Cliquen aus entlassenen oder entwichenen Fürsorgezöglingen vgl. *Ehrhardt*, Kriminalität-Fürsorgezöglinge, S. 495; *E. Giese*, Kriminelle Jugendbanden und Mittel zur Milderung jugendlicher Erwerbslosigkeit, in: FW, Jg. 6, 1931/32, S. 82–86, S. 83; *Voß* u. *Schön*, S. 71 sowie *Staewen-Ordemann*, S. 132.
155 Zum Begriff des »separaten Ehrsystems« vgl. *Goffman*, S. 15.
156 Vgl. *Giese*, Jugendbanden, S. 84: »Es gibt Jugendliche, die 50 und mehr Autodiebstähle begangen haben. Sie werden von den anderen Jugendlichen ebenso verehrt und geachtet wie große Sportsleute.« Freilich kann nicht grundsätzlich von einer Nähe des »separaten Ehrsystems« zur Kriminalität gesprochen werden. Oft war das »Ehrsystem« nur ein »Kameradschaftsbewußtsein«, daß »von einem fast pathetischen Gefühl der ›Zusammengehörigkeit aller Fürsorgezöglinge‹« getragen wurde. Zuweilen mag sich damit auch »eine erhöhte Sensibilität und Bereitwilligkeit den anderen Menschen gegenüber« verbunden haben. (*Herrmann*, Gemeinschaftsleben, S. 48f.)
157 Vgl. das Material in: GStA Merseburg, Rep. 191, Tit. 2236.

Anmerkungen zu S. 201–208

158 Vgl. zu Bandenbildungen in der Anstalt C. *Bondy*, Die jugendliche Verbrecherbande als psychologisches und sozialpädagogisches Problem, in: DE, Jg. 1, 1926, S. 146–159, vor allem S. 157. Zum Zusammenhang zwischen der Anstaltsgemeinschaft und der Cliquenbildung nach dem Austritt aus der FE vgl. *Ehrhardt*, Kriminalität-Fürsorgezöglinge, S. 495.

159 J. *Ehrhardt*, Cliquenwesen und Jugendverwahrlosung, in: ZB, Jg. 21, 1930/31, S. 413–418.

160 Vgl. *Voß* u. *Schön*, S. 85.

161 Zur Problematik der Kriminalstatistik vgl. *Liepmann*, Krieg, S. 5f.

162 Vgl. *E.v. Liszt*, Die Kriminalität der Jugendlichen in Berlin in den Jahren 1928,1929 und 1930, in: ZfSW, Jg. 52, 1932, S. 250–271, S. 251 sowie *Jacoby*, Kriminalität, S. 92.

163 *Ehrhardt*, Kriminalität 1932 und 1933, S. 669. Zum Zusammenhang zwischen Erwerbslosigkeit und Kriminalität vgl. auch *Jacoby*, Kriminalität, S. 95–101.

164 *Dehn*, S. 87.

165 M. *Tippelmann*, Ueber die Auswirkung der Arbeitslosigkeit auf Jugendliche. Eine psychologische Studie, in: FW, Jg. 6, 1931/32, S. 309–321 u. 364–377, S. 375.

166 *Bernfeld*, Tantalussituation, S. 339.

167 Ebd., S. 339f.

168 Ebd., S. 340.

169 Ebd., S. 342.

170 Ebd.

171 Ebd., S. 343.

172 Ebd., S. 345.

173 *Peukert*, Jugend, S. 255.

174 *Lessing* u. *Liebel*, S. 16. Zur berechtigten Kritik an Darstellungen, die davon absehen, »komplexe Mechanismen von Herrschaft und Disziplinierung zu untersuchen, um sich lediglich der Betroffenheit durch Herrschaft und Disziplinierung zuzuwenden«, vgl. *Kocka*, Fragestellungen, S. 82.

175 Vgl. *Rosenhaft*, ›Lumpenproletariat‹, S. 208ff. sowie *Peukert*, Jugend, S. 258ff.

176 Ebd., S. 256.

177 H. *Webler*, Prügelstrafen und Beschwerderecht in den FE-Anstalten, in: ZB, Jg. 21, 1929/30, S. 234.

178 Vgl. in diesem Zusammenhang auch die Kennzeichnung der »Gilde Soziale Arbeit«, der Webler und Achinger angehörten, als »Querfront zu den richtungspolitisch identifizierbaren Ideologien der Weimarer Republik« bei *Dudek*, Leitbild, S. 10.

179 *Webler*, Chaos, S. 1.

180 Ebd. (Hervorhebung nicht im Original.)

181 Ebd., S. 2.

182 Vgl. *Köhler*, S. 203–206, der für diesen Zeitraum von der »Ingangsetzung einer ›Reichsjugendpolitik‹« spricht. (Ebd., S. 204.)

183 *Webler*, Chaos, S. 2.

184 Vgl. K. *Ruth*, Eine neue Jugendbehörde. Zur Betreuung der erwerbslosen Jugend durch die Arbeitsämter, in: ZB, Jg. 25, 1933/34, S. 37–43.

185 *Achinger*, Gedanken, S. 481.

186 Lebensraum der Jugend, S. 98.

187 Ebd.

188 Vgl. Notwerk. Vgl. dazu auch *Harvey*, Youth and the Welfare State, S. 147–151.

189 Notwerk, S. 379.

190 Ebd., S. 380.

191 Ebd.
192 W. *Friedländer*, Das Jugendnotwerk in der Praxis, in: ZB, Jg. 24, 1932/33, S. 389–393, S. 389.
193 Vgl. Ablauf des Jugendnotwerks, in: ZB, Jg. 25, 1933/34, S. 25.
194 Vgl. hierzu vor allem *Dudek*, Erziehung, S. 53–91 sowie *Köhler*, S. 16f.
195 So die Einordnung bei *Dudek*, Erziehung, S. 11.
196 Vgl. Geschäftsbericht 1932/33-AAFET, S. 9.
197 *Kleßmann*, S. 53.
198 *Achinger*, Gedanken, S. 481.
199 Vgl. Art. 3,1 der Verordnung über die Förderung des Freiwilligen Arbeitsdienstes vom 23.7.1931, in: Reichsgesetzblatt 1931, S. 398–402, S. 398. Die vom 16.7.1932 datierende zweite Verordnung über den Freiwilligen Arbeitsdienst hob die Koppelung von Zuschüssen an Arbeitslosen- oder Krisenunterstützung auf. (Vgl. Art. 6 in: Reichsgesetzblatt 1932, S. 352f., S. 353.)
200 Deutsche Zentrale für freie Jugendwohlfahrt, in: ZB, Jg. 24, 1932/33, S. 298ff., S. 300.
201 Ebd.
202 Ebd.
203 Vgl. *F. Kettenhofen*, Freiwilliger Arbeitsdienst mit »Ehemaligen« im Erziehungsheim, in: ZB, Jg. 24, 1932/33, S. 264f. sowie *M. Melech*, Erfahrungen im freiwilligen Arbeitsdienst, in: FW, Jg. 7, 1932/33, S. 79–83.
204 *K. Ruth*, Der Freiwillige Arbeitsdienst in neuer Form, in: ZB, Jg. 24, 1932/33, S. 233–237, S. 237.
205 Vgl. *Achinger*, Gedanken, S. 481.
206 Errechnet nach den Zahlen bei *Dudek*, Erziehung, S. 174.
207 Vgl. *Winkler*, Katastrophe, S. 535ff. und *Köhler*, S. 213–228.
208 Zu Angriffen auf die Berufsberatung vgl. *Homann*, S. 60
209 *Minzenmay*, S. 14f.
210 *Dudek*, Erziehung, S. 34.
211 *Herrmann*, Einordnung, S. 307.
212 Ebd., S. 308.
213 Ebd.
214 Vgl. Wandlung, S. 259; Die Ausführung der Fürsorgeerziehung in den preußischen Provinzen. Nach den Verwaltungsberichten für das Jahr 1935, Teil II, in: ZB, Jg. 28, 1936/3), S. 273–276 sowie *Corte*, S.208f.
215 *H. Vagt*, Die Bedeutung des nationalsozialistischen Erziehungsgedankens für die Praxis der Fürsorgeerziehung, in: ZB, Jg. 26, 1934/35, S. 290–303, S. 301.
216 *F. Leibetseder*, Heimerzieher, in: DJ, Jg. 29, 1937/38, S. 361–367, S. 363.
217 Wandlung, S. 259.
218 Die Gestaltung der Fürsorgerziehung, in: ZB, Jg. 25, 1933/34, S. 161–165, S. 162.
219 Züchtigungsrecht in der preußischen Fürsorgeerziehung, in: ZB, Jg. 27, 1935/36, S. 132.
220 Vgl. Tätigkeitsbericht des Allgemeinen Fürsorgeerziehungstages für die Zeit vom 1.4.1936 bis 31.3.1937, in: DJ, Jg. 29, 1937/38, S. 125–130, S. 127 und *Corte*, S. 208f.
221 Die Zahl der Zöglinge stieg in Preußen bis zum Rechnungsjahr 1940 auf 49.546, der Anteil der Schulentlassenen fiel zwischen 1933 und 1940 von 64,5 auf 56,5 %. (Vgl. *Kraus*, S. 191.) Vgl. auch *Siemering*, S. 73: »Der Schwerpunkt der Fürsorgeerziehung liegt zahlenmäßig wieder bei den Jahrgängen, bei denen man auf Erfolg hoffen kann.«

222 *Zengerling*, Die Fürsorgeerziehung in Preußen unter dem neuen Recht, in: ZB, Jg. 25, 1933/34, S. 125–130, S. 126.
223 *Althaus*, S. 12f. Zur Jugendfürsorge im Nationalsozialismus vgl. allgemein *Sachße* u. *Tennstedt*, Armenfürsorge, Bd. 3, S. 150–166.
224 Indes gingen einzelne Provinzen Preußens dazu über, »Bewahrung im gesetzlichen Rahmen der Fürsorgeerziehung und mit deren Zwangsmitteln« durchzuführen. (Vgl. *Haeckel*, Die Minderjährigen in der Bewahrungsfürsorge, in: ZB, Jg. 27, 1935/36, S. 1–6, S. 2 sowie *Peukert*, Grenzen, S. 276–279.)
225 Vgl. *Kühn*.
226 H. *Vagt*, Heimerziehung, in: DJ, Jg. 29, 1937/38, S. 269–272, S. 270. Zur NSV und ihrer Jugendfürsorge-Politik vgl. *Hansen*, S. 244–288.
227 Zur Entwicklung der Jugendheimstätten der NSV, in: ND, Jg. 24, 1943, S. 90f.
228 *Althaus*, S. 17.
229 Ebd.
230 Vgl. *Kraus*, S. 202.
231 Vgl. *Peukert*, Grenzen, S. 288ff; *Muth*, S. 404ff.; *Guse* u.a. sowie *Hepp*.
232 Vgl. *Kuhlmann*, S. 232ff. Es erscheint allerdings als problematisch, wenn Kuhlmann schreibt, daß die »Sonderbehandlung« ethnischer Minderheiten in der FE »bei den Behörden in den Mittelpunkt des Interesses« rückte, »als sich die Unterbringungsmöglichkeiten durch die steigenden Überweisungen und den Personal- und Raummangel erschöpft hatten«. (Ebd., S. 224.) Ohne hier jenen Interpretationen folgen zu wollen, die den einen ›großen Plan‹ zur Vernichtung und einen ›Führerbefehl‹ vermuten, bleibt eine Erklärung auch einzelner Vernichtungsaktionen über die Beschreibung fast zufällig anmutender Umstände nicht hinreichend – zumal just der Hinweis auf den »Raummangel« allzusehr (freilich unbeabsichtigt) den nationalsozialistischen Scheinbegründungen ähnelt. Vgl. hierzu *Schmuhl*, S. 364 sowie *Mommsen*, S. 397.
233 Für einen exemplarischen Fall der Ermordung eines Fürsorgezöglings vgl. *Sick*, S. 51ff. Zur Ermordung jüdischer ›Mischlings‹kinder aus FE-Anstalten in der Tötungsanstalt Hadamar vgl. *Scholz* u. *Singer*, S. 214–236. Zum Einbezug der Fürsorgezöglinge in die Pläne der Euthanasie vgl. *Schmuhl*, S. 229f. u. 364.
234 *Harvey*, Jugendfürsorge, S. 314.
235 Vgl. *Storck*; H. *Webler*, Grundlegung einer Systematik des Jugendrechts, in: ZB, Jg. 25, 1933/34, S. 105–110 sowie *ders.*, Ausblick in die neue Arbeit, in: ebd., S. 337–340.
236 Vgl. zu einer abwägenden Deutung des Verhältnisses zwischen modernen und traditionalen Elementen in der nationalsozialistischen Sozialpolitik *Recker*, S. 299ff.

V. Schluß: Der blockierte Wohlfahrtsstaat

1 *Aichhorn*, S. 250.
2 Zur Unterscheidung von Nebeneinander und Interaktion von Ungleichzeitigkeiten vgl. *Best*, S. 11.
3 *Feldman*, Weimar Republic, macht darauf aufmerksam, daß die Modernisierungsprobleme der Weimarer Republik weniger »from Germany's preindustrial traditions or even her prewar order, but rather from the debilitation of the Weimar state and delegitimation of its processes of modernization as a consequence of the extreme« constraints under which they were compelled to take place«, herrühren. (Ebd., S. 9.) Tatsächlich läßt sich am Abbau der

Fürsorgeerziehung *auch* beobachten, »how closely related were the repeated crises over Weimar social policy to the persistent crisis of the Weimar state itself«. (Ebd., S. 12.) Ohne den Verweis auf die überkommene Form und Arbeitsweise der Fürsorgeerziehung, mithin auf »prewar order« und »preindustrial traditions« ist aber die Krise der Fürsorgeerziehung kaum zu erklären.

    4 Zum Krantz-Prozeß und den Hintergründen vgl. *H. Webler*, Lehren des Krantz-Prozesses, in: ZB, Jg. 19, 1927/28, S. 320f.; *Lange* sowie *Noth*, S. 93–111.

    5 Vgl. *Nohl*, Jugend und Alltag, S. 11.

    6 *Lütkens*, S. 9.

    7 *Klumker*, Jugendamt-Handwörterbuch, S. 521. Vgl. auch *ders*., Schulung, S. 196.

    8 *Ders*., Vom Werden, S. 100. Klumker schrieb 1934 in einem Gedenkbuch zum 80. Geburtstag der katholischen Sozialpolitikerin und langjährigen Reichstagsabgeordneten des Zentrums, Agnes Neuhaus, daß er vom Reichsjugendwohlfahrtsgesetz »schließlich vollständig abrücken mußte«. (*Hopmann*, Neuhaus, S. 191.)

    9 *C.J. Klumker*, Eine Gefährdung der Jugendpflege, in: ZB, Jg. 22, 130/31, S. 152ff., S. 152.

    10 *Ders*., Vom Werden, S. 96. Vgl. auch *ders*., Kinderfürsorge und Erziehung, S. 203 sowie *ders*., Jugendamt und hilfsbedürftige Minderjährige, S. 66f.

    11 *Ders*., Schulung, S. 196.

    12 Ebd.

    13 *Ders*., Einordnung, S. 318.

    14 *Ders*., Aussichten, S. 3.

    15 Ebd., S. 1.

    16 *Ders*., Notverordnung zur Fürsorgeerziehung, in: ZB, Jg. 24, 1932/33, S. 309–312, S. 310f.

    17 *E. Spranger*, Wohlfahrtsethik und Opferethik in den Weltentscheidungen der Gegenwart, in: DE, Jg. 5, 1930, S. 385–404. (Mit Blick auf diese Abkehr kann es sich nur um ein Versehen handeln, wenn *Sachße* u. *Tennstedt*, Armenfürsorge, Bd. 3, S. 49, für diese Zeit – ohne nähere Beschreibung – eine »Rückwendung der konservativen Eliten der Wohlfahrtspflege zu den reformerischen Idealen des Kaiserreichs« konstatieren.)

    18 Vgl. Klumkers Erinnerung an sein erstes Mündel: Kinderelend. (Ein Ausschnitt daraus in: *Neises*, S. 30ff.) Für Polligkeits Arbeit in unmittelbarer Wohlfahrtspflege vgl. die Hinweise bei *Krug*, S. 27ff. u. 107–110.

    19 *Wex*, S. 43f. Vgl. auch *Salomon*, Neue Verhältnisse, S. 44: »Ehrenamtliche Mitarbeiter ziehen sich zurück, entweder, weil sie einer Erwerbsarbeit nachgehen müssen, oder, was bei Hausfrauen häufig zutrifft, kein Dienstmädchen mehr halten können und nun durch die Hausarbeit gebunden sind.« Es mangelt an Forschungen darüber, welche Teile des Bürgertums dazu neigten, einer ehrenamtlichen Tätigkeit in der sozialen Arbeit nachzugehen. Doch die Hinweise in der zeitgenössischen Literatur reichen aus, um festhalten zu können, daß es sich dabei um jene Teile des (Bildungs-)Bürgertums handelte, die auf Gehalt, mehr aber noch auf Geldvermögen angewiesen waren und mit der Inflation in erhebliche Bedrängnis gerieten. Vgl. zu den Folgen der Inflation für diese Gruppe des Bürgertums die Hinweise bei *Ringer*, S. 62f.; *Flemming* u.a., S. 249–252 sowie *Jones*.

    20 Vgl. *Mende*, Jugendfürsorgevereine, S. 216.

    21 *Heimerich*, Zusammenarbeit, S. 75.

    22 *Mann*. (Der Begriff »Villenproletarier« dort auf S. 621.)

    23 *H. Marr*, Zur Krise in der Sozialpolitik. Rückblick und Ausblick, in: SP, Jg. 32, 1923, Sp. 666ff., Sp. 668.

24 *A. Günther*, »Sozialpolitische Gespräche« und ihre vorläufigen Ergebnisse, in: SP, Jg. 33, 1924, Sp. 638f., Sp. 639.

25 Zur ›Jugendlichkeit‹ der Revolution und einer solchen Wahrnehmung unter den Zeitgenossen vgl. *Blaum*, Jugendwohlfahrt, S. 64; *Linton*, S. 215 sowie *Tenfelde*, Sozialgeschichte, S. 336f.

26 *Salomon*, Neue Verhältnisse, S. 49 u. 52.

27 Ebd., S. 52.

28 Zum Verlauf der Debatte um die »Krise der Sozialpolitik« vgl. *Preller*, S. 208–219, der jedoch den sozialen Hintergrund nicht ausleuchtet.

29 *Heimann*, S. 290–321.

30 *Briefs*, S. 154f.

31 Vgl. *H. Wachenheim*, Demokratisierung der Wohlfahrtspflege, in: AW, Jg. 4, 1929, S. 437–447.

32 Vgl. hierzu die Andeutung von Unzufriedenheit mit solcher Entwicklung bei *C.J. Klumker*, Woran krankt die deutsche Jugendfürsorge der Gegenwart?, in: FW, Jg. 5, 1930/31, S. 337–343, S. 341.

33 *Croner*, S. 51. (Hervorhebung im Original.)

34 *Klumker*, Staat. *Mende*, Jugendfürsorgevereine, S. 214, wies darauf hin, daß Auflösungstendenzen unter den privaten Jugendfürsorgevereinen nicht nur eine Folge von Verarmung waren, sondern auch eine »Wirkung der Schaffung von Jugendämtern«.

35 *Salomon*, Ausbildung-Beruf, S. VI.

36 *Bäumer*, Erzieherschaft, S. 226. Vgl. auch *dies*., Jugendhelfer, S. 38.

37 *Achinger*, Fürsorge, S. 183. Vgl. auch die Festschrift für Klumker, die *Polligkeit*, *Webler* und *Scherpner* 1929 unter dem als programmatisch verstandenen Titel »Fürsorge als persönliche Hilfe« herausgaben. Auch in dem Bemühungen bürgerlicher Wohlfahrtspolitiker um neue Möglichkeiten sozialer Diagnose (in Anlehnung an amerikanische Vorbilder der sozialen Arbeit) war der Wunsch erkennbar, im Neuen zugleich auch das alte Muster der ›persönlichen Hilfe‹ rekonstruieren zu können. Vgl. *Salomon*, Soziale Diagnose sowie *Wronsky* u. *Kronfeld*. Zu den amerikanischen Vorbildern solcher Bemühung vgl. *Wendt*, S. 273–285.

38 Vgl. *Bloch*, S. 75 sowie *Bäumer*, Organisatorische Grundlagen, S. 4. Die Kritik an der »Politisierung« ging einher mit einem »latente[n] Anti-Parlamentarismus führender (konservativer) Wohlfahrtspolitiker«, der »in einer engen Kooperation von Verbänden und Fachvereinigungen mit der Ministerialbürokratie am Reichstag vorbei« Ausdruck fand. (*Sachße* u. *Tennstedt*, Armenfürsorge, Bd. 2, S. 216.) Sowohl das Ringen um das Inkrafttreten des Reichsjugendwohlfahrtsgesetzes 1923/24 als auch die Erarbeitung der Notverordnungen 1932 sind hervorragende Beispiele hierfür.

39 *Neundörfer*, Widerstreitende Mächte, S. 47.

40 *Muthesius*, Die pädagogische Idee des Jugendamtes, in: Siebener-Kommission, 2. Sitzung (Travemünde 14. u. 15.3.1930), Protokollband S. 223–228, S. 227f.

41 *C.J. Klumker*, Die Einordnung des Jugendamtes, in: ZB, Jg. 25, 1933/34, S. 8–12.

42 *Storck*, S. 1. Ähnlich die Argumentation bei *Franzen-Hellersberg*, Jugendpflege, S. 5f.

43 Vgl. *H. Wachenheim*, Besprisornys. Die verwahrlosten Kinder Rußlands, in: AW, Jg. 5, 1930, S. 530–536 (mit Hinweisen auf weitere Literatur) und *Webler*, Notverordnung, S. 322. Zur Situation der Besprisornys aus russischer Sicht vgl. *Oseretzky*.

44 *H. Simon*, Kindertragödie und Kinderaufstieg in Rußland, in: SP, Jg. 40, 1931, Sp. 384–390, Sp. 386. Ähnlich auch *Lazarus*, S. 718.

45 *Kessler*, S. 665. Zur Selbstidentifikation deutscher Fürsorgezöglinge mit den Beprisornys vgl. *Glaser*, Geheimnis, S. 53f.

Anmerkungen zu S. 227–230

46 *Webler*, Notverordnung, S. 322.
47 Hertz in einem Schreiben an die Hamburger Finanzdeputation vom 13.1.1932, hier zit. nach *Harvey*, Jugendfürsorge, S. 303.
48 *Glaser*, Geheimnis, S. 375.
49 *Bäumer*, Staat, S. 87.
50 Zum »Haß« der ehemaligen Fürsorgezöglinge auf alle »behördlichen Einrichtungen« vgl. *Gräsing*, S. 62.
51 *Bernfeld*, Sisyphos, S. 97.
52 Vgl. *Kruedener*.
53 H. *Muthesius*, Sparprogramm oder Notprogramm, in: SP, Jg. 40, 1931, Sp. 1464f., Sp. 1465.
54 Vgl. *Abelshauser*, S. 476 sowie *Peukert*, Weimarer Republik, S. 248.
55 *Maier*, Bedeutung, S. 6 u. 12. Vgl. auch *ders.*, Der risiokofreie Mensch. Zum 50jährigen Bestehen des Deutschen Vereins für öffentliche und private Fürsorge, in: AW, Jg. 5, 1930, S. 673–678 sowie *ders.*, Der Pauperismus und seine Ueberwindung. Ein Beitrag zum 50. Todestage von Karl Marx, in: AW, Jg. 8, 1933, S. 129–136. Mit Blick auf die scharfe Kritik, die der Wohlfahrtsstaat in den letzten Jahren der Weimarer Republik von interessierter Seite her erfuhr, stellte Maier in diesen beiden Aufsätzen die Bedeutung der Wohlfahrtspflege kämpferischer und grundsätzlicher heraus, als es bis dahin geschehen war.
56 F. *Wunderlich*, Vom Sinn der Wohlfahrtspflege, in: SP, Jg. 39, 1930, Sp. 1104ff., Sp. 1105. Vgl. auch *dies.*, Produktivität, S. 343f. u. 347ff.; *Luppe*, S. 34 sowie L. *Preller*, Ist Wohlfahrtspflege produktionsfördernd?, in: AW, Jg. 2, 1927, S. 421–426.
57 *Witt*, S. 405. Vgl. auch H. *Maier*, Wirtschaft und Wohlfahrtspflege, in: AW, Jg. 3, 1928, S. 161–170, S. 165.
58 *Klumker*, Fürsorgewesen-Einführung, S. 93.
59 Die wohl übliche Reaktion der Eltern auf den Eingriff der Jugendfürsorge beschrieb *Hainz*, S. 133f.: »Ein Großteil der Eltern sieht aber in der Anordnung der Fürsorgeerziehung nur einen Gewaltstreich des Staates, auf Grund verleumderischer Angaben ihrer Feinde, gegen den sie sich mit allen Mitteln zur Wehr setzen mit Eingaben, Beschwerden geeigneter und ungeeigneter Art, mit Androhung des Kirchenaustritts, mit Verleitung zum Entlaufen, Versteckthalten und Entführung.« Zu einer offenbar ganz anderen Tradition des Einbezugs öffentlicher Erziehung in familiäre Erziehungskonzepte vgl. *Odem*.
60 Nur vor diesem Hintergrund wird verständlich, warum jene Sicht der Fürsorge zunehmend an Popularität gewann, die in ihr eine bloße Belastung sah. (Vgl. etwa die exemplarischen Äußerungen bei *Paull*, S. 22.)
61 *Schumacher*, S. 126.
62 *Freisler*, S. 16.

Quellen und Literatur

1. Ungedruckte Quellen

Archiv des Allgemeinen Fürsorgeerziehungstages, Universität Münster:
Akte 1, Mappen 1 und 2.
Akte 2, Mappen 1 und 3.
Akte 13, Mappe 1.

Archiv des Deutschen Vereins für öffentliche und private Fürsorge, Frankfurt am Main:
Nachlaß Rudolf Prestel.

Archiv des Diakonischen Werkes, Berlin:
Bestand EREV, Nr. 44, 76–86.

Staatsarchiv Darmstadt:
Abt. G 21, Justizministerium, Konv. 1880, Fasz. 3.

Staatsarchiv Hamburg:
Jugendbehörde 1, 232, Bd. 1.

Geheimes Staatsarchiv Preußischer Kulturbesitz, Abt. Merseburg:
Rep. 151, Finanzministerium I C,
Tit. 11735, 11737 und 11738.
Rep. 169 D, Preußischer Landtag (Preußische Landesversammlung),
Xe Nr. 8, Bd. 3.
Rep. 191, Ministerium für Volkswohlfahrt,
Tit. 2192, 2196, 2236, 2242, 2295, 2296, 2379 und 2416.

Bundesarchiv Koblenz:
R 36, Deutscher Städte- und Gemeindetag, Bd. 2005.

2. Gedruckte Quellen

a) Protokolle und Verhandlungsberichte

Verhandlungen der Zweiten Kammer der Landstände des Großherzogtums Hessen, Darmstadt 1879–1888.
Sitzungsberichte der verfassunggebenden Preußischen Landesversammlung, Berlin 1919–1921.
Sitzungsberichte und Drucksachen des Preußischen Landtages, 1.–4. WP, Berlin 1921–1933.
Verhandlungen der verfassunggebenden Deutschen Nationalversammlung, Berlin 1919-1920.
Verhandlungen und Drucksachen des Deutschen Reichstages, 1.–7. WP, Berlin 1920–1933.
Akten der Reichskanzlei. Weimarer Republik. Die Kabinette Marx I und II. Erster Band (November 1923 bis Juni 1924), bearbeitet von G. Abramowski, Boppard 1973.
Bericht über die Verhandlungen des Allgemeinen Fürsorge-Erziehungs-Tages am 7.–10.7.1908 zu Straßburg-Elsaß, o.O. o.J. [Strausberg 1908].
Bericht über die Verhandlungen des Hauptausschusses des Allgemeinen Fürsorgeerziehungstages Hildesheim 1926, Hannover 1926.
Bericht über die Tagung des Allgemeinen Fürsorgeerziehungstages Hamburg 1927, Hannover 1927.
Bericht über die Verhandlungen des Hauptausschusses des Allgemeinen Fürsorgeerziehungstages Würzburg 1928, Hannover 1929.
Bericht über die Verhandlungen des Hauptausschusses des Allgemeinen Fürsorgeerziehungstages Wiesbaden 1929, Hannover 1930.
Bericht über die Verhandlungen des Hauptausschusses des Allgemeinen Fürsorgeerziehungstages Weimar 1930, Hektographie, o.O. o.J.

b) Statistiken und Reichsgesetzblätter

Statistik über die Fürsorgeerziehung Minderjähriger für das Rechnungsjahr 1919 und über die Zwangserziehung Jugendlicher für das Rechnungsjahr 1919, bearbeitet im Preußischen Ministerium für Volkswohlfahrt, Berlin 1921.
Statistik über die Fürsorgeerziehung Minderjähriger für das Rechnungsjahr 1920 und über die Zwangserziehung Jugendlicher für das Rechnungsjahr 1920, bearbeitet im Preußischen Ministerium für Volkswohlfahrt, Berlin 1922.
Statistik über die Fürsorgeerziehung Minderjähriger für die Rechnungsjahre 1921, 1922 und 1923 und über die Zwangserziehung Jugendlicher nach dem Stande vom 31. März 1924, bearbeitet im Preußischen Ministerium für Volkswohlfahrt, Berlin 1925.
Statistik über die Fürsorgeerziehung Minderjähriger für die Rechnungsjahre 1924 und 1925 und über die Zwangserziehung Jugendlicher nach dem Stande vom 31. März 1926, bearbeitet im Preußischen Statistischen Landesamt, Berlin 1928.
Statistik über die Fürsorgeerziehung Minderjähriger für das Rechnungsjahr 1926, bearbeitet im Preußischen Statistischen Landesamt, Berlin 1929.
Statistik über die Fürsorgeerziehung Minderjähriger für die Rechnungsjahre 1927 und 1928, bearbeitet im Preußischen Statistischen Landesamt, Berlin 1931.
Statistik über die Fürsorgeerziehung in Preußen für das Rechnungsjahr 1929, bearbeitet im Preußischen Statistischen Landesamt, in: VW, Jg. 13, 1932, Sp. 161–186.

Statistik über die Fürsorgeerziehung in Preußen für das Rechnungsjahr 1930, bearbeitet im Preußischen Statistischen Landesamt, in: VW, Jg. 13, 1932, Sp. 693–724.
Statistik über die Fürsorgeerziehung in Preußen für das Rechnungsjahr 1931, bearbeitet im Preußischen Statistischen Landesamt, o.O. o.J. [1933].
Statistik über die Fürsorgeerziehung in Preußen für das Rechnungsjahr 1932, bearbeitet im Preußischen Statistischen Landesamt, in: Zeitschrift des Preußischen Statistischen Landesamts, Jg. 72, 1934.
Statistische Jahrbücher für das Deutsche Reich, Berlin 1900, 1911, 1932 und 1933.
Reichsgesetzblatt, Berlin 1896, 1914, 1919, 1924, 1927, 1930, 1931 und 1932.

c) Zeitschriften

Die Arbeit, Jg.6, 1929 – Jg. 9, 1932.
Arbeiterwohlfahrt, Jg. 1, 1926 – Jg. 7, 1932.
Der Arbeitgeber, Jg. 18, 1928 – Jg. 22, 1932.
Blätter für Wohlfahrtspflege, Jg. 7, 1925 – Jg. 12, 1932.
Deutsche Zeitschrift für Wohlfahrtspflege, Jg. 2, 1926/27 – Jg. 8, 1932/33.
Die Erziehung, Jg. 1, 1926 – Jg. 7, 1933.
Evangelische Jugendhilfe, NF Jg. 1, 1925 – NF Jg. 9, 1933.
Frankfurter Wohlfahrtsblätter, NF Jg. 1, 1919/20 – NF Jg. 14, 1932/33.
Freie Wohlfahrtspflege, Jg. 4, 1929/30 – Jg. 7, 1932/33.
Jugend und Beruf, Jg. 1, 1926 – Jg. 8, 1933.
Jugendwohl, Jg. 14, 1925 – Jg. 22, 1933.
Nachrichtendienst des Deutschen Vereins für öffentliche und private Fürsorge, Nr. 33, 1923 – Jg. 24, 1943.
Reichsarbeitsblatt (Nichtamtlicher Teil), Jg. 16, 1918 – NF Jg. 13, 1933.
Soziale Praxis, Jg. 27, 1917/18 – Jg. 41, 1932.
Volkswohlfahrt, Jg. 3, 1922 – Jg. 13, 1932.
Zeitschrift für das Armenwesen, Jg. 15, 1914 – Jg. 20, 1919.
Zentralblatt für Vormundschaftswesen, Jugendgerichte und Fürsorgeerziehung (seit 1924 unter dem Titel: Zentralblatt für Jugendrecht und Jugendwohlfahrt, seit 1937 unter dem Titel: Deutsche Jugendhilfe), Jg. 1, 1909/10 – Jg. 29, 1937/38.

(Aufsätze aus diesen Zeitschriften werden im folgenden Literaturverzeichnis nur dann nachgewiesen, wenn auf sie in der Darstellung *mehrfach* verwiesen wurde.)

3. Literatur

a) Literatur vor 1945

Abel, H., Ratgeber für die Praxis der Jugendfürsorge. Zum Gebrauch der Fürsorgerinnen und anderer in der Jugendfürsorge tätigen Personen und Behörden, Jena 1932.
Abel, H., Die Gestalt der männlichen arbeitslosen Jugend. Eine jugendkundliche Untersuchung über Grundlagen und Grenzen sozialpädagogischer Betreuung der arbeitslosen Jugend, Diss. Köln 1935.
Achinger, H., Zentrale (Centrale) für private Fürsorge e.V., in: Clostermann u.a., S. 873f.
–, Fürsorge und Weltanschauung, in: ZB, Jg. 22, 1930/31, S. 181–190 u. 223–232.
–, Zwischen heute und morgen. Gedanken zur Lage der freien Wohlfahrtspflege, in: FW, Jg. 7, 1932/33, S. 477–481.
Adler, M., Neue Menschen. Gedanken über sozialistische Erziehung, Berlin 1924.
Agahd, K., Jugendwohl und Jugendrecht. Praktischer Wegweiser durch das Gesamtgebiet einer Kinder- und Jugendfürsorge, Halle 1907.
Aichhorn, A., Verwahrloste Jugend. Die Psychoanalyse in der Fürsorgeerziehung. Zehn Vorträge zur ersten Einführung, Leipzig 1925.
Allmenröder, K., Die Tätigkeit des Frankfurter Jugendrichters, in: Freudenthal, S. 1–18.
–, Straf- und Erziehungsmittel im einzelnen – ihre Anwendung und Organisation, in: Deutsche Zentrale für Jugendfürsorge (Hg.), Verhandlungen des Dritten Deutschen Jugendgerichtstages, 10.–12.10.1912, Leipzig 1913, S. 67–77.
Althaus, H., Nationalsozialistische Volkswohlfahrt, Berlin 1935.
Anschütz, G., Die Verfassung des Deutschen Reichs. Vom 11.8.1919, Darmstadt 1933[14] (ND 1960).
Der Anspruch der Jugendlichen unter 21 Jahren auf Arbeitslosenunterstützung auf Grund der neuen Rechtslage, in: ND, Jg. 12, 1931, S. 378ff.
Der Anspruch Jugendlicher unter 21 Jahren auf Arbeitslosenunterstützung auf Grund der neuen Notverordnung, in: ND, Jg. 13, 1932, S. 169f.
Appelius, H., Die Behandlung jugendlicher Verbrecher und verwahrloster Kinder. Bericht der von der Internationalen Criminalistischen Vereinigung (Gruppe Deutsches Reich) gewählten Kommission, Berlin 1892.
Arbeiter- und Soldatenräte und FE, in: ZB, Jg. 10, 1918/19, S. 231f.
Das Archiv Deutscher Berufsvormünder e.V. Frankfurt a.M., Berlin 1917.
Argelander A. u. I. Weitsch, Aus dem Seelenleben verwahrloster Mädchen auf Grund ihrer Tagebuchaufzeichnungen, Jena 1933.
Aschrott, P.F., Die Fürsorgeerziehung Minderjähriger. Gesetz nebst Ausführungsbestimmungen und allen wichtigeren Ministerialerlassen, Berlin 1917.
Ausbildung und Fortbildung der beruflich tätigen Kräfte in der Jugendwohlfahrtspflege. Tagung des Deutschen Archivs für Jugendwohlfahrt am 23. u. 24.6.1927 in Potsdam, Berlin 1927.
Ausführungsanweisung, in: Das Preußische Ausführungsgesetz, S. 157–176.
Backhausen, W., Die Verhandlungen über die Fürsorgeerziehung in der deutschen Nationalversammlung am 17.7.1919, in: ZB, Jg. 11, 1919/20, S. 102–105.
–, Die neueste Entwicklung der FE in Deutschland, in: ZB, Jg. 13, 1921/22, S. 113–118.
–, Karl Wilkers Ideen zur Fürsorgeerziehung, in: SP, Jg. 31, 1922, Sp. 1062ff.
–, Die Grundsätze der evangelischen Anstaltserziehung, in: Steinwachs u.a., S. 85–101.
–, Die Lage der Fürsorgeerziehungsanstalten, in: ZB, Jg. 15, 1923/24, S. 163ff.

Baernreither, J.W., Jugendfürsorge und Strafrecht in den Vereinigten Staaten von Nordamerika, Leipzig 1905.
Bäumer, G., Die organisatorischen Grundlagen für die Mitarbeit der privaten Jugendhilfe im Jugendamt, in: Deutsches Archiv für Jugendwohlfahrt, S. 1–13.
–, Die Bildung des Jugendhelfers, in: G. Danziger u. P. Oestreich (Hg.), Der Jugendhelfer. Beiträge zur entschiedenen Schulreform, Berlin 1927, S. 34–42.
–, Der Staat als Erzieher, in: H. Maaß (Hg.), Die Lebenswelt der Jugend in der Gegenwart. Sieben Vorträge, Berlin 1928, S. 76–88.
–, Die historischen und sozialen Voraussetzungen der Sozialpädagogik und die Entwicklung ihrer Theorie, in: Nohl u. Pallat, S. 3–26.
–, Die sozialpädagogische Erzieherschaft und ihre Ausbildung, in: Nohl u. Pallat, S. 209–226.
–, Hartmann u. Becker (Hg.), Das Reichsgesetz für Jugendwohlfahrt, Berlin 1923.
Baum, M., Warum ist auch künftig der Staat auf die Mitwirkung der privaten Fürsorge angewiesen?, in: Die künftige Stellung, S. 7–13.
–, Die gegenseitige Durchdringung freier und amtlicher Arbeit in den Jugendämtern, in: Deutsches Archiv für Jugendwohlfahrt, S. 43–46.
Beeking, J., Grundriss der Kinder- und Jugendfürsorge, Freiburg 1929.
–, Caritas, Caritasverband, in: Clostermann u.a., S. 108–113.
Behnke, E., »Alte« und »moderne« Erziehungsgrundsätze in der Fürsorgeerziehung, in: ZB, Jg. 24, 1932/33, S. 2–12 u. 49–55.
Bender, A., Der Schutz der gewerblich tätigen Kinder und jugendlichen Arbeiter, Berlin 1920.
Bericht über das Ergebnis der Rundfrage [des AFET] vom 17.4.1925, Hannover 1926.
Bernfeld, S., Sisyphos oder die Grenzen der Erziehung [1925], Frankfurt a.M. 1981.
–, Antiautoritäre Erziehung und Psychoanalyse. Ausgewählte Schriften, Bd. 1–3, hg. von L.v. Werder u. R. Wolff, Frankfurt a.M. 1974.
–, Psychische Typen von Anstaltszöglingen [1926], in: ders., Erziehung, Bd. 1, S. 278–287.
–, Die psychologischen Grundlagen der Gefährdetenfürsorge [1927], in: ders., Erziehung, Bd. 1, S. 296–299.
–, Die Schulgemeinde und ihre Funktion im Klassenkampf [1928], in: ders., Erziehung, Bd. 2, S. 14–105.
–, Die Tantalussituation [1931], in: ders., Erziehung, Bd. 2, S. 329–345.
Beyer, A., Psychopathie, in: J. Dünner (Hg.), Handwörterbuch der Wohlfahrtspflege, Berlin 1929², S. 505–508.
Blaum, K., Ein Reichsgesetz über Jugendämter, in: Jugendämter, S. 56–69.
–, Die württembergische Jugendfürsorgereform, in: ZB, Jg. 11, 1919/20, S. 169–176.
–, Die Jugendwohlfahrt, Leipzig 1921.
–, Jugendämter, in: J. Brix u.a. (Hg.), Handwörterbuch der Kommunalwissenschaften, Bd. 2, Jena 1922, S. 570–573.
– Was muß ein Reichsgesetz über Jugendämter enthalten?, in: ders. u. C.J. Klumker, Jugendämter im Deutschen Reich, München o.J.
–, Riebesell u. G.F. Storck (Hg.), Reichsjugendwohlfahrtsgesetz vom 9. Juli 1922, Mannheim 1923.
Bleidt, Jugendgefängnis, in: Clostermann u.a., S. 343–347.
Bloch, W., Deutsche Zentrale für Jugendfürsorge, in: ZB, Jg. 12, 1920/21, S. 75ff.
Blumenthal, P., Fürsorgeerziehung, in: Clostermann u.a., S. 231–238.
–, Abänderung der Bestimmungen des Reichsgesetzes für Jugendwohlfahrt über Fürsorgeerziehung durch Notverordnung, in: SP, Jg. 40, 1931, Sp. 1447–1452.
–, Zur kommenden Notverordnung über Fürsorgeerziehung, in: ZB, Jg. 23, 1931/32, S. 305ff.

Böhme, H., Die Entwicklung des gewerblichen Lehrlingswesens in Preußen während und nach dem Kriege, Diss. Hamburg 1923.
Böhner, M., Die Psychopathenfürsorge in ihrer volkswirtschaftlichen Bedeutung, Diss. Köln o.J.
Bogen, H., Berufswahl, in: Clostermann u.a., S. 94–98.
Bondy, C., Pädagogische Probleme im Jugend-Strafvollzug, Mannheim 1925.
–, Die deutsche Jugendbewegung, in: Nohl u. Pallat, S. 114–129.
–, Zur Krise in der Fürsorgeerziehung, in: SP, Jg. 38, 1929, Sp. 369–374.
–, Kritisches zur Fürsorgeerziehung, in: ZB, Jg. 22, 1930/31, S. 46–50.
–, Scheuen. Pädagogische und psychologische Betrachtungen zum Lüneburger Fürsorgeerziehungsprozeß, Berlin 1931.
Bopp, K., Die Wohlfahrtspflege des modernen deutschen Sozialismus. Eine soziale und wirtschaftliche Studie, Freiburg 1930.
Brandsch, R., Arbeits- und Berufsfragen bei den nichtgelernten Jugendlichen, in: ZBF, Jg. 46, 1931, S. 329–332.
Brandt, A., Gefesselte Jugend in der Zwangs-Fürsorgeerziehung, Berlin o.J. [1929].
Bratu, A.E., Über Gegenwartsfragen der Fürsorgeerziehung in Hessen [Examensarbeit TH Darmstadt, Sommersemester 1931, Manuskript im AAFET].
Briefs, G., Der wirtschaftliche Wert der Sozialpolitik, in: Bericht über die Verhandlungen der XI. Generalversammlung der Gesellschaft für Soziale Reform in Mannheim am 24. u. 25.10.1929, Jena 1930, S. 144–170.
Bues, H., Die Stellung des Jugendlichen zum Beruf und zur Arbeit, Bernau 1926.
Burghart, H., Die Not im Lehrlingswesen, in: SP, Jg. 27, 1917/18, Sp. 203ff.
Caspari, J., Jugendwohlfahrt, in: NZ, Jg. 37, 1918/19, S. 570–574.
Christmann, S., Die »Muster«fürsorgeanstalt Rickling, in: AW, Jg. 4, 1929, S. 677–682.
Cimbal, Pädagogische Probleme in der Behandlung schwererziehbarer Schulentlassener (Unter Berücksichtigung der in Erziehungsheimen vorgekommenen Revolten), in: Bericht AFET Wiesbaden 1929, S. 69–87.
Clostermann, L., Resozialisierung junger Landstreicher mittels Überweisung an die Landespolizeibehörde, Bonn 1933.
– u.a. (Hg.), Enzyklopädisches Handbuch des Kinderschutzes und der Jugendfürsorge, Leipzig 1930².
Corte, E., Die Durchführung der Fürsorgeerziehung in den preußischen Provinzen, in: DJ, Jg. 29, 1937/38, S. 204–211.
Croner, F., Zur Theorie proletarischer Sozialpolitik, in: Die Gesellschaft, Jg. 7, 1930, S. 41–55.
Dehn, G., Proletarische Jugend. Lebensgestaltung und Gedankenwelt der großstädtischen Proletarierjugend, Berlin 1930².
Denkschrift des Deutschen Caritasverbandes und der ihm angeschlossenen Fachverbände für Jugendfürsorge zum preußischen Jugendfürsorgegesetzentwurf, Freiburg 1918.
Deutsches Archiv für Jugendwohlfahrt (Hg.), Die Zusammenarbeit der öffentlichen und der freien Jugendhilfe in den Jugendämtern. Grundsätze, Ansichten und Beispiele, Berlin 1926.
Diehl, Das Ohlystift in Gräfenhausen, in: P. Seiffert (Hg.), Deutsche Fürsorgeerziehungsanstalten in Wort und Bild, Bd. 2, Halle 1914, S. 32f.
Dinse, R., Das Freizeitleben der Großstadtjugend. 500 Jungen und Mädchen berichten, Eberswalde 1932.
Dix, A., Die Jugendlichen in der Sozial- und Kriminalpolitik, Jena 1902.
Duensing, F., Die Organisation der Jugendfürsorge, in: Stenographischer Bericht über die

Verhandlungen der 30. Jahresversammlung des Deutschen Vereins für Armenpflege und Wohltätigkeit am 15. u. 16.9.1910 in Königsberg i.Pr., Leipzig 1910, S. 54–85.

Düring, E.v. u. E. Stern, Jugendfürsorge, Bd. 1 u.2, Breslau 1927.

Eberty, E., Koreferat zu dem Referat des Herrn Oberbürgermeisters Ohly (Darmstadt), betreffend die Fürsorge für verwahrloste Kinder und jugendliche Personen, welchen noch keine Uebertretung der Strafgesetze zur Last fällt, in: VI. Jahresversammlung des Deutschen Vereins für Armenpflege und Wohlthätigkeit, Bremen, 16. u. 17.9.1885, o.O. 1885, Bericht Nr. 6.

–, Koreferat, in: Stenographischer Bericht über die VI. Jahresversammlung des Deutschen Vereins für Armenpflege und Wohlthätigkeit, Bremen 16. u. 17.9.1885, o.O. 1885, S. 25–32.

Eggers, H., Das Berufsschicksal von Handwerkslehrlingen nach Beendigung der Lehre, in: ND, Jg. 13, 1932, S. 186ff. u. 239ff.

Ehrhardt, J., Straffällige Fürsorgezöglinge. Ein Beitrag zur Krise der Fürsorgeerziehung, in: ZB, Jg. 20, 1928/29, S. 143–146.

–, Die Kriminalität der Fürsorgezöglinge, in: FW, Jg. 5, 1930/31, S. 489–498.

–, Straßen ohne Ende, Berlin 1931.

–, Gefahren in der Jugendfürsorge, in: ZB, Jg. 24, 1932/33, S. 225–232.

–, Die Kriminalität der Jugendlichen in den Jahren 1932 und 1933, in: ZfSW, Jg. 54, 1935, S. 665–691.

Engelmann, F., Die pädagogischen Gedanken Pastor Wilhelm Backhausens. Ein Beitrag zur Fürsorgeerziehung, Berlin-Dahlem 1927.

Entwurf eines Reichsjugendwohlfahrtsgesetzes, in: RT, Bd. 366, Aktenstück 1666, 15.3.1921, S. 1220–1277.

Erfahrungen mit der Notverordnung zur Fürsorgeerziehung und Reformvorschläge zur öffentlichen Ersatzerziehung aufgrund des Jahresberichts der rheinischen Fürsorgeerziehungsbehörde, in: ND, Jg. 14, 1933, S. 181ff.

Erklärung des Allgemeinen Fürsorgeerziehungstages, in: ZB, Jg. 23, 1931/32, S. 193.

Eschbach, W., Kinderelend – Jugendnot. Auch eine Bilanz des Krieges, Berlin 1925.

Die Fabrik- und Handwerkslehrlinge im Deutschen Reich nach der gewerblichen Betriebszählung 1925, in: Wirtschaft und Statistik, Jg. 9, 1929, S. 194–198.

Fallada, H., Bauern, Bonzen und Bomben [1931], Reinbek bei Hamburg 1984.

Familie und Notverordnung, in: FW, Jg. 7, 1932/33, S. 333–342.

Felisch, P., Wesen und Aufgaben der Jugendpolitik, Berlin 1918.

–, Die Erdrosselung des Reichsgesetzes für Jugendwohlfahrt, in: MKS, Jg. 15, 1924, S. 263–268.

Fichtl, F., Reichsgesetz für Jugendwohlfahrt vom 9.7.1922 nebst dem Einführungsgesetz vom 9.7.1922, München 1922.

Fischer, I., Zur heutigen Lage der Jugendfürsorge, in: ZB, Jg. 24, 1932/33, S. 81–86.

Floessel, E., Was fehlt unserer Arbeiterjugend? Ein Beitrag zur Lösung der sozialen Frage unter besonderer Berücksichtigung der Zuchtlosigkeit unter der Jugend, Leipzig 1895[3.]

Flug, O., Die Fürsorgeerziehung, in: Nohl u. Pallat, S. 181–194.

Foerster, F.-W., Schuld und Sühne. Einige psychologische und pädagogische Grundfragen des Verbrecherproblems und der Jugendfürsorge, München 1911.

–, Strafe und Erziehung. Vortrag, gehalten auf dem Dritten Deutschen Jugendgerichtstag in Frankfurt am Main, München 1913[2].

Fournier, C., Ringvereine der Jugend, in: DW, Jg. 27, 1931, S. 89–95.

Zur Frage der Berufsvormundschaft. Bericht über die erste Beratung Deutscher Berufsvormünder zu Frankfurt a.M. am 27. u. 18.4.1906, erstattet vom Ständigen Ausschuß, Dresden 1906.

Francke, H., Zur Problematik der Fürsorgeerziehung, in: SP, Jg. 40, 1931, Sp. 676–680.
–, Von Scheuen bis Strausberg. Zur Beurteilung der Anstaltskatastrophen, in: SP, Jg. 41, 1932, Sp. 296–301.
–, Die Fürsorgeerziehung nach der Notverordnung über Jugendwohlfahrt, in: SP Jg. 41, 1932, Sp. 1458–1462.
Franzen, E., Konto Scheuen, in: DT, Jg. 11, 1930, S. 2075ff.
Franzen-Hellersberg, L., Die jugendliche Arbeiterin, ihre Arbeitsweise und Lebensform. Ein Versuch sozialpsychologischer Forschung zum Zweck der Umwertung proletarischer Tatbestände, Tübingen 1932.
–, Jugendpflege und Jugendrecht im neuen Staat, Tübingen 1934.
Frei, B., Scheuen, in: DW, Jg. 26, 1930, S. 983–986.
–, Löwenthal u. A. Brandt, Scheuen. Gericht über die Schuldigen, Berlin o.J. [1931].
Freisler, R., Einige Hinweise zur Handhabung des Jugendarrestes, vor allem zu seinem Vollzug, in: Gegenwartsfragen der Jugendrechtspraxis, Berlin 1942, S. 5–16.
Freudenthal B., (Hg.), Das Jugendgericht in Frankfurt a.M., Berlin 1912.
Friedländer, W., Die Reichsausführungsbestimmungen zum Reichsjugendwohlfahrtsgesetz, in: M. Juchacz u. J. Heymann, Die Arbeiterwohlfahrt. Voraussetzungen und Entwicklung, Berlin 1924, S. 58–61.
–, Jugendamt, in: Clostermann u.a., S. 336–342.
–, Waldhof-Templin, in: AW, Jg. 7, 1932, S. 426–432.
Fürsorge für die schulentlassene Jugend. Vorberichte und Verhandlungen der IX. Konferenz der Centralstelle für Arbeiterwohlfahrtseinrichtungen vom 23. u. 24.4.1900 in Berlin, Berlin 1900.
Fürsorgeerziehung und Jugendamt. Ergebnis der Umfrage vom Dezember 1925. Vorbericht für die Sitzung des Hauptausschusses [des AFET] am 23. u. 24.9.1926 in Hildesheim, Hannover 1926.
Fürth, H., Das Bevölkerungsproblem in Deutschland, Jena 1925.
Gaebel, K., Berufsfürsorge für erwerbslose Jugendliche, in: Die Bewertung der Arbeitskraft als Problem der Fürsorge. Vorbericht für den 40. Deutschen Fürsorgetag des Deutschen Vereins für öffentliche und private Fürsorge vom 23.–25.5.1927 zu Hamburg, Bd. 2, Karlsruhe 1927, S. 37–76.
–, Die Arbeitslosigkeit der Jugendlichen, in: Die Hilfe, Jg. 36, 1930, S. 1123–1127.
Gerth, W., Die Wohlfahrtspflege im Freistaat Sachsen, Leipzig 1929.
Geschäftsanweisung der Fürsorgeerziehungsbehörde der Rheinprovinz (Provinzialausschuß) für Anstalten und Fürsorger, in: Vossen, Fürsorgeerziehung-Rheinprovinz, S. 47–89.
Gesetz über Arbeitsvermittlung und Arbeitslosenversicherung. Vom 16.7.1927, in: Reichsgesetzblatt 1927, S. 187–218.
Giese, E., Ein Notjahr im Jugendamt, in: ZB, Jg. 23, 1931/32, S. 168–172.
–, Kriminelle Jugendbanden und Mittel zur Milderung jugendlicher Erwerbslosigkeit, in: FW, Jg. 6, 1931/32, S. 82–86.
Giese, F., Berufsausbildung der Knaben, in: Clostermann u.a., S. 82–85.
Glaser, G., Schluckebier, Berlin 1932.
Goeze, W., Die Fürsorgeerziehung in Preußen. Ihre Anordnung, Ausführung, ihre Kosten und Erfolge, Berlin 1910.
Goldbaum, H., Belgien, in: Clostermann u.a., S. 76–79.
Grabowsky, A., Der Innere Imperialismus, in: Das neue Deutschland. Wochenschrift für konservativen Fortschritt, Jg. 3, 1914/15, S. 117–122.
Gräsing, F., Die Erziehungsarbeit am erwerbslosen Jugendlichen, in: Mennicke, S. 41–68.
Gramm, H., Die Fürsorge für jugendliche Wanderer, eine gemeinsame Aufgabe der Jugendämter, in: ZB, Jg. 21, 1929/30, S. 80–90.

Gregor, A., Rassenhygiene und Jugendfürsorge, in: Archiv für Rassen- und Gesellschaftsbiologie, Jg. 13, 1921, S. 37–55.
–, Arbeitserziehung, in: Clostermann u.a., S. 34f.
–, Verwahrlosung, in: Clostermann u.a., S. 829–832.
–, Über die Sterilisierung minderwertiger Fürsorgezöglinge, in: E. Rüdin (Hg.), Erblehre und Rassenhygiene im völkischen Staat, München 1934, S. 175–183.
– u. E. Voigtländer, Die Verwahrlosung, Berlin 1918.
– u. –, Leitfaden der Fürsorgeerziehung, Berlin 1924.
Großherzogliches Regierungsblatt Nr. 17, Darmstadt, 22.6.1887.
Grotjahn, A., Erlebtes und Erstrebtes. Erinnerungen eines sozialistischen Arztes, Berlin 1932.
Guérin, D., Die braune Pest. Reportagen aus dem Alltagsleben in Deutschland 1932/33, hg. von F. Benseler, Frankfurt a.M. 1983.
Haffner, E., Jugend auf der Landstraße Berlin, Berlin 1932.
Haimer, K., Zur pädagogischen Theorie und Praxis der öffentlichen und privaten Erziehungsfürsorge, Diessen 1930.
Hainz, S., Verhältnis von Zögling und Anstalt zum Elternhaus, in: S. Randlinger (Hg.), Der schulentlassene Fürsorgezögling, Donauwörth 1927, S. 127–141.
Harmsen, H., Praktische Bevölkerungspolitik. Ein Abriß ihrer Grundlagen, Ziele und Aufgaben, Berlin 1931.
Hartmann, Wanderer, jugendliche, in: Clostermann u.a., S. 853ff.
Hauptausschuß für Arbeiterwohlfahrt (Hg.), Lehrbuch der Wohlfahrtspflege, Berlin 1927.
Hausordnung für die rheinischen Provinzialerziehungsheime, in: Vossen, Fürsorgeerziehung, S. 106–116.
Heimann, E., Soziale Theorie des Kapitalismus. Theorie der Sozialpolitik [1929], Frankfurt a.M. 1980.
Heimerich, H., Die Zusammenarbeit der öffentlichen Fürsorge mit der privaten Fürsorge und den Trägern der Sozialversicherung, in: Allgemeine Fürsorge. Referate auf der Reichstagung der Arbeiterwohlfahrt am 12.–13.9.1924 in Hannover, Berlin 1924, S. 73- 84.
–, Jugendwohlfahrt und sozialistische Weltanschauung. Referat, gehalten auf der Tagung der Arbeiterwohlfahrt in Kiel, Mai 1927, Kiel o.J. [1927].
Hein, J., Kampf dem Fürsorgeerziehungsskandal!, in: Proletarische Sozialpolitik, Jg. 4, 1931, S. 240–243.
Heinze, W., Die Zwangserziehung nach Reichs- und Landesrecht (unter besonderer Berücksichtigung des badischen Gesetzes vom 16. August 1900), in: ZfSW, Jg. 22, 1902, S. 633–712.
Heller, T., Fürsorgeerziehung und Heilpädagogik, in: ders., Schwachsinnigenforschung, Fürsorgeerziehung und Heilpädagogik. Zwei Abhandlungen, Halle 1909, S. 24–42.
Hemprich, K., Zur Literatur über Jugendfürsorge und Jugendrettung, Langensalza 1908.
Die Herausgeber zur Einführung, in: ZB, Jg. 1, 1909/10, S. 1f.
Hermes, G., Die geistige Gestalt des marxistischen Arbeiters und die Arbeiterbildungsfrage, Tübingen 1926.
Herrmann, G., Formen des Gemeinschaftslebens jugendlicher Mädchen. Sozialpsychologische Untersuchungen in einem Fürsorgeerziehungsheim (Zeitschrift für angewandte Psychologie, Beiheft 46), Leipzig 1929.
Herrmann, W., Das Hamburgische Jugendgefängnis Hahnöfersand. Ein Bericht über Erziehungsarbeit im Strafvollzug, Hamburg 1923.
–, Probleme der Fürsorgeerziehung (Zur Frage des Kulturniveaus der Anstalten), in: DE, Jg. 2, 1927, S. 171–176.
–, Zur Einordnung der Heimerziehung, in: ZB, Jg. 25, 1933/34, S. 303–312.

Hetzer, H., Kindheit und Armut. Psychologische Methoden in Armutsforschung und Armutsbekämpfung, Leipzig 1928.
Heyde, L., Abriß der Sozialpolitik, Leipzig 1928[5].
Homann, N., Der Kampf um die Berufsberatung, Bernau 1932.
Hopmann, E., Berufsprobleme der Fürsorgeerziehung bei weiblichen Jugendlichen, in: Vorbericht AFET Hamburg 1927, S. 76–107.
–, Berufsprobleme der Fürsorgeerziehung bei weiblichen Jugendlichen, in: Bericht AFET Hamburg 1927, S. 166–179.
Horkheimer, M., Dämmerung. Notizen in Deutschland [1934], in: ders., Gesammelte Schriften, Bd. 2, Frankfurt a.M. 1987, S. 309–452.
Jacobsen, H., Die Kriminalität der Jugendlichen in München während der Kriegsjahre 1914–1918, München 1919.
Jacoby, H., Die Kriminalität der Jugendlichen in den Jahren 1930 und 1931, in: ZfSW, Jg. 54, 1935, S. 85–117.
Jahrbuch der Arbeiterwohlfahrt 1930, Berlin 1931.
Jahrbuch der Arbeiterwohlfahrt 1931, Berlin 1932.
Jugendamt der Stadt Berlin (Hg.), Zweiter Tätigkeitsbericht über die Zeit vom 1.1.1923 bis zum 31.3.1925, Berlin 1925.
Jugendämter als Träger der öffentlichen Jugendfürsorge im Reich. Bericht über die Verhandlungen des Deutschen Jugendfürsorgetages am 20. u. 21.9.1918 in Berlin, Berlin 1919.
Das Jugendgerichtsgesetz vom 16.2.1923. Erläutert von H. Francke, München 1923.
Kahn-Freundt, O., Das soziale Ideal des Reichsarbeitsgerichts. Eine kritische Untersuchung zur Rechtsprechung des Reichsarbeitsgerichtes [1931], in: T. Ramm (Hg.), Arbeitsrecht und Politik. Quellentexte 1918–1933, Neuwied 1966, S. 149–210.
Kall, G., Der Kampf um die Aufrechterhaltung der Jugendwohlfahrtspflege, in: ZB, Jg. 23, 1931/32, S. 341–346.
Der Kampf um das RJWG, in: ZB, Jg. 15, 1923/24, S. 141–145.
Kanitz, O.F., Das proletarische Kind in der bürgerlichen Gesellschaft, Jena 1925.
Keller, K., Landwirtschaft und Fürsorgeerziehung. Der erzieherische Wert der landwirtschaftlichen Arbeit in der Fürsorgeerziehung, Hamburg 1925.
Graf Kessler, H., Tagebücher 1918–1937, hg. von W. Pfeiffer-Belli, Berlin 1967.
Kettenhofen, F., Zur Geschichte und Bedeutung der Fürsorgeerziehung in Deutschland, in: J. Beeking (Hg.), Katholische caritative Anstaltserziehung, Freiburg 1926, S. 16–34.
Key, E., Das Jahrhundert des Kindes [1902], Weinheim 1991.
Kleßmann, Der heimentlassene Jugendliche, in: FW, Jg. 7, 1932/33, S. 49–54.
Klötzel, C.Z., Aus deutschen Fürsorgeanstalten, in: Berliner Tageblatt Nr. 46, 27.1.1929.
–, Die Willkür in der Fürsorge, in: Berliner Tageblatt Nr. 62, 6.2.1929.
–, Reformiert die Fürsorge!, in: Berliner Tageblatt Nr. 100, 28.2.1929.
Klopfer, B., Studienfahrt durch deutsche Heilerziehungsheime, in: Pädagogisches Zentralblatt, Jg. 9, 1929, S. 86–90.
Klumker, C.J., Kinderelend und Mütternot in der Großstadt, in: XI. Jahresbericht der Pestalozzi-Gesellschaft Basel 1906, Basel 1907, S. 7–23.
–, Jugendfürsorge und Bevölkerungspolitik, in: Das neue Deutschland. Wochenschrift für konservativen Fortschritt, 17/22, Februar-April 1916.
–, Fürsorgewesen. Einführung in das Verständnis der Armut und der Armenpflege, Leipzig 1918.
–, Fürsorgewesen und Reichsverfassung, in: ZB, Jg. 10, 1918/19, S. 217ff.
–, Die Schulung der Beamten des Jugendamtes, in: ZB, Jg. 12, 1920/21, S. 195–198.

–, Jugendamt, in: L. Elster u.a. (Hg.), Handwörterbuch der Staatswissenschaften, Bd. 5, Jena 1923⁴, S. 515–524.
–, Kinder- und Jugendfürsorge. Einführung in die Aufgaben der neueren Gesetze, Langensalza 1926².
–, Das Jugendamt und die hilfsbedürftigen Minderjährigen, in: ZB, Jg. 19, 1927/28, S. 64–67.
–, Die Einordnung der Fürsorgeerziehung in die Jugendämter, in: ZB, Jg. 20, 1928/29, S. 318f.
–, Die Aussichten der Jugendwohlfahrtspflege im Augenblick, in: Blätter des Deutschen Roten Kreuzes. Wohlfahrt und Sozialhygiene, Heft 11, November 1930.
–, Uneheliche, in: Clostermann u.a., S. 812–816.
–, Vom Werden deutscher Jugendfürsorge. Zugleich eine Geschichte der deutschen Berufsvormundschaft, Berlin 1931.
–, Kinderfürsorge und Erziehung in: Archiv für angewandte Soziologie, Jg. 3, 1931, S. 177–204.
–, Staat, Volk, Soziale Fürsorge, in: Blätter der Staatspartei, 15.2.1931.
– u. O. Spann, Die Bedeutung der Berufsvormundschaft für den Schutz der unehelichen Kinder. Eine Denkschrift für den internationalen Kongreß für Erziehung und Kinderschutz in Lüttich, Dresden 1905.
– u. J. Petersen, Berufsvormundschaft (Generalvormundschaft), Bd. 1 u. 2, Berichte und Materialien, Leipzig 1907.
Knaut, Fürsorgeerziehung und Arbeiterschaft, in: ZB, Jg. 11, 1919/20, S. 149ff.
–, Die Vorgänge im Landerziehungsheim Scheuen, in: ZB, Jg. 22, 1930/31, S. 46–50.
Köhne, P., Entwurf zu einem Reichsgesetz, betreffend die Ahndung und Verfolgung strafbarer Handlungen, welche von jugendlichen Personen begangen werden, nebst Begründung, Berlin 1908.
Krause, Geschichte der Entstehung und Entwicklung unserer Konferenz, in: Bericht AFET Straßburg 1908, S. 59–66.
Krause, F., Die Berufsgliederung in Deutschland, in: Reichsarbeitsverwaltung und Zentralinstitut für Erziehung und Beruf (Hg.), Die Schule im Dienst der Berufserziehung und Berufsberatung, Berlin 1927, S. 111–121.
Krebs, O., Pädagogische Probleme in der Behandlung schwererziehbarer Schulentlassener, in: Bericht AFET Wiesbaden 1929, S. 88–100.
Kreutz B. u. J. Beeking, Dem 19. Jahrgang zum Geleit, in: JW, Jg. 19, 1930, S. 1f.
Krohne, C., Erziehungsanstalten für die verlassene, gefährdete und verwahrloste Jugend in Preußen, Berlin 1901.
Kürzung der Kinderzulagen und Waisenrenten in der Reichsversorgung, in: ND, Jg. 13, 1932, S. 158f.
Kurella, A., Der Versuch, in: E. Fischer u. F.-W. Fulda (Hg.), Beruf und Leben. Darstellung der Wesenszüge der Berufsfrage aus Kreisen der Jugendbewegung. In zwei Teilen, Lauenburg 1921, S. 41–47.
Lampel, P.M. (Hg.), Jungen in Not. Berichte von Fürsorgezöglingen, Berlin 1928.
–, Revolte im Erziehungshaus, Berlin 1929.
Landesjugendamt Berlin (Hg.), Fünf Jahre Landesjugendamt Berlin. Arbeit an der Jugend einer Millionenstadt, Berlin 1930.
Lazarsfeld, P., Jugend und Beruf. Kritik und Material, Jena 1931.
Lazarus, R., Die verstoßene Generation, in: DT, Jg. 13, 1932, S. 714–721.
Lebensraum der Jugend, eine staatspolitische Notwendigkeit, in: ND, Jg. 13, 1932, S. 96–111.

Lembke, Die Berufsausbildung für die Landwirtschaft in Preußen, in: Die Berufserziehung des Arbeiters, Teil 2: Die Ausbildung im Beruf, Jena 1921, S. 69–87.
Lesemann, G., Obdachlose jugendliche Wanderer in der Großstadt. Aus der Arbeit des Städtischen Jugendheims Hannover-Kleefeld, Leipzig 1930.
Leyen, R.v.d., Psychopathenfürsorge, in: Clostermann u.a., S. 571–577.
Liepmann, M., Die Kriminalität der Jugendlichen und ihre Bekämpfung, Tübingen 1909.
–, Krieg und Kriminalität in Deutschland, Stuttgart 1930.
Lindsey, B., Die Aufgabe des Jugendgerichts, Heilbronn 1909.
Litt, T., Die gegenwärtige Lage der Pädagogik und ihre Forderungen, in: ders., Möglichkeiten und Grenzen der Pädagogik. Abhandlungen zur gegenwärtigen Lage von Erziehung und Erziehungstheorie, Leipzig 1926, S. 1–60.
Lucke, Diskussionsbeitrag, in: Bericht AFET Straßburg 1908, S. 196f.
Lütkens, C., Die deutsche Jugendbewegung. Ein soziologischer Versuch [1925], Münster 1986.
Luppe, H., Die gegenseitigen Beziehungen von Wirtschaft und Wohlfahrtspflege, in: Die Stellung der Wohlfahrtspflege zur Wirtschaft, zum Staat und zum Menschen. Bericht über den 41. Deutschen Fürsorgetag in Berlin am 26. u. 27.11.1930 anläßlich der 50-Jahr-Feier des Deutschen Vereins für öffentliche und private Fürsorge, Karlsruhe 1931, S. 30–43.
Maier, H., Die gesellschaftliche Bedeutung der Wohlfahrtspflege, Tübingen 1926.
–, Brauchen wir noch Fürsorgeerziehung?, in: AW, Jg. 1, 1926, S. 129–133.
Mann, T., Unordnung und frühes Leid [1925], in: ders., Gesammelte Werke, Bd. 8, Frankfurt a.M. 1990, S. 618–657.
Maschke, W., Jugend ohne Beschäftigung und ohne Ausbildungsmöglichkeit, in: DA, Jg. 9, 1932, S. 246–251.
Mende, K., Ueber den gegenwärtigen Stand der deutschen Jugendfürsorgevereine, in: FW, Jg. 7, 1932/33, S. 213–220.
Mennicke, C. (Hg.), Erfahrungen der Jungen, Potsdam 1930.
Meseritz, M., Einfluß des Krieges auf die Kriminalität der Jugendlichen, in: Deutsche Juristen-Zeitung, Jg. 21, 1916, Sp. 230ff.
Mewes, B., Die erwerbstätige Jugend. Eine statistische Untersuchung, Leipzig 1929.
–, Bevölkerungsentwicklung und Jugendwohlfahrtspflege, in: FW, Jg. 6, 1931/32, S. 97–105.
Minde, Die zunehmende Verwahrlosung der Jugend, in: Deutsche Strafrechtszeitung, Jg. 2, 1915, Sp. 501–506.
Minzenmay, E., Die Berufslenkung der deutschen Jugend, Frankfurt a.M. 1938.
Moll, N., Eine kritische Abschätzung, in: ders., (Hg.), Krisis?, S. 21–29.
–, (Hg.), Krisis in der Fürsorgeerziehung? Eine Antwort (Jahrbuch 1932/33 des Landerziehungsheims St. Josef in Landau-Queichheim, Rheinpfalz), Landau-Queichheim 1933.
Mühl, K., Die Erziehung zur Disziplin in Erziehungsanstalten, in: N. Moll (Hg.), Beiträge zur Jugendfürsorge (Jahrbuch 1930/31 des Landerziehungsheims St. Josef in Landau-Queichheim, Rheinpfalz), Landau-Queichheim 1931, S. 1–18.
Müller, B., Jugendstrafrecht, in: Clostermann u.a., S. 361–369.
Nau, K., Die wirtschaftliche und soziale Lage von Kriegshinterbliebenen. Eine Studie auf Grund von Erhebungen über die Auswirkung der Versorgung von Kriegshinterbliebenen in Darmstadt, Leipzig 1930.
Neundörfer, K., Widerstreitende Mächte im Reichsgesetz für Jugendwohlfahrt, in: J. Beeking (Hg.), Das Reichsgesetz für Jugendwohlfahrt und die Caritas, Freiburg 1925³, S. 47–77.
Niederschrift der Verhandlungen übeer die Erhaltung der konfessionellen Grundlage der Fürsorgeerziehung am 12.8.1919 zu Hannover, Hannover 1919.

Nohl, H., Die geistigen Energien der Jugendwohlfahrtsarbeit, in: ders., Jugendwohlfahrt. Sozialpädagogische Vorträge, Leipzig 1927, S. 1–13.
–, Die Jugend und der Alltag. Ein Beitrag zur Lebenskunde der Jugendlichen, in: Preußisches Ministerium für Volkswohlfahrt (Hg.), Beiträge zur Lebenskunde der Jugendlichen. Jugend und Beruf, Berlin 1928, S. 11–21.
– u. L. Pallat (Hg.), Handbuch der Pädagogik, Bd. 5: Sozialpädagogik, Langensalza 1929.
Noppel, C., Schutzaufsicht, in: Clostermann u.a., S. 700ff.
Notwerk der deutschen Jugend, in: ZB, Jg. 24, 1932/33, S. 379–383.
Ohland, A., Verzeichnis der deutschen Anstalten für Fürsorgezöglinge, Hannover 1926.
Ohly, A., Die Fürsorge für verwaiste, verlassene und verwahrloste Kinder, in: V. Jahresversammlung des Deutschen Vereins für Armenpflege und Wohlthätigkeit, Weimar, 3. u. 4.10.1884, o.O. 1884, Bericht Nr. 4.
Oseretzky, N., Beitrag zum Problem des Betteltums der Jugendlichen in Sowjetrußland, in: Zeitschrift für Kinderforschung, Jg. 38, 1931, S. 1–38.
Ottenheimer, H., Die Geschichte der Erziehungsfürsorge in Deutschland von 1870 bis 1930, Düsseldorf 1935.
Paschen, Familiensystem, in: Clostermann u.a., S. 204f.
Patzig, G., Verwahrlosungsursachen und Arten der Verwahrlosung bei Fürsorgezöglingen. Eine statistische Untersuchung, in: BW, Jg. 11, 1931, S. 172–182.
Paull, Die Lebenskrisis des deutschen Volkes. Geburtenrückgang, Fürsorgewesen und Familie, Berlin 1930.
Petersen, J., Die öffentliche Fürsorge für die sittlich gefährdete und die gewerblich tätige Jugend, Leipzig 1907.
–, Die öffentliche Fürsorge für die hilfsbedürftige Jugend, Leipzig 1907.
–, Vorbericht über Licht und Schattenseiten der Familienpflege, in: Bericht AFET Straßburg 1908, S. 46–55.
Petto, Ergänzungsbericht vom Standpunkt der katholischen Anstaltsfürsorge, in: Ausbildung und Fortbildung, S. 61–67.
Pietzsch, Aus- und Fortbildung der beruflich tätigen Kräfte auf einigen Sondergebieten der Jugendwohlfahrtspflege, in: Ausbildung und Fortbildung, S. 51–56.
Polligkeit, W., Strafrechtsreform und Jugendfürsorge, Langensalza 1905.
–, Das Recht des Kindes auf Erziehung, in: Jahrbuch der Fürsorge, Jg. 2, 1907, S. 1–86.
–, Die Jugendgerichtshilfe in Frankfurt a.M., ihre Aufgaben, Organisation und Wirksamkeit, in: Freudenthal, S. 35–86.
–, Fürsorge für ortsfremde oder nicht seßhafte Jugendliche unter besonderer Berücksichtigung der unter Vormundschaft stehenden Jugendlichen, in: Fürsorge für ortsfremde oder nicht seßhafte Jugendliche. Konferenzbericht, Berlin 1914, S. 5–27.
–, Reichsjugendwohlfahrtsgesetz, in: Clostermann u.a., S. 597–601.
–, Das Reichsgesetz für Jugendwohlfahrt. Kommentar, Berlin 1930².
–, Landesrechtliche Ausführungsbestimmungen zum Reichs-Jugendwohlfahrtsgesetz, Berlin 1930.
–, Das Reichsgesetz für Jugendwohlfahrt. Kommentar. Nachtrag, betreffend Verordnung über Jugendwohlfahrt vom 4.11.1932 und Verordnung über Fürsorgeerziehung vom 28.11.1932, Berlin 1933.
–, H. Scherpner u. H. Webler (Hg.), Fürsorge als persönliche Hilfe. Festgabe für Prof. Dr. Christian Jasper Klumker zum 60. Geburtstag am 22.12.1928, Berlin 1929.
Das Preußische Ausführungsgesetz zum Jugendwohlfahrtsgesetz nebst der Reichsverordnung vom 14.2.1924, erläutert von W. Polligkeit und P. Blumenthal, Berlin 1925.
Preußisches Ministerium für Volkswohlfahrt (Hg.), Richtlinien für die Lehrpläne der Wohlfahrtsschulen, Berlin 1930.

Rackham, C.D., England, in: Clostermann u.a., S. 156–160.
Gräfin zu Rantzau, L., Sprung über den Schatten. Roman eines Fürsorgezöglings, Berlin 1931.
Rechtsschutzbestimmungen über die Anstaltserziehung in der FE, in: ZB, Jg. 23, 1931/32, S. 142–148.
Redepenning, Aufstiegssystem in der Fürsorgeerziehung, in: Clostermann u.a., S. 47f.
Reicher, H., Die Fürsorge für die verwahrloste Jugend. Teil 1: 1. Deutsches Reich. Die Zwangserziehung im Großherzogtum Baden, Wien 1904.
Reichs-Arbeitsmarktanzeiger, Beilage zu Nr. 3, 9.2.1932.
Reichsministerium des Innern (Hg.), Notprogramme für die Jugendwohlfahrt, Berlin 1932.
Rein, O., Rezension von: Gregor, Rassenhygiene und Jugendfürsorge, in: ZB, Jg. 11, 1919/20, S. 56f.
Reinbach, M., Die Tendenzen der Fürsorgeerziehung seit Erlaß des Preußischen Gesetzes vom 2.7.1900, Emsdetten 1934.
Rhoden, G.v., Rettungsanstalten, in: W. Rein (Hg.), Enzyklopädisches Handbuch der Pädagogik, Bd. 5, Langensalza 1898, S. 857–873.
Richter, J., Die in ihre Hände fallen ...! Jugend in Not!, Berlin 1929.
Richtlinien für die Erziehung und Ausbildung von Kriegerwaisen und von Kindern Kriegsbeschädigter, in: ZB, Jg. 13, 1921/22, S. 70f.
Richtlinien für die Verwaltung und Verwendung der Sondermittel zugunsten der Kriegerwaisen und der Kinder Kriegsbeschädigter, in: ZB, Jg. 13, 1921/22, S. 68f.
Richtlinien für Fürsorgeerziehungsanstalten, in: BW, Jg. 8, 1928, S. 349–353.
Richtlinien zur Umgestaltung der Fürsorgeerziehung des Hauptausschusses für Arbeiterwohlfahrt, in: AW, Jg. 4, 1929, S. 289–319.
Riecke, E., Über Strafanstalten und jugendliche Verbrecher, mit vorausgeschickter kritischer Übersicht der gegenwärtig bestehenden Strafanstalten-Systeme im Allgemeinen, Heilbronn 1841.
Rolfes, H., Der wandernde Erwerbslose und das Problem seiner Zuführung zum Arbeitsmarkt, Bernau 1932.
Rosenberg, A., Geschichte der Weimarer Republik [1935], Frankfurt a.M. 1984².
Rühle, O., Das proletarische Kind. Eine Monographie, München 1922².
Runge, W. u. O. Rehm, Über die Verwahrlosung der Jugendlichen, Berlin 1926.
Rusche, G., Zuchthausrevolten und Sozialpolitik. Zu den Vorgängen in Amerika, in: Frankfurter Zeitung Nr 403, 1.6.1930. (Auch in: ders. u. Kirchheimer, S. 291–297.)
–, Arbeitsmarkt und Strafvollzug. Gedanken zur Soziologie der Strafjustiz, in: Zeitschrift für Sozialforschung, Jg. 2, 1933, S. 63–78. (Auch in: ders. u. Kirchheimer, S. 298–313.)
– u. O. Kirchheimer, Sozialstruktur und Strafvollzug [1939], Frankfurt a.M. 1981.
Ruscheweyh, H., Die Entwicklung des deutschen Jugendgerichts, Weimar 1918.
Ruttmann, W.J., Verwahrlosung, in: F.Giese (Hg.), Handwörterbuch der Arbeitswissenschaft, Halle 1930, Sp. 4736ff.
Rutz, K., Die Reichsfürsorgepflicht-Verordnung und die dazu geltenden Ausführungsbestimmungen, München 1930.
Salomon, A., Wie stellt sich der einzelne Sozialarbeiter oder die einzelne Organisation der privaten Fürsorge auf die neuen Verhältnisse ein?, in: Die künftige Stellung, S. 43–52.
–, Soziale Diagnose, Berlin 1926.
–, Die Ausbildung zum sozialen Beruf, Berlin 1927.
–, Ausbildung in der Jugendwohlfahrtspflege, in: Clostermann u.a., S. 51ff.
Schlegtendal, VII. Tagung des Allgemeinen Fürsorgeerziehungstages in Köln am 19.5.1921, in: ZB, Jg. 13, 1921/22, S. 61ff.

Schleiter, F., Die erwerbstätigen Jugendlichen im Lichte der letzten Berufszählungen, in: JB, Jg. 5, 1930, S. 2ff.

Schmidt, G., Die Organisation der Gemeindewaisenpflege, in: W. Cuno u. G. Schmidt, Die Organisation der Gemeindewaisenpflege, Leipzig 1900, S. 99–120.

–, Die Organisation der Jugendfürsorge, Leipzig 1910.

Schmitz, L., Die Fürsorgeerziehung Minderjähriger, Düsseldorf 1917[5].

Schnell, Der Gesundheitszustand der Frankfurter Schulkinder, in: FWB, Jg. 5, 1923/24, S. 25f.

Schönberger, K., Beziehungen von Fürsorgezöglingen zur Arbeit. Auf Grund von Beobachtungen in Fürsorgeerziehungsanstalten, Freiburg 1934.

Schulthess' Europäischer Geschichtskalender, Jg. 73, 1932, München 1933.

Schultz, C., Die Halbstarken, Leipzig 1912.

Schumacher, O., Sicherung des Erziehungsstrafvollzuges durch die Reichsanstalt für Arbeitsvermittlung und Arbeitslosenversicherung, in: Rechtsstaatsidee und Erziehungsstrafe. Abhandlungen zur Erinnerung an Moritz Liepmann von seinen Schülern (MKS, Beiheft 3), Heidelberg 1930, S. 122–128.

Schweizer, E., Die Ursachen der Kriminalität und der Verwahrlosung bei Kindern und Jugendlichen, Langensalza 1933.

Siemering, H., Deutschlands Jugend in Bevölkerung und Wirtschaft. Eine statistische Untersuchung, Berlin 1937.

Simmel, G., Soziologie. Untersuchungen über die Formen der Vergesellschaftung [1908], Frankfurt a.M. 1992.

Simon, H., Die Schulspeisung, Leipzig 1909.

–, Das Jugendrecht. Ein soziologischer Versuch, in: Schmollers Jahrbuch für Gesetzgebung, Verwaltung und Volkswirtschaft im Deutschen Reiche, Jg. 39, 1915, S. 227–281.

–, Aufgaben und Ziele der neuzeitlichen Wohlfahrtspflege, Stuttgart 1922.

–, Landwirtschaftliche Kinderarbeit, Berlin 1925.

Skjerbäk, O., Dänemark, in: Clostermann u.a., S. 117–121.

Für Sozialpolitik nach dem Kriege! Große Kundgebung, veranstaltet am 14.4.1918 in Berlin, Jena 1918.

Späth, A., Erfolge der öffentlichen Erziehung. Untersuchungen über die Lebensbewährung Jugendlicher nach Abschluß der Heimerziehung, Leipzig 1939.

Spann, O., Untersuchungen über die uneheliche Bevölkerung in Frankfurt am Main, Dresden 1905.

–, Die Verpflegungsverhältnisse der unehelichen Kinder, besonders in ihrer Bedeutung für die Sterblickeit betrachtet, in: ASS, Jg. 27, 1908, S. 686–729.

–, Die Erweiterung der Sozialpolitik durch die Berufsvormundschaft, in: ASS, Jg. 34, 1912, S. 505–561.

Spindler, L., Zur Begriffsbestimmung der Sozialpolitik und Wohlfahrtspflege, in: Kölner Vierteljahreshefte für Sozialwissenschaften/Kölner Sozialpolitische Vierteljahresschrift, Jg. 1, 1922, S. 58–68.

Staewen-Ordemann, G., Menschen der Unordnung. Die proletarische Wirklichkeit im Arbeitsschicksal der ungelernten Großstadtjugend, Berlin 1933.

Steigerthal, G., Grundriß der Anstaltsfürsorge, Berlin 1933.

Steinwachs u.a. (Hg.), Die evangelische Anstaltserziehung mit besonderer Berücksichtigung der Fürsorgeerziehung. Leitfaden zur Ausbildung von Erziehern in Anstalten für männliche Zöglinge, Hannover 1922.

Die künftige Stellung der privaten Fürsorge im neuen Staat. Gekürzter Bericht über die Tagung des Fachausschusses für private Fürsorge [des Deutschen Vereins] am 17. u. 18.10.1919 zu Berlin, Frankfurt o.J.

Stelzner, H., Ueber die Notwendigkeit von Uebergangsheimen für psychisch abnorme weibliche Fürsorgezöglinge, in: ZB, Jg. 19, 1927/28, S. 44ff.
–, Weibliche Fürsorgezöglinge. Ihre psychologische und psychopathologische Wertung, Berlin 1929.
Graf Stenbock-Fermor, A., Deutschland von unten. Reise durch die proletarische Provinz, Stuttgart 1931.
Storck, G.F., Jugendwohlfahrt im neuen Staat, in: ZB, Jg. 25, 1933/34, S. 1–7.
Strunden, Geburtenausfall und Arbeitsmarkt, in: RAB, Jg. 5, 1925, S. 716f.
Sturm, K.F., Die pädagogische Reformbewegung der jüngsten deutschen Vergangenheit, ihr Ursprung und Verlauf, Sinn und Ertrag, Osterwieck/Harz 1930.
Syrup, F., Der Altersaufbau der industriellen Arbeiterschaft, in: Archiv für exakte Wirtschaftsforschung (Thünen-Archiv), Jg. 6, 1914, S. 14–112.
–, Der freiwillige Arbeitsdienst für die männliche deutsche Jugend, in: RAB, Jg. 12, 1932, S. 381–390.
Teleky, Die Freizeit als Gesundheitsschutz der Jugendlichen, in: Landesausschuß der rheinischen Jugendverbände (Hg.), Vorträge bei der ersten öffentlichen Tagung des Landesausschusses der rheinischen Jugendverbände. Am 14. u. 15.5.1927 im Ständehaus in Düsseldorf, Düsseldorf 1927, S. 19–27.
Tönnies, F., Die Erweiterung der Zwangserziehung, in: ASS, Jg. 15, 1900, S. 458–489.
Toussaint, E., Ausbildung des Arbeiternachwuchses in der mechanischen Industrie, in: Berufsberatung, Berufsauslese, Berufsausbildung. Beiträge zur Förderung des gewerblichen Nachwuchses (RAB, Sonderheft 32), S. 214–228.
Tress, J., Profile. Gedichtzyklus aus dem Fürsorgeerziehungsmilieu, Potsdam 1933.
Verfassung und Verwaltung des Provinzialverbandes von Brandenburg. Bd. 2: Landarmenwesen und Fürsorgeerziehung, Berlin 1913[3].
Verleger, A. u. L. Gerngroß, Unsere Arbeit im Westendheim, Frankfurt a.M. 1924.
Verschuer, O.v., Sozialpolitik und Rassenhygiene, Langensalza 1928.
Villinger, W., Die Grenzen der Erziehbarkeit, in: L. Frede u. M. Grünhut (Hg.), Reform des Strafvollzuges. Kritische Beiträge zu dem Amtlichen Entwurf eines Strafvollzugsgesetzes, Berlin 1927, S. 137–163.
Vogel, T., Die Methoden der Bewährungsprüfung bei Fürsorgezöglingen, Langensalza 1933.
Voigt, A., Die schulentlassene Jugend. Ein statistischer Vorbericht, in: Fürsorge für die schulentlassene Jugend, S. 9–55.
–, Referat, in: Fürsorge für die schulentlassene Jugend, S. 317–347.
Vorbericht für die öffentliche Tagung des Allgemeinen Fürsorgeerziehungstages in Hamburg, 22.–24.9.1927, Hannover 1927.
Vorschläge des preußischen Ministeriums für Volkswohlfahrt zur Anpassung der Fürsorgeerziehung an die Finanznot, in: ND, Jg. 13, 1932, S. 95.
Voß, O. u. H. Schön, Die Cliquen jugendlicher Verwahrloster als sozialpädagogisches Problem, in: Mennicke, S. 69–89.
Vossen, K., Die Fürsorgeerziehung der über Achtzehnjährigen, in: VW, Jg. 6, 1925, S. 100–104.
–, (Hg.), Die Fürsorgeerziehung in der Rheinprovinz. Zusammenstellung der für die Durchführung der Fürsorgeerziehung wichtigen Bestimmungen zum Gebrauch von Fürsorgern und Erziehungsheimen, Düsseldorf 1928.
Wachenheim, H., Scheuen, in: AW, Jg. 6, 1931, S. 481–489.
Wandlung in der Fürsorgeerziehung, in: ND, Jg. 16, 1935, S. 259f.
Weber, J., Berufsprobleme der Fürsorgeerziehung bei männlichen Jugendlichen, in: Vorbericht AFET Hamburg 1927, 1927, S. 17–72.

–, Berufsprobleme der Fürsorgeerziehung bei männlichen Jugendlichen, in: Bericht AFET Hamburg 1927, S. 144–163.
–, Die Praxis der Fürsorgeerziehung und die Überführung dieser Jugendlichen in das Wirtschaftsleben, in: H. Weber (Hg.), Grundfragen der Jugendwohlfahrtspflege, Münster 1932, S. 132–158.
Webler, H., Lehren von Rickling, in: ZB, Jg. 23, 1931/32, S. 121–128.
–, Das Berliner Landerziehungsheim in Scheuen, in: ZB, Jg. 23, 1931/32, S. 206–210.
–, Jugendfürsorge im Chaos, in: ZB, Jg. 24, 1932/33, S. 1f.
–, Neue Anstaltsprozese, in: ZB, Jg. 24, 1932/33, S. 58f.
–, Die heutige Lage der Amtsvormundschaft, in: ZB, Jg. 24, 1932/33, S. 278–285.
–, Notverordnung zur Fürsorgeerziehung, in: ZB, Jg. 24, 1932/33, S. 321f.
Wehn, O., Die Straffälligkeit Minderjähriger nach Beurlaubung oder Entlassung aus der Fürsorgeerziehung, Leipzig 1930.
Weyl, R., Das deutsche Jugendrecht, Leipzig 1927.
Wex, E., Wandlungen in der sozialen Fürsorge (1914–1927), Berlin 1929.
Wilker, K., Der Lindenhof [1921], in: ders., Der Lindenhof. Neu hg. und ergänzt durch ein biographisches Vorwort von H. Feidel-Mertz und C. Pape-Balling, Frankfurt a.M. 1989, S. 11–178.
–, Fürsorgeerziehung als Lebensschulung [1921], in: ders., Der Lindenhof, S. 179–210.
Wissell, R., Jugendfürsorge, in: NZ, Jg. 37, 1918/19, S. 206–210.
Wittig, O., Gesetz über die Fürsorgeerziehung Minderjähriger, Breslau 1901.
Wolff, J., Der Kampf um die Fürsorgeerziehung, in: Der Monatsbote aus dem Stephansstift. Ein Monatsblatt für Innere Mission im Sinne der lutherischen Kirche, Jg. 50, 1929, S. 139–156.
Wronsky, S. u. A. Kronfeld, Sozialtherapie und Psychotherapie in den Methoden der Fürsorge, Berlin 1932.
Wunderlich, F., Produktivität, Jena 1926.
10 Jahre Arbeits- und Wohlfahrtsministerium im Freistaat Sachsen. 1919–1929, Dresden 1929.
Zimmermann, W., Krieg und Sozialpolitik (Soziale Kriegsrüstung), Berlin 1915.

b) Literatur nach 1945

Abelshauser, W., Verelendung der Handarbeiter? Zur sozialen Lage der deutschen Arbeiter in der großen Inflation der frühen zwanziger Jahre, in: H. Mommsen u. W. Schulze (Hg.), Vom Elend der Handarbeit. Probleme historischer Unterschichtenforschung, Stuttgart 1981, S. 445–476.
Adelmann, G., Die berufliche Ausbildung und Weiterbildung in der deutschen Wirtschaft 1871–1918, in: H. Pohl (Hg.), Berufliche Aus- und Weiterbildung in der deutschen Wirtschaft seit dem 19. Jahrhundert (Zeitschrift für Unternehmensgeschichte, Beiheft 15), Wiesbaden 1979, S. 9–52.
Ahlheim, R. u.a., Gefesselte Jugend. Fürsorgeerziehung im Kapitalismus, Frankfurt a.M. 1978[5].
Bade, K.J., Arbeitsmarkt, Bevölkerung und Wanderung in der Weimarer Republik, in: M. Stürmer (Hg.), Die Weimarer Republik. Belagerte Civitas, Königstein 1985^2, S. 160–187.
Baron, R., »Ballastexistenzen« – Sparmaßnahmen in der Krise: Fürsorgeerziehung im Übergang zum Dritten Reich, in: G. Vobruba (Hg.), »Wir sitzen alle in einem Boot«. Gemeinschaftsrhetorik in der Krise, Frankfurt a.M. 1983, S. 138–159.

Bartz, J. u. D. Mor, Der Weg in die Jugendzwangsarbeit. Maßnahmen gegen die Jugendarbeitslosigkeit zwischen 1925 und 1935, in: G. Lenhardt (Hg.), Der hilflose Sozialstaat. Jugendarbeitslosigkeit und Politik, Frankfurt a.M. 1979, S. 28–94.

Behr, M.v., Die Entstehung der industriellen Lehrwerkstatt. Materialien und Analysen zur beruflichen Bildung im 19. Jahrhundert, München 1981.

Bessel, R., Die Krise der Weimarer Republik als Erblast des verlorenen Krieges, in: F. Bajohr u.a. (Hg.), Zivilisation und Barbarei. Die widersprüchlichen Potentale der Moderne, Hamburg 1991, S. 98–114.

Best, H., Historische Sozialforschung als Erweiterung der Soziologie. Die Konvergenz sozialwissenschaftlicher und historischer Erkenntniskonzepte, in: Kölner Zeitschrift für Soziologie und Sozialpsychologie, Jg. 40, 1988, S. 1–14.

Blackbourn, D., Kommentar, in: Kocka (Hg.), Bürger, S. 281–287.

– u. G. Eley, The Peculiarities of German History. Bourgeois Society and Politics in Nineteenth-century Germany, Oxford 1984.

Blankertz, H., Bildung im Zeitalter der großen Industrie. Pädagogik, Schule und Berufsbildung im 19. Jahrhundert, Berlin 1969.

Blaum, K., Sozialreformgedanken in Württemberg nach dem ersten Weltkrieg, in: Blätter der Wohlfahrtspflege, Jg. 114, 1967, S. 94ff.

Bock, G., Zwangssterilisation im Nationalsozialismus. Studien zur Rassenpolitik und Frauenpolitik, Opladen 1986.

Borchardt, K., Zwangslagen und Handlungsspielräume in der großen Weltwirtschaftskrise der frühen dreißiger Jahre: Zur Revision des überlieferten Geschichtsbildes, in: ders., Wachstum, Krisen, Handlungsspielräume der Wirtschaftspolitik. Studien zur Wirtschaftsgeschichte des 19. und 20. Jahrhunderts, Göttingen 1982, S. 165–182 u. 265–284 (Kritische Studien zur Geschichtswissenschaft 50).

–, Das Gewicht der Inflationsangst in den wirtschaftspolitischen Entscheidungsprozessen während der Weltwirtschaftskrise, in: Feldman, Nachwirkungen, S. 233–260.

Bruch, R.v., Bürgerliche Sozialreform im Deutschen Kaiserreich, in: ders. (Hg.), Bürgerliche Sozialreform in Deutschland vom Vormärz bis zur Ära Adenauer, München 1985, S. 61–179.

Buchhierl, G., Jugendbewegung und soziale Arbeit, in: W. Kindt (Hg.), Die deutsche Jugendbewegung 1920 bis 1933. Die bündische Zeit, Düsseldorf 1974, S. 1477–1487.

Büsch, O. u. G.D. Feldman, Historische Prozesse der deutschen Inflation 1914 bis 1924. Ein Tagungsbericht, Berlin 1978.

Daniel, U., Arbeiterfrauen in der Kriegsgesellschaft. Beruf, Familie und Politik im Ersten Weltkrieg, Göttingen 1989 (Kritische Studien zur Geschichtswissenschaft 84).

Dinges, M., Frühneuzeitliche Armenfürsorge als Sozialdisziplinierung? Probleme mit einem Konzept, in: GG, Jg. 17, 1991, S. 5–29.

Dörner, C., Erziehung durch Strafe. Die Geschichte des Jugendstrafvollzugs 1871–1945, Weinheim 1991.

Dudek, P., Leitbild: Kamerad und Helfer. Sozialpädagogische Bewegung in der Weimarer Republik am Beispiel der »Gilde Soziale Arbeit«, Frankfurt a.M. 1988.

–, Erziehung durch Arbeit. Arbeitslagerbewegung und Freiwilliger Arbeitsdienst 1920–1935, Opladen 1988.

–, Jugend als Objekt der Wissenschaften. Geschichte der Jugendforschung in Deutschland und Österreich 1890–1933, Opladen 1990.

Eifert, C., Frauenpolitik und Wohlfahrtspflege. Zur Geschichte der sozialdemokratischen »Arbeiterwohlfahrt«, Frankfurt a.M. 1993.

Feidel-Mertz, H. u. C. Pape-Belling, Einleitung, in: Wilker, Lindenhof [1921], S. 7–10.

Feldman, G.D. (Hg.), Die Nachwirkungen der Inflation auf die deutsche Geschichte 1924–1933, München 1985.
–, The Weimar Republic: A Problem of Modernization?, in: AfS, Jg. 26, 1986, S. 1–26.
Fenner, J., Durch Arbeit zur Arbeit erzogen. Berufsausbildung in der preußischen Zwangs- und Fürsorgeerziehung 1878–1932, Kassel 1991.
Flemming, J. u.a., Sozialverhalten und politische Reaktionen von Gruppen und Institutionen im Inflationsprozeß. Anmerkungen zum Forschungsstand, in: Büsch u. Feldman, S. 239–263.
Frie, E., Wohlfahrtsstaat und Provinz. Fürsorgepolitik des Provinzialverbandes Westfalen und des Landes Sachsen 1880–1930, Paderborn 1993.
Friedländer, W., Helene Simon. Ein Leben für soziale Gerechtigkeit, Bonn 1962.
–, In memoriam Hans Maier, in: Neu Beginnen, Jg. 15, 1964, S. 49–53.
Gall, L., Liberalismus und »bürgerliche Gesellschaft«. Zu Charakter und Entwicklung der liberalen Bewegung in Deutschland, in: ders. (Hg.), Liberalismus, Königstein 1985³, S. 162–186.
–, Europa auf dem Weg in die Moderne 1850 bis 1890, München 1989².
Georges, D., Die Interessenpolitik des Handwerks im deutschen Kaiserreich im Vergleich, in: M. Hettling u.a. (Hg.), Was ist Gesellschaftsgeschichte? Positionen, Themen, Analysen, München 1991, S. 188–197.
Glaser, G., Geheimnis und Gewalt. Ein Bericht, Stuttgart 1953.
Goeschel, H.D. u. C. Sachße, Theorie und Praxis in der Sozialarbeit. Ein Rückblick auf die Anfänge sozialer Berufsausbildung, in: Sachße u. Tennstedt, Jahrbuch, S. 422–443.
Goffman, E., Stigma. Über Techniken der Bewältigung beschädigter Identität, Frankfurt a.M. 1975.
Gräser, M., Jugendliche Unterschichten und Fürsorgeerziehung in der Endphase der Weimarer Republik [Unveröffentlichte Magisterarbeit, Universität Frankfurt a.M. 1988].
Guse, M. u.a., Das Jugendschutzlager Moringen – ein Jugendkonzentrationslager, in: Otto u. Sünker, S. 321–344.
Hansen, E., Wohlfahrtspolitik im NS-Staat. Motivationen, Konflikte und Machtstrukturen im »Sozialismus der Tat« des Dritten Reiches, Augsburg 1991.
Harney, K., Zwischen Beruf und Arbeit. Jugendliche der Gutehoffnungshütte Oberhausen im ersten Drittel des 20. Jahrhunderts, in: W. Breyvogel u. H.H. Krüger (Hg.), Land der Hoffnung, Land der Krise. Jugendkulturen im Ruhrgebiet 1900–1987, Berlin 1987, S. 36–43.
– u. H.-E. Tenorth, Berufsbildung und industrielles Ausbildungsverhältnis. Zur Genese, Formalisierung und Pädagogisierung beruflicher Ausbildung in Preußen bis 1914, in: Zeitschrift für Pädagogik, Jg. 32, 1986, S. 91–113.
Harvey, E., Die Jugendfürsorge in der Endphase der Weimarer Republik, in: Otto u. Sünker, S. 291–320.
–, Youth welfare and Social Democracy in Weimar Germany. The work of Walter Friedländer, Oak Villa, New Alyth 1987.
–, Youth and the Welfare State in Weimar Germany, Oxford 1993.
Hasenclever, C., Jugendhilfe und Jugendgesetzgebung seit 1900, Göttingen 1978.
Heimerich, H., Lebenserinnerungen eines Mannheimer Oberbürgermeisters, aus dem Nachlaß hg. und bearbeitet von J. Schadt, Stuttgart 1981.
Heinemann, M., Normprobleme in der Fürsorgeerziehung, in: ders. (Hg.), Sozialisation und Bildungswesen in der Weimarer Republik, Stuttgart 1976, S. 131–150.
Hepp, M., Vorhof zur Hölle. Mädchen im »Jugendschutzlager« Uckermark, in: A. Ebbinghaus (Hg.), Opfer und Täterinnen. Frauenbiographien des Nationalsozialismus, Nördlingen 1987.

Herrmann, G., Die sozialpädagogische Bewegung der zwanziger Jahre, Weinheim 1956.
Holtfrerich, C.-L., Alternativen zu Brünings Wirtschaftspolitik in der Weltwirtschaftskrise, in: HZ, Bd. 235, 1982, S. 605–631.
–, Zu hohe Löhne in der Weimarer Republik? Bemerkungen zur Borchardt-These, in: GG, Jg. 10, 1984, S. 122–141.
Homburg, H., Vom Arbeitslosen zum Zwangsarbeiter. Arbeitslosenpolitik und Fraktionierung der Arbeiterschaft in Deutschland 1930 bis 1933 am Beispiel der Wohlfahrtserwerbslosen und der kommunalen Wohlfahrtshilfe, in: AfS, Jg. 25, 1985, S. 251–298.
Hopmann, M.V., Agnes Neuhaus. Leben und Werk, Mainz 1949.
Jacoby, H., Von des Kaisers Schule zu Hitlers Zuchthaus. Eine Jugend links-aussen in der Weimarer Republik, Frankfurt a.M. 1980.
Jones, L.E., Aussprachebeitrag, in: Büsch u. Feldman, S. 264–267.
Kaiser, J.C., Sozialer Protestantismus im 20. Jahrhundert. Beiträge zur Geschichte der Inneren Mission 1914–1945, München 1989.
Kipp, M. u. H. Biermann (Hg.), Quellen und Dokumente zur Beschulung der männlichen Ungelernten 1869–1969, Bd. 1, Köln 1989.
Klöhn, S., Helene Simon (1862–1947). Deutsche und britische Sozialreform und Sozialgesetzgebung im Spiegel ihrer Schriften und ihr Wirken als Sozialpolitikerin im Kaiserreich und in der Weimarer Republik, Frankfurt a.M. 1982.
Kocka, J., Unternehmensverwaltung und Angestelltenschaft am Beispiel Siemens 1847–1914. Zum Verhältnis von Kapitalismus und Bürokratie in der deutschen Industrialisierung, Stuttgart 1969 (Industrielle Welt 11).
–, Historisch-anthropologische Fragestellungen – ein Defizit der Historischen Sozialwissenschaft?, in: H. Süssmuth (Hg.), Historische Anthropologie. Der Mensch in der Geschichte, Göttingen 1984, S. 73–83.
–, Sozialgeschichte. Begriff-Entwicklung-Probleme, Göttingen 1986^2.
–, (Hg.), Bürger und Bürgerlichkeit im 19. Jahrhundert, Göttingen 1987.
–, Arbeitsverhältnisse und Arbeiterexistenzen, Grundlagen der Klassenbildung im 19. Jahrhundert, Bonn 1990.
Koebner, T. u.a. (Hg.), »Mit uns zieht die neue Zeit«. Der Mythos Jugend, Frankfurt a.M. 1985.
Köhler, H., Arbeitsdienst in Deutschland. Pläne und Verwirklichungsformen bis zur Einführung der Arbeitsdienstpflicht im Jahre 1935, Berlin 1967.
Köllmann, W., Die deutsche Bevölkerung im Industriezeitalter, in: ders., Bevölkerung in der industriellen Revolution. Studien zur Bevölkerungsgeschichte Deutschlands, Göttingen 1974, S. 35–47 u. 264f. (Kritische Studien zur Geschichtswissenschaft 12).
Kolb, E., Rezension von: Stachura, Weimar Republic, in: HZ, Bd. 256, 1993, S. 525ff.
Koselleck, R., Darstellung, Ereignis und Struktur, in: ders., Vergangene Zukunft. Zur Semantik geschichtlicher Zeiten, Frankfurt a.M. 1989, S. 144–157.
Kraus, R., Die Fürsorgeerziehung im Dritten Reich (1933–1945), in: Archiv für Wissenschaft und Praxis der sozialen Arbeit, Jg. 5, 1974, S. 161–210.
Kruedener, J.v., Die Überforderung der Weimarer Republik als Sozialstaat, in: GG, Jg. 11, 1985, S. 358–376.
Krug von Nidda, C.L., Wilhelm Polligkeit. Wegbereiter einer neuzeitigen Fürsorge, Köln 1961.
Kühn, D., Entwicklung des Jugend- und Gesundheitsamts im Nationalsozialismus, in: NP, Jg. 16, 1986, S. 322–332.
Kuhlmann, C., Erbkrank oder erziehbar? Jugendhilfe als Vorsorge und Aussonderung in der Fürsorgeerziehung in Westfalen von 1933–1945, Weinheim 1989.

Lameyer, M., Die pädagogische Beziehung in deutschen Fürsorgeerziehungsheimen in der Zeit der Reformpädagogik, Diss. PH Niedersachsen 1978.
Lange, T., Der »Steglitzer Schülermordprozeß« 1928, in: Koebner u.a., S. 412–437.
Lange-Appel, U., Von der allgemeinen Kulturaufgabe zur Berufskarriere im Lebenslauf. Eine bildungshistorische Untersuchung zur Professionalisierung der Sozialarbeit, Frankfurt a.M. 1993.
Langewiesche, D., Liberalismus in Deutschland, Frankfurt a.M. 1988.
Laqueur, W., Die deutsche Jugendbewegung. Eine historische Studie, Köln 1983².
Lessing, H. u. M. Liebel, Wilde Cliquen. Szenen einer anderen Arbeiterjugendbewegung, Bensheim 1981.
Linton, D.S., Who has the Youth, has the Future. The Campaign to save young Workers in Imperial Germany, Cambridge 1991.
Maier, C.S., Die Nicht-Determiniertheit ökonomischer Modelle. Überlegungen zu Knut Borchardts These von der »kranken Wirtschaft« der Weimarer Republik, in: GG, Jg. 11, 1985, S. 275–294.
Mende, D., Kulturkonservatismus und konservative Erneuerungsbestrebungen, in: H. Thierbach (Hg.), Adolf Grabowsky. Leben und Werk. Dem Altmeister der politischen Wissenschaften als Fest- und Dankesgabe gewidmet, Köln 1963, S. 87–129.
Metz, K.-H., Industrialisierung und Sozialpolitik. Das Problem der sozialen Sicherheit in Großbritannien 1795–1911, Göttingen 1988.
Mitterauer, M., Gesindedienst und Jugendphase im europäischen Vergleich, in: GG, Jg. 11, 1985, S. 177–204.
Mommsen, H., Die Realisierung des Utopischen: Die »Endlösung der Judenfrage« im »Dritten Reich«, in: GG, Jg. 9, 1983, S. 381–420.
Monat, A., Sozialdemokratie und Wohlfahrtspflege. Ein Beitrag zur Entstehungsgeschichte der Arbeiterwohlfahrt, Stuttgart 1961.
Münchmeier, R., Zugänge zur Geschichte der Sozialarbeit, München 1981.
Muth, H., Jugendopposition im Dritten Reich, in: Vierteljahreshefte für Zeitgeschichte, Jg. 30, 1982, S. 369–417.
Neises, G. (Hg.), Christian Jasper Klumker. Schriften zur Jugendhilfe und Fürsorge, Frankfurt a.M. 1968.
Nipperdey, T., Jugend und Politik um 1900, in: ders., Gesellschaft, Kultur, Theorie. Gesammelte Aufsätze zur neueren Geschichte, S. 338–359 u. 462–464 (Kritische Studien zur Geschichtswissenschaft 18).
–, War die wilhelminische Gesellschaft eine Untertanen-Gesellschaft?, in: ders., Nachdenken über die deutsche Geschichte, München 1991², S. 208–224.
Noth, E.E., Erinnerungen eines Deutschen, Hamburg 1971.
Odem, M., Single Mothers, delinqent Daughters and the Juvenile Court in early 20th century Los Angeles, in: Journal of Social History, Jg. 25, 1991/92, S. 27–43.
Oevermann, U., Zur Sache. Die Bedeutung von Adornos methodologischem Selbstverständnis für die Begründung einer materialen soziologischen Strukturanalyse, in: L.v. Friedeburg u. J. Habermas (Hg.), Adorno-Konferenz 1983, Frankfurt a.M. 1987, S. 234–289.
–, Über die Sache der Kultur, in: A. Hansert, Bürgerkultur und Kulturpolitik in Frankfurt am Main. Eine historisch-soziologische Rekonstruktion, Frankfurt a.M. 1992, S. 5–26.
Olk, T. u. R.G. Heinze, Die Bürokratisierung der Nächstenliebe. Am Beispiel von Geschichte und Entwicklung der »Inneren Mission«, in: Sachße u. Tennstedt, Jahrbuch, S. 233–271.
Orthbandt, E., Der Deutsche Verein in der Geschichte der Fürsorge, Frankfurt a.M. 1980.
Otto, H.-U. u. H. Sünker (Hg.), Soziale Arbeit und Faschismus. Volkspflege und Pädagogik im Nationalsozialismus, Bielefeld 1986.

Otto, R., Wie haste det jemacht? Lebenslauf von Hanna Grunwald-Eisfelder, Soltau 1992.
Pape-Belling, C., Karl Wilkers Leben und Wirken 1885–1930, in: Wilker, Lindenhof [1921], S. 221–255.
Petzina, D. u.a., Sozialgeschichtliches Arbeitsbuch, Bd. 3: Materialien zur Statistik des Deutschen Reiches 1914 bis 1945, München 1978.
Peukert, D.J.K., Grenzen der Sozialdisziplinierung. Aufstieg und Krise der deutschen Jugendfürsorge von 1878 bis 1932, Köln 1986.
–, Jugend zwischen Krieg und Krise. Lebenswelten von Arbeiterjungen in der Weimarer Republik, Köln 1987.
–, Die Weimarer Republik. Krisenjahre der klassischen Moderne, Frankfurt a.M. 1987.
–, Die Genesis der »Endlösung« aus dem Geist der Wissenschaft, in: ders., Max Webers Diagnose der Moderne, Göttingen 1989, S. 102–122.
–, Sozialpädagogik, in: D. Langewiesche u. H.-E. Tenorth (Hg.), Handbuch der deutschen Bildungsgeschichte, Bd. 5: 1918–1945. Die Weimarer Republik und die NS-Diktatur, München 1989, S. 307–335.
Preller, L., Sozialpolitik in der Weimarer Republik, Kronberg 1978.
Puhle, H.-J., Vom Wohlfahrtsausschuß zum Wohlfahrtsstaat. Entwicklungstendenzen staatlicher Aufgabenstellung und Verwaltungsprobleme im Zeichen von Industrialisierung und Demokratisierung, in: G.A. Ritter (Hg.), Vom Wohlfahrtsausschuß zum Wohlfahrtsstaat. Der Staat in der modernen Industriegesellschaft, Köln 1973, S. 29–68.
Recker, M.-L., Nationalsozialistische Sozialpolitik im Zweiten Weltkrieg, München 1985 (Studien zur Zeitgeschichte 29).
Rehm, M., Rudolf Schwander und Kurt Blaum. Wegbahner neuzeitlicher Kommunalpolitik aus dem Elsaß, Stuttgart 1974.
Reinicke, P., Das Seminar für Jugendwohlfahrt an der Hochschule für Politik. Carl Mennicke zum 100. Geburtstag, in: Soziale Arbeit, Jg. 36, 1987, S. 381–386.
Reith, R., Zur beruflichen Sozialisation im Handwerk vom 18. bis ins frühe 20. Jahrhundert. Umrisse einer Sozialgeschichte der deutschen Lehrlinge, in: VSWG, Jg. 76, 1989, S. 1–27.
Reulecke, J., Veränderungen des Arbeitskräftepotentials im Deutschen Reich 1900–1933, in: H. Mommsen u.a. (Hg.), Industrielles System und politische Entwicklung in der Weimarer Republik, Bd. 1, Kronberg 1977², S. 84–95.
–, Bürgerliche Sozialreformer und Arbeiterjugend im Kaiserreich, in: AfS, Jg. 22, 1982, S. 299–329.
Reyer, J., Alte Eugenik und Wohlfahrtspflege. Entwertung und Funktionalisierung der Fürsorge vom Ende des 19. Jahrhunderts bis zur Gegenwart, Freiburg 1991.
Ringer, F.K., Die Gelehrten. Der Niedergang der deutschen Mandarine 1890–1933, München 1987.
Ritter, G.A., Der Sozialstaat. Entstehung und Entwicklung im internationalen Vergleich, München 1989.
– u. K. Tenfelde, Arbeiter im Deutschen Kaiserreich 1871 bis 1914, Bonn 1992.
Rosenberg, H., Große Depression und Bismarckzeit. Wirtschaftsablauf, Gesellschaft und Politik in Mitteleuropa, Berlin 1967.
Rosenhaft, E., Organising the ›Lumpenproletariat.‹ Cliques and Communists in Berlin during the Weimar Republic, in: R.J. Evans (Hg.), The German Working-Class 1888–1933. The Politics of Everyday Life, London 1982, S. 174–219.
Roth, L., Die Erfindung des Jugendlichen, München 1983.
Rüschemeyer, D., Professionalisierung. Theoretische Probleme für die vergleichende Geschichtsforschung, in: GG, Jg. 6, 1980, S. 311–325.
Sachße, C., Mütterlichkeit als Beruf. Sozialarbeit, Sozialreform und Frauenbewegung 1871–1929, Frankfurt a.M. 1986.

- u. F. Tennstedt (Hg.), Jahrbuch Sozialarbeit 4. Geschichte und Geschichten, Reinbek bei Hamburg 1981.
- u. –, Geschichte der Armenfürsorge in Deutschland, Bd. 2: Fürsorge und Wohlfahrtspflege 1871 bis 1929, Stuttgart 1988.
- u. –, Geschichte der Armenfürsorge in Deutschland, Bd. 3: Der Wohlfahrtsstaat im Nationalsozialismus, Stuttgart 1992.

Saul, K., Der Kampf um die Jugend zwischen Volksschule und Kaserne. Ein Beitrag zur »Jugendpflege« im Wilhelminischen Reich, in: MGM, Jg. 9, 1971, S. 97–143.

–, Jugend im Schatten des Krieges. Vormilitärische Ausbildung – kriegswirtschaftlicher Einsatz – Schulalltag in Deutschland 1914–1918, in: MGM, Jg. 34, 1983, S. 91–184.

Scherpner, H., Geschichte der Jugendfürsorge, Göttingen 1979².

Scherpner, M. u. C. Schrapper (Hg.), 75 Jahre AFET. Erziehungshilfen und Gesellschaft. Quellen und Materialien, Hannover o.J. [1981].

Schmuhl, H.-W., Rassenhygiene, Nationalsozialismus, Euthanasie. Von der Verhütung zur Vernichtung ›lebensunwerten Lebens‹, 1890–1945, Göttingen 1992² (Kritische Studien zur Geschichtswissenschaft 75).

Scholz, S. u. R. Singer, Die Kinder in Hadamar, in: D. Roer u. D. Henkel (Hg.), Psychiatrie im Faschismus, Bonn 1986, S. 214–236.

Schomerus, H., Die Arbeiter der Maschinenfabrik Esslingen. Studien zur Lage der Arbeiterschaft im 19. Jahrhundert, Stuttgart 1977 (Industrielle Welt 24).

Schröder, H., Die Geschichte der Hamburgischen Jugendfürsorge 1863–1924, Hamburg 1966.

Schütte, F., Berufserziehung zwischen Revolution und Nationalsozialismus. Ein Beitrag zur Bildungs- und Sozialgeschichte der Weimarer Republik, Weinheim 1992.

Schulz, G., Deutschland seit dem Ersten Weltkrieg 1918–1945, Göttingen 1982².

–, Inflationstrauma, Finanzpolitik und Krisenbekämpfung in den Jahren der Wirtschaftskrise, 1930–1933, in: Feldman, Nachwirkungen, S. 261–295.

Schwall-Düren, A., Kinder- und Jugendfürsorge im Großherzogtum Baden. Entwicklung und Zielsetzung der staatlichen, kommunalen und verbandlichen Fürsorge 1850–1914, Freiburg 1980.

Seubert, R., Zur Geschichte des Jungarbeiter-Problems (Diskussionsbeiträge des Forschungsschwerpunktes »Historische Mobilität und Normenwandel« der Universität-Gesamthochschule Siegen, 16/84), Siegen 1984.

Sheehan, J.J., Liberalism and the City in Nineteenth-Century Germany, in: Past and Present, Bd. 51, 1971, S. 116–137.

–, Wie bürgerlich war der deutsche Liberalismus?, in: D. Langewiesche (Hg.), Liberalismus im 19. Jahrhundert, Göttingen 1988, S. 28–44 (Kritische Studien zur Geschichtswissenschaft 79).

Sick, D., ›Euthanasie‹ im Nationalsozialismus am Beispiel des Kalmenhofs in Idstein im Taunus, Frankfurt a.M. 1983.

Stachura, P.D., The Weimar Republic and the younger Proletariat. An economic and social Analysis, London 1989.

Stratmann, K., »Zeit der Gärung und der Zersetzung«. Arbeiterjugend im Kaiserreich zwischen Schule und Beruf, Weinheim 1992.

Tenfelde, K., Großstadtjugend in Deutschland vor 1914. Eine historisch-demographische Annäherung, in: VSWG, Jg. 69, 1982, S. 182–218.

–, Zur Sozialgeschichte der Arbeiterbewegung im Ruhrgebiet 1918 bis 1933, in: K. Düwell u. W. Köllmann (Hg.), Rheinland-Westfalen im Industriezeitalter, Bd. 2: Von der Reichsgründung bis zur Weimarer Republik, Wuppertal 1984, S. 333–348.

Tennstedt, F., 50 Jahre von 100. Wilhelm Polligkeit und der Deutsche Verein, in: Sachße u. Tennstedt, Jahrbuch, S. 445–468.
Wehler, H.-U., Das deutsche Kaiserreich 1871–1918, Göttingen 1994⁷.
–, Bismarck und der Imperialismus, Frankfurt a.M. 1985².
–, Wie bürgerlich war das deutsche Kaiserreich?, in: Kocka, Bürger, S. 243–280.
–, Deutsche Gesellschaftsgeschichte, Bd. 1: Vom Feudalismus des Alten Reiches bis zur Defensiven Modernisierung der Reformära. 1700–1815, München 1987.
Wendt, W.R., Geschichte der sozialen Arbeit, Stuttgart 1983.
Winkler, H.A., Mittelstand, Demokratie und Nationalsozialismus. Die politische Entwicklung von Handwerk und Kleinhandel in der Weimarer Republik, Köln 1972.
–, Von der Revolution zur Stabilisierung. Arbeiter und Arbeiterbewegung in der Weimarer Republik 1918 bis 1924, Berlin 1984.
–, Der Schein der Normalität. Arbeiter und Arbeiterbewegung in der Weimarer Republik 1924 bis 1930, Berlin 1985.
–, Der Weg in die Katastrophe. Arbeiter und Arbeiterbewegung in der Weimarer Republik 1930 bis 1933, Berlin 1987.
Winkler, M., Alternativen sind möglich und nötig! Plädoyer für eine neue Heimkampagne, in: NP, Jg. 18, 1988, S. 1–12.
Witt, P.-C., Finanzpolitik als Verfassungs- und Gesellschaftspolitik. Überlegungen zur Finanzpolitik des Deutschen Reiches in den Jahren 1930 bis 1932, in: GG, Jg. 8, 1982, S. 386–414.
Wollasch, A., Der Katholische Fürsorgeverein für Mädchen, Frauen und Kinder (1899–1945). Ein Beitrag zur Geschichte der Jugend- und Gefährdetenfürsorge in Deutschland, Freiburg 1991.
Zeller, S., Volksmütter – mit staatlicher Anerkennung. Frauen im Wohlfahrtswesen der zwanziger Jahre, Düsseldorf 1987.

Register

a) Personenregister

Abel, H. 85
Achinger, H. 205, 272
Agahd, K. 28, 37
Allmenröder, K. 49
Althaus, H. 213
Appelius, H. 27

Backhausen, W. 44, 58, 60, 63, 67, 97, 246f.
Bäumer, G. 17f., 117, 155, 227
Baum, M. 66, 84
Beeking, J. 82
Behnke, E. 98
v. Berlepsch, H. 37f.
Bernfeld, S. 77, 126, 142, 202f., 228, 258
Blaum, K. 42f., 45, 49, 241, 244
Blumenthal, P. 139, 170f., 177, 180
Böß, Eheleute 11
Bondy, C. 61, 104, 116
Briefs, G. 223
Brüning, H. 168, 181, 186, 230
Büchsel 97
Bues, H. 74
Buschmann 130

Caspari, J. 67
Christmann, S. 105
Cimbal 149f., 157f., 165
Clostermann, L. 198
Cornils 129
Croner, F. 224

David, E. 45
Dehn, G. 76f.
Dieterich, R. 89
Disselhof 58

Eberty, E. 24, 236
Ehrhardt, J. 102, 156, 189, 191, 201, 262, 264, 270
Eiserhardt, H. 268
Eisfelder, H. 143

Eisner, R. 194
Elsner, G. 138, 261

Fallada, H. 255
Felisch, P. 56
Flitner, W. 206
Foerster, F.-W. 34
Fournier, C. 200
Franzen-Hellersberg, L. 76
Freisler, R. 230
Friedländer, W. 134, 142
Fritz 128, 209

Gaebel, K. 271
Giese, E. 189
Giese, F. 73
Glaser, G. 167
Gleiß 123
Grabowsky, A. 32, 34
Gregor, A. 119, 162
Grotjahn, A. 54f.
Günther, A. 222

Hartmann 58, 170ff., 267
Hecker 174
Heimann, E. 223
Heimerich, H. 69, 247
Hermes, G. 73
Herrmann, W. 61, 98f., 211f.
Hertz, W. 190, 207f., 227, 268, 277
Hetzer, H. 73, 77
Heynacher, M. 268
Hirtsiefer, H. 12, 54, 64, 103, 105, 146, 169
Hoffmann, W. 126, 153
Hopmann, E. 79

Kähler, W. 57
Kall, G. 189, 191
Kantorowicz, E. 268
Kautsky, K. 132
Kessler, H.G. 226
Kleßmann 80, 180, 209

Klötzel, C.Z. 12, 105, 115
Klumker, C.J. 28ff., 42, 44, 50, 55, 64, 80, 88, 152, 218–221, 224f., 236, 242, 263, 275
Knaut 59, 114
Köhler 243
Krebs, O. 134, 149f., 157

Lampel, P.M. 11f., 102f., 105ff., 134, 253
Lazarsfeld, P. 77f., 248
Ledebur, H. 104
Leibetseder, F. 212
Lesemann, G. 199
Liebknecht, K. 242
Liepmann, M. 61
Lindemann 255
Lindemann, H. 45
Litt, T. 155
Luppe, H. 229

Magnus, E. 119
Maier, H. 100, 127, 132ff., 136ff., 142, 229, 258, 260f., 277
Mann, T. 221
Marr, H. 222
Mennicke, C. 117
Merton, W. 221, 237
Mönkemöller 158
Muthesius, H. 225, 228, 268

Naumann, F. 34
Neuhaus, A. 275
Neundörfer, K. 82
Nohl, H. 125, 145, 217

Ohly, A. 24, 27, 218, 235f.

Paasche, H. 38
v. Papen, F. 140, 168
Paulssen, B. 102
Petersen, J. 34, 46, 218
Petto 115
Peukert, D.J.K. 13, 233, 264
Polligkeit, W. 32, 35, 46f., 139, 152, 168f., 218, 221, 268, 275
Preller, L. 229
Prestel, R. 265

Quarck, M. 38, 48, 242

Rehm, O. 79
Richter 153
Rosenberg, A. 11, 67
Rothschild 172
Rühle, O. 57
Runge, W. 79
Rusche, G. 256, 263

Salomon, A. 115, 223
Scheidemann, P. 44
Schleiter, F., 72
Schlosser, R. 134, 143, 160, 262
Schmidt, G. 30ff., 218
Schmitt 146
Schnell 69
Schulz, H. 45, 48, 243
Schumacher, O. 145, 230
Schwander, R. 45
Sheehan, J. 243
Simon, H. 17f., 33, 83, 132f., 159, 226, 260, 264
Sklarek, Gebrüder 11
Späth, A. 125, 145
Spann, O. 29f.
Spindler, L. 33
Spranger, E. 220
Stöffler 267
Storck, G.F. 205, 225, 268
Straube 104
Syrup, F. 194

Thielemann, V. 147
Tippelmann, M. 202

Verleger, A. 61ff.
Voigt 99
Vossen, K. 145, 148

Wachenheim, H. 134
Weber, M. 34
Webler, H. 102, 105, 114, 154, 170, 205ff., 215, 227, 272
Wex, E. 221
Weyl, K. 104
Wichern, J.H. 60, 236
Wilker, K. 59–63, 144, 149
Wolff, J. 97, 113, 156, 266
Wunderlich, F. 229

Zimmermann, W. 38

b) Sachregister

Allgemeiner Fürsorgeerziehungstag (AFET) 32, 44, 57, 60, 63, 97, 102, 106f., 113–116, 120, 127, 142, 146, 148f., 151f., 160, 165, 170ff., 174, 177, 212, 238, 240, 266f.
Arbeiter- und Soldatenräte 56f., 66
Arbeiterwohlfahrt 83f., 132–135, 139–145, 160, 177, 206, 219, 223, 259–262
– »Richtlinien zur Umgestaltung der Fürsorgeerziehung« 134ff., 139–145, 160, 262
Arbeitslosenversicherung/ Gesetz über Arbeitsvermittlung und Arbeitslosenversicherung (AVAVG) 84, 86, 89f., 127, 166, 181–185, 187, 192f., 209, 227, 269
Arbeitsmarkt, Arbeitsmarktpolitik 14, 68f., 73, 80, 89f., 124, 126f., 129, 166, 168, 174, 182, 188, 194ff., 208, 256, 258, 271
Archiv Deutscher Berufsvormünder 29, 32, 38, 240

Berufsvormundschaft, Amtsvormundschaft, Vormünder 28–32, 42, 46f., 54, 67, 190, 218ff.
Bevölkerungspolitik 32f., 35, 42ff., 48, 50, 89, 155, 161
Bewahrungsgesetz (Entwurf) 151, 176, 274
Bildungsbürgertum 21f., 48, 50, 218, 235, 275
Bürgerliche Sozialreform 22, 24, 35, 38, 49, 67, 132, 159, 161, 218–226, 230, 237, 242
Bürgerliches Gesetzbuch (BGB) 25, 38, 45

Caritas (s.a. Wohlfahrtspflege, private) 82, 84, 145, 147, 169
Centrale für private Fürsorge 28ff., 32, 236

Deutsche Demokratische Partei (DDP), Deutsche Staatspartei (DStP) 88, 132, 138
Deutsche Fraktion 146
Deutsche Vereinigung für Jugendgerichtshilfe 202
Deutsche Volkspartei (DVP) 146
Deutscher Jugendgerichtstag 32
Deutscher Verein für Armenpflege und Wohltätigkeit/öffentliche und private Fürsorge 47, 58, 157, 185, 195f., 211, 218, 235, 240, 265
– und Fürsorgeerziehung 24, 146, 150f., 169, 174, 186, 236, 267
– und Reichsjugendwohlfahrtsgesetz 53
– und Arbeitslosenversicherung 183, 207
– »Siebener Kommission« 225, 268
Deutschnationale Volkspartei (DNVP) 146

Euthanasie 214, 274

Freiwilliger Arbeitsdienst (FAD) 207–211, 213, 273
Fürsorgeerziehung (Zwangserziehung), Fürsorgezöglinge passim
– Gesetz Preußen 1878 23
– Gesetz Preußen 1900 25, 28, 64f., 148, 246
– Novelle Preußen 1915 39, 64f.
– Gesetzentwurf Preußen 1918 42f., 46, 82
– Gesetz Baden 1886 25
– Gesetz Hessen 1887 23ff.
– Gesetz Hamburg 1887 25
– Gesetz Württemberg 1919 45f., 241
– Arbeits- und Berufsausbildung der Fürsorgezöglinge 14, 35ff., 95, 108, 118–131, 134, 137, 143ff., 153, 211, 213, 256ff.
– Herkunft und Altersgliederung der Fürsorgezöglinge 93f., 107–113, 251
– weibliche Fürsorgezöglinge 79ff., 92, 95, 104, 107ff., 116, 120, 124, 127–130, 143, 174f., 248
– soziales Ideal 129ff., 142, 145, 148, 155, 210, 216, 259
– Polizei und – 65, 101, 244, 246
– Krise der – 11f., 14f., 91, 102–107, 113, 118f., 125ff., 129, 131, 137, 139, 148f., 152, 156f., 168ff., 180f., 188, 205, 212f., 216f., 220, 226, 256, 258, 275
– Revolten, Skandale, Prozesse 11f., 102–106, 114, 118, 127, 150f., 167, 177, 218, 220, 253, 256, 258
– Reform der – 15, 131–148, 151, 177, 230, 246
– Abbau der (s.a. Notverordnungen) 148–154, 166, 168–181, 189

Geburtenrückgang 26, 33, 42f., 69, 89

Gesellschaft für Soziale Reform 24, 37
Gilde Soziale Arbeit 62, 140ff., 170, 245, 272

Handwerk 19ff., 37, 71–74, 122, 124, 129, 178, 195f.

Innere Mission (s.a. Wohlfahrtspflege, private) 80, 84, 99, 105, 123, 127f., 147, 169, 177, 253, 266
›Innerer Imperialismus‹ 26, 34ff., 38, 48, 89, 133, 159f., 162, 217f., 222f.

Jugendämter 67, 84ff., 88, 117f., 136f., 189f., 199, 214, 225, 227f., 276
- Entstehung 27f., 30ff., 42, 45, 218
- und Reichsjugendwohlfahrtsgesetz 46, 53ff., 219
- und Fürsorgeerziehung 63f., 91, 113, 133f., 139, 141f., 179, 209, 230, 254f.
- und Wohlfahrtskorporatismus 81–84
- und Jugenderwerbslosigkeit 187, 207f.
- und Jugendberatung 54, 85
Jugendbewegung 59–62, 100, 103, 131, 135, 140, 145, 156, 238, 262
Jugenderwerbslosigkeit 70f., 84, 125, 127f., 166, 168, 179–185, 187f., 191–200, 202, 207f., 211, 226f., 229, 259, 264, 270f.
Jugendforschung 29, 73, 237
Jugendfürsorgebewegung 32f., 36f., 42, 49f., 88f., 102, 154, 161f., 205, 216, 218ff., 230
Jugendgefängnisse 31, 61, 85, 101f., 108, 174, 201, 229, 263
Jugendgerichte, -richter 11, 31f., 47, 49, 126, 139, 218, 257
Jugendgerichtsgesetz (JGG) 47f., 85, 218, 241
Jugendgerichtshilfe 32, 47, 54, 86
Jugendheimstätten 214f.
Jugendkriminalität 15, 22, 26, 29, 33f., 39f., 80, 101, 125f., 167, 200–204, 227, 235, 271
Jugendpflege 46f., 81, 187, 189f., 238
Jugendpolitik 191, 207, 210, 213, 217, 272
›Jugendschutzlager‹ 214

Kommunistische Partei Deutschlands (KPD) 261f., 267
Kompensation 159f., 216, 264
Kriegerwaisen, Kriegsbeschädigtenkinder 54, 86ff., 185f., 249
›Kulturideale‹ 17f., 33

Landwirtschaft, landwirtschaftliche Arbeit 36f., 72f., 78, 118f., 122, 128, 178, 188, 212f., 257
Lehrlinge, Lehrlingsausbildung 19f., 40f., 71–74, 108, 119–124, 128f., 144, 181, 185, 195f., 240
Lumpenproletariat 133, 246

›Minderwertigkeit‹ 153f., 161, 163, 166, 189

Nationalsozialismus 13, 154, 158, 211–215, 225, 253, 274
Nationalsozialistische Volkswohlfahrt (NSV) 214f.
Notverordnungen
- 26.7.1930 181f.
- 5.6.1931 181f., 193, 208f.
- 6.10.1931 183f.
- 8.12.1931 185f.
- 14.6.1932 184f.
- 19.10.1932 186
- 4.11.1932 (Jugendwohlfahrt) 154, 168–177, 179f., 213f., 220, 267, 276
- 28.11.1932 (Fürsorgeerziehung) 154, 168–172, 174–177, 179, 213f., 220, 267, 276
Notwerk der deutschen Jugend 207f.

Pflegefamilien, -kinder 11, 22, 36f., 54, 56, 91, 129, 189f., 239
Professionalisierung in der Jugendfürsorge 53, 67, 106, 113–118, 135, 137–140, 146, 164, 224, 237, 255f.
›Psychopathen‹ 165

Rassenhygiene 159–166, 189, 205, 215, 217, 220, 264f.
Reformpädagogik, Reformpädagogen 59, 62f., 66, 97ff., 131, 140f., 144, 156, 206, 212, 245f., 261f.
Reichsfürsorgepflichtverordnung 54, 86
Reichsjugendwohlfahrtsgesetz (RJWG) 15, 67, 70, 82, 85f., 102, 117, 133, 136, 154, 159, 163, 165, 189, 205, 214f., 218f., 222, 225, 230, 238, 241, 243, 275f.
- Entstehung 44, 46ff., 50f.
- Inkrafttreten 52–56, 88
- und Fürsorgeerziehung 63–66, 91, 101, 110, 113, 119, 130, 132, 134f., 148, 168f., 171ff., 176f., 219
- Preußisches Ausführungsgesetz u. -anweisung 54f., 64ff., 119, 138

305

Reichskuratorium für Jugendertüchtigung 207, 210
Reichsstrafgesetzbuch 22f.
Reichsverfassung 43f., 67, 168, 228, 265

Sächsisches Wohlfahrtspflegegesetz 136f.
Schule, Schuleschwänzen 40f., 69f., 74, 76, 78
Schulspeisung 32, 264
Schutzaufsicht 47, 63, 67, 85f., 113
Sozialdemokratische Partei Deutschlands (SPD) 48ff., 54, 57, 63, 66f., 88, 131ff., 135, 138ff., 145, 147, 160, 181, 219, 223f., 242, 246, 262, 267
Sozialdisziplinierung 13, 216, 233, 235, 272
Sozialpädagogik 13, 155f., 158f., 163f., 264
Sterilisierung 162, 230

Tantalussituation 203f.

Unabhängige Sozialdemokratische Partei Deutschlands (USPD) 57, 66f.
Unehelich geborene Jugendliche 27, 29f., 38, 42, 93f., 242, 251
›Unerziehbarkeit‹ 13ff., 150f., 153f., 157ff., 163, 165, 172ff., 176, 205, 217, 220, 227
Ungelernte 15, 18–21, 29, 40f., 71–76, 78, 120ff., 125, 181, 185, 196, 234, 271
Unterschichtjugend 27, 32f., 35, 111, 123, 126, 129, 142, 149, 166, 180, 191, 202–206, 216, 229, 238, 246, 250, 256, 258, 264

– während des Ersten Weltkrieges 39–41, 51
– Abgrenzung zur Arbeiterjugend 14f., 68–73, 76–81
– ›Wanderer‹ 197ff., 202
– und Jugendforschung 29
– und Legitimationsproblem des Staates 222ff.

Verein für Sozialpolitik 24
Verwahrlosung, Verwahrloste 15, 18, 21–24, 27, 30, 35f., 39f., 68, 78–81, 85, 92–96, 119, 125f., 130, 150, 157, 162, 164f., 169, 172f., 177, 179, 203, 205, 215f., 227, 235, 248–251, 264
Vormundschaftsgerichte, -richter 11, 25, 29, 31, 82, 94, 113, 136, 169, 172f.

›Wilde Cliquen‹ 167, 199–202, 204, 226
Wirtschaftspartei 146
Wohlfahrtsämter 53f., 86, 136f., 141, 187
Wohlfahrtskorporatismus 82, 84
Wohlfahrtspflege, Fürsorge 17, 44, 66, 133, 136, 157f., 166, 170, 177, 180, 221, 224, 226, 229, 233, 260, 275, 277
–, kommunale 30, 37, 57f., 82f., 178
–, private bzw. konfessionelle (s.a. Caritas, Innere Mission) 15, 23, 30, 37, 57, 66, 82ff., 116, 157, 177ff., 221f., 224, 276
Wohlfahrtspolitik, Wohlfahrtstaat 15, 136, 155, 181, 188, 216, 221, 224, 227–230, 233, 262, 276f.

Zentrumspartei 138, 146f., 267, 275

Kritische Studien zur Geschichtswissenschaft

56 **Carsten Küther · Menschen auf der Straße**
Vagierende Unterschichten in Bayern, Franken und Schwaben in der zweiten Hälfte des 18. Jahrhunderts. 1983. 173 Seiten mit 6 Tabellen und 3 Karten, kartoniert. ISBN 3-525-35714-1

75 **Hans-Walter Schmuhl**
Rassenhygiene, Nationalsozialismus, Euthanasie
Von der Verhütung zur Vernichtung »lebensunwerten Lebens«, 1890-1945. 2., durchgesehene Auflage 1992. 528 Seiten, kartoniert. ISBN 3-525-35737-0

84 **Ute Daniel · Arbeiterfrauen in der Kriegsgesellschaft**
Beruf, Familie und Politik im Ersten Weltkrieg. 1989. 398 Seiten mit 39 Tabellen, kartoniert. ISBN 3-525-35747-8

88 **Wolfgang Zollitsch**
Arbeiter zwischen Weltwirtschaftskrise und Nationalsozialismus
Ein Beitrag zur Sozialgeschichte der Jahre 1928-1936. 1990. 320 Seiten mit 36 Tabellen, kartoniert. ISBN 3-525-35751-6

90 **Clemens Zimmermann**
Von der Wohnungsfrage zur Wohnungspolitik
Die Reformbewegung in Deutschland 1845-1914. 1991. 313 Seiten mit 9 Abbildungen und 10 Tabellen, kartoniert. ISBN 3-525-35753-2

91 **Ralph Jessen · Polizei im Industrierevier**
Modernisierung und Herrschaftspraxis im westfälischen Ruhrgebiet 1848-1914. 408 Seiten mit 4 Schaubildern und 24 Tabellen, kartoniert. ISBN 3-525-35754-0

95 **Marlene Ellerkamp · Industriearbeit, Krankheit und Geschlecht**
Zu den sozialen Kosten der Industrialisierung: Bremer Textilarbeiterinnen 1870-1914. 1991. 343 Seiten mit 26 Tabellen im Text und 8 Tabellen im Anhang, kartoniert. ISBN 3-525-35758-3

97 **Brigitte Kerchner · Beruf und Geschlecht**
Frauenberufsverbände in Deutschland 1848-1908. 1992. 368 Seiten mit 6 Tabellen, kartoniert. ISBN 3-525-35760-5

Kritische Studien zur Geschichtswissenschaft

100 **M. Rainer Lepsius · Demokratie in Deutschland**
Soziologisch-historische Konstellationsanalysen. Ausgewählte Aufsätze.
1993. 362 Seiten, kartoniert. ISBN 3-525-35763-X

101 **Willi Oberkrome · Volksgeschichte**
Methodische Innovation und völkische Ideologisierung in der deutschen
Geschichtswissenschaft 1918-1945. 1993. 307 Seiten, kartoniert.
ISBN 3-525-35764-8

102 **Paul Nolte**
Gemeindebürgertum und Liberalismus in Baden 1800-1850
Tradition – Radikalismus – Republik. 1994. 561 Seiten, kartoniert.
ISBN 3-525-35765-6

103 **Andreas Gestrich · Absolutismus und Öffentlichkeit**
Politische Kommunikation in Deutschland zu Beginn des 18. Jahrhunderts.
1994. 381 Seiten mit 6 Abbildungen und 1 Schaubild, kartoniert.
ISBN 3-525-35766-4

104 **Christoph Conrad · Vom Greis zum Rentner**
Der Strukturwandel des Alters in Deutschland zwischen 1830 und 1930.
1994. 541 Seiten mit 17 Schaubildern und 25 Tabellen, kartoniert.
ISBN 3-525-35767-2

105 **Andrea Germer · Wissenschaft und Leben**
Max Webers Antwort auf eine Frage Friedrich Nietzsches. 1994. 232 Seiten,
kartoniert. ISBN 3-525-35768-0

106 **Irmtraud Götz von Olenhusen**
Klerus und abweichendes Verhalten
Zur Sozialgeschichte katholischer Priester im 19. Jahrhundert: Die Erz-
diözese Freiburg. 1994. 503 Seiten mit 44 Tabellen und 21 Schaubildern,
kartoniert. ISBN 3-525-35769-9

108 **Charlotte Tacke · Denkmal im sozialen Raum**
Nationale Symbole in Deutschland und Frankreich im 19. Jahrhundert.
1995. 408 Seiten mit 3 Abbildungen, 10 Graphiken und 31 Tabellen,
kartoniert. ISBN 3-525-35771-0

V&R
Vandenhoeck
& Ruprecht